Treffpunkt Irland

Hans-Christian Oeser

Treffpunkt Irland

Ein literarischer Reiseführer

Mit 52 Abbildungen
und 2 Karten

Philipp Reclam jun.
Stuttgart

Für Sarah Siobhán und Christopher Seán

Die Deutsche Bibliothek – CIP-Einheitsaufnahme

Oeser, Hans-Christian:
Treffpunkt Irland : ein literarischer Reiseführer /
Hans-Christian Oeser. – Stuttgart : Reclam, 1996

ISBN 3-15-010424-6

Einbandgestaltung: Werner Rüb, Bietigheim-Bissingen,
unter Verwendung eines Fotos des Benbulben Mt.
von Armin Hüttermann
Satz: Wilhelm Röck, Weinsberg
Druck und buchbinderische Verarbeitung:
Franz Spiegel Buch GmbH, Ulm
Printed in Germany 1996
RECLAM ist eine eingetragene Marke der
Philipp Reclam jun. GmbH & Co., Stuttgart
ISBN 3-15-010424-6

Inhalt

Connacht

Ulster

Anhang

Einleitung

Daß Irland eine Grüne Insel sei, genauer gesagt: eine smaragdgrüne, wie wohl als erster der irische »Nationaldichter« Thomas Moore mit seiner Wortprägung von der »Emerald Isle«, dem Juwel in der Krone Englands, verkündet hat, ist ein Gemeinplatz. Daß aber zu der attraktiven Landschaft Irlands die Literatur ebenso gehört wie zu Griechenland die Philosophie oder zu Italien die Oper, ist weniger geläufig. Gewiß, es ist weithin bekannt, daß mit William Butler Yeats, George Bernard Shaw, Samuel Beckett und Seamus Heaney gleich vier gebürtige Iren den Nobelpreis für Literatur errangen – eine hohe Auszeichnung für ein kleines Fünfmillionenvolk. Doch der bis heute unvermindert andauernde Export literarischer Erzeugnisse en gros verblüfft auch Kenner.

Weshalb diese Fülle an Literatur? Wie in anderen Weltgegenden, etwa dem Grenzland der Bukowina, ist ein Hauptgrund sicherlich darin zu suchen, daß sich in Irland seit den Eroberungsfeldzügen der Normannen, der Tudors und der Parlamentstruppen Oliver Cromwells Sprachen und Kulturen aneinander gerieben haben. Die geographische Nähe zur Nachbarinsel bei gleichzeitiger kultureller Distanz, die Koexistenz einer keltischen und einer germanisch-romanischen Sprache schufen eine einzigartige Situation vibrierender Intensität. Wo die verschiedenen gesellschaftlichen Kräfte über Jahrhunderte hinweg um ethnisch-politische Identität rangen, tobte neben den blutigen Kämpfen der Unterwerfung und der Befreiung stets auch ein heftiger Kulturkampf: gälische Gentilgesellschaft oder englischer Leviathan, souveräne Nation oder britische Kolonie, republikanische Dissenters oder konservative Staatskirche, katholische Volksmehrheit oder die schmale Oberschicht der *Protestant Ascendancy*, Nationalismus oder Unionismus – wer würde Irland wie definieren?

Und dennoch, trotz gegenteiliger Beteuerungen von unionistischer und loyalistischer Seite bilden die zweiunddreißig Counties (Grafschaften) der Insel, obwohl poltisch noch immer gespalten, kulturell von alters her eine organische Einheit, und sei es eine der Gegensätze und der Gegnerschaft. Selbst mehrdeutige Begriffe wie »gälische«, »irische« und »anglo-irische« Literatur verraten etwas von den inneren Widersprüchlichkeiten der jeweiligen historischen Konstellation, in der Sprache und Konfession oft als Erkennungsmerkmal und Identitätsmarke dienten. Noch in ihrer gegenwärtigen Ausprägung ist die irische Literatur ihrem Wesen nach postkoloniale Literatur.

Im Land der Heiligen und Gelehrten auf den Spuren der Dichter –: Pilgerten in früheren Jahrhunderten Scharen von Gläubigen zu den Wallfahrtsorten der Kirche, so stehen die Reliquien der Heiligen denen der Schriftsteller heute an Bedeutung nach. Was die Hoffnung auf ein Überspringen des göttlichen Funkens angeht, so hat die Kunst im Zuge der Säkularisierung der Religion den Rang abgelaufen. Die Schreibstube eines Dichters flößt tiefere Scheu ein als die Weihestätte eines Heiligen, die Leistungen des Geistes imponieren mehr als das Blutzeugnis eines Märtyrers. Was früher die Gebeine, die Holzsplitter und Schweißtücher, das sind heute die Augengläser eines James Joyce oder die Schreibmaschine eines Brendan Behan.

So ziehen literarische Gedenkstätten mehr und mehr Besucher an, und selbst in Irland, wo die Dichter der Moderne bei weitem nicht denselben Respekt genossen wie ihre Vorfahren, die *filí* an den Höfen der gälischen Aristokratie, entstehen neue Schriftstellermuseen. Doch wie bei den Heiligen, die sich durch beispielhafte Tugend oder aber durch übernatürliche Wunderkräfte auszeichneten, ist nicht leicht zu entscheiden: Gilt unser Hauptaugenmerk einem bewegten Leben oder einem schöpferischen Werk? Der Lyriker Patrick Kavanagh weist auf die Gefahren eines bloß antiquarischen Interesses an Literatur und Kultur hin:

> Culture is always something that was,
> Something that pedants can measure:
> Skull of a bard, thigh of a chief,
> Depth of a dried-up river.
> Shall we be thus forever?
> Shall we be thus forever?

Das will für uns besagen: Reisen ersetzt das Lesen nicht. Wenn dieses Buch auch Appetit auf Lektüre macht, so hat es seine Aufgabe erfüllt. Trotz alledem: Was für Besucher Dublins schon seit längerem die literarischen Kneipenbegehungen, das könnten für belesene oder lesewillige Irlandfreunde ausgedehnte Rundreisen auf der Fährte irischer Autoren und Autorinnen werden: eine sinnvolle und sinnlich erfahrbare Verschränkung von Ort und Wort, zu der dieses Buch mit seiner Mischung aus Biographie und Topographie, Anekdote und literaturgeschichtlicher Einordnung beitragen will.

Selbstverständlich mußte unter der Vielzahl von Autoren eine begrenzte Auswahl getroffen werden; dabei wurde weniger bekannten Schriftstellern mindestens ebensoviel Platz eingeräumt wie den wahrhaft Großen aus dem Pantheon irischer Dichtkunst: Swift und Goldsmith, Wilde und Shaw, Yeats und O'Casey, Joyce und Beckett. Nur die Gegenwart bleibt ausgeklammert; zwar finden zeitgenössische Schriftsteller und Schriftstellerinnen mitunter Erwähnung, doch werden sie nicht zum Gegenstand der Darstellung gemacht. Das soll nicht heißen, daß – nach einem Spruch des Wilden Westens – nur tote Autoren gute Autoren sind. Im Gegenteil, hundert Jahre nach der sogenannten Irischen Literarischen Renaissance ist bereits von einem zweiten derartigen Phänomen die Rede. Namen wie Brian Friel, Tom Murphy und Frank McGuinness in der Dramatik, Thomas Kinsella, Seamus Heaney und Derek Mahon in der Lyrik, William Trevor, John McGahern und John Banville im Roman – und sie gehören allesamt der älteren Generation an – zeugen von der Breite des Redestroms, der durch die irische Landschaft führt und der das Gegenteil von Lethe, dem Fluß des Vergessens, ist.

Aber es ist eine Sache, verstorbenen Schriftstellern einen Schrein zu errichten, eine andere, lebenden auf den Leib zu rücken. Die hier empfohlenen literarischen Ortsbesichtigungen und Lokaltermine betreffen vor allem Geburts- und Wohnhäuser, Gräber und Gedenktafeln, Monumente und Museen, von denen ausgehend in kurzen Vignetten jeweils ein literarisches Leben ausgebreitet wird. Eine Feld-, Wald- und Wiesenphilologie, die hinter jedem Strauch den Anlaß für eine Gedichtzeile, den Schauplatz einer Dramenszene oder das Schlachtfeld eines mythischen Zweikampfs weiß, wurde tunlichst vermieden. Andernfalls wäre der vorliegende Band auf einen nicht zu verantwortenden Umfang angeschwollen. Gibt es doch in Irland sogar ein eigenes literarisch-folkloristisches Genre, das in Vers und Prosa bestimmte mit Ortsnamen verbundene Legenden festhält: den *dinnseanchas* (bezeichnenderweise auch das irische Wort für Topographie).

Bei seiner Rückkehr aus England schrieb der irische Romancier George Moore: »Mir schien, als solle der heimkehrende Ire sein Land aus dem Meer aufsteigen sehen, und während ich mir vorstellte, wie schön sich die Bergkämme gegen den Sonnenuntergang abzeichnen würden, erinnerte ich mich der Legende, daß die ältesten Bewohner Irlands die Macht besäßen, ihren Feinden die Insel so schmal wie den

Rücken eines Schweins erscheinen zu lassen und ihren Freunden als ein Land ewigen Entzückens.« (Übers. von Elsemarie Maletzke.) Den Reisenden in Sachen Literatur ist zu wünschen, daß sie Irland als ein Land ewigen Entzückens kennenlernen, breiter als ein Schweinerücken.

Der größeren Authentizität halber sind Verszitate in der Regel im Original belassen, Prosazitate hingegen, wofern nicht anders vermerkt, vom Autor ins Deutsche übertragen worden. Im Textteil werden die Buchtitel in der Regel nur englisch- bzw. irischsprachig angeführt, im Anhang zum Teil auch auf deutsch, sofern ein Titel auf deutsch erschienen ist. Das Register wiederum ermöglicht den raschen Zugriff auf gesuchte Orte und Personen – was um so wichtiger ist, als die einzelnen Textabschnitte, ihrem Gegenstand folgend, oft von Ort zu Ort »springen«. Aufgrund der Entlegenheit vieler Stätten empfiehlt sich die Anschaffung von Generalstabskarten (Ordnance Survey).

Hans-Christian Oeser

Leinster

Dublin und Co. Dublin

»Dublin, Irlands liebenswerte Metropole ... Vertraut wie das Zuhause, anspruchsvoll wie eine klassische Metropole, gemütlich wie ein Pub – so lieben die Dubliner ihre Stadt am Liffey. 1000 Jahre alt und immer jünger – Swinging Dublin der neunziger Jahre: moderne Shopping-Arkaden hinter georgianischen Prachtfassaden. Nobel-Boutiquen und Gourmet-Adressen neben Tante-Emma-Läden. Traditionsreiche Pubs in Edelholz und Messing als Stätten menschlicher Begegnung, zum Musikmachen und Mitsingen. Meisterwerke der Kunst in Museen und Galerien – Kultur zum Anfassen z. B. im restaurierten Altstadtviertel Temple Bar. Dublin – liebenswerte Impressionen und Erfahrungen für alle fünf Sinne.«

Mit diesen beredten Worten wirbt Bord Fáilte, die halbstaatliche irische »Willkommensbehörde«, für die irische Kapitale an der Ostküste der Insel, eingebettet zwischen der Irischen See, dem Granitgebirge von Wicklow und den fruchtbaren Ebenen von Meath und Kildare. Nur ihre immense Bedeutung als ein Zentrum der Weltliteratur verschweigt sie verschämt, als bestünde Dublins vorrangiger Ruf als Kulturhauptstadt nicht gerade darin, die Giganten Swift, Wilde, Shaw, Joyce und Beckett hervorgebracht zu haben und noch heute eine solche Vielzahl international bekannter Autoren und Autorinnen aufzuweisen, daß mitunter schon getrotzelt wird, es gebe in der Liffey-Stadt mehr Schreiber als Leser von Poesie (laut *Spiegel* siebzehn bzw. fünfzehn Prozent der Bevölkerung).

Arbeitslose Schauspieler und unternehmungslustige Reiseführer handelten da anders und bieten interessierten Besuchern der Stadt verschiedene literarische Führungen an: »The Shaw Trail«, »The Cultural Trail«, »Literary Footsteps« und »Literary and Historical Performance Tours«. Glanzstück der einschlägigen Veranstaltungen ist der »Dublin Literary Pub Crawl«, eine vergnügliche und nicht allzu trockene »Bekriechung« von fünf literarhistorisch wichtigen Kneipen voller Gerüche und Geräusche, über die Näheres im Fremdenverkehrsbüro in der unlängst restaurierten St. Andrew's Church, Suffolk Street, Dublin 2, zu erfahren ist. Aber der Litera-Tourist kann sich die einschlägigen Lokalitäten auch allein erwandern; dafür ist Dublin (Baile Átha Cliath, Stadt an der Hürdenfurt) übersichtlich genug. Von Howth bis Dalkey gibt es auf literarischen Streifzügen genügend zu entdecken.

Weit außerhalb des Stadtgebiets von Dublin liegt die Halbinsel HOWTH (altnordisch *Hoved* ›Kopf‹), ein über einen schmalen Isthmus mit dem Festland verbundenes und mit Heide und Stechginster bewachsenes Vorgebirge aus Quarzit, das weit in die Irische See hinausragt. Im Juli 1914, nur neun Tage vor Kriegsausbruch, war Howth Schauplatz eines berühmt-berüchtigten Waffenschmuggels. Man stelle sich eine stolze Privatjacht vor, die unter dem Jubel der Zuschauer mit geblähten Segeln in den kleinen Hafen einläuft. An Bord der schwerbeladenen »Asgard« befinden sich Gewehre – 1500 deutsche Mausergewehre mit 40.000 Schuß Munition. Das Boot gehört dem aus London gebürtigen und deshalb von xenophobischen Republikanern auch oft als Engländer geschmähten Anglo-Iren ERSKINE CHILDERS (1870–1922), der sich seit 1908 die irische Sache zu eigen macht, zunächst als »Home Ruler«, der mindestens Dominion-Status verlangt (vgl. *The Framework of Home Rule*, 1911), später als radikaler Republikaner, dem derselbe Dominion-Status längst nicht mehr genügt.

Mit der von Sir Roger Casement angeregten Aktion soll ein Gegengewicht zu der ebenfalls mit deutscher Hilfe erfolgten Bewaffnung der loyalistischen Ulster Volunteer Force von Edward Carson geschaffen werden, die sich jeglichen Selbstverwaltungsplänen bis zur Aufkündigung der Loyalität entgegenstemmt. Die nationalistischen Freiwilligen erhalten jeder ein Gewehr und verstauen den Rest in Droschken, daraufhin bewegt sich die Karawane in Richtung Dublin. Sie wird von britischen Soldaten aufgehalten, darf aber, weil die Gewehre nicht scharf geladen sind, weiterziehen. Am Liffey-Ufer werden die Soldaten mit Steinen, Büchsen und Flaschen beworfen und feuern Salven in die Menschenmenge – drei Tote, achtunddreißig Verletzte.

Childers ist, auch wenn er sich in der Hauptsache als Politiker, Militärhistoriker und -theoretiker betätigte, vor allem für seinen spannenden Spionagethriller *The Riddle of the Sands* (1903) bekannt, in dem er hellsichtig den kommenden Weltkrieg vorwegnahm. Die glänzende Ich-Erzählung von den Abenteuern des Beamten »Carruthers« auf der Jacht »Dulcibella« ist der erste moderne Spionageroman der Literatur-

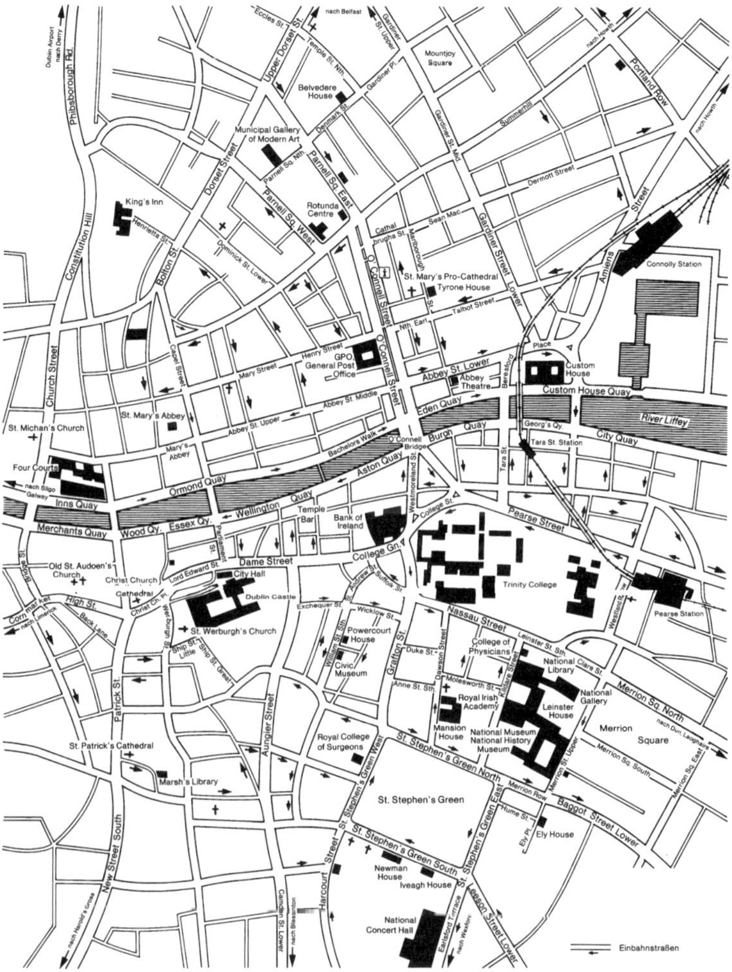

Übersichtskarte Dublin, Innenstadt

geschichte und kann sich durchaus mit den Hervorbringungen eines John Buchan oder Eric Ambler messen.

Mit dem fiktiven Bericht von einer bevorstehenden deutschen Invasion Großbritanniens wollte Childers, Sohn des Orientalisten Robert Caesar Childers, auf den von Staatssekretär Alfred von Tirpitz betriebenen Ausbau der kaiserlichen Kriegsmarine sowie das Wettringen und -rüsten der Seemächte England und Deutschland aufmerksam machen. Prolog und Epilog des »Herausgebers« Childers belegen, daß er die »politische Klasse« Großbritanniens mit seinem Roman ebenso wachzurütteln trachtete wie mit seinen späteren Schriften *War and the Arme Blanche* (1910) und *German Influence on British Cavalry* (1911), in denen er veränderte Methoden der Kriegführung befürwortete, da der Einsatz britischer Kavallerie kein geeignetes Verteidigungsmittel gegen deutsche Maschinengewehre sei.

Das Anschauungsmaterial für seinen geographisch detaillierten Roman konnte der erfahrene Segler auf seinen häufigen Fahrten im Ärmelkanal und in der Nord- und Ostsee sammeln, die er in den Semesterferien des Trinity College Dublin unternahm, bevor er sein Studium 1893 mit dem B. A. abschloß. Childers' politische und militärische Laufbahn zeigt, daß er zu den imperialistischen Mächten ein zwiespältiges Verhältnis hatte: 1895–1910 war er als Schreiber im britischen Unterhaus tätig; im Burenkrieg kämpfte er, obwohl die Sympathien vieler Iren den holländischen Siedlern gehörten, auf britischer Seite; 1914–18 arbeitete er im Geheimdienst der britischen Marine gegen die nämlichen Deutschen, von denen er Waffen bezogen hatte.

1917 hingegen hatte er die Leitung des Sekretariats der Irish Convention inne und nahm 1919 zusammen mit Arthur Griffith an der Versailler Friedenskonferenz teil, um den Siegermächten das irische Anliegen vorzutragen. In der revolutionären Gegenregierung 1919–21 war er für Öffentlichkeitsarbeit verantwortlich und gab zusammen mit Frank Gallagher das republikanische Organ *Poblacht na h-Éireann* heraus. Bei den Londoner Waffenstillstandsverhandlungen 1921 in der Position eines Chefsekretärs der irischen Delegation, mußte er erleben, wie seine Kollegen Arthur Griffith, Michael Collins, Eamon Duggan, George Gavan Duffy und Robert Barton die von Großbritannien unter Androhung »sofortigen, schrecklichen Krieges« aufgezwungenen Bedingungen unterzeichneten. Er selbst votierte gegen den Vertrag, der Irland zum Freistaat mit begrenzter Souveränität, britischen Militärstützpunkten, britischer Staatsbürgerschaft, britischem Generalgouverneur, britischem Treueid erklärte und Ulster vom Rest der Insel abtrennte – daß die weiblichen Dáil-Abgeordneten ebenfalls geschlossen gegen den Vertrag stimmten, trug ihnen gemeinsam den Spottnamen »The Women and Childers Party« ein. Während des erbittert geführten Bürgerkriegs schlug sich Childers folgerichtig auf die Seite der republikanischen Freischärler.

Am 10. November 1922 wurde Childers wegen Waffenbesitzes (eine Pistole, die ihm Michael Collins zum Geschenk gemacht hatte, fand sich in seinem Haus) verhaftet, von einem Kriegsgericht zum Tode verurteilt und am 24. November, noch während sein Berufungsantrag geprüft wurde, in der Militärkaserne Beggars' Bush von einem Exekutionskommando standrechtlich erschossen. Eamon de Valeras Sekretärin notierte in ihr Tagebuch: »Childers hingerichtet. O Gott! Wie können wir jemals wieder unsere Häupter erheben? Oh, die Schande, erschossen von Iren. Der arme Childers, der sich im Dienst an Irland aufgerieben hat.« Ironischerweise wurde der Sohn des Mannes, mit dem seine ehemaligen Kameraden kurzen Prozeß gemacht hatten, Erskine Hamilton Childers (1905–74), gegen Ende seines Lebens kurzfristig vierter Präsident der Republik Irland (1973/74).

Dracula – wem gefriert nicht das Blut in den Adern bei dem Gedanken an den mitternächtlichen Vampir, der sich wollüstig über den pulsierenden Hals seines Opfers beugt? Der die legendäre Vampirgestalt des transsylvanischen Grafen schuf und sie der Volksmythologie Westeuropas und der Welt einverleibte, ohne sich je in Rumänien aufgehalten zu haben, war der Dubliner Bram Stoker (d. i. Abraham Stoker, 1847–1912), Meister des irischen Grusel- und Greuelromans. Den Namen seines dämonischen Blutsaugers borgte er von Fürst Vlad III. Dracul (der Teufel, um 1400–47), das Motiv, dem »lebenden Leichnam« einen Pfahl ins Herz zu rammen, von dessen Sohn Vlad IV. Ţepeş (der Pfähler, um 1430–76), der seine Gegner im Kampf gegen die Türken mit Pfählen durchbohren ließ: »Menschen hat er seitling lasen spissen allerlai volck cristen juden haiden das sy sich lang haben muegen rueren vnd zabelen vnd gewemmert durch einander als die frosch.« Die beiden historischen Figuren, Hospodaren der Walachei, stammen ebenso aus dem Karpatenraum wie der Volksglaube an die schattenlosen Verstorbenen, die nächtens aus ihren Gräbern auferstehen, um sich am Blut der Lebenden zu mästen.

Stoker, eines von sieben Geschwistern, kam in 15 Marino Crescent, Clontarf, zur Welt (der gegenwärtige Besitzer, einen Andrang von Dracula-Fans aus aller Welt befürchtend, wehrte sich gegen das Anbringen einer Plakette). Der aus sechsundzwanzig Häusern bestehende halbmondförmige Straßenzug, der einzige seiner Art in Dublin, wurde 1792 im georgianischen Stil angelegt. Als Kind von so zarter Konstitution, daß er acht Jahre lang das Bett hüten und anfänglich zu Hause erzogen werden mußte, wuchs Stoker entgegen allen Befürchtungen zu einem stattlichen, athletisch gebauten Mann heran, der sich am Trinity College, wo er von 1864 bis 1867 Mathematik studierte und 1870 mit dem M. A. abschloß, auch als Fußballer und Rennläufer einen Namen machte. Daneben fungierte der Rotbärtige als Präsident der Philosophical Society (bezeichnender Titel seiner Antrittsrede: »Sensationalism in Fiction and Society«) und leitete die 1770 gegründete Historical Society, den ältesten studentischen Debattierklub der Bri-

Bram Stoker-Plakette, Kildare Street, Dublin

tischen Inseln, dem im Laufe der Zeit, oft an führender Stelle, Größen wie Wolfe Tone, Robert Emmet, Thomas Moore, Thomas Davis, Isaac Butt, Edward Carson und Douglas Hyde angehörten. Der Bram Stoker Room im Graduates Memorial Building beherbergt eine Dauerausstellung mit Memorabilien wie Erstausgaben, Briefen, Fotos und Postern; auch der Bram Stoker Club hat hier seinen Sitz und organisiert Vorträge, Diskussionen und Filmvorführungen.

Wie schon sein Vater Abraham vor ihm trat Stoker 1867 in den Staatsdienst ein. Im Dublin Castle stieg er zum Inspektor der für geringfügige Straf- und Zivilsachen zuständigen erstinstanzlichen Gerichte auf; seine erste Publikation war denn auch die Abhandlung *The Duties of Clerks of Petty Sessions in Ireland* (1878). Seine Wohnung nahm er passenderweise in 30 Kildare Street (Gedenktafel) im Dubliner Regierungsviertel. Seine eigentliche Liebe aber galt von jeher der Bühne; in seiner Freizeit betätigte er sich ab 1871 als unbezahlter Theaterkritiker der *Dublin Evening Mail*, deren Redakteur er schließlich wurde. 1876 zog er in die Harcourt Street Nummer 16.

1878 ereignete sich eine doppelte Wende in Stokers Leben: Florence Balcombe, eine blühende Schönheit, die nur wenige Häuser von seinen Eltern entfernt gewohnt hatte (1 Marino Crescent), verschmähte den zwanzigjährigen Oscar Wilde und erhörte statt dessen Stokers Werben. Nach der Heirat gab er seinen Posten auf, und das Paar emigrierte nach London, wo Stoker Privatsekretär und Tourneeleiter des von ihm verehrten Shakespeare-Darstellers Sir Henry Irving wurde, den er zwei Jahre zuvor kennengelernt hatte, und die Geschäftsführung des Londoner Lyceum Theatre übernahm – eine Stellung, die er bis zu Irvings Tod im Jahre 1905 bekleidete (vgl. *Personal Reminiscences of Henry Irving*, 2 Bde., 1906). Wilde richtete an seine Angebetete einen betrübten Abschiedsbrief: »Auch wenn Sie es nicht für der Mühe wert erachtet haben, mich von Ihrer Heirat zu unterrichten, so kann ich doch aus Irland nicht abreisen, ohne Ihnen meine Wünsche zukommen zu lassen, daß Sie glücklich sein mögen; was immer geschieht, ich wenigstens kann Ihrem Wohlergehen gegenüber nicht gleichgültig sein; dafür sind unsere Lebensströme zu lange nebeneinander hergeflossen.«

Nichts in der viktorianischen Biographie des Beamten, Journalisten und Schauspielfreunds Stoker deutete darauf hin, daß er einen Hang zum Unheimlichen, Übernatürlichen und Gespenstischen besaß. Aber vielleicht waren es die Erzählungen seiner Mutter Charlotte von der verheerenden Cholera-Epidemie 1852 in Sligo, die ihm noch von seinem Krankenbett her im Gedächtnis herumspukten. Spuren dieser makabren Geschichten finden sich in seinem ersten literarischen Werk *Under the Sunset* (1882), einem Erzählband mit Kindergeschichten. Angeregt wurde er auch, so heißt es jedenfalls im heimatlichen Dublin, das seine Kultfigur Dracula gern für sich reklamiert, von den mumifizierten Leichen, die in der düsteren Gruft von St. Michan's Church in Church Street lagern (Besichtigungsmöglichkeit). Die von lederner Haut umhüllten Skelette wollen ebensowenig verwesen und vergehen wie die »Untoten« des Dracula-Erfinders. Vorbilder fand er freilich auch schon bei Autoren wie Charles Robert Maturin und Sheridan Le Fanu, die das Horror-Genre in Irland eingeführt hatten.

Der in der Tradition des englischen Schauerromans abgefaßte Roman *Dracula* (1897), der das mysteriöse Geschehen durch Briefe, Tagebucheinträge und Zeitungsausschnitte näher an den Leser heranrückt, verrät eine universale – auch erotische – Faszination durch das Grauen und hat wohl aus diesem Grunde so viele Fortsetzungen, Bearbeitungen, Verfilmungen und Nachahmungen erfahren, daß man von einem regelrechten Dracula-Kult sprechen kann. Eine Kostprobe: »Mit seiner linken Hand hatte er Frau Minas Hände umfaßt und hielt sie mit ausgestrecktem Arm weit von sich; seine Rechte umklammerte ihren Nacken und drückte sie mit dem Gesicht an seine Brust. Ihr weißes Nachthemd war mit Blut bespritzt, und Blut rann wie ein feiner Faden über des Mannes Brust, die er entblößt hatte ... Seine Augen flammten in roter Höllenglut, die weiten Nüstern der weißen Adlernase öffneten sich weit und zitterten; die weißen, scharfen Zähne, die hinter den vollen Lippen des bluttriefenden Mundes sichtbar wurden, schlugen zusammen wie die eines wilden Tieres.« (Übers. von Stasi Krull.)

Außer dem Dauerbrenner *Dracula*, der ihm bleibenden Ruhm bescherte und einen (umstrittenen) Platz in der Weltliteratur sicherte, obschon die wenigsten Theater- oder Kinogänger, die sich von seiner Kreatur gruseln lassen, den Namen ihres Urhebers kennen, veröffentlichte Stoker bis zu seinem Tod weitere zwölf Romane. Er starb in London an der Syphilis, auch wenn auf dem Totenschein nur »Erschöpfung« vermerkt wurde.

Obwohl gemeinhin als »Koloß« der englischsprachigen Theaterwelt des 19. Jahrhunderts bezeichnet, dessen Leben sich zum allergrößten Teil im grellen Scheinwerferlicht der Öffentlichkeit abspielte, ist die Gestalt des Dubliners DION BOUCICAULT (d. i. Dionysius Lardner Boursiquot, 1820 oder 1822–90) in höchstem Grade geheimnisumwittert. Die Rätsel, die seine Person aufgibt, beginnen bereits mit dem Geburtsdatum; so heißt es, der immens produktive anglo-irische Bühnenschriftsteller, Schauspieler, Regisseur und Theaterdirektor habe seine Geburt um zwei Jahre zurückverlegt, um seine erstaunlich frühen Anfänge als Verfasser von Melodramen und Bühnenadaptionen – sein erstes Theaterstück, *Napoleon's Old Guard*, schrieb er bereits 1836 – noch frühreifer erscheinen zu lassen.

Geboren wurde Boucicault in 47 LOWER GARDINER STREET, einer damals noch halbwegs eleganten, dann ziemlich heruntergekommenen und heute wieder im Aufbau begriffenen Straße auf Dublins Nordseite, in der seine mit einem sehr viel älteren Weinhändler verheiratete Mutter eine der zahlreichen Fremdenpensionen betrieb – die frühe Farce *Lodgings to Let* (1839) bezeugt die Vertrautheit mit dem Milieu.

Aber wer war sein Vater? War es ihr Gatte Samuel Smith Boursiquot, der sich später von ihr trennte und über den man sich zuraunte, er sei in Athlone (Co. Westmeath) bei einem Fenstersturz zu Tode gekommen, als er sich mit einem Sprung aus dem Lotterbett vor dem Zugriff eines eifersüchtigen Ehemanns zu retten suchte? Oder war es einer ihrer Zimmerherren, der Gelehrte Dr. Dionysius Lardner (1793 bis 1859), bekannt für sein hundertvierunddreißig Bände umfassendes Nachschlagewerk *Cabinet Cyclopedia*? Boucicaults mit Umsicht gewählter Doppelname, erst recht aber seine beiden Pseudonyme verwischen jegliche Spuren unerwünschter Vaterschaft.

1827 zog Lardner mit der Mutter nach London, wo der Knabe die University College School besuchte. Nachdem er einige Lehrjahre als Bauingenieur absolviert hatte, hielt es ihn nicht länger, und mit achtzehn Jahren schloß er sich – unter dem Künstlernamen Lee Moreton, den er auch für seine ersten Stücke verwendete – als Wanderschauspieler mehreren Bühnen an, um gleich in den Rollen des Jago und des Hamlet zu glänzen. Hier konnte er die Erfahrungen sammeln, die ihm bei seiner oft nur auf oberflächliche Unterhaltung bedachten schriftstellerischen Produktion zustatten kamen.

Es folgte ein mehrjähriger Aufenthalt in Frankreich. Boucicault erlernte die Landessprache und setzte sich mit der französischen Roman- und Dramenliteratur auseinander. Die Ernte dieser Jahre brachte er mit seinen bühnenwirksamen Bearbeitungen, etwa *The Corsican Brothers* (1848) nach Alexandre Dumas d. Ä., ein. Er heiratete die wohlhabende Französin Anne Guiot, die freilich unter ebenso mysteriösen Umständen starb wie Boursiquot. Es ging das Gerücht, Boucicault habe sie in den Alpen in einen Abgrund gestoßen. 1853 zog er nach New York, wo er die bereits mit ihm liierte Schauspielerin Agnes Robertson heiratete, mit der er dreißig Jahre lang auf der Bühne stand und der er mehrere Hauptrollen auf den Leib schrieb.

Boucicault führte zahlreiche Neuerungen im Theater ein. So legte er größten Wert auf hyperrealistische Detailtreue, die er mit sensationellen äußerlichen Bühneneffekten zu erreichen trachtete. In seinem ersten amerikanischen Publikumserfolg etwa, *The Poor of New York* (1857), geht ein Haus regelrecht in Flammen auf und muß von einem Feuerwehrwagen gelöscht werden. Des weiteren unternahm er als erster mit einer Wanderbühne Tourneen durch die amerikanische Provinz. Um sich den Erlös aus seinen Urheberrechten zu sichern, trat der unermüdliche Aneigner und Bearbeiter fremder Stoffe und Ideen mit Erfolg für eine Reform des amerikanischen Copyright zugunsten der Bühnenautoren ein. Seine Vitalität und Produktivität war so phänomenal, daß er scherzhaft vorschlug, auf seinem Grab das Epitaph »Sein erster Urlaub« anzubringen. Fünfzig Jahre lang dominierte der versierte Theaterpraktiker in unterschiedlichster Kapazität die Bühnen Englands, Irlands, Amerikas und Australiens, bis seine spektakulär inszenierten, verschwenderisch ausgestatteten und von übertriebenem Pathos erfüllten Melodramen dem psychologisch-realistischen Drama der neunziger Jahre weichen mußten.

Trotz seiner unerschöpflichen Energie, seiner steilen Karriere und seiner überragenden Reputation befand sich Boucicault stets in Geldverlegenheit und sah sich von Gläubigern umstellt. Von den fünf Millionen Dollar, die er während seiner gesamten Theaterlaufbahn eingenommen hatte, blieb dem aufwendig lebenden Weltmann kein roter Heller. Gegen Ende seine Lebens war er gezwungen, Schauspielschüler zu unterrichten. Er starb in seiner Wahlheimat New York; die Totenfeier wurde in der Little Church Around The Corner abgehalten, begraben liegt er auf dem Mount Hope Cemetery.

Zu Boucicaults mehr als einhundertvierzig Bühnenwerken zählt auch *London Assurance* (1841), eine »moderne« Dreiecksgeschichte im Stile der Restaurationskomödie, die als bestes irisches Lustspiel zwischen Sheridan und Wilde gilt.

The Colleen Bawn (1860) basiert auf dem klassischen irischen Roman *The Collegians* (1829) von Gerald Griffin (1803–40), der seinerseits auf eine wahre Begebenheit, den Mord an einem sechzehnjährigen Bauernmädchen, zurückgriff. Obwohl sich der Täter, ein Angehöriger des Landadels, von dem brillanten Anwalt und Politiker Daniel O'Connell verteidigen ließ, wurde er seiner Strafe zugeführt und aufgehängt. Boucicaults vielgespieltes Stück gab auch das Libretto für die volkstümliche Oper *The Lily of Killarney* (1862) von Jules Benedict ab. In Killarney kann der Besucher heute noch den »Colleen Bawn Rock«, die »Colleen Bawn Caves« und »Danny Mann's Cottage« besichtigen; dabei trug sich der wirkliche Mord in Croom an der Mündung des Shannon zu – ein Beweis für die Realitätsmächtigkeit literarischer Fiktion. Bei der Londoner Uraufführung, die 278 Vorstellungen erlebte und von Queen Victoria viermal gesehen wurde, verkörperte der Autor die Rolle des Myles na gCopaleen, der sich in den aus grünblau flatternder Gaze bestehenden Lower Lake von Killarney stürzt. Dem Schriftsteller Flann O'Brien verhalf die erdachte Bühnengestalt (»Myles von den Pferdchen«) zu einem kauzigen Künstlernamen.

Die obligate Gedenktafel an der Klinkersteinfassade in der Gardiner Street, die Initialen von »DB's Townhouse« und die gerahmten

Programmzettel an den Wänden erinnern an diesen über lange Jahrzehnte hinweg überaus einflußreichen Mann. Übrigens lebte in demselben Gebäude eine Zeitlang der irisch-griechische Folklorist und Japanologe Lafcadio Hearn (Koizumi Yakumo, 1850–1904).

Ebenfalls auf der Nordseite der durch die Liffey zweigeteilten Stadt steht das 1991 eröffnete Dublin Writers Museum, lange Zeit das einzige Literaturmuseum der Innenstadt. Die elegant restaurierten Räumlichkeiten des 1769 vollendeten georgianischen Gebäudes 18 Parnell Square, Dublin 1, die an ein rühriges Haus für Gegenwartsliteratur (Irish Writers' Centre) anstoßen, beherbergen in anheimelnder Atmosphäre eine Dauerausstellung zum reichen literarischen Fundus der Stadt und der Insel insgesamt. In den Vitrinen finden sich Memorabilien wie Schreibmaschinen, Brillengestelle und Mitgliedsausweise sowie Porträts, Fotos, Briefe, Manuskripte und Erstausgaben mehrerer Generationen von Schriftstellern, die auf zweiunddreißig Texttafeln in einen literaturgeschichtlichen Kontext eingeordnet werden. Daneben werden Sonderausstellungen, Vorträge, Lesungen und andere Veran-

Dublin Writers Museum

staltungen geboten. Der komplizierten Beziehung Samuel Becketts zu seinem Herkunftsland ist eine eigene Ausstellung gewidmet. Architektonisch besonders besichtigenswert ist der prunkvolle Salon des Hauses im ersten Stock mit Lüstern, Kolonnade, Stukkaturen, goldenem Fries und bemalten Türpaneelen in ornamentalem Art-Nouveau-Stil.

Auch wenn es sich bei dem heutigen Abbey Theatre in MARLBOROUGH STREET nicht um den ehrwürdigen Originalbau handelt – der fiel 1951 einer Feuersbrunst zum Opfer –, auch wenn nur noch selten aufregende Inszenierungen geboten werden, sollte man sich doch einen abendlichen Besuch des 1966 neu eingeweihten Theaters nicht entgehen lassen – man muß sich nur die lange Reihe illustrer Persönlichkeiten vergegenwärtigen, die hier als Autoren, Direktoren und Schauspieler Karriere gemacht haben. Vielleicht wird gerade ein Stück jenes irischen Dramatikers gegeben, dessen Name neben denen von Yeats und Synge mit dem Aufschwung des irischen Sprechtheaters am engsten verbunden ist und der als größter irischer Bühnenautor »der zweiten Generation« gilt: SEAN O'CASEY (1880–1964).

»In Dublin, am letzten Märztag, irgendwann anfangs der achtziger Jahre, biß eine Mutter in Kindsnöten die Zähne zusammen, bohrte die Knie tief ins Bett hinein, schwitzte, keuchte und stöhnte, wurde gespannte, lebendige Masse aus Todesangst und Anstrengung, ächzte und preßte und ächzte und preßte und preßte einen kleinen Jungen aus ihrem Schoß hinein in eine Welt, in der weiße und schwarze und braune, schwarzweiße und braunweiße Pferde trapp trapp trappeditrapp über das holprige Pflaster trabten [...].« (Übers. von Georg Goyert.) Der kleine Junge, mit Taufnamen John Casey, war der dreizehnte Sprößling (»das letzte Tröpfken«) eines verarmten protestantischen Angestellten, der mit Frau und fünf überlebenden Kindern in einer der viktorianischen Mietskasernen Nord-Dublins hauste, zu denen die Prachtbauten des begüterten Adels im 19. Jahrhundert verkommen waren. Wo einst ein vornehmes Geschlecht residiert hatte, darin waren jetzt oft bis zu dreißig Familien eingepfercht. Fast alle dieser Elendsquartiere sind inzwischen abgerissen. Auch O'Caseys Geburtshaus 85 Upper Dorset Street in der Nähe von Parnell Square steht nicht mehr, sondern mußte einem Gebäude der Bank of Ireland weichen, doch eine Gedenktafel findet sich wohl; neben dem Taufbecken von St. Mary's Church auch O'Caseys Taufschein. Die von den Ärmsten der Armen bewohnten Slumviertel waren Schauplatz der vielgespielten Abbey-Trilogie von Tragikomödien, mit der O'Caseys Dubliner Theaterlaufbahn begann und mit der sie auch endete: *The Shadow of a Gunman* (1923), *Juno and the Paycock* (1924) und *The Plough and the Stars* (1926).

Aufgrund einer schmerzhaften Granulose der Bindehaut ging O'Casey nur unregelmäßig zur Schule (St. Mary's Infants School, ein georgianischer Bau mit prächtigen Stukkaturen in 20 Lower Dominick Street, ist heute Hauptquartier der National Youth Federation) und war zum größten Teil Autodidakt. So lernte derselbe O'Casey, der in seinen Stücken mit furiosem Wortwitz glänzen sollte, auch erst mit dreizehn Jahren lesen, dann aber war er ein um so besessenerer Büchernarr. Von 1894 bis 1926, also noch weit über seine ersten Anfänge als Bühnenautor hinaus, war er in den verschiedensten Branchen als Hilfsarbeiter tätig.

Zwar empfing er entscheidende Impulse für sein späteres Schaffen auch von der Gälischen Liga und der Irish Republican Brotherhood, doch besonders stark beeindruckte ihn der Arbeiterführer Jim Larkin, in dessen Transportarbeitergewerkschaft ITGWU er 1911 eintrat und dessen irische Spielart von Sozialismus er übernahm (»das Himmelreich in der Natur Jedermanns«). 1914 wurde er Erster Sekretär der von dem Marxisten James Connolly gegründeten Irish Citizen Army. Im Rahmen seines politischen und gewerkschaftlichen Engagements brachte er seine ersten Artikel, Pamphlete und Sketche zu Papier. Am Osteraufstand 1916 und am irischen Unabhängigkeitskrieg 1919–21, mit deren kritischer Durchleuchtung er die Nationalisten gegen sich aufbrachte, beteiligte er sich hingegen nicht, und seine kritische Geschichte der Bürgerwehr rief Unwillen hervor. Der katholische Republikanismus Pearsescher Prägung war dem überzeugten Sozialisten zu mystisch und religiös, der Nationalismus der Aufständischen beruhte für ihn auf ideellen Abstraktionen und rhetorischen Kunstgriffen, statt in der politischen Realität der materiellen Bedürfnisse des Volkes zu wurzeln. So mögen zwar in seinen Stücken hinter der Bühne bewaffnete Kämpfe toben, doch am Leben der unterdrückten Slumbewohner selbst ändert sich nichts.

Protegiert von W. B. Yeats und Lady Gregory, fand der bibelfeste O'Casey in seinen »drei flammenden Meisterwerken« zu einer eigenen, aus Dubliner Slang und Bibelzitaten bestehenden farbigen Bühnensprache, die der pragmatischen Lebensauffassung Dubliner Arbeiter und Arbeiterinnen ebenso Ausdruck verlieh wie der umwerfenden Vulgarität ihrer Umgangsformen. Hier finden wir die für O'Casey typische Charakterzeichnung und Figurenkonstellation: zwischen Tücke und Rührseligkeit schwankende männliche Maulhelden, Tagträumer und Müßiggänger neben resoluten, tapfer leidenden, stoischen Frauengestalten aus dem einfachen Volk. Hier finden wir Situationskomik und Sprachartistik und erleben die Bewahrung von Würde in widrigen Umständen.

Fanden die beiden ersten Stücke trotz der ironischen Behandlung liebgewordener politischer Positionen beim Publikum noch begeisterte Aufnahme, so kam es bei der Uraufführung des satirischen Dramas *The Plough and the Stars* zum Eklat; Dublin erlebte seinen dritten gro-

Sean O'Casey

ßen Theaterskandal. Eine revolutionäre Fahne im Wirtshaus und der Auftritt einer Prostituierten entfachten einen Sturm der Entrüstung. Am 8. Februar 1926, dem vierten Spielabend, brachen Krawalle aus. Nationalistischer Stolz und katholische Prüderie verbanden sich in der feindseligen Abwehr des »Gassenkinds aus den Slums«. Wie schon einmal im Jahre 1907 mußte Yeats zur Verteidigung eines Hausautors vor den Vorhang treten: »Wieder habt ihr Schande über euch gebracht! Soll das die immer wiederkehrende Feier zur Ankunft eines irischen Genius sein? Erst Synge, dann O'Casey? Die Nachricht von den Vorfällen der letzten paar Minuten wird von Land zu Land eilen. Erneut hat Dublin an der Wiege eines Genies gestanden. Von einer solchen Szene in diesem Theater ist Synges Ruhm ausgegangen. Ebenso wurde heute der Ruhm O'Caseys hier geboren. Dies ist seine Apotheose.«

Nach den heftigen Protesten gegen sein drittes Bühnenstück verblieb der Autor, der sich im März 1926 zur Entgegennahme des Hawthornden-Preises in London aufhielt, im selbstgewählten Exil. In seinem siebenundvierzigsten Lebensjahr heiratete er dort die irische Schauspielerin Eileen Carey. War er in der Emigration von seiner Heimat nunmehr abgeschnitten, so gelang ihm doch zugleich der Schritt von der melodramatischen »Küchenkomödie« zum revolutionären poetischen Drama, von der naturalistischen Gestaltungsweise zum modernen, experimentellen Theater.

1938 zogen die O'Caseys nach Totnes (Devon), 1954 nach Torquay, wo der Vierundachtzigjährige »mit dem bunten Käppi« (vgl. den Titel des Essaybandes *Under a Coloured Cap*, 1963) einem Herzinfarkt erlag. Seine Asche wurde im Garden of Remembrance im Golders Green Crematorium von Finchley, London, verstreut. Was bleibt, sind die drei Evergreens des aufsässigen Stückeschreibers: Das irische Bürgertum, das sich längst selber vom nationalrevolutionären Impetus abgewendet hat, kann O'Caseys Absage an die Anfänge des Staates inzwischen goutieren, nicht hingegen die Dramen des Sozialisten und Kommunisten O'Casey, der sein antifaschistisches Agitationsstück *The Star Turns Red* (1940) »den Männern und Frauen, die im Jahr Neunzehnhundertdreizehn den großen Dubliner Ausstand durchfochten«, widmete.

Zu den Bühnenwerken der zweiten Schaffensperiode, die in Irland daher so gut wie nie gespielt werden, zählen unter anderem *Within the Gates* (1934), *Red Roses for Me* (1943), *Purple Dust* (1945), *Oak Leaves and Lavender* (1947), *Cock-a-Doodle Dandy* (1949) und *Behind the Green Curtains* (1962). *The Drums of Father Ned* (1959), wie *The Bishop's Bonfire* (1955) ein ausgesprochen antiklerikales Stück, mußte 1958 vom Dublin Theatre Festival abgesetzt werden, weil sich der Erzbischof von Dublin geweigert hatte, den Eröffnungsgottesdienst abzuhalten. Immerhin konnte im Arts Centre von Newry (Co. Down) durch O'Caseys Tochter Shivaun eine O'Casey Theatre Company gegründet werden.

Besonders lesenswert ist auch O'Caseys von Vitalität strotzende Autobiographie des teilweise fiktiven »Johnny Casside« in sechs Bänden, *I Knock at the Door* (1939), *Pictures in the Hallway* (1942), *Drums under the Window* (1945), *Inishfallen, Fare Thee Well* (1949),

Rose and Crown (1952) sowie *Sunset and Evening Star* (1954). Hierin beschwört O'Casey nicht nur seine Dubliner Kindheit und die Hauptstadt der Jahrhundertwende, sondern schildert auch seinen Werdegang als Arbeiterrebell und Künstler. Den Abschluß des umfangreichen, mit Liedern, Versen und Briefen durchsetzten Werkes bildet bezeichnenderweise das Wort »Hurra«.

Samuel Beckett bewunderte an O'Caseys Volkstheater das irreparable Auseinandertreten von Geist und Welt: »O'Casey ist ein Meister des Klamauks in einem sehr ernsten und ehrbaren Sinn – nämlich daß er noch in den selbstzufriedensten Festgefügtheiten das Prinzip des Zerfalls erkennt und zur Explosion bringt. Das ist die Kraft seines Theaters: der Triumph des Klamaukprinzips in jeder Situation, in allen ihren Momenten und auf allen ihren Ebenen, vom Mobiliar bis zu den höheren Dingen.« O'Casey freilich revanchierte sich für dieses Lob mitnichten: »Beckett? Mit Beckett habe ich nichts zu schaffen. Er ist nicht in mir und ich nicht in ihm. Ich warte nicht auf Godot, daß er mir Leben bringt; ich laufe selbst hinter dem Leben her, auch in dem Alter noch, das ich erreicht habe. Was hat auch nur einer von euch mit Godot zu schaffen? Noch im Leben des Geringsten unter uns ist mehr Leben, als Godot geben kann.«

Das Hauptportal von TRINITY COLLEGE, der altehrwürdigen, 1592 von Elisabeth I. zur Beförderung der Reformation gestifteten Alma Mater, wird von den Bronzestandbildern zweier irischer Geistesgrößen geziert: Oliver Goldsmith (→ Co. Westmeath) zur Rechten, Edmund Burke zur Linken, beide von dem Bildhauer John Henry Foley geschaffen. Vielleicht wäre die umgekehrte Anordnung politisch sinnvoller gewesen; denn war auch EDMUND BURKE (1729–97) in der britischen Innen- und Außenpolitik lange Zeit dem liberalen Lager der Whig-Partei zuzurechnen, so bezog er doch in Hinblick auf das umwälzendste Ereignis der europäischen Zeitgeschichte, die Französische Revolution, eine eindeutig konterrevolutionäre Position, die ihren Errungenschaften wie ihren Schrecken gleichermaßen galt. Karl Marx, der sich in *Das Kapital* auf ökonomische Beobachtungen Burkes stützen konnte, beurteilte seinen Gewährsmann in politischer Hinsicht denn auch äußerst kritisch: »Dieser Sykophant, der im Sold der englischen Oligarchie den Romantiker gegenüber der Französischen Revolution spielte, ganz wie er, im Sold der nordamerikanischen Kolonien beim Beginn der amerikanischen Wirren, gegenüber der englischen Oligarchie den Liberalen gespielt hatte, war durch und durch ordinärer Bourgeois: ›Die Gesetze des Handels sind die Gesetze der Natur und folglich die Gesetze Gottes.‹ Kein Wunder, daß er, den Gesetzen Gottes und der Natur getreu, stets sich selbst auf dem besten Markt verkauft hat!«

Burkes epochaler Essay *Reflections on the Revolution in France* (1790), von dem preußischen Beamten und späteren Staatsschriftsteller Metternichs, dem reaktionären Demagogenverfolger Friedrich von Gentz (1764–1832), in ein funkelndes Deutsch übertragen, ist eine scharfe Abrechnung mit den Lehren, Zielen und Methoden der Revolution, noch bevor diese sich zur Jakobinerdiktatur fortentwickelte. Mit seiner Kampfschrift gegen die Idee der Menschenrechte, der Volkssouveränität und des Mehrheitswillens (»die schweinische Vielheit«) schuf Burke die theoretische Grundlage für den Konservatismus des 19. Jahrhunderts. Für ihn war der Gesellschaftsvertrag nur das Abbild eines ewigen Gottesvertrags, so daß historisch gewachsene Institutionen für immer geheiligt waren und bestenfalls organisch-evolutionär abgelöst werden durften. Der nationale Volksgeist, von einer fähigen Führungsschicht interpretiert, galt ihm als Werkzeug göttlicher Offenbarung; statt des gewaltsamen Umsturzes durch den Mob predigte er »unendliche Behutsamkeit«.

Burke war einer der ersten, der den Versuch einer politischen Umgestaltung der Gesellschaft nach Maßgabe des Rationalismus frontal angriff und den universellen Anspruch der französischen Aufklärung durch einen nationalistischen Volksgeistbegriff ersetzte, wie er dann in der Staatsauffassung der deutschen politischen Romantik (Novalis, Adam Müller) vollends zur Entfaltung kam. In dem republikanisch-radikaldemokratischen Denker Thomas Paine (1737–1809), einem Miederwarenhändler aus Thetford (Norfolk), fand der Propagandist eines Weltbürgerkriegs jedoch einen ebenbürtigen Kontrahenten. Mit der naturrechtlich fundierten Staatslehre seines Traktats *The Rights of Man* (2 Bde., 1791/92), von dem eine Million Exemplare verkauft wurden, trug Paine in der folgenschweren Debatte den theoretischen Sieg davon. Der Titel seiner Schrift *The Age of Reason* (2 Bde., 1794/95) gab der Epoche der Aufklärung ihren englischen Namen.

Der Dubliner Rechtsstudent Burke, Sohn eines protestantischen Anwalts und einer katholischen Mutter, der in London statt der juristischen eine politische Laufbahn als Parlamentarier einschlug und sich zugleich in dem literarischen Zirkel um Samuel Johnson in Soho bewegte, besaß das geistige Format eines Staatsmannes, ohne es je zu hohen Ämtern und Würden zu bringen. Insbesondere glänzte er als Orator und war »an Begriffs- und Vorstellungsvermögen jedem anderen Redner, ob alt oder modern, überlegen« (Lord Macauley). Eine seiner

Marathonreden dauerte volle neun Tage! Obzwar er zu jedem politischen Streitpunkt Profundes zu sagen wußte, blieb ihm der eigentliche Erfolg, nämlich die Umstimmung seiner Parlamentskollegen, verwehrt. Daran war sicherlich nicht nur seine irisch-bürgerliche Familienherkunft schuld, die ihn in den Augen englischer Aristokraten von vornherein disqualifizierte, sondern auch der Umstand, daß er für die Tagespolitik zu philosophisch dachte, ebenso wie für die Philosophie zu politisch.

In zahllosen gleichermaßen eloquenten wie couragierten Parlamentsreden und offenen Briefen sprach sich der große Gegner der Französischen Revolution zugleich für die amerikanische Unabhängigkeit, für religiöse Toleranz, für eine Reform des indischen Kolonialregimes und gegen den Sklavenhandel aus. Über irische Angelegenheiten, etwa den Außenhandel, die drakonischen antikatholischen Strafgesetze und die Emanzipation der Katholiken, äußerte er sich freimütig und kritisch. So schrieb er bereits 1747 als junger Student über die Auswirkungen der ersten großen Hungersnot: »Wer dieses Königreich bereist, wird eine solche Armut gewahren, wie nur wenige Nationen in Europa sie kennen. [...] In der Tat ist Geld ihnen fremd; und wären sie dem *Goldenen Zeitalter* in anderer Hinsicht ebenso nahe wie in dieser, so wären sie das glücklichste Volk auf der Welt. Was ihre Ernährung betrifft, so ist wohlbekannt, daß sie nur selten Brot oder Fleisch kosten; im Sommer besteht ihre Nahrung aus Kartoffeln und saurer Milch; im Winter, wenn etwas Nahrhafteres erforderlich ist, sind sie noch übler dran und leben von derselben Knolle, die nur mit etwas Salz abgeschmeckt und mit Wasser hinuntergespült wird. Ihre Kleider sind so zerlumpt, daß sie das Elend, das sie zudecken sollen, eher zur Schau stellen denn verbergen; ja, es ist kein ungewöhnlicher Anblick, ein Halbdutzend Kinder splitternackt aus einer Hütte rennen zu sehen, die sich kaum von einem Misthaufen unterscheidet, zur großen Schande unseres Landes bei Ausländern, die sie zweifellos als Wilde hinstellen werden, indem sie, was ihrer nicht behebbaren Armut entspringt, einer freien Entscheidung zuschreiben.«

Begonnen hatte Burke seine schriftstellerische Karriere mit der Parodie *A Vindication of Natural Society* (1756) und der ästhetischen Abhandlung *A Philosophical Enquiry into the Origin of Our Ideas of the Sublime and the Beautiful* (1757), in der er ästhetische Urteile psychologisch begründet. In seiner *Kritik der Urteilskraft* (1790) bezeichnet ihn Immanuel Kant als »vornehmsten Verfasser« der physiologisch-psychologischen Betrachtungsweise, dessen »Zergliederungen der Phänomene unseres Gemüts überaus schön« seien und »reichen

Stoff zu den beliebtesten Nachforschungen der empirischen Anthropologie« gäben.

Burkes Geburtshaus, 12 Arran Quay, steht nicht mehr, und seine Grabstätte befindet sich in Beaconsfield bei London, wo er starb. Aber das Edmund Burke Theatre im Trinity College führt seinen Namen fort, und in Dublins St. Michan's Church ist das Taufbecken zu sehen, über das der kleine Edmund gehalten wurde. Ebenfalls zu besichtigen ist das Ballitore Museum zwölf Kilometer nördlich von Castledermot in Ballitore (Co. Kildare), einer vor dreihundert Jahren von der Gesellschaft der Freunde begründeten Ortschaft. 1726 richtete der Quäker Abraham Shackleton aus Yorkshire in Ballitore ein Internat ein, das demokratischen Prinzipien folgte und auch anderen Konfessionen offenstand. Bedeutendster Schüler war Edmund Burke, der sich hier die breite literarische und philosophische Bildung erwarb, für die er zu Recht berühmt war.

Hat man sich schon einmal vor dem Westeingang der Universität postiert, so sollte man sich auch den in schöner Symmetrie angelegten, kopfsteingepflasterten Innenhof mitsamt italienischem Glockenturm nicht entgehen lassen. Bibliophile werden sich ohnehin den eichenholzgetäfelten Langen Saal der Alten Bibliothek anschauen, in dem unter anderen kostbaren Schätzen das weltberühmte Book of Kells ausgestellt wird. Das aus dem 8. oder 9. Jahrhundert stammende Evangeliar, von unbekannter Mönchshand üppig illuminiert, liegt in einer Glasvitrine aus. Um dieses grandioseste Beispiel kelto-sächsischer Buchmalerei ganz in Augenschein zu nehmen, müßte man 170mal wiederkommen; denn täglich wird nur ein Folioblatt des 1953 neu gebundenen Unikats umgewendet.

Zur sakralen Literatur des irischen Frühmittelalters gehörte stets auch die kalligraphisch-ornamentale Illustration im sogenannten Insularstil. So enthalten die Kalbspergamentseiten des *Book of Kells* die verschlungensten Arabesken und Bänder, aus denen sich oft groteske Tier- und Menschenleiber winden und zu einem bizarren Bestiarium vereinen. Über den kunstreichen Miniaturen und prächtigen Initialgemälden läßt sich leicht vergessen, daß die Schmuckblätter und die Bildszenen dazu dienten, das Wort Gottes zu verbreiten, so sehr vermengen sich religiöse Andacht und ausgelassener Humor.

Obwohl der Sage nach der hl. Columcille Verfasser der lateinischen Handschrift ist, steht ihr Ursprungsort – das schottische Iona oder das irische Kells – nicht eindeutig fest. Im Jahre 1006 stahlen Diebe aus dem Skriptorium der columbanischen Klosterstätte Kells (Ceannanus

Book of Kells

The Long Room, Trinity College, Dublin

Mór, Große Residenz) in der Grafschaft Meath die juwelenbesetzte goldene Schatulle (*cumdach*) und vergruben das Buch, das erst nach drei Monaten wiederaufgefunden wurde. Seit 1661 befindet sich die Handschrift im Besitz des Trinity College. Unter allen Manuskripten, die, neben anderen Rara und Rarissima, in der Bibliothek verwahrt werden – *Book of Durrow* (7. Jh.), *Book of Dímma* (8. Jh.), *Book of Armagh* (9. Jh.) oder *Book of Leinster* (12. Jh.) –, ist das *Book of Kells* das unbestrittene Hauptstück. 1990 brachte der Faksimile-Verlag Luzern eine auf 1480 Exemplare zu je 18 000 Dollar limitierte originalgetreue Nachbildung heraus, die die abstrakten und figurativen Motive farblich ausgezeichnet zur Geltung bringt. In der Tradition des *Book of Kells* steht auch *The Great Book of Ireland*, ein zur Dubliner Tausendjahrfeier gefertigtes Unikat, zu dem Dutzende namhafter irischer Künstler und Autoren der Gegenwart, darunter auch der todkranke Samuel Beckett, Illustrationen, Verse und Namenszüge beitrugen.

»Wie sonderbar, daß im Laufe der letzten drei Jahrhunderte von Swift und Sheridan bis zu Shaw und Joyce – diesem Sammelsurium deplazierter Personen – die Siebente Stadt der Christenheit, erbaut von hellhaarigen Fremden in einem der Hinterhöfe Europas, den Engländern durchweg beigebracht hat, wie man in ihrer Sprache schreibt.« So brüstete sich Denis Johnston (1901–84), mit seinen teils expressionistischen Theaterstücken *The Old Lady Says »No«!* (1929), *The Moon in the Yellow River* (1931) und *The Scythe and the Sunset* (1955) selbst ein Autor von nicht unbeträchtlichem Talent. Was er zu erwähnen vergaß, war die Kehrseite der Medaille: daß die sprachlichen, oft satirischen Impulse, die irische Autoren dem englischen Literaturbetrieb immer wieder gaben, mit einem spürbaren Aderlaß erkauft waren – mit dem Export der betreffenden Impulsgeber, die nur in der Literaturmetropole London ein Fortkommen fanden oder zu finden glaubten und bestenfalls von ihrem Exil aus auf Irland zurückwirkten.

So sind denn in Dublin selbst von RICHARD BRINSLEY SHERIDAN (1751–1816), dem von Johnston erwähnten anglo-irischen Lustspielautor und Politiker, fast keinerlei Spuren mehr zu finden. Sein Geburtshaus 12 Upper Dorset Street ist längst abgerissen (das Sheridan Inn und die Arbeitersiedlung Sheridan Court lassen den genauen Standort nur vermuten), und lediglich in GRAFTON STREET, Dublins belebter Fußgänger- und Einkaufszone, erinnert eine Plakette an den bedeutenden Dramatiker und Erneuerer des englischen Theaters. Wo heute Passanten sich zum Stelldichein bei Kaffee und Kuchen verabreden, in Bewley's stets überfülltem, duftgeschwängertem Oriental Café (Nr. 79), stand früher Samuel Whyte's Academy Dublin. Hier ging nicht nur der junge Sheridan zur Schule, hier hörten auch Thomas Moore, Robert Emmet und der Duke of Wellington über die »Liebe zur Wahrheit und die Schimpflichkeit von Ausflüchten« (George Stokes).

Sheridan war das jüngste von fünf Kindern des Schauspielers, Lexikographen und Sprecherziehers Thomas Sheridan d. J. (1719–88) und der Schauspielerin, Bühnen- und Romanschriftstellerin Frances Sheridan geb. Chamberlaine (1724–66), aus deren Feder *Memoirs of Miss Sidney Bidulph* (1761) stammt. Wenn man die eingeheirateten Familienmitglieder mitrechnet, begründeten die Eltern Sheridan eine regelrechte Künstlerdynastie, die bis zu Sheridan Le Fanu reicht. Der Vater, Patenkind und Biograph Jonathan Swifts, der in dem Sheridanschen Familiensitz Quilca House bei Virginia (Co. Cavan) ein und aus ging, leitete mit großem Erfolg das Theatre Royal in Smock Alley und sah sich erst 1754, als Tumulte zur Schließung seiner Bühne führten, gezwungen, Irland den Rücken zu kehren und sich zunächst in London, dann in Bath niederzulassen, wo er eine Sprechschule gründete und im Jahr der Französischen Revolution ein von Samuel Johnson angefeindetes *Complete Dictionary of the English Language* verfaßte.

Sein Sohn folgte ihm 1759 nach England, um niemals wieder zurückzukehren, und setzte seine Schulausbildung von 1762 bis 1768 in Harrow on the Hill fort. 1772 schützte er die für ihre Schönheit berühmte Sängerin Elizabeth Linley (»die Maid von Bath«) vor den unerwünschten Nachstellungen eines gewissen Major Matthews, indem er mit ihr nach Frankreich durchbrannte und sich, noch minderjährig, selber mit ihr trauen ließ. Bevor er sie im April 1773 in einer gültigen Zeremonie zum Altar führen durfte, mußte er sich mit seinem Nebenbuhler zweimal blutig duellieren. Seine Erlebnisse flossen in das Bühnenwerk ein, mit dem er 1775 debütierte: Die lebhafte Komödie *The Rivals* handelt von elterlicher Tyrannei, Intrige, Flucht und Zweikampf. In ihr begegnen wir außer Sir Lucius O'Trigger und Sir Anthony Absolute der herrlichen Gestalt der Mrs. Malaprop, die ganz nach Manier der Dubliner Straßenhändlerinnen (und Komödianten) entlarvenden sprachlichen Mißgriffen erliegt: »Sie ist so halsstarrig wie eine Allegorie am Ufer des Nils.« Nach Mrs. Malaprop ist das psycholinguistische Phänomen des Malapropismus benannt: die Verwendung von Wörtern, besonders Fremdwörtern, »zur Unzeit« und an falscher Stelle.

Innerhalb der nächsten fünf Jahre brachte Sheridan fünf weitere Komödien und Farcen zur Aufführung. Besonders sein Meisterwerk, die immer wieder aufgeführte Sittenkomödie *The School for Scandal*, in der wiederum urkomische Figuren mit sprechenden Namen auftreten, ist ein Triumph brillanten Witzes, verwickelter Handlungsführung und an Congreve und Farquhar geschulter feinsinniger Dialoge. Mit der ätzenden Satire auf die sentimentale Heuchelei der feinen Gesellschaft belebte Sheridan die alten Konventionen der »lachenden Komödie« der Restaurationszeit und erschrieb sich einen bleibenden Platz im englischen Drama. Vorbild waren ihm Molière und sein Landsmann Richard Steele (1672–1729).

1776 erwarb Sheridan von David Garrick für die gewaltige Summe von 35000 Pfund einen Anteil an dem einflußreichen Drury Lane Theatre London, zwei Jahre später zahlte er für den Rest des königlichen Patents weitere 45000 Pfund. 1794 ließ er das Theater ausbauen und erhöhte die Kapazität von 2362 auf 3611 Sitze. Als das Haus 1809 völlig ausbrannte, stand er vor dem finanziellen Ruin. Wie es heißt, hielt er sich in einer nahen Wirtsstube auf und trug den Schicksalsschlag mit Würde und Witz: »An seiner Feuerstelle darf ein Mann ja wohl noch ein Gläschen Wein zu sich nehmen.«

Nach seiner kurzen Zeit als Bühnenautor verfolgte Sheridan, neunundzwanzigjährig, eine zweite Karriere als Politiker. Von 1780 an war der Parteigänger der Whigs (Vorläufer der Liberalen) Parlamentsabgeordneter für Stafford und bekleidete mehrere Ministerposten, bis er 1812 seinen Sitz verlor. Sheridan war ein begnadeter politischer Redner, dessen Beiträge zur parlamentarischen Debatte, darunter Stellungnahmen für die amerikanische Unabhängigkeit und die Französische Revolution, für Pressefreiheit, katholische Emanzipation und Landreform, zündend wirkten (vgl. *Speeches*, 1816). Seine fast sechsstündige Marathonrede zur Amtsenthebung des ostindischen Generalgouverneurs Warren Hastings 1788 (»die erstaunlichste Leistung an Beredsamkeit, Argumentationskraft und Witz zusammengenommen, von der wir wissen oder die überliefert ist« – Edmund Burke) hinterließ einen so gewaltigen Eindruck, daß die Sitzung vertagt werden mußte, damit die Gemüter sich beruhigen konnten. Da Sheridan über seine Verhältnisse lebte, starb er, wie so viele Iren in London, in bitterer Armut. Dafür wurde ihm ein mit großem Zeremoniell ausgerichtetes, prunkvolles Begräbnis in Poets' Corner, Westminister Abbey, zuteil.

Vorbei an dem Geburtshaus des Romanciers Samuel Lover (1797 bis 1868) in 60 Grafton Street geht es in die HARRY STREET, eine schmale Seitenstraße. Hier steht McDaid's, das zum Feuchtbiotop umgebaute Gotteshaus einer Herrnhuter Gemeinde, eine jener Kneipen wie Davy Byrnes oder The Bailey, die in den fünfziger und sechziger Jahren Dublins Renommee als Ort (Lokal) trinkfester Literaten und literaturfester Trinker beförderten. In keiner anderen Stadt ist der existentielle Zusammenhang zwischen Alkoholkonsum und Textproduktion so ausgeprägt wie in Dublin (altnordisch *Dyfflin*), dem »schwarzen Pfuhl«. Einer der Stammgäste neben Patrick Kavanagh und Flann O'Brien war BRENDAN BEHAN (Breandán Ó Beacháin, 1923–64), Bühnenautor, Erzähler und Enfant terrible. (»Andere Völker haben eine Nationalität. Iren und Juden haben eine Psychose.«) Hier, in einer schummrigen Ecke der Bar, stellte er seine klapprige Schreibmaschine auf, um, beflügelt von seidigem Guinness, an seinen irischsprachigen Stücken zu arbeiten, die er selbst ins Englische übertrug.

Von den Schriftstellern der Nachkriegszeit ist Behan derjenige, dessen charismatische Persönlichkeit (»larger than life«) seinem literarischen Schaffen durchaus das Wasser reicht. Zehntausenden deutscher Theatergänger durch seine quirligen, kaleidoskopartigen Bühnenwerke *The Quare Fellow* (1956), *The Hostage* (1958) und das satirische Friedhofsstück *Richard's Cork Leg* (postum 1972) bekannt, gilt er in seiner

Heimat trotz des brillanten, mit Freimut, derbem Galgenhumor und überreicher Humanität verfaßten autobiographischen Gefängnisromans *Borstal Boy* (1958) und seiner traurig-komischen Kurzgeschichten über Liebe, Leid und Tod (*After the Wake*, postum 1981) fast mehr als geistreiches Unikum und witziger Kopf denn als ernst zu nehmender Autor. Mit seinem schier unerschöpflichen Gesangs- und Erzähltalent, seinen Sottisen und Bonmots, die er in denselben Mengen hervorsprudelte wie der von ihm bewunderte Oscar Wilde, wurde der rastlose Vagant – irisches Pendant eines François Villon oder François Rabelais – schon zu Lebzeiten zur Legende.

Behan entstammte jener Schicht der Arbeiterklasse Nord-Dublins, deren tragende ideologische Säulen Republikanismus, Sozialismus und Katholizismus hießen (später sollte er von sich behaupten, er sei Atheist bei Tage und Katholik bei Nacht). Sein Haus in 14 Russell Street an der North Circular Road, Dublin 1, ist inzwischen durch die Wohnanlage Brendan Behan Court ersetzt. (Geboren wurde er allerdings in Holles Street Hospital – oder geschah es, wie er behauptete, »in einem Farbtopf«?) Der zwangsweise Umzug aus dem ehemaligen Slumgebiet nach 70 Kildare Street, Kimmage, damals noch weit außerhalb der Stadtgrenzen gelegen, war für die Familie ein Trauma, das Behan fünfzehn Jahre später in dem Hörspiel *Moving Out* (1952) verarbeitete.

Einer ehrbaren Tradition seiner literarisch interessierten Familie folgend, trat der junge Anstreicherlehrling, der Bolton Street Technical School besuchte, frühzeitig in die Fianna Éireann und die IRA ein, die bald darauf eine Bombenkampagne in England plante. Behan wurde gleich nach seiner Ankunft in Liverpool wegen Sprengstoffbesitzes festgenommen und war 1940/41 in der Jugendverwahranstalt Hollesley Bay bei Ipswich (Suffolk) inhaftiert. Kaum wieder in Irland, wurde er wegen versuchten Mordes (er hatte in angetrunkenem Zustand zwei Schüsse auf Geheimpolizisten abgegeben) zu vierzehn Jahren Freiheitsentzug verurteilt. Nachdem er 1946 aufgrund einer Generalamnestie vorzeitig entlassen worden war, fand er Arbeit als Maler und Seemann. 1948–50 hielt er sich in Paris auf, danach wurde er Kolumnist (*Hold Your Hour and Have Another*, 1963) und freier Schriftsteller.

Der Bilderbuchrebell mit Flair und Sinn für dramatische Gesten war demnach mit dem Schießeisen ebenso rasch bei der Hand wie mit seiner mächtigeren Waffe: dem Wort. Kein Wunder, daß er mehr Gefängnisse von innen sah als Schulen. Die höheren Lehranstalten, in denen er Irisch lernte, seine Literaturkenntnisse vervollständigte und die ersten Schreibversuche unternahm, hießen Mountjoy, Arbour Hill und Curragh Camp. Kneipe, Knast und Kiez waren die Milieus, die auch den Schriftsteller prägten; sie gaben ihm seine Themen vor: »Die Iren sind nicht mein Publikum, sie sind mein Rohmaterial. Ich mache sie unsterblich.«

Trotz seines zur Schau gestellten Zynismus war der lärmende Rauf- und Trunkenbold sehr viel dünnhäutiger, als er sich den Anschein gab, und der bei aller Geselligkeit, allem Hang zu prahlerischem Exhibitionismus wohl zutiefst einsame Autor ließ immer wieder erkennen, wie sehr ihm an Zuneigung und Zuwendung um jeden Preis gelegen war. Nicht zufällig ist eines seiner chinesisch einfachen gälischen Gedichte mit »Einsamkeit« überschrieben:

Der Geschmack
regenfeuchter Brombeeren
auf der Anhöhe.

In der Stille des Kerkers
die kalten Pfiffe des Zugs.

Geflüster und Lachen der Liebenden
in den Ohren des Einsamen.

Nicht von ungefähr war seine Lieblingsmaxime das irische Sprichwort »Is fearr an t-imreas ná an t-uaigneas« (»Streit ist besser als Einsamkeit«).

Fesselnder Alleinunterhalter, der er war, verschaffte sich Behan durch geschickte Manipulation der Medien mehr und mehr Popularität, indem er selbst in das Rampenlicht drängte, das auf seine Bühnenfiguren herabschien, sich als fiktiven Charakter (»Brending Behing«) in die eigenen Werke einschrieb und Aufführungen seiner Stücke ebenso provozierend wie beifallheischend unterbrach. Offenbar stand er unter dem inneren Zwang, dem Erfolg einesteils nachzujagen, ihn andererseits aber ebensooft zu untergraben und die eigenen Leistungen zu desavouieren. Sein schmales, fast ausschließlich autobiographisches Œuvre verfaßte er in nur vier Jahren, von 1954 bis 1958. Kaum hatte er sich in die vorderste Reihe der irischen Schriftsteller katapultiert, da hatte er sich auch schon verausgabt. Von daher wäre es verfehlt, wollte man Behans Alkoholismus (ein Dutzend Biere und zwei bis drei Flaschen Whiskey täglich) zum positiven Lebensprogramm stilisieren und somit die Krankheit zur Kur erheben. Für den gesundheitlich gefährdeten Diabetiker war die von früh an eingeübte Trunksucht ein Suizid auf Raten.

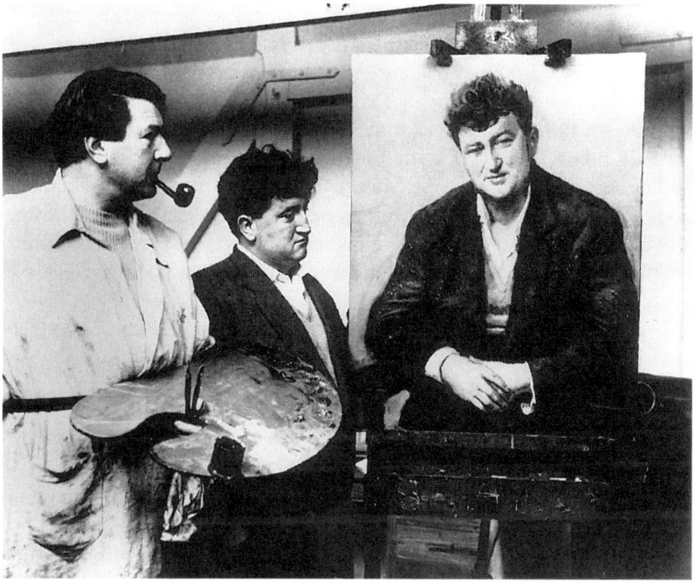

Brendan Behan – das Original und sein Ebenbild

Der Zusammenbruch, den Behan 1958 erlitt, stand vermutlich in ursächlichem Zusammenhang mit zwei diametral entgegengesetzten Erfahrungen: dem immensen Bühnenerfolg der von Joan Littlewood zu einem Varieté umgearbeiteten Tragikomödie *The Hostage* im Londoner West End und den unüberwindlichen Schreibhemmungen, die Behan an seiner schriftstellerischen Begabung zweifeln ließen. In dem Augenblick, da er den internationalen Durchbruch erzielt hatte und zum Publikumsliebling avanciert war, sah er sich nicht mehr in der Lage, die hochgesteckten Erwartungen zu befriedigen. Seine Bühnenwerke waren ihm aus der Hand genommen und reüssierten dank den dramaturgischen Eingriffen anderer. Die Bücher, die kurz vor beziehungsweise nach seinem Tod erschienen, *Brendan Behan's Island. An Irish Sketch-book* (1962), *Brendan Behan's New York* (1964) und *Confessions of an Irish Rebel* (1965) wurden allesamt der amerikanischen Verlagslektorin Jae Reffs auf Tonband diktiert.

Ein Freund Behans, Seamus de Burca, beschreibt sein Ende im Meath Hospital, Heytesbury Street, wie folgt: »Als er starb, bahrten ihn die Krankenschwestern in seinem Zimmer auf, ganz für sich allein, als wäre es ein Schlafzimmer in seinem Haus; und sie stellten bei seinem Kopf zwei brennende Kerzen auf; und seine Freunde kamen herbei, um ihm die letzte Ehre zu erweisen oder Totenwache zu halten. Ich sah den Borstal Boy zusammen mit meiner Mutter. Wir küßten ihn beide. Und nachdem wir niedergekniet waren, um für seine teure Seele zu beten, äußerte sich meine Mutter über seine schönen Gesichtszüge und den außergewöhnlichen braungelockten Haarschopf. James Power nahm seine Totenmaske ab.« Behans letzte Worte, an eine der Nonnen gerichtet, die ihn pflegten, lauteten typisch behanesk: »Mögen Sie die Mutter eines Bischofs werden!« Das Leichenbegängnis auf dem Friedhof von Glasnevin soll das größte seit Charles Stewart Parnell gewesen sein. Trotz Behans spöttischer Kritik an dem engen Nationalismus seiner ehemaligen Mitkämpfer in *The Hostage* schoß eine Einheit der IRA ihm zu Ehren eine Salve.

Über das Herzstück der Stadt, St. Stephen's Green, schrieb Brendan Behan: »Wenn das Wetter nur einigermaßen schön ist, ist Dublin nicht zu schlagen. In London würde man in einer Wüstenei kleiner Sträßchen umkommen, in Paris wäre der Luxembourg ein paar müde Bäume auf einem Stück Staub, in New York brächte einen die Feuchtigkeit um. Aber bei Sonnenschein durch Dublins ›Green‹ zu gehen, die Üppigkeit des kühlen Grases, die Überfülle an Blumen in der Mittagspause, das kann einem die Arbeit für den Rest des Tages verleiden. Ganz zu schweigen von den Studentinnen und Stenotypistinnen, den, wie der Dichter sagt, wie Tulpen Geformten. Nicht, daß man Lust hätte, sich um die Dichter zu scheren, das ist im besten Fall eine gefährliche Gesellschaft.« (Übers. von Annemarie Böll.)

Dabei weist Dublins neun Hektar umfassender Zentralpark, ein Geschenk der Brauerei Guinness an die Stadt, eine Fülle von literarischen (und politischen) Bezügen auf. Auf seiner Südseite liegt Nummer 85/86 St. Stephen's Green, das nach John Henry Kardinal Newman benannte Newman House, ein erst kürzlich prächtig restaurierter und zur Besichtigung freigegebener ungleich großer Doppelbau des University College Dublin mit eleganten Sälen und kunstvollen Barock- und Rokoko-Stukkaturen, in dem der englische Jesuitenpater und lyrisch-expressive Spracherneuerer Gerard Manley Hopkins (1844–89), Asket und Ästhet in einem, die letzten fünf Jahre seines Lebens Griechisch und Lateinisch lehrte und in dem James Joyce Englisch, Französisch und Italienisch studierte. Das Zimmer Nr. 18 im obersten Geschoß, in dem Hopkins schlief, betete, schrieb und tödlich an Typhus erkrankte, ist in ein Mini-Museum umgewandelt worden.

In einem lauschigen Winkel der Nordwestecke hinter dem Triumphbogen zum Burenkrieg steht Henry Moores Bronzeplastik zu Ehren von William Butler Yeats, an der Nordostecke Edward Delaneys Denkmal für Wolfe Tone und am Südosteingang die 1956 aufgestellte Skulptur der Drei Nornen, eine Dankesgabe der Bundesrepublik Deutschland für die nach dem Zweiten Weltkrieg geleistete Hungerhilfe der Iren in Höhe von 140 Millionen Mark. Wer sich an einem schönen Sommertag das Vergnügen macht, in dem Park, durch dessen grünen Laubschild der Verkehrslärm nur noch als fernes Dröhnen herüberdringt, spazierenzugehen, der wird unter vielen anderen Statuen und Büsten (Robert Emmet, Constance Markievicz, James Joyce, Tom Kettle, Jeremiah O'Donovan Rossa u. a.) auch auf die schöne Büste des ebenso begabten wie selbstzerstörerischen lyrischen Dichters und Übersetzers James Clarence Mangan (1803–49) stoßen. In den Sockel der von Oliver Sheppard geschaffenen Bronzebüste westlich des Springbrunnens ist ein marmorner Frauenkopf eingelassen: eine romantische Darstellung der »Dark Rosaleen« aus Mangans oft rezitierter Übertragung des hymnischen gälischen Visionsgedichts »Róisín Dubh«, einer patriotischen politischen Allegorie des geknechteten Irland in Gestalt eines wehklagenden Weibes. Gedichte dieser Art, die viele Nachahmer fanden, sind oft ein Amalgam aus Liebeslyrik, Landschaftspoesie, Politik, Geschichte und Mythologie:

There's wine from the Royal Pope
Upon the ocean green
And Spanish ale shall give you hope
My Dark Rosaleen!

Mangan, Sohn eines gefühllosen und jähzornigen Krämers (»eine menschliche Boa constrictor«), kam im Jahr der Robert Emmetschen Rebellion in 3 Fishamble Street, Dublin 8, zur Welt und ging bis 1818, von einem wohltätigen Priester gefördert, im Alt-Dubliner Stadtteil der Liberties zur Schule, wo er unter anderem auch in Lateinisch, Deutsch und Französisch unterwiesen wurde. Zu Freunden hatte der isoliert aufwachsende Knabe nur die Bücher, aus denen er oft laut deklamierte. Die Armut, in die die Geldspekulationen des Vaters die Familie stürzten, begleitete Mangan sein Leben lang. Eine Weile hauste er in elendesten Verhältnissen in Chancery Lane, in einem Haus, das statt Fenstern und Türen nur ein Einstiegloch im verfallenen

Gemäuer aufwies: »Wind und Regen wehten von allen Seiten herein und pfiffen und heulten durch den Winter wie die Stimmen ruheloser Geister.« Wenn in Irland der Regen herniederrauscht, fallen einem seine Zeilen ein:

> O, the rain, the weary, dreary rain,
> How it plashes on the window-sill!
> Night, I guess, too, must be on the wane,
> Strass and Gass [sic!] around are grown so still.
> Here I sit, with coffee in my cup –
> Ah! 'twas rarely I beheld it flow
> In the tavern where I loved to sup
> Twenty golden years ago!

Bedroht von den »dunklen Lavafeuern des Wahnsinns«, litt Mangan äußerste materielle Not, was bei ihm in Leben und Werk zu einem krassen Gegensatz von nobler Hoffnung und düsterer Melancholie führte. Sein frühestes erhaltenes Gedicht »Genius«, in dem der Sechzehnjährige darüber klagt, daß der Dichter unter »Erdgebundenen und Blinden« zu leben verdammt sei, ist keine pubertäre Selbststilisierung, sondern entsprach von früh an seiner tatsächlichen Lage hoffnungsloser Monotonie, bot ihm doch weder seine Familie noch seine Arbeit irgendwelchen intellektuellen Anreiz. In einem Bruchstück seiner im Todesjahr begonnenen *Autobiography* (postum 1968) gesteht er: »Ich habe an nichts Vergnügen und bewundere nichts. Ich hasse Landschaft und Sonnen. Ich sehe in der Natur nichts, als was zerfallen und zerstört ist.«

Mangan ging zunächst sieben Jahre bei einem Schreiber in die Lehre, bevor er eine Anstellung in einer Anwaltskanzlei und anschließend in der Bibliothek von Trinity College fand. Dort muß Mangan, der sich in Imitation seines Vorbilds Charles Robert Maturin meist in einen zerlumpten Überwurf hüllte und neben »A Yankee«, »The Mourner« oder »The Out-and-Outer« als eines seiner vielen Pseudonyme »The Man in the Cloak« wählte, einen überaus bizarren Anblick geboten haben; der Jungire John Mitchel (1815–75), der seine Gedichte postum herausgab, sah den ausgezehrten Poeten auf einer Leiter stehen: »Er war eine schauerliche und gespenstische Erscheinung in einem braunen Gewand: allem Anschein nach demselben, das bis zu seiner Todesstunde aushielt; das gebleichte Haar war völlig zerzaust, die leichenähnlichen Gesichtszüge reglos wie Marmor; in seinen Armen ruhte ein großer Foliant, und seine ganze Seele in diesem Folianten.«

1838 wurde Mangan von dem Sprachgelehrten George Petrie, dem Präsidenten der Royal Irish Academy, als Kopist ins irische Landvermessungsamt berufen, das sich nicht nur der Geodäsie, sondern auch der wissenschaftlichen Erforschung irischer Altertümer, Manuskripte, Ortsnamen und Folklore widmete. Mangans Kollegen John O'Donovan und Eugene O'Curry weckten sein Interesse an der irischen Sprache. Für die Periodika *The Comet, The Irish Penny Journal, The Satirist* und *Dublin University Magazine*, vor allem aber für die politisch-literarische Zeitschrift des Dichters Thomas Davis (1814–45) mit dem programmatischen Titel *The Nation* und für John Mitchels *The United Irishman* steuerte er Hunderte von technisch versierten Gedichten bei, darunter »Woman of Three Cows«, »Lament for Kincora« und »O'Hussey's Ode to the Maguire« sowie das eindrückliche Bekenntnisgedicht »The Nameless One«. Zu Lebzeiten erschien als einzige Buchveröffentlichung seine *Anthologia Germanica* (2 Bde., 1845).

Mangans Dichtungen sind in Wahrheit oft Nachdichtungen, seine sogenannten Übersetzungen eigene Hervorbringungen. Das Ausmaß seiner Fremdsprachkenntnisse ist umstritten. Sagen ihm die einen fließende Beherrschung des Französischen, Italienischen, Spanischen, Serbischen, Arabischen, Persischen, Türkischen, Koptischen und des Sanskrit nach, weil er aus diesen Sprachen jeweils einige Gedichte übertrug, so stellen andere in Abrede, daß es sich bei diesen überhaupt um Übertragungen handele. Wichtiger ist, daß sich sein poetischer Genius an fremden Sprachen und Kulturen und an der eigenen, ihm entfremdeten gälischen entzündete. Man vergißt leicht, daß viele englische Standardübersetzungen, vielleicht aufgrund der jahrhundertelangen Zweisprachigkeit der Insel, von Autoren anglo-irischer Herkunft stammen: der englische Horaz von Philip T. Francis, der englische Dante von Henry Boyd (um 1756–1832) und Henry Francis Cary (1772–1844), der englische Omar-i-Khajjam von Edward Fitzgerald (1809–93), der englische Calderón von Denis Florence MacCarthy (1817–82).

Der irischen Sprache war Mangan mit Sicherheit nicht mächtig; seine rhythmisch brillanten und musikalisch klangvollen Fassungen alter gälischer Lieder und Verse, die der originalen Strophenform folgen, beruhen auf Interlinearversionen, die ihm Freunde und Kollegen wie der Altertumsforscher Eugene O'Curry zur Verfügung stellten. Ihre Markenzeichen sind die Langzeile, komplizierte Reimschemata und ein unverkennbar gälischer Tonfall.

Der von Halluzinationen geplagte Dichter beendete seine kurze, unglückliche Existenz im Meath Hospital, in das er halbnackt, vom

Fieber geschüttelt, eingeliefert wurde, indirekt ein Opfer der Hungersnot. Denn unmittelbare Todesursache war die Cholera, die seit *Gorta Mór*, dem »Großen Hunger«, in Irland wütete, auch wenn seine zerrüttete Gesundheit, mangelnde Ernährung, Opiumgenuß und Trunksucht seinen Tod beschleunigten. Mangan starb völlig mittellos; in seinen Taschen fand man einige Münzen und einen zerlesenen deutschen Gedichtband. Erst im Tode gewann das Antlitz des zerquälten Mannes, dessen übergroßer Hut, flachsblonde Perücke, künstliches Gebiß und grüne Brille ihn zum Gespött der Leute gemacht hatten, eine überirdische Schönheit. Nur drei Trauergäste folgten seinem Sarg zum Glasnevin Cemetery.

Daß sich Yeats in »To Ireland in the Coming Times« der Ahnenreihe »Davis, Mangan, Ferguson« zuzählt, nimmt nicht weiter wunder; doch auch der junge Universitätsstudent James Joyce, dem irischen Nationalismus gänzlich abhold, hielt Mangan »für den maßgeblichsten Dichter der modernen keltischen Welt, einer der inspiriertesten Sänger, die sich je in irgendeinem Land der lyrischen Form bedienten. Noch ist es zu früh, glaube ich, zu behaupten, er müsse für immer in den öden Gefilden der Vergessenheit leben, doch bin ich fest überzeugt, daß es nicht mit Hilfe seiner Landsleute geschehen wird, wenn er einmal in dem Nachruhm erscheint, auf den er ein Recht hat. Die Iren werden Mangan an dem Tag akzeptieren, an dem der Konflikt zwischen meinem Heimatland und fremden Mächten – der angelsächsischen und der römisch-katholischen – sich entscheidet und eine neue Kultur entsteht, entweder eine einheimische oder eine vollkommen fremde. Bis dahin wird er vergessen bleiben oder man wird sich seiner manchmal an Feiertagen erinnern.« (Übers. von Hiltrud Marschall und Klaus Reichert.)

Fast hat es den Anschein, als sei der Horror, wie der Mutterwitz, ein spezifisches Großstadtphänomen. Vielleicht hatte Ernst Bloch recht, als er sagte: »Der Witz und das Grauen hängen sehr eng zusammen.« Auch der irische Romancier und Dramatiker Charles Robert Maturin (1782–1824), Autor von *Melmoth the Wanderer* (1820), stammt aus Dublin; er wurde in 57 Camden Street in der Nähe von St. Stephen's Green geboren. Der Familienname des für seine Exzentrik bekannten Autors geht zurück auf die Pariser Rue des Mathurins, wo sein Urgroßvater, als unerwünschter Nachwuchs ausgesetzt, von einer Adligen aufgefunden worden war. Peter Maturin entzog sich religiöser Verfolgung durch die Flucht nach Irland und wurde Dekan von Killala (Co. Mayo), sein Sohn Gabriel James als Nachfolger von Jonathan Swift Dekan von St. Patrick's Cathedral. Der Beamtensproß Charles Robert, einziger Überlebender von sechs Kindern, trat in die Fußstapfen seiner hugenottischen Vorfahren und empfing nach dem mit einem Stipendium geförderten Studium der Klassischen Philologie am Trinity College (1798–1800) die heiligen Weihen der anglikanischen Staatskirche.

Sein erster Posten nach der Heirat mit Henrietta Kingsberry 1804 war der eines Hilfsgeistlichen in Loughrea (Co. Galway). 1805 wurde er zum Kuraten der größten protestantischen Pfarrgemeinde Dublins, der inzwischen abgerissenen St. Peter's Church in Aungier Street, bestellt (wo er auch beigesetzt wurde). Sein mageres Salär von fünfundsiebzig Pfund im Jahr nötigte ihn dazu, in seinem inzwischen abgerissenen Haus 37 York Street zahlende Gäste aufzunehmen und 1809 ein nicht sehr geldträchtiges Schulprojekt einzurichten. Vor allem aber verlegte sich der zartgebaute, gebrechlich wirkende Mann mit dem römischen Lockenkopf und den schwermütigen Mandelaugen, um sein Gehalt aufzubessern, auf die Schriftstellerei. Der Armut zu entrinnen gelang ihm freilich nie, außer auf dem Weg der literarischen Einbildungskraft.

Die ersten beiden seiner unorthodoxen Romane – *The Family of Montorio or The Fatal Revenge* (1807) und *The Wild Irish Boy* (1808), ein Pendant zu dem auch in Deutschland populären Erfolgsroman *The Wild Irish Girl* (1806; dt. *Glorwina, das Naturmädchen in Irland*) der romantisch-glutvollen Romanautorin Sydney Owenson (Lady Morgan, um 1776–1859) – brachte Maturin unter dem Pseudonym Dennis Jasper Murphy im Selbstverlag heraus. Doch erst mit dem tragischen Liebesroman *The Milesian Chief* (1812) über die Zeit nach dem Aufstand von 1798 errang er einen finanziellen Erfolg. Im Vorwort begründete er den Handlungsort Irland: »Als Schauplatz habe ich mein eigenes Land gewählt, halte ich es doch für das einzige Land auf Erden, wo aufgrund des seltsamen Gegensatzes von Religion, Politik und Sitten die Extreme der Raffinesse und der Barbarei aufeinanderstoßen und wo sich vor modernen Augen stündlich die wildesten und unglaublichsten Situationen einer romantischen Geschichte abspielen.«

Bereits *The Family of Montorio* hatte die kritische Aufmerksamkeit Walter Scotts erregt, und mit diesem ging er nunmehr einen lebhaften Briefverkehr ein, der bis zu seinem Tod andauerte. Scott beschränkte sich nicht darauf, Motive aus Maturins Roman für *The Bride of Lammermoor* (1819) zu verwenden (zu entwenden?), sondern erwies sich als freundschaftlicher Berater in allen literarischen Angelegenheiten. So ermunterte er, obwohl dem »Gotischen«, d. h. dem Gespenstisch-Gräßlichen, als künstlerischem Ausdrucksmittel abgeneigt, seinen

Schützling dazu, dem am Drury Lane Theatre London beteiligten Lord Byron sein Melodrama *Bertram or The Castle of St Aldobrand* (1816) vorzulegen. Die Inszenierung durch den berühmten Schauspieler Edmund Kean gestaltete sich zu einem überwältigenden Erfolg, den Maturin mit seinen dramatischen Werken *Manuel* (1817) und *Fredolfo* (1819) allerdings nicht zu wiederholen vermochte.

Was stempelte Maturin zum Exzentriker, zum Theatraliker, zum Dubliner Unikum? Oft begab er sich zum Arbeiten in die mit wertvollen Folianten und Manuskripten hervorragend bestückte Marsh's Library in St. Patrick's Close (die Gelehrtenbibliothek einschließlich der drei Drahtkäfige ist zu besichtigen), doch wann immer ihn der Drang zu schreiben in Gesellschaft überkam, verklebte er sich den Mund mit einer Teigmasse aus Wasser und Mehl, um nicht am Gespräch teilhaben zu müssen. Oder er legte sich zum Zeichen, daß er bei seiner Tätigkeit nicht gestört werden dürfe, eine rote Oblate auf die Stirn. In den Straßen erlebte man ihn entweder als Dandy in Pantalons und blauem Frack oder als Liederjan, der zuweilen, in drei Überwürfe eingehüllt, an einem Fuß einen Schuh, am anderen einen Stiefel trug. Seine Passion fürs Tanzen ging so weit, daß er vor- und nachmittags hinter verschlossenen Fensterläden, neugierigen Blicken entzogen, bei Kerzenschein Tanzgesellschaften gab.

Women or Pour et Contre (1818), der einzige Roman, der sich mit der irischen Gegenwart befaßte, war eine Kampfansage an die Doktrin des Calvinismus und eine subtile, sensible Studie der Psychologie weiblicher Liebe. Mit *Melmoth the Wanderer*, seinem bekanntesten und kühnsten Werk, das in sechs bizarren Episoden das faustische Motiv des Teufelspakts mit dem Thema des Ewigen Juden verknüpft, wurde Maturin endgültig zum Begründer des irischen Schauerromans. In moralisch-didaktischer Absicht verfaßt (»Willentlich verkauft ein Mensch nicht um jeden Preis seine Seele«), behandelt er nicht nur den Genuß am Leiden: Sadismus, Masochismus und Satanismus, sondern auch aristokratische Dekadenz, die Natur religiösen Glaubens und die Hoffnungslosigkeit menschlicher Existenz, wobei er zwischen realistischer und phantastischer Gestaltung hin und her springt.

Zu den begeisterten Lesern dieses »Schwanengesangs der schwarzen Romantik« (Alice M. Killen) zählten Victor Hugo, Eugène Sue, Edgar Allen Poe, Charles Baudelaire, Honoré de Balzac (der mit *Melmoth réconcilié* eine Fortsetzung schrieb) und André Breton. Der nach seiner Entlassung aus dem Gefängnis in Paris umherirrende Oscar Wilde, Maturins Großneffe, legte sich in erkennbarer Absicht das Alias »Sebastian Melmoth« zu.

Daß Dublin mit St. Patrick's und Christ Church gleich zwei protestantische Kathedralen aufweist, während sich die fünfundneunzig Prozent Katholiken mit der Pro-Cathedral begnügen müssen, sagt etwas aus über die protestantische Vergangenheit einer Stadt, die das Zentrum des von den englischen Kolonisatoren beherrschten »Pale« bildete. »Beyond the Pale« lebten die Eingeborenen, die Gälen, die Iren, die Katholiken. Ein Schriftsteller, der der erwachenden »protestantischen Nation« des 18. Jahrhunderts, d. h. dem gegenüber der britischen Krone zunehmend selbstbewußteren Irland der anglo-irischen Oberschicht, seine Stimme lieh, war JONATHAN SWIFT (1667–1745), auf englisch meist Dean Swift genannt, da er von 1713 bis zu seinem Lebensende Dekan von St. Patrick's Cathedral in ST. PATRICK'S CLOSE war. Der aus dem 13. Jahrhundert stammende Bau, Irlands größte Kathedrale, wurde kurz nach seinem Tod mit einem spitzen Turm versehen, der dem normannischen Trutzburgcharakter nicht entspricht.

Wer kennt Swift nicht als Verfasser von *Gulliver's Travels* (1726), dem phantastisch-allegorischen Reise- und Abenteuerroman, der, vielfach bearbeitet, gekürzt und entschärft, zum Klassiker der Kinder- und Jugendliteratur avancierte? Mit Gullivers vier Reisen in die Fabelländer der daumengroßen Liliputaner, der vernünftigen Riesen (vgl. das irische Volksmärchen *Eisirt*), der monomanen Wissenschaftler von Laputa und der sprachbegabten Pferde entwarf Swift ein kritisches, ja pessimistisches Bild der zeitgenössischen Gesellschaft und menschlicher Unvernunft überhaupt, das zwischen utopischen und anti-utopischen Zügen oszilliert. Aber Swift war vieles mehr: der »Vater des Leitartikels«, der eigentliche Begründer einer kulturell eigenständigen irischen Literatur auf englisch – eigenständig nicht nur gegenüber der gälischen, sondern auch gegenüber der britischen –, der größte und grimmigste Satiriker englischer Sprache und der erste Dubliner Autor, der wahrhaft zur Weltliteratur zu zählen ist.

In seiner Heimatstadt wird ihm, dem »hibernischen Patrioten« wider Willen, der sich nicht als Ire begriff, sondern sein Leben viel lieber im zivilisierteren England verbracht hätte (»Irland ist kein Paradies«), ein ehrendes Andenken bewahrt. Denn wiewohl mürrischer Misanthrop, war er doch Aufklärer genug, um die verheerenden Resultate der englischen Irlandpolitik in seinen anonymen Flugschriften scharf zu geißeln. Für die Iren, deren Armut und Unwissenheit ihn so abstießen, daß er vor Verachtung und Haß oft überschäumte, empfand er zugleich tiefes Mitgefühl: »Die Alten und Kranken sterben und verwesen vor Kälte und Hunger und Schmutz und Ungeziefer. Die jungen Tagelöhner finden keine Arbeit und welken aus Mangel an Nahrung so sehr dahin, daß sie, wenn sie zufällig doch einmal angeheuert werden, eine Arbeit anzutreten, keine Kraft mehr haben, sie auszuführen.«

Swifts Pamphlet *A Proposal for the Universal Use of Irish Manufacture* (1720), in dem er für irische Autarkie eintrat, enthält den berühmten Boykottaufruf, »alles Englische zu verbrennen bis auf die Kohle«. Und als die Mätresse des britischen Monarchen, die Herzogin von Kendal, ein königliches Patent zur Prägung wertloser irischer Kupfer-

Jonathan Swift

münzen (»Wood's Halfpence«) erwirkte, veröffentlichte Swift unter dem Pseudonym M. B. Drapier eine so geharnischte Attacke, daß der Plan zurückgezogen werden mußte. Swift, der jedermann als Autor der kunstvollen und scharfsinnigen *Drapier's Letters* (1724) bekannt war, wurde als Volksheld gefeiert. Der von ihm formulierte Leitsatz aller Demokratie hat noch heute Gültigkeit: »Vernünftigerweise ist jede Regierung ohne die Zustimmung der Regierten die wahre Definition der Sklaverei.«

Swifts Geburtshaus 7 Hoey's Court hinter der Einfriedungsmauer von Dublin Castle, ehemals Schaltzentrale englischer Macht auf irischem Boden, steht nicht mehr – wie übrigens der größte Teil der heute zu sehenden Bauten erst nach seinem Tod hochgezogen worden ist –; doch findet sich an der Ecke Werburgh Street / Little Ship Street wenigstens ein Hinweis auf den alten Standort. Der Sohn englischer Immigranten genoß eine irische Erziehung. Von 1673 bis 1682 besuchte er, gefördert von einem wohlhabenden Onkel, das erst 1666 gegründete protestantische Internat Kilkenny College (»Signpost to Kilkenny: / the Georgian almshouses, tree-pent College / where Congreve, Swift, had learned about addition«, Austin Clarke). Aber genoß er sie wirklich? Seine Jahre am Trinity College Dublin bezeichnete er als »Erziehung für Hunde«, dabei waren sie wohl eher für die Katz', denn sein Studium vernachlässigte der spätere Intellektuelle – laut Daniel Defoe »ein wandelndes Bücherverzeichnis, das alle Bibliotheken Europas im Kopf hat« – in einem solchen Ausmaß, daß er seinen akademischen Grad nur *speciali gratia* verliehen bekam.

Die zwischen England und Irland pendelnde Laufbahn des schriftstellernden Geistlichen ist rasch umrissen: 1689 wurde Swift Privatsekretär des Whig-Staatsmannes Sir William Temple in Moor Park (Surrey) und Tutor der achtjährigen Esther Johnson (»Stella«, 1681 bis 1728), seiner »treuesten, tugendhaftesten und teuersten Freundin«, die ihm später nach Irland folgte, um in seiner Nähe zu sein. Zu einer Heirat der allerdings sehr zertrennlichen Gefährten kam es möglicherweise deshalb nicht, weil Swift und Stella Onkel und Nichte gewesen sein könnten – beide uneheliche Kinder der Temples.

1694 empfing Swift die Weihen der anglikanischen Kirche und erhielt die Pfründe von Kilroot (Co. Antrim), kehrte jedoch schon 1696 nach Surrey zurück. 1700 wurde er zum Vikar von Laracor (Co. Meath) bestellt. In Knightbrook, einen Kilometer von der inzwischen in ein Wohnhaus umgewandelten protestantischen Kirche von Laracor entfernt, stehen noch die schulterhohen Außenmauern von Stellas Behausung, die wenig größer als ein Schweinekoben war. Aufgrund seiner Verdienste um die Whigs, ab 1710 um die Tories, für die er politische Pamphlete verfaßt hatte, hoffte Swift auf eine Bischofswürde in England, mußte sich jedoch aufgrund der Widerstände Queen Annes mit dem Dekanat von St. Patrick's Cathedral begnügen, das er 1713 antrat. Der Ärger über die persönliche Zurücksetzung und die Empörung über das »allgemeine Elend der ganzen Nation« (Swift war der erste, der den Begriff auf Irland anwandte) vereinigten sich zu dem machtvollen Impuls seiner »saeva indignatio«.

Bereits 1707 erwuchs Stella in Gestalt der holländischen Kaufmannstochter Esther Van Homrigh (»Vanessa«, 1690–1723), die Swift in London kennengelernt hatte und ebenfalls nach Irland nachkommen ließ, unliebsame Konkurrenz; es war der Beginn einer mysteriösen Dreiecksbeziehung, die immer noch nicht recht ausgelotet ist. Aber wie es geht, wenn ein wankelmütiger Mann gleich zwei Frauen liebt und sich zwischen platonischer und geschlechtlicher Liebe, zwischen moralischen und sozialen Pflichten nicht entscheiden kann: Die leidenschaftliche Vanessa wurde von Swift nach Celbridge (Co. Kildare) verbannt, wo ihr der mehr als doppelt so alte Liebhaber, den »Tratsch dieser gehässigen Stadt« fürchtend, in dem Landhaus Celbridge Abbey (heute ein besichtigenswertes Kloster des Johanniterordens) verstohlene Besuche abstattete, um, wie er verklausulierte, von ihrem »Kaffee« zu nippen. An ihrem frühzeitigen Tod gibt ihm die Forschung Mitschuld. Doch Swifts Liebesbriefe und -gedichte wie *Journal to Stella* (1710–13), das im Plauderton über sein Leben in London berichtet, und *Cadenus* [d. i. Decanus] *and Vanessa* (1726) verraten seine tieferen Gefühle.

War schon *A Tale of a Tub* (1704) eine fulminante Prosasatire gegen den religiösen Fanatismus der Dissenters, so verfolgt Swifts im Stile der Moralisten und Reformer verfaßter *Modest Proposal* (1729) die Absicht, den gebildeten Leser aus seiner Indifferenz wachzurütteln. Der bescheidene Vorschlag lautet dahin, jeden vierten Säugling in der armen Bevölkerung zu mästen und den Reichen als Fleischkost vorzusetzen: »MIR WURDE von einem überaus bewanderten *Amerikaner* meiner Bekanntschaft in *London* versichert, daß ein gut genährtes gesundes Kleinkind im Alter von einem Jahre ein äußerst köstliches, nahrhaftes und bekömmliches Nahrungsmittel ist; ganz gleich, ob *geschmort, gebraten, gebacken* oder *gesotten*; und ich hege nicht den geringsten Zweifel daran, daß es in einem *Frikassee* oder *Ragout* genauso brauchbar ist.« (Übers. von Erika Casey.)

Swift litt an Arteriosklerose und an der Menièrschen Krankheit, deren Symptome unter anderem Drehschwindel, Brechreiz und Ohrensausen sind. »Taub, schwindlig, hilflos, allein gelassen«, wurde er 1742 fälschlich für geistesgestört erklärt und entmündigt. Bei Søren Kierkegaard heißt es: »Man erzählt, er habe dort [im Asyl] oft mit der Ausdauer einer eitlen und sinnlichen Frau vor einem Spiegel gestanden und geflüstert: ›Armer Greis!‹« Ein lesenswertes Porträt des zornigen alten Mannes in seinen letzten Lebensjahren liefert die zeitgenössische irische Dichterin Laetitia Pilkington (1712–50) in ihren Memoiren.

Seine Ersparnisse stiftete Swift, bei aller sarkastischen, ja zynischen Menschenverachtung wie stets auf Wohlfahrt und Wohltätigkeit bedacht, zum Bau des St. Patrick's Hospital für Schwachsinnige, die bis dahin keine Bleibe gehabt hatten:

He gave the little wealth he had,
To build a house for fools and mad:
And showed by one satiric touch,
No nation wanted it so much:
That kingdom he has left his debtor,
I wish it soon may have a better.

»Swift's Hospital« in Bow Lane West bei Heuston Station ist heute eine moderne psychiatrische Klinik, die eine Sammlung von Swiftiana beherbergt. Swifts (wie auch Stellas) Grab befindet sich in »seiner« Kathedrale. Das berühmt gewordene lateinische Epitaph über der Büste von Patrick Cunningham aus dem Jahre 1775 lautet in der englischen Übertragung durch W. B. Yeats wie folgt:

Swift has sailed into his rest,
Savage indignation there
Cannot larcerate his breast.
Imitate him if you dare,
Wold-besotted traveller; he
Served human liberty.

In dem Kirchenschiff befindet sich auch ein ansehnliches Relief zu Ehren des Barden Turlough O'Carolan, das 1824 auf Veranlassung der nationalromantischen Romanschriftstellerin Sydney Owensen (»Lady Morgan«, um 1776–1859) von John Hogan in weißen Marmor geschnitten wurde und ihn als elegant gekleideten jungen Mann präsentiert.

Der um die Jahrhundertwende auf Initiative Lord Iveaghs angelegte St. Patrick's Park unmittelbar neben der Kathedrale bietet nicht nur Kirchgängern Erholung. Das beruhigende Plätschern des Springbrunnens, die breiten Kronen der Platanen, die Frühlingspracht der Blumenbeete, darunter eine Rabatte mit achthundert Tulpen, tragen zum Wohlbefinden aller Passanten bei. Die neueste Erweiterung ist die sogenannte Literary Parade, eine von Whiskeybrennern und Gastwirten gestiftete Weihestätte, die nur in einer alkoholisierten Literaturstadt wie Dublin denkbar ist. Auf zehn Bronzetafeln wird der bekanntesten Schriftsteller der Stadt gedacht, von Swift bis Beckett ein jeder in seiner eigenen Nische.

Leider ist der 1300 Hektar große Jonathan Swift Park Lilliput am Südwestende von Lough Ennell in der weitläufigen Moorlandschaft von Co. Westmeath eher ein Freizeitgelände für Angler, Golfspieler und Ruderer, als daß er mit dem literarischen Vermächtnis des Autors zu tun hätte. Gewiß, die ehemaligen Eigentümer, die Boyd Rochfords, waren Bewunderer Swifts, doch statt reale Bezüge zum Werk des Schriftstellers zu knüpfen, bedient man sich seines Namens lediglich, um Touristen anzulocken, die ebensogut auch ohne den Verweis auf das Land der zwergwüchsigen Piesacker Gullivers kämen.

Fitzwilliam Square, ebenfalls im klassizistischen Stil der georgianischen Ära erbaut, ist eine der besterhaltenen Platzanlagen der irischen Hauptstadt und, wie die polierten Messingschilder ausweisen, bevorzugtes Domizil von Anwaltskanzleien und Versicherungsagenturen. Während der Saison stehen frühmorgens schon die Reisebusse aufgereiht, um den Touristen die begehrten Aufnahmen von den dunkelroten, efeuberankten Fassaden zu ermöglichen, deren schmucklose Strenge einzig durch die bunt angestrichenen Eingangstüren mit ihren Lünetten und dekorierten Säulen aufgelockert wird. Vermutlich entgeht die Hausnummer 12, das Geburtshaus des anglo-irischen Balladendichters Alfred Perceval Graves (1846–1931), der Aufmerksamkeit der Fotografen – es ist auch nicht weiter markiert. Ist doch Graves weniger seiner eigenen Werke wegen von Bedeutung, als daß er sich eingliedert in eine dichte Abfolge literarisch interessierter Familienmitglieder, die bis zu seinem vielseitig begabten Sohn Robert von Ranke-Graves (1895–1985), dem Sänger der »Weißen Göttin«, reicht. Väter, Söhne, Brüder, Onkel, Tanten – sie alle schrieben sich die Finger wund.

Alfred Perceval, Sprößling des anglikanischen Bischofs von Limerick und Mathematikers Charles Graves, verließ nach dem Studium am Trinity College seine Heimatstadt und wurde Beamter des britischen Innenministeriums. Als Schuldezernent diente er in verschiedenen Bezirken, unter anderem auch 1882–95 in Taunton (Somerset). Als 1886 seine erste Frau verstarb, heiratete er Amalia von Ranke, eine Nichte des deutschen Historikers Leopold von Ranke, die ihm zusätzlich zu den fünf vorhandenen Kindern weiteren Nachwuchs in gleicher Zahl schenkte.

Graves tat sich mit humoristischen Versen und volkstümlichen Balladen hervor, die er in zahllosen Zeitschriften und Liedersammlungen veröffentlichte, so etwa ein Erzählgedicht zur »Flucht der Grafen« von Lough Swilly im Jahre 1607 (»To other shores across the sea / We speed with swelling sails«). Besonders bekannt und beliebt war seine ausgelassene Ballade »Father O'Flynn« (1875) über einen Gemeindepfarrer in Sneem (Co. Kerry) – ganz in der Nähe von Sneem lag der Stammsitz der Graves, Parknasilla House, heute ein Luxushotel. Der Brahms-Schüler Charles Villiers Stanford (1852–1924) arrangierte seine *Songs of Old Ireland* (1883); für den Komponisten Michele Esposito steuerte Graves das Libretto zu dem Einakter *The Postbag. A Lesson in Irish* (1902) bei, einem der frühesten Versuche zu einer irischen Oper.

Robert, Verfasser »heidnischer« Liebeslyrik und historischer Romane im Gewand fiktiver Autobiographien, kenntnisreicher Erforscher keltischer, griechischer und hebräischer Mythen, stellte ihm das Zeugnis aus: »Daß mein Vater Dichter ist, hat mich zumindest vor jeder falschen Ehrfurcht vor Dichtern bewahrt. Ich bin sogar entzückt, wenn ich Leuten begegne, die zwar von ihm gehört haben, aber nicht von mir. Ich singe einige seiner Lieder, wenn ich nach einer Mahlzeit abwasche oder wenn ich Erbsen enthülse oder bei ähnlichen Gelegenheiten. Er hat nicht ein einziges Mal versucht, mir beizubringen, wie man schreibt, oder Verständnis für meine ernste Poesie gezeigt; eher war er bereit, hinsichtlich der eigenen um Rat zu fragen.« Graves starb hochbetagt in Harlech in North Wales; er »konnte bis zum Ende eine Jig tanzen« (Robert Graves).

Die auch nach neunzig Jahren unveränderte Atmosphäre der Gegend um den Merrion Square, Paradestück der georgianischen Stadtarchitektur, hat die Erzählerin Elizabeth Bowen höchst anschaulich eingefangen: »Die Ausblicke in diesem Viertel von Dublin sind für jeden und jederzeit sehr weiträumig. [...] Die Breite der Straßen, die Ausdehnung der Plätze, die nicht unterbrochene klippenartige Höhe der Häuser ließ mir die menschliche Planung übermenschlich erscheinen. Und irgendwie wirkte diese Planung abstrakt mit ihren bebauten Flächen von Licht und Schatten. Gleichzeitig änderte sich der Anblick dieser Fassaden auf menschliche Weise von Tag zu Tag. Die Gegend schien durchdrungen von einer eigenen Natur oder einem Naturell [...].« (Übers. von Ilse Strasmann.)

70 Merrion Square, wo heute der für die finanzielle Förderung der Künste zuständige Arts Council residiert, diente, wie eine Gedenktafel ausweist, von 1851 bis zu seinem Tode dem Verfasser schauriger Geister- und Verbrechergeschichten, Joseph Sheridan le Fanu (1814–73), als geräumiges Wohnhaus. Hier lebte Le Fanu von 1851 an – und zwar, nach dem Tode seiner geliebten Frau Susan Bennett sieben Jahre später, derart zurückgezogen, daß ihm die Dubliner Gesellschaft den Namen »unsichtbarer Fürst« beilegte. Hier starb er wenige Tage

nach Vollendung seines vielleicht nicht zufällig so betitelten Romans *Willing to Die* (1873) im Gefolge eines der zahllosen Alpträume, die ihn zeitlebens peinigten.

Seine von übermäßigem Teegenuß gereizte Phantasie und die Lektüre des mystischen schwedischen Theosophen, Naturforschers und Spökenkiekers Emanuel von Swedenborg (1688–1772) inspirierten den Witwer zur Abfassung seiner Gruselromane. Was er bei flackerndem Kerzenschein, aufrecht im Bett sitzend, zwischen Mitternacht und Morgengrauen zu Papier brachte, überarbeitete er anderntags, in seinem Hintergarten wandelnd. Le Fanu war ein wahrer Fürst der Finsternis, denn nicht nur wagte er sich lediglich bei Dunkelheit auf die Straße; seine Vorliebe galt dem Okkulten und Übernatürlichen. Wer heute zu mitternächtlicher Stunde an dem Gebäude vorüberkommt und Licht brennen sieht, wird keinen einsiedlerischen Literaten mehr erspähen, der sich die Analyse des Unbewußten, die psychischen Weiterungen menschlicher Tücke, Angst und Schuld, vorgenommen hat, sondern darf vermuten, daß ein Literaturfunktionär bei Neonlicht über einem Positionspapier brütet.

Der Protestant Le Fanu, wie Charles Robert Maturin Nachfahre französischer Refugiés, die nach der Aufhebung des Toleranzedikts von Nantes 1685 ihrer angestammten Ländereien verwiesen wurden, war mütterlicherseits mit der erstaunlich produktiven Familie der Sheridans verwandt (sein Großonkel war der Dramatiker Richard Brinsley Sheridan). Geboren wurde er in der Lower Dominick Street Nr. 45, Dublin 1. Im Jahr darauf wurde sein Vater anglikanischer Kaplan in der 1766 eingerichteten Royal Hibernian Military School, die er selbst jedoch, da privat erzogen, nicht zu besuchen brauchte. Seit 1922 dient das Gebäude oberhalb der Liffey an der Südseite des Phoenix Park als Spital (St. Mary's Hospital).

Nachdem der Vater 1823 zum Dekan von Emly berufen worden war, verbrachte Le Fanu seine Jugendjahre in Abington (Co. Limerick), wo ihm der sogenannte Zehntenkrieg (eine Empörung katholischer Pächter gegen Abgaben zugunsten der anglikanischen Kirche) eine solche Angst und Abscheu vor den Bauern einflößte, daß er sie trotz anfänglicher Sympathien für den irischen Nationalismus nicht abzuschütteln vermochte: »Es ist mir durchaus ein Trost, mir vorzustellen, daß, während ich in der Stadt Dublin die Bauern beschimpfe, mein Bruder auf dem Land vielleicht gerade welche niederschießt.«

Obwohl Le Fanu 1833 am Trinity College Jura belegte und 1839 als Anwalt zugelassen wurde, übte er den erlernten Beruf nicht aus, sondern betätigte sich nach dem Erfolg seiner volkstümlichen Balladen

»Shamus O'Brien« und »Phaudrig Croohoore« als Journalist und freier Schriftsteller. Er erwarb drei Tageszeitungen, die er zur *Dublin Evening Mail* zusammenlegte (das Blatt sollte mehr als hundert Jahre lang bestehen), und übernahm 1861 als Herausgeber und Eigentümer die Leitung des angesehenen *Dublin University Magazine*, nach den Worten ihres Gründers Isaac Butt »monatlicher Verfechter des Protestantismus, der Intelligenz und der Respektabilität Dublins«. In dieser Zeitschrift veröffentlichte er die meisten seiner irischen Erzählungen (*The Purcell Papers*, postum 1880) und ließ neun Romane, im Durchschnitt jedes Jahr einen, im Vorabdruck erscheinen.

Hatte er zu Beginn noch anonym historische Romane verfaßt – *The Cock and Anchor. Being Chronicle of Old Dublin City* (1845) und *The Fortunes of Colonel Torlogh O'Brien* (1847) –, so fand er mit dem Erzählband *Ghost Stories and Tales of Mystery* (1851) sein ureigenstes Betätigungsfeld, das er mit den folgenden zwölf Romantiteln nicht mehr verließ: das Geheimnisvoll-Unheimliche, freilich nicht als Versatzstück einer prickelnden Literatur, sondern als integraler Bestandteil der gesellschaftlichen Wirklichkeit, ja der menschlichen Existenz.

Die Risse in der Wirklichkeit überzeugend aufzuzeigen mißlang Le Fanu immer dann, wenn er, aufgrund des beschränkten irischen Buchmarktes, mit den Werken seines englischen Rivalen Wilkie Collins (1824–99) zu konkurrieren versuchte, indem er bewußt für ein englisches Publikum schrieb. Einer seiner gelungensten Romane, *The House by the Churchyard* (1863), spielt denn auch topographisch authentisch in Chapelizod, dem Dorf seiner Kindheit, dessen Name auf die Gestalt der Königstochter Isoud zurückgeht, uns aus der keltonormannischen Brautwerbungssage von Tristan (Tristram) und Isolde (Iseult) vertraut. Das Geisterhaus aus dem 18. Jahrhundert, von dem Le Fanu seinen Ahnherrn Charles de Cresseron erzählen läßt, ist heute noch zu sehen; es steht südlich der Anna Livia Bridge neben dem Friedhof der protestantischen Kirche. Übrigens erweist James Joyce seinem Kollegen, der wie er den Fluß als Nymphe beschwört, in *Finnegans Wake* eine versteckte Hommage; darin nämlich taucht der Romantitel bis zur Kenntlichkeit verballhornt als »de oud huis bij de kierkegaard« wieder auf.

Gegenüber dieser handlungsprallen Studie über die Wirkung des Bösen auf eine ganze Gemeinde ist *Uncle Silas. A Tale of Bartram-Hough* (1864) ein stilistisch und technisch brillanter Kriminalroman, in dem die junge Ich-Erzählerin und Protagonistin Maud Ruthyn – der Prototyp der verfolgten Frau – mit wachsendem Entsetzen ein Mordkomplott ihres habgierigen Onkels und Vormunds gegen sie aufdeckt.

Le Fanus letzter Band *In a Glass Darkly* (1872), dessen fünf längere Erzählungen durch die Gestalt des Psychiaters Dr. Hesselius zusammengehalten werden, enthält nicht nur die grausige Erzählung »The Watcher«, sondern auch die Vampirgeschichte »Carmilla«, deren Titelgestalt eine Vorläuferin des verführerisch schönen Vamp ist – mit Augen, die »groß, dunkel und glänzend« waren. Wie Thomas Davis, William Lecky, George Petrie, John Millington Synge und Æ (d.i. George Russell) liegt Le Fanu auf dem größten protestantischen Friedhof der Stadt, Mount Jerome in Harold's Cross, begraben (Grab Nr. C 399–122).

Gegenüber der Royal Irish Academy of Music in Westland Row steht, mit einer Gedenkplakette geschmückt, als Nr. 21 das Geburtshaus des anglo-irischen Dramatikers Oscar Wilde (1854–1900), der später, nach seinem Weggang nach England, passenderweise ganze »Wort-Opern« (W. H. Auden) komponieren sollte – einer der vielen irischen Bühnenautoren, die die Weltliteratur durch ihr Wirken in London bereichert haben. Der frühreife Sohn des Augen- und Ohrenarztes William Wilde und der patriotischen Dichterin »Speranza« verbrachte einen Großteil seiner Kindheit in der Gesellschaft Erwachsener, nämlich in dem intellektuell stimulierenden elterlichen Salon in 1 Merrion Square (Gedenktafel), der »Zitadelle radikalen Chics im viktorianischen Dublin« (Susan und Thomas Cahill). In jungen Jahren wurde er auf ein angesehenes Internat in Enniskillen (Co. Fermanagh) gegeben. Portora Royal School, 1628 von Jakob I. gestiftet und heute in Gebäuden aus dem 18. Jahrhundert untergebracht, steht neben den Überresten von Portora Castle am Ostende des unteren Lough Erne; zu den Zöglingen der Privatschule zählten auch Samuel Beckett und Henry Francis Lyte, Dichter des Chorals »Abide with me«.

Mit Hochbegabtenstipendien versehen, konnte Wilde am Trinity College Dublin und, von 1874 an, am Magdalen College Oxford klassische Philologie studieren. Zurückgekehrt von einer gemeinsam mit seinem Mentor John Pentland Mahaffy (*The Principles of the Art of Conversation*, 1887) unternommenen Italien- und Griechenlandreise, erhielt er 1878 für sein Gedicht »Ravenna« den Newdigate-Preis. Damit lancierte er eine literarische Laufbahn, die Leben und Lebenswerk innig verschränkte und ihn – als Konversationskünstler wie als Verfasser geistvoller satirischer Gesellschaftskomödien – von Triumph zu Triumph führte. An den Londoner Tafeln war der mit langen Haaren, Pelzkragen, samtenen Kniehosen, Seidenstrümpfen, Sonnenblume oder grüner Nelke ausstaffierte Dandy ein begehrter Gast und Ge-

Oscar Wilde
Foto von Napoleon Sarony. 1882

sprächspartner, der mit scharfsinnigen Sentenzen, Aperçus und Aphorismen glänzte; auf den Londoner Bühnen schmähte er die Schein- und Doppelmoral der ebenso eleganten wie verlogenen Gesellschaft, in der er selbst so freizügig verkehrte. So entzückt die derart Angegriffenen von den Kapriolen seines epigrammatischen Wortwitzes waren, ihre Rache ließ nicht lange auf sich warten. Ohnehin war nicht jeder von ihm angetan; daheim in Irland nannte die Schriftstellerin Edith Somerville den Bohemien und Bonvivant ein »großes, fettes, öliges Ekel«.

Der »lord of language«, wie er sich selbst titulierte, Leitfigur eines von John Ruskin, Dante Gabriel Rossetti und Walter Pater beeinflußten Schönheitskultes, betrieb das Programm des »l'art pour l'art« jedoch zugleich als subversive Gesellschaftskritik. Waren Wildes Anfänge als Dramatiker (*Vera or the Nihilists*, 1883, und *The Duchess of Padua*, 1891) wenig verheißungsvoll, so bestechen seine Komödien *Lady Windermere's Fan* (1892), *A Woman of No Importance* (1893), *An Ideal Husband* (1895) und sein Meisterwerk *The Importance of Being Earnest* (1895) mit seiner an Shakespeare erinnernden Identitäts- und Verwechslungsproblematik nicht nur durch sprachliche Verve, brillante Dialoge und maßgeschneiderte Rollen, sondern auch durch die ironische Entlarvung überkommener sozialer Konventionen.

Wildes Tragödie *Salomé* (frz., 1892), Vorlage für das gleichnamige Musikdrama (1905) von Richard Strauss, ist als lyrische Analyse einer verzehrenden Leidenschaft das Schaustück des englischen Fin de siècle. Auch der Roman *The Picture of Dorian Gray* (1891), obgleich als Angriff auf konventionelle Moral zu lesen, spitzt den Ästhetizismus und Hedonismus einer auf verfeinerter Sinnlichkeit beruhenden Lebensführung zur Tragödie der Dekadenz zu.

Der selbstbewußte Ästhet, der bekundete, »sein Genie in sein Leben und sein Talent in seine Werke« eingebracht zu haben, erklärte auch 1882 zu Beginn einer spektakulären einjährigen Vortragsreise durch die USA dem erstaunten Zollbeamten: »Ich habe nichts anzugeben außer meinem Genie.« 1884 heiratete er Constance Lloyd, mit der er zwei Söhne zeugte. Was indes 1891 sowohl seine fruchtbarste Schaffensperiode als auch seinen Sturz von schwindelnder Höhe einläutete, war die Begegnung mit Lord Alfred Douglas (»Bosie«) und der Beginn einer homosexuellen Liaison. In der Tat waren die grüne Nelke und das Wort »Earnest« Erkennungszeichen einer homosexuellen Orientierung.

1895 hinterließ der Vater seines Geliebten, der achte Marquess of Queensbury, in Wildes Klub eine Visitenkarte, auf der er ihn als »Somdomit« (sic!) beschimpfte. Wilde war naiv genug, ihn wegen übler Nachrede vor Gericht zu bringen – dies in einer Gesellschaft, in der das, was ihm vorgeworfen wurde, nicht einmal benannt werden durfte. So schrieb das Londoner *Echo*, als Wilde, im Kreuzverhör von seinem ehemaligen Kommilitonen Edward Carson in die Enge getrieben, den Prozeß verlor und wegen Unzucht belangt wurde (statt sich der strafrechtlichen Verfolgung durch die Flucht nach Frankreich zu entziehen, ließ er sich aus einem Londoner Hotel heraus verhaften): »Der Mann [...], der seinen geschliffenen Paradoxen mit sorgloser Nonchalance freien Lauf ließ, befindet sich inzwischen in den Händen der Polizei und ist eines der abscheulichsten Verbrechen angeklagt, das einem Mann vorgeworfen werden kann – eines Verbrechens, das zu abstoßend ist, als daß man davon sprechen könnte.«

In einem zweiten aufsehenerregenden Prozeß wurde Wilde der homosexuellen Betätigung angeklagt, in einem dritten zu zwei Jahren Zwangsarbeit verurteilt, die er als Häftling C.3.3 in Reading abbüßte (»In Reading Gaol by Reading town / There is a pit of shame, / And in it lies a wretched man / Eaten by teeth of flame«). In der Haft schrieb er eine bewegende Lebensbeichte in Form eines langen, bitteren Aufschreis an den Freund: *De Profundis* (postum 1905). Nach der Entlassung emigrierte Wilde nach Paris, wo er, körperlich und geistig gebrochen, bankrott und verfemt, wenige Jahre später an einer Gehirnentzündung, ausgelöst durch eine langjährige Infektion des rechten Ohrs, starb. Lange Zeit hatte man Wilde eine Syphilis angedichtet, wohl weil man ihm, nachdem er in London mit Strichjungen und Lustknaben verkehrt (»mit Panthern gespeist«) hatte, diese »Strafe« gönnte.

Sein letztes Quartier war das Hôtel D'Alsace, eine billige Absteige in der Rue des Beaux Arts, die diesem wandelnden Feuerwerk pointierten Witzes keine Ruhe ließ: »Ich sterbe, wie ich gelebt habe, über meine Verhältnisse.« Zur geschmacklosen Tapete sprach er: »Einer von uns beiden muß gehen.« Wilde ging und kehrte nicht mehr zurück, denn: »Der Tod ist das einzige, was wir nicht überleben können.« Dem Sarg des früher so umworbenen Salonlöwen folgten ganze sieben Trauergäste. Sein von Sir Jacob Epstein gestaltetes assyrisches Grabmal befindet sich heute auf dem Friedhof Père Lachaise und trägt als Inschrift ein Zitat aus seinem Langgedicht *The Ballad of Reading Gaol* (1898):

And alien tears will fill for him
  Pity's long-broken urn,
For his mourners will be outcast men,
  And outcasts always mourn.

Neben seinen Schauspielen veröffentlichte Wilde poetisch-satirische Kunstmärchen wie *The Happy Prince and Other Tales* (1888) und *A House of Pomegranates* (1892), Erzählungen wie *Lord Arthur Savile's Crime* (1891) sowie den Essayband *Intentions* (1891). Erst jetzt wird Oscar Wilde, dessen Ruf in Europa schon längst gesichert war, auch in seiner Heimat und in seinem Gastland geehrt: In Poets' Corner, Westminster Abbey, wurde ihm 1995 ein Gedenkfenster zwischen Alexander Pope und Lord Alfred Tennyson geweiht; in Dublins Merrion Square, wenige Schritte von seinem Elternhaus entfernt, soll dem »aufsässigen Patrioten« ein Denkmal errichtet werden. Erst heute werden auch andere Aspekte seines Werkes wie Feminismus, Sozialismus (*The Soul of Man under Socialism*, 1895) und »eleganter Republikanismus« wahrgenommen: »Meine Vorstellung ist, daß Irland England regieren sollte.« Der Apostel des Schönen, die Ikone effeminierter Homosexualität erfährt eine Neuinterpretation.

Mit dem 1993 eröffneten Shaw Birthplace in 33 (früher 3) SYNGE STREET, Portobello, Dublin 8, betreten wir erstmals ein Museum, das einem einzigen Schriftsteller gewidmet ist – GEORGE BERNARD SHAW (1856–1950). In das 1838 erbaute Reihenhaus zog die Familie Shaw im Jahre 1852 ein. Die Einrichtung im Stil der Zeit gibt einen Eindruck davon, in welches Ambiente »Sonny« hineingeboren wurde. Immerhin war die fünfköpfige Familie wohlhabend genug, um zu ihrem Komfort zeitweise ein Kindermädchen, eine Erzieherin, eine Wäscherin, eine Köchin und ein Dienstmädchen beschäftigen zu können.

Der Text der bereits 1949 an der Klinkerfassade angebrachten Gedenktafel wurde von Shaw selbst entworfen: »Bernard Shaw, author of many plays was born in this house, 26 July 1856.« Ihn nur einen herausragenden Dramatiker zu nennen, und sei es auch den besten seit Shakespeare, würde seiner vielseitigen Persönlichkeit jedoch bei weitem nicht gerecht. Shaw war Kunst-, Musik- und Theaterkritiker ersten Ranges, darüber hinaus energiegeladener Gesellschaftskritiker und Inbegriff des politisch engagierten, geradezu von missionarischem Eifer beseelten Intellektuellen, dem das Ideen- und das Lesedrama mit verstandesscharf argumentierenden Vorworten und ausführlichen Regieanweisungen die gemäßeste theatralische Form war – ein Homme de lettres im wortwörtlichen Verstande, der in hunderttausend Briefen Fragen der Zeit erörterte.

Dabei ging der »unverbesserlich faule« Sohn eines protestantischen Getreidehändlers und einer Sängerin (dem Mezzosopran »Hilda« Shaw) bereits mit fünfzehn Jahren von der Schule ab, um Anstellung

Geburtshaus von George Bernard Shaw

in einem Maklerbüro in 15 Molesworth Street zu finden, ganz zu schweigen von der fehlenden akademischen Ausbildung. Seine Universität, so Shaw, hatte »drei Colleges – die Music Society, die National Gallery und Dalkey Hill« (› Dalkey). So verbrachte er viele Stunden in der irischen Nationalgalerie am Merrion Square, die ihn mit ihren Tausenden von Exponaten so beeindruckte, daß er ihr später ein Drittel seiner Tantiemen abtrat (»Shaw Fund«). Vor der Galerie steht denn auch zu seinen Ehren eine intime Bronzestatue des Bildhauers Paul Troubetzkoy aus dem Jahre 1927.

Doch bevor sich Shaw mit seiner Heimat aussöhnen konnte, ging er, wie so viele irische Schriftsteller vor und nach ihm, zunächst einmal ins freiwillige Exil, wo er den Rest seines langen und erfüllten Lebens verbringen sollte. Nirgendwo in Irland seien auch nur »die Keime einer Kultur« zu entdecken, gab er zur Begründung an. 1876 folgte er seiner Mutter, die seit 1872 dort mit ihrem Musiklehrer und Hausfreund George Vandeleur Lee zusammenlebte, nach London. Aufgerüttelt durch das wochenlange Studium des Marxschen *Kapital* im Lesesaal des Britischen Museums (»Marx war eine Offenbarung«), trat Shaw wie H. G. Wells 1884 in die Fabian Society des Ehepaars Beatrice und Sidney Webb ein, aus der später die britische Labour Party hervorgehen sollte (vgl. *Essays in Fabian Socialism*, 1889). Den Glauben an die unendliche Verbesserungsfähigkeit des Menschen und das reformsozialistische Aufklärungsprogramm der Bewegung, die revolutionäre Gewalt ablehnte, verfocht Shaw alsbald in Reden, Polemiken, Pamphleten und Traktaten zu religiösen, ökonomischen und politischen Fragen. Folgerichtig bezeichnete ihn Lenin als einen »guten Mann, der unter Fabier geraten«. Dabei kam ein Pamphlet wie *Commonsense about the War* (1914) und die darin ausgesprochene Empfehlung an die Soldaten sämtlicher kriegführender Parteien, ihre Offiziere kurzerhand zu erschießen, der Leninschen Losung von der Verwandlung des imperialistischen in den Bürgerkrieg durchaus nahe.

Zugleich schrieb Shaw kluge und eloquente Rezensionen und Kritiken, als »Corno di Basetto« für *The Star*, als »GBS« für *The World* und *The Saturday Review*. Sein lebhaftes Interesse an der psychologischen und sozialen Dramatik des Norwegers Henrik Ibsen mündete in die Abhandlung *The Quintessence of Ibsenism* (1891), und in *The Perfect Wagnerite* (1898) setzte er sich vehement für den Komponisten des Gesamtkunstwerks ein (neben *Das Kapital* hatte die Partitur von *Tristan und Isolde* gelegen ...).

Es dauerte lange, bis Shaw nicht nur mit seinen politischen und kritischen Arbeiten, sondern auch mit seinen literarischen Werken Erfolg hatte. Seine fünf Fortsetzungsromane *Cashel Byron's Profession* (1886), *An Unsocial Socialist* (1887), *Love among the Artists* (1900), *The Irrational Knot* (1905) und *Immaturity* (1930) fanden keine Anerkennung, und seine ersten kritisch-realistischen Dramen – die »unerquicklichen Stücke« *Widower's Houses* (1892), *The Philanderer* (1893) und *Mrs Warren's Profession* (1893) über politisch-moralische Themen wie Mietwucher, Gleichberechtigung und Prostitution – spielten vor leeren Häusern. Das erste dieser Stücke erlebte lediglich eine Aufführung.

Erst die Komödie *Arms and the Man* (1894) verhalf Shaw zu einem bescheidenen Erfolg; dann aber gab es kein Halten mehr. In rascher Folge entstanden weitere neunundvierzig unerschrockene, unehrerbie-

George Bernard Shaw

tige, spöttische Dramen, mit denen der puritanische Exzentriker zum berühmtesten Theaterautor der Zeit aufstieg und wie kein anderer die Londoner Bühnen, insbesondere das Royal Court Theatre, beherrschte, darunter *Candida* (1895), *The Devil's Disciple* (1898), *Caesar and Cleopatra* (1901), *Man and Superman* (1903), *Major Barbara* (1905), *The Doctor's Dilemma* (1906), *Androcles and the Lion* (1912), *Pygmalion* (1913), auf dem das Musical *My Fair Lady* (1956) beruht, *Heartbreak House* (1920), *Back to Methuselah* (1921) und *The Apple Cart* (1929).

John Bull's Other Island (1904), Shaws einziges Theaterstück mit irischem Gehalt, war zunächst für das Irish Literary Theatre in Dublin bestimmt, wurde jedoch von Yeats abgelehnt, da eine ironische Auseinandersetzung mit den komplizierten irisch-englischen Beziehungen, Selbst- und Gegenbildern seiner Vorstellung von poetischem Theater nicht entsprach. Bei aller Bewunderung für Shaws von Geist blitzende Beredsamkeit brachte dieser in Yeats' Augen »nur seine sozialistische Straßeneckensuada auf die Bühne«. (Übers. von Susanne Schaup.) In der Vorrede zu seinem Stück hält Shaw mit erfrischender Anti-Keltik und Anti-Mystik fest: »Wenn ich sage, daß ich ein Irländer bin, so meine ich damit, daß ich in Irland geboren bin und daß meine Muttersprache das Englisch Swifts ist und nicht der unsprechbare Jargon der Londoner Zeitungen aus der Mitte des neunzehnten Jahrhunderts. Meine Herkunft ist die Herkunft der meisten Engländer: ich habe nämlich von der kaufmännisch importierten nordspanischen Art, die für unverfälscht uririsch gilt, keinen einzigen Zug, sondern bin der echte typische Irländer der dänischen, normannischen, Cromwellschen und (selbstverständlich) schottischen Invasionen. Aus Familientradition bin ich heftiger, hochmütiger Protestant; aber keine englische Regierung möge deshalb auf meine Untertanentreue rechnen: ich bin zur Genüge Engländer, um ein eingefleischter Republikaner und Home Ruler zu sein. Freilich ist einer meiner Vorfahren Orangist gewesen; aber seine Schwester war dafür eine Äbtissin; und sein Onkel wurde – wie ich mit Stolz sag' – als Rebell gehenkt.« (Übers. von Siegfried Trebitsch.) Bei einer Aufführung des Stücks mußte König Eduard VII. so kräftig lachen, daß er seinen Sitz zerbrach.

Nach der Heiligsprechung des Bauernmädchens Jeanne d'Arc schrieb Shaw auf Garinish Island (Ilnacullin), einer exotischen Parkinsel vor Glengariff (Co. Cork), inmitten Magnolien, Kamelien und Rhododendren sein von Lyrik und Pathos erfülltes Stück gegen die Hierarchien in Kirche und Staat, *Saint Joan* (1923). Der Nobelpreis für Literatur, der ihm 1925 für »Idealismus und Menschlichkeit«, »kräftige

Satire« und »eine eigenartige dichterische Schönheit« verliehen wurde, galt insbesondere dieser Leistung. Über den hochproduktiven Autor, dessen Gesamtausgabe sich auf sechsunddreißig Bände beläuft, urteilte Bertolt Brecht: »Man wird es schon gemerkt haben, daß Shaw Terrorist ist. Der Shawsche Terror ist ungewöhnlich, und er bedient sich einer ungewöhnlichen Waffe, nämlich des Humors.«

Ein herzschrittmachender Spaziergang auf der östlichen der beiden 1,5 Kilometer langen Hafenmolen von DÚN LAOGHAIRE (Laoires Fort) läßt sich mit dem Gedenken an einen Schriftsteller verbinden, der, obwohl dem irischen Literaturbetrieb gänzlich abgeneigt, nächst Joyce als überragendster irischer Autor dieses Jahrhunderts anzusehen ist – ein Epithet, das 1969 mit der Zuerkennung des dritten Nobelpreises für Literatur an einen Dubliner bekräftigt wurde. Laut Urkunde erfolgte die Verleihung »für eine Dichtung, die in neuen Formen des Romans und des Dramas aus der Verlassenheit des modernen Menschen ihre künstlerische Überhöhung erreicht«. Zwar antwortete der solcherart Geehrte auf die Frage, ob er Engländer sei, mit typisch irischem Schalk: »Au contraire!« Doch ist er ungeachtet seiner heimatlichen Bindungen wohl der unirischste aller irischen Autoren, neigte er doch statt zum Wortschwall zum Verstummen, ging er doch, seiner künstlerischen Freiheit zuliebe, statt ins Londoner ins Pariser Exil und schrieb nach den ersten Anfängen statt auf englisch oder irisch auf französisch: SAMUEL BECKETT (1906–89).

Samuel Barclay Beckett, jüngerer Sohn eines wohlhabenden Bauingenieurs hugenottischer Abstammung (»Becquet«), wurde nach eigenen Angaben am Karfreitag, dem 13. April 1906, in seinem eleganten Elternhaus Cooldrinagh im grünen Dubliner Vorort Foxrock geboren. Von der Straße aus (Kerrymount Avenue) ist das Erkerfenster des Geburtszimmers im Obergeschoß zu sehen. Sein Geburtsschein freilich weist den 13. Mai aus, und es steht zu vermuten, daß Beckett sich im nachhinein als Gekreuzigter stilisieren wollte, der von seinem Geburtsland, »dem Elysium der Obdachlosen«, verfolgt wurde. Nicht von ungefähr litt er bei seinen häufigen Familienbesuchen regelmäßig unter nur psychosomatisch zu erklärenden Karbunkeln.

Die symmetrisch angelegten Landungsbrücken von Dún Laoghaire gleichen den Greifarmen des Polypen Irland, der seine Kinder gefangenhält; zugleich aber sind sie das Ausfalltor zu den Zufluchtsstätten des Auslands. In *Krapp's Last Tape* (1958) erinnert sich Beckett an einen Sturm im Jahre 1946: »Intellektuell ein Jahr tiefster Schwermut und Bedürftigkeit bis zu jener denkwürdigen Nacht im März, am Ende der Pier, im heulenden Wind, als ich plötzlich die ganze Sache durchschaute. Der Wendepunkt, endlich. [...] gewaltige Granitfelsen und die Gischt, die im Licht des Leuchtturms aufsprühte, und der Windmesser, der wie ein Propeller wirbelte, [...] mir endlich klar, daß das Dunkel, daß ich einzudämmen suchte, in Wirklichkeit mein wertvollstes –«

Unter dem Anemometer, der inzwischen mit einer Tafel markiert ist, erlebte Beckett eine Epiphanie, die das Bekenntnis zu autobiographischem und monologischem Schreiben zur Folge hatte. Hier wurde er zu Beckett: der Romancier zum Dramatiker, der frankophile zum frankophonen Autor, der souveräne Meister der Sprache, der bereits vor dem Krieg Gedichte (*Whoroscope*, 1930, *Echo's Bones*, 1935), Essays (*Proust*, 1931) und einen von zweiundvierzig Verlagen abgelehnten komischen Roman (*Murphy*, 1938) geschrieben hatte, zum Artisten des sprachlichen Minimalismus. So kam es, daß die Trilogie *Molloy* (1951), *Malone meurt* (1951) und *L'innommable* (1953) sowie die selbstreflektorischen Romane *Comment c'est* (1961) und *Mercier et Camier* (1970) auf französisch abgefaßt wurden, auch wenn die Topographie Irlands in allen diesen Werken deutlich zu erkennen ist (vgl. Eoin O'Briens üppigen Bildband *The Beckett Country. Samuel Beckett's Ireland*).

In *Mercier et Camier* schildert Beckett den Ausblick von den Dubliner Bergen: »Das Meer ist nicht weit, durch die ostwärts hinabführenden Täler kann man es sehen, es hat kaum mehr Farbe als der Himmel, der kaum welche hat, es ist wie eine Borte. [...] Man erkennt sogar, bei sehr klarem Wetter, die Molen des Hafens, der beiden Häfen, sie strecken ihre winzigen Arme in das glasige Meer, man weiß, daß sie flach daliegen, aber sie sehen wie hochgehoben aus. Man sieht die Inseln und die Vorgebirge, man braucht sich nur an der richtigen Stelle umzuschauen, und nachts freilich die Leuchttürme mit festen und kreisenden Feuern.« (Übers. von Elmar Tophoven.)

Beckett besuchte wie Oscar Wilde die Portora Royal School in Enniskillen (Co. Fermanagh) und studierte wie jener am Trinity College Dublin, allerdings nicht Klassische Philologie, sondern Romanistik. Nach vierjährigem Studium, in dessen Verlauf er sich nicht nur durch glänzende akademische Leistungen, sondern auch durch versiertes Kricketspiel auszeichnete, unterrichtete er kurzfristig am Campbell College Belfast, bevor er sich im Rahmen eines Austauschprogramms 1928–30 als Englischlektor an die École Normale Supérieure Paris vermitteln ließ.

Noch einmal, 1930–32, sollte er als Französischdozent an seine Alma mater zurückkehren, doch dann wandte er sich von seinem Heimatland für immer ab. 1932–37 führten ihn ausgedehnte Reisen u. a. nach Kassel, wo er in der Landgrafenstraße 5 wohnte, auf der Fulda Boot fuhr und sich nach dem Tode des geliebten Vaters zu seinem ersten Roman *Dream of Fair to Middling Women* (postum 1992) inspirieren ließ. 1937 ließ er sich endgültig in Paris nieder – eine Entscheidung, die er auch bei Ausbruch des Zweiten Weltkriegs nicht bereute, zog er doch »Frankreich im Krieg Irland im Frieden« vor. Die irische Zensur,

Samuel Beckett

von der eigene Werke wie *More Pricks than Kicks* (1934), *Watt* (1944) und *Molloy* betroffen waren, bekämpfte er als »Sterilisierung des Geistes« in einem »von Jungfrauen bevölkerten Paradies«.

In Paris hatte er, als er in einer Straße niedergestochen wurde, seine spätere Frau, die Pianistin Suzanne Deschevaux-Dumesnil, kennengelernt und sich mit James Joyce angefreundet, dessen Amanuensis er zeitweilig war. Joyce übte denn auch neben Dante und den Vertretern der französischen Existenzphilosophie den größten Einfluß auf sein literarisches Schaffen aus. 1941 betätigte sich Beckett als Kurier in der französischen Résistance und entging der Verhaftung durch die Gestapo nur, indem er sich nach Vichy-Frankreich absetzte, wo er als Landarbeiter in Roussillon (Vaucluse) sein Brot verdiente. Im Auftrag des Irischen Roten Kreuzes wurde er nach Kriegsende als Dolmetscher und Lagerverwalter im zerstörten Saint Lô tätig.

Insbesondere mit seinen experimentellen Stücken, in denen sich schwarzer Humor und ritualisierte Abläufe verbinden (»laughing wild amidst severest woe«), revolutionierte Beckett das moderne Theater. An erster Stelle zu nennen ist der tragikomische Klassiker des Pessimismus, *Waiting for Godot* (1952), in dem Wladimir und Estragon, in einer imaginären Landschaft von surrealer Öde sitzende Abstraktionen, die absurde Grundsituation des Menschen verkörpern: das immerwährende Schwanken zwischen Hoffnung und Verzweiflung. Zur Begründung gab der Autor an: »Ich arbeite mit Impotenz und Ignoranz. Ich glaube nicht, daß Impotenz in der Vergangenheit ausgeschlachtet worden ist. Es scheint eine ästhetische Maxime zu sein, daß Ausdruck Leistung ist – Leistung sein muß. Meine kleine Erkundung ist jene ganze Zone des Seins, die von Künstlern immer als etwas Unbrauchbares beiseite geschoben worden ist – als etwas, das per definitionem mit Kunst unverträglich sei.« Jene ganze Zone des Seins: Altern, Zerfall, Verlust, Schmerz, Leiden, Elend.

Ob seine Bühnenfiguren wie in *Endgame* (1957) unaufhörlich schwatzend in Mülltonnen sitzen, wie in *Happy Days* (1961) bis zum Hals im Sand oder wie in *Play* (1963) in Urnen stecken – stets sind sie Symbole menschlicher, aber auch spezifisch irischer Entfremdung und Immobilität, verworrenes Bewußtsein in verfallenden Körpern, gestörte Identität in sinn- und beziehungsloser Existenz. So war es nur konsequent, daß Becketts Theater- wie Prosastücke immer kürzer und knapper wurden, bis hin zum minutenlangen Schweigen und zur Konzentration auf einen einzelnen Eindruck. Beckett war der Romancier und Dramatiker des Absurden, Makabren, Burlesken und Grotesken, der einer »Dramaturgie der existentiellen Ungewißheit« (Karl Harald

Ebert) folgte und Bühnenautoren wie Ionesco, Adamov und Arrabal den Weg bahnte.

Bei seinem Tod in Paris war Beckett bereits zur Legende geworden: seine hager aufgeschossene Gestalt, das wie aus Stein gemeißelte, von unzähligen Falten zerfurchte Gesicht, das schlohweiße Borstenhaar, die Scheu vor dem Rampenlicht (die so weit ging, daß er nicht einmal zur Entgegennahme der hohen Auszeichnung nach Stockholm reisen mochte). »Verstehe, wer will; ich schalte ab.« Scheitern, Schweigen, Stille, Friedhof von Montparnasse. Nichts.

»Dalkey ist eine kleine Stadt, vielleicht zwölf Meilen südlich von Dublin, an der Küste. Es ist eine unglaubliche Stadt, still, Schlaf vortäuschend. Seine Straßen sind eng, geben sich nicht ohne weiteres als Straßen zu erkennen, und wo sie sich kreuzen, scheint dies aus Zufall zu geschehen. Kleine Läden sehen geschlossen aus, sind aber geöffnet.« (Übers. von Harry Rowohlt.) So beginnt Flann O'Briens Roman *The Dalkey Archive* (1964) über den verrückten Wissenschaftler de Selby, dem es gelungen ist, die Herrschaft der Zeit aufzuheben. Kein Wunder, daß James Joyce und der hl. Augustinus in diesem Blendwerk der Fabulierkunst höchstpersönlich auftreten.

Obwohl Flann O'Brien (1911–66; → auch Co. Offaly) mittlerweile der nach Joyce und Beckett besterforschte irische Romanautor des 20. Jahrhunderts sein dürfte und sein Name in einem Atemzug mit diesen Jahrhundertgrößen fällt, hatte er zu Lebzeiten ein gebrochenes Verhältnis zu seinem Vor- und Gegenbild Joyce, das durchaus ödipal genannt zu werden verdient. Kein Wunder also, daß er in seinem Roman fiktionale Rache nimmt, indem er den Schriftsteller James Joyce zum Kneipenwirt degradiert, der religiöse Pamphlete verfaßt und die Autorschaft an seinen beiden Hauptwerken vehement bestreitet.

Vorerst aber gibt der Roman eine ebenso poetische wie naturgetreue Schilderung der Schönheiten des Dubliner Vororts, bis Wortklauberei, ein notwendiges Ingredienz der absurden Imagination O'Briens, die Oberhand gewinnt: »Die Straße windet sich gefällig bergzu, und hinter einer niedrigen Mauer zur Linken liegen jenseits des Fußpfads zaubrische Entzückungen ausgebreitet: felsiges Grasland fällt schnell ab, um weit unten eine wie Spielzeug erscheinende Eisenbahn zu erreichen, mit dem unermeßlichen Meer dahinter, das man nur ahnen kann, das sich still und langsam in der ungeheuren Weite der Bucht von Killiney wiegt. Hoch oben am Himmel, der sich mit ihm zu einer alles andere als deutlichen Naht verbindet, schleppt sich eine Karawane leichter Wolken lautlos nach Osten. Und zur Rechten? Monströse Arroganz: ein mächtiges Schulterblatt aus Granit, weit ausschreitend, sein Überrock aus Stechginster und Farnkraut in ernste Reihen von Kiefern, Rottannen, Föhren und Roßkastanien gebettet, daran anschließend feine Büschel vom schlanken, säuberlichen Eukalyptus – das Ganze ein Trugbild aus sanft bewegten Blättern, ein Gemisch aus Licht, Farbe, Dunst und sehr viel Luft, ein Wunder, reich an Versionen, Verdüren, Vertikalen, Vertizillaten, Vertiginosa, im Schatten der Äste sogar vespertin. Himmel, sollte dem Lexikon von Sergeant Fottrell etwas entgangen sein?« (Übers. von Harry Rowohlt.)

Während O'Briens erste Romane und seine im Abbey Theatre uraufgeführten Bühnenstücke *Thirst* (1943), *Faustus Kelly* (1943) und *The Insect Play* (1943; nach *Der Krieg der Molche* von Karel Capek) in dem heute mit einer Andenkenplakette versehenen Haus 4 Avoca Terrace, Blackrock, entstanden, in das die Familie bereits 1927 eingezogen war, schrieb er *The Hard Life* (1961), *The Dalkey Archive* und seinen unvollendeten Roman *Slattery's Sago Saga* in 10 Belmont Avenue, Donnybrook. Sein Grab (Nummer 20 A im Westteil) ist auf dem Friedhof Deans Grange zu besichtigen, wo auch Frank O'Connor, der große irische Tenor John McCormack und die irischen Premiers Seán Lemass und John A. Costello bestattet sind.

Heute sind das charmante Küstenstädtchen Dalkey (altnordisch ›Dorninsel‹) und der benachbarte Killiney Hill Ziel von Sonntagsausflüglern, die, den Instruktionen eines Faltblatts folgend, von Dún Laoghaire aus auch einen »Literary Walk« unternehmen können. Eine schöne Aussicht gewährt der kleine Sorrento Park, an dessen felsigem Eingang ein buntes Steinmosaik zu Ehren des aus Dalkey stammenden und mit Shakespeare befreundeten elisabethanischen Lyrikers, Lautenvirtuosen und Liederkomponisten John Dowland (1562–1625) angebracht ist. Auch Schriftsteller von Rang hatten ihr Domizil in Dalkey. In Sorrento Cottage lebte einst der Dramatiker und langjährige Leiter des Abbey Theatre, Lennox Robinson (1886–1956), in der prächtigen Sorrento Terrace sein Kollege Denis Johnston und dessen Tochter, die Romanschriftstellerin Jennifer Johnston. Von Denis Johnston stammen die berühmten Verse über Dublin:

Strumpet City in the sunset
Wilful city of savage dreamers,
So old, so sick with memories!
Old Mother
Some say they are damned,
But you, I know, will walk the streets of Paradise
Head high, and unashamed.

Auch Neil Jordan, Erzähler und Filmregisseur (*Mona Lisa, The Crying Game*), hat sich hier niedergelassen. Irlands erfolgreichster zeitgenössischer Bühnenautor, Hugh Leonard, residiert in Coliemore Road. Die mit mehr als hundertsechzig Buchtiteln ungeheuer produktive Lyrikerin und Romanschriftstellerin Katherine Tynan (1861 bis 1931) und der Kurzgeschichtenautor Sean O'Faolain lebten beide in der Küstenstraße Vico Road, sie in dem Haus »Cymric«, er in »Knockaderry«.

Vico Road erlaubt selbst dem fußfaulen Autofahrer einen grandiosen Ausblick auf die wunderbar geschwungene Bucht und den drei Kilometer langen, durch glaziale Ablagerungen geformten Sandstrand von Killiney, das geduckte Vorgebirge von Bray Head und die beiden irischen Zuckerhüte – Quarzfelsen alle drei. Gegenüber Strawberry Hill, einer Villa im italienischen Stil, führt die Steiltreppe Cat's Ladder von der Vico Road zur Torca Road. Dort, im weißgetünchten Torca Cottage (Gedenktafel), verbrachte Irlands erster Nobelpreisträger für Literatur, der Dramatiker George Bernard Shaw, die Sommertage seiner Kindheit (1866–74). Den mütterlichen Entschluß zum Einzug in das Zweithaus ihres Gesangslehrers und Liebhabers George Vandeleur Lee, unter »ein Himmelszelt, wie ich es nirgendwo sonst in der Welt erblickt habe«, bezeichnete noch der Fünfundsiebzigjährige als den glücklichsten Augenblick seines Lebens. Über den herrlichen Rundblick von Killiney Hill schrieb er: »Irlands Menschen sind sterblich und vergänglich, doch seine Hügel dauern ewig.« In der Tat haben die Wicklow Mountains trotz ständig wechselnder Lichtverhältnisse etwas Ehernes, und wer sich neben dem Obelisk auf dem 146 Meter hohen Gipfel langsam um die eigene Achse dreht, um das beeindruckend abwechslungsreiche Panorama von Bergen und Tal, Stadt und Land, Meer und Inseln auf sich wirken zu lassen, dem mag andächtig zumute werden. Bei klarem Wetter sind nicht nur die Mourne Mountains im Norden Irlands, sondern sogar die fünfundsiebzig Kilometer entfernte walisische Küste zu erkennen.

Eigentlich dürfte ein Dichter wie James Stephens, nicht zu verwechseln mit dem revolutionären Fenier James Stephens (1826–1901), in einem Reiseführer dieser Art nicht verzeichnet sein. Keine Büste, kein Standbild, keine Schrifttafel, kein Museum zeugt von seiner Existenz. Die klassische Litera-Tour – »Haus der Wiege, Haus der Bahre, Grab« (Uwe Ruprecht) – läßt sich in Dublin nicht absolvieren. Alternativ gilt als Geburtsdatum entweder der aus durchsichtigen Gründen von Stephens selbst propagierte 2. Februar 1882 (der genaue Geburtstag des ab

1927 eng mit ihm befreundeten James Joyce) oder der 9. Februar 1880. Nicht einmal sein Geburtshaus, mitunter als 5 Thomas Court, Dublin 8, angegeben, steht zweifelsfrei fest. Andererseits ist Stephens als führender Lyriker und Erzähler der irischen Erneuerungsbewegung, zu dessen legitimen Erben die Phantasten und Fabulisten Flann O'Brien und Mervyn Wall (*The Unfortunate Fursey*, 1946, und *The Return of Fursey*, 1948) gehören, zu bedeutend, als daß man ihn mit Stillschweigen übergehen dürfte.

Eines wenigstens scheint festzustehen: daß James Stephens das Licht der Welt in den düsteren Slums Dublins erblickte und 1886 von seiner verwitweten Mutter wegen Straßenbettelei in eine Besserungsanstalt für protestantische Knaben in Carysfort Avenue, Blackrock, gegeben wurde, wo er, im übrigen Autodidakt, als Zögling mit der Nummer 279 die einzig nennenswerte Bildung seines Lebens empfing. Nach dem Schulabgang zehn Jahre später erlernte Stephens Schreibmaschine und Kurzschrift und arbeitete bis 1912 als Büroangestellter in verschiedenen Dubliner Rechtsanwaltskanzleien und, so heißt es, als Clown in einem Zirkus. Sein koboldartiges Aussehen – langgestreckter Schädel, gewaltige Stirn, dunkelfeuchte Augen, hervorstehender Kropf, zwergenhafter Wuchs, sanftmütiges Wesen – hätte ihn dafür prädestiniert.

1905 konnte er in Arthur Griffiths politischer Zeitschrift *The United Irishman* seine erste Erzählung, »The Greatest Miracle«, plazieren und war von da an ein Anhänger der Separatistenpartei Sinn Féin und der Gälischen Liga. Eigentlich entdeckt aber wurde er erst zwei Jahre später von Æ, der die Rolle des selbstlosen Mentors übernahm und ihn mit W. B. Yeats, Lady Gregory und George Moore bekannt machte. Dieser Kreis kam des öfteren in The Bailey, Duke Street, zusammen, einem traditionsreichen Pub, der unlängst dem Kaufhaus Marks & Spencer weichen mußte. Sein berauschendes geistiges Fluidum schilderte Stephens wie folgt: »Eines Abends saß ich im Bailey vor einem Drink. Es war meine erste Erfahrung mit einer solchen Atmosphäre – Sauerstoff und Gin –, die wir Esprit nennen und die ich belauerte, wie eine Katze eine Maus belauert, in der Absicht, sie einzufangen, und zum ersten Male hörte ich über Dichtung mit der gleichen Unbefangenheit sprechen, wie ein Tischler über seine Bretter spricht, über die Stühle und Tische und allerlei Holzreste, aus denen er sie fertigen wird.«

Von einer Begegnung mit George Moore in der irischen Nationalgalerie, deren Archivar Stephens nach zweijährigem Aufenthalt in Paris 1915 geworden war, liegt ebenfalls eine amüsante Anekdote vor: »›Aha‹, dachte ich bei mir, ›der berühmte Romancier, über den jeder spricht und den keiner liest und von dem ich auch noch nie ein Wort gelesen habe!‹ [...] Wenn zwei Schriftsteller einander begegnen, geschieht etwas Sonderbares. Ohne ein Wort darüber zu verlieren, weiß jeder von beiden innerhalb von dreißig Sekunden, ob der andere je eine Zeile aus seinem Werk gelesen hat oder nicht. Keiner von uns hatte eine Zeile des anderen gelesen, und beide wurden wir augenblicklich gewahr, daß das Leben nicht vollkommen ist, aber während ich voller Langmut und Hoffnung war, gab Moore sich entrüstet.«

Der Lyriker Stephens, von Samuel Beckett zu jenen »Altertümlern« gerechnet, die »mit der erhabenen Selbstgefälligkeit des viktorianischen Gälen die ossianischen Güter liefern«, wurde von geistesverwandten Dichtern wie Walter de la Mare (1873–1956) sehr geschätzt. Aber es sind vor allem seine von William Blake, Oscar Wilde und Lord Dunsany beeinflußten Romane, deren charmante Mischung von trüber Alltagsrealität und funkelnder Märchenphantasie die Leser bezaubert hat. So vereint *The Charwoman's Daughter* (1912), zunächst in der von Padraic Colum, Thomas MacDonagh und James Stephens begründeten *Irish Review* als Fortsetzungsroman abgedruckt, eine mit wundersamen Vorfällen gespickte realistische Darstellung des dürftigen Lebens in den Dubliner Arbeiterslums – eine innovative Verschränkung von Natürlichem und Übernatürlichem, von Welt und keltischer »Anderwelt«, die allein schon der Name der Protagonistin, Mary Makebelieve, bezeugt. Identifizierbare Schauplätze werden mit phantastischen Figuren bevölkert, Unschuld und Erfahrung, Gefühl und Verstand kontrastiert.

In Romanen wie *The Crock of Gold* (1912) und *The Demi-Gods* (1914) treten Feen, Leprechauns und andere Zauberwesen ebenso auf wie gewöhnliche Sterbliche, und gemeine Menschen pflegen den natürlichsten Verkehr mit keltischen und griechischen Gottheiten. In seinem respektlosen Umgang mit der irischen Mythologie ist Stephens ein »literarischer Akrobat« (Frank O'Connor), der einen außerordentlich diffizilen Drahtseilakt zwischen Fantasy und Philosophie, Bildungsroman und Märchen, Folklore und Allegorie, Komödiantentum und Satire vollführt und mit der experimentellen Verknüpfung disparater Elemente das herkömmliche Romangenre sprengt. Die vielen eingestreuten Sprüche machen den Roman zu einer »Hymne an den Nonsens – und wirklicher Nonsens ist ja nur die umgestülpte Weisheit« (Walter de la Mare).

Deirdre (1923), die bereits von Yeats, Æ und Synge in Bühnenstükken behandelte tragische Saga von Liebe und Tod, und *In the Land of Youth* (1924) waren Bestandteil eines auf sechs Bände angelegten, dann aber abgebrochenen Projekts der Nacherzählung alter irischer Sagenstoffe – der heroische Mythos im Gewand des bürgerlichen Romans. Doch 1925 kehrte Stephens, enttäuscht über die unfreie politische und kulturelle Atmosphäre des Irischen Freistaats, seiner Heimat den Rükken und siedelte nach London über, von wo aus er zahlreiche Vortragsreisen in die USA unternahm. Ab 1937 hielt er für die BBC vielbeachtete Rundfunkvorträge über Dichter und Dichtung. Der liebenswerte und allseits beliebte Mann, der den »Intellekt des Menschen aus den Händen der Ärzte und Advokaten, der schlauen Pfaffen, der Professoren, deren Mäuler mit Sägemehl verstopft sind, und der Krämer, die Grashalme verhökern«, befreien wollte, starb am 26. Dezember 1950 in London und wurde auf dem Kingsbury Old Graveyard bestattet.

James Joyce war so überzeugt von Stephens' literarischem Talent und geistiger Beweglichkeit, daß er vorhatte, den Dubliner Namensvetter mit der Vollendung seines »work in progress«, *Finnegans Wake*, zu betrauen, falls ihm selbst dies verwehrt bleiben sollte. Für die Freundschaft des zahlen-, zeichen- und korrespondenzengläubigen Kurzgeschichtenautors und Romanciers mit Stephens spielten zufällige Übereinstimmungen wie die vermeintlich gleiche Geburtsstunde und die Tatsache, daß beide in wilder Ehe lebten und je einen Sohn und eine Tochter hatten, eine nicht unerhebliche Rolle.

Je bedeutender der Preisträger, desto zurückhaltender sollte die Laudatio ausfallen. JAMES JOYCE (1882–1941), mit Mittelnamen Augustine Aloysius, ist mit den Akkoladen einer immens fleißigen Großindustrie akademischer Textexegese so überhäuft worden, daß ihm an dieser Stelle verhältnismäßig wenig Platz eingeräumt werden soll. Obwohl er mit *A Portrait of the Artist as a Young Man* (1916), *Ulysses* (1922) und *Finnegans Wake* (1939) nur drei Romane herausgebracht hat, wird Joyce gerne als der größte Romanautor des 20. Jahrhunderts bezeichnet, weil er die Weltliteratur mit der geglückten Verbindung von distanziert-detailgetreuem Realismus und poetischem Symbolismus, mit seiner Verfeinerung der Bewußtseinsstromtechnik und seiner Wortgewalt am nachhaltigsten beeinflußt hat. *Ulysses*, das ursprünglich als Kurzgeschichte konzipierte Musterexemplar des Avantgarderomans schlechthin, ist zur Epopöe der Moderne erhoben worden, sein Verfasser zum »Homer unserer Zeit«.

In der Tat ist diesem Prototyp des unabhängigen und humanen europäischen und Menschheitsdichters nicht quantitativ beizukommen. Joyce führte die symbiotische Verbindung von Person und Werk, Leben und Literatur, Stadt und Roman in reinster Form vor; er bewies, daß die künstlerische Einbildungskraft aus räumlicher und zeitlicher Ferne eine reale Welt zu rekonstruieren vermag. Mit Hilfe der Erinnerung destillierte er aus Eindrücken der Kindheit und Jugend die Quintessenz von Dublin als geistiger Lebensform. Weder vor ihm noch nach ihm hat eine Stadt je eine derartige Erhöhung des Alltäglich-Topographischen ins Mythisch-Universale erfahren.

Das älteste von zehn Kindern eines katholischen Angestellten mit Hausbesitz in Cork erblickte das Licht der Welt an Mariä Lichtmeß 1882 in 41 Brighton Square, einer respektablen viktorianischen Wohngegend in Rathgar, Dublin 6 (Plakette). Lange Jahre jesuitischer Erziehung in angesehenen und ansehnlichen Lehranstalten für Knaben (1888–91 Clongowes Wood College in Clane, Co. Kildare, 1893–98 Belvedere College in Great Denmark Street, Dublin, beide nach Anmeldung zu besichtigen) führten zu einer intensiven, ja inbrünstigen Beschäftigung mit der katholischen Religion, die Joyce freilich, nachdem er sich für eine künstlerische Laufbahn statt der klerikalen entschieden hatte, ebenso rückhaltlos verwarf.

Das Studium der modernen Sprachen am University College Dublin 1898–1902 brachte Joyce in Kontakt mit der europäischen Literatur, insbesondere mit Henrik Ibsen, über den er seinen frühesten Artikel veröffentlichte. Seine ersten Schreibversuche bestanden aus Übersetzungen (u. a. zwei Theaterstücke von Gerhart Hauptmann), Kritiken, Gedichten und säkularen »Epiphanien«, poetischen Augenblicken von leuchtender Intensität. Indes wäre dem angehenden Schriftsteller beinahe eine andere Karriere dazwischengekommen: die des Sängers. In einem Gesangswettbewerb belegte er gleich nach John McCormack den zweiten Platz und plante eine Englandtournee mit elisabethanischen Gesängen. »Herr Joyce besitzt eine helle Tenorstimme, die er bei hohen Tönen etwas zu forcieren neigt, aber er singt mit viel künstlerischem Einfühlungsvermögen« (übers. von Albert W. Hess, Klaus und Karl H. Reichert), so befand am 27. August 1904 der Kritiker Joseph Holloway (1861–1944), dessen fünfzig Jahre lang geführtes Diarium in 221 Bänden ein fast noch eindrücklicheres Bild der Hauptstadt gibt als Joyces Dublin-Roman *Ulysses*.

Das Joycesche Ethos, das zugleich eine gegen Nationalismus und keltische Erneuerung gerichtete ästhetische Position der »Bezauberung des Herzens« beinhaltet, findet sich in dem autobiographischen Künstlerroman *A Portrait*, einer mehrfachen Umarbeitung des Fragment gebliebenen Romans *Stephen Hero* (postum 1944), formuliert: »Wenn die Seele eines Menschen in diesem Lande geboren wird, werden ihr Netze übergeworfen, um sie am Fliegen zu hindern. Du sprichst mir von Nationalität, Sprache, Religion. Ich werde versuchen, an diesen Netzen vorbeizufliegen.« (Übers. von Klaus Reichert.) »Schweigen, Verbannung und List« – schon für den Schüler Joyce war der Grieche Odysseus der Lieblingsheld gewesen.

Um den religiösen und gesellschaftlichen Zwängen, der provinziellen Enge und philiströsen Verfassung Irlands zu entrinnen, brach Joyce im Dezember 1902 nach Paris auf, wo er an der Sorbonne das Fach Medizin belegte. Statt sich jedoch mit dem Studium der Heilkunst zu befassen, eignete er sich lieber weiter jene enzyklopädischen Kenntnisse der europäischen Literatur an, die in sein späteres Werk einflossen, bis ihn eine unheilbare Krankheit seiner Mutter nach Dublin zurückrief. In dem satirischen Gedicht *Gas from a Burner* (1912) bringt er das gestörte Verhältnis zu seinem Geburtsland auf den Punkt:

This lovely land that always sent
Her writers and artists to banishment
And in a spirit of Irish fun
Betrayed her own leaders, one by one.

Damit ist eine rhetorische Figur, die auf alle nachfolgenden Schriftstellergenerationen Irlands wirken sollte, deutlich benannt: die Stilisierung des freigewählten Weggangs in einen Akt der Verbannung. Mit zweiundzwanzig Jahren, im Oktober 1904, trat Joyce endgültig sein selbstauferlegtes Exil auf dem Kontinent an, aus dem er nur wenige Male aus geschäftlichen Gründen in seine Geburtsstadt zurückkehren sollte: 1909, um das erste irische Lichtspielhaus einzurichten (das Volta Cinema in Mary Street), 1912, um über die Publikation seiner ersten und einzigen Erzählsammlung *Dubliners* zu verhandeln – beides Fehlschläge. Stationen seiner eigenen Odyssee waren Triest, Pola, Rom, Zürich, Paris, St.-Gérard-le-Puy und wieder Zürich. Doch trotz des gelebten Kosmopolitismus schrieb er über keine andere Stadt als Dublin: für ihn verkörperte sie den Kosmos menschlicher Totalität.

Nach anfänglichem Englischunterricht an der Triester Berlitz School und einer Tätigkeit als Bankangestellter in Rom wagte er eine prekäre Existenz als freier Schriftsteller, obwohl er schon seit 1917 unter grünem Star litt und periodisch erblindete. Mit Hilfe seiner Lebensgefährtin Nora Barnacle (→ Co. Galway) und verschiedenster Zuarbeiter bewältigte er trotz angegriffener Gesundheit und der Sorge über die Schizophrenie seiner Tochter Lucia ein herkulisches Arbeitspensum. Der Mann, der Dublin ein literarisches Denkmal ohnegleichen gesetzt hat, liegt auf dem Flunterner Friedhof in Zürich begraben.

Mit seinen fünfzehn in nüchtern-realistischem Stil gehaltenen Kurzgeschichten *Dubliners* (1914) über die statische Welt des Dubliner Kleinbürgertums der Jahrhundertwende, gegliedert nach Lebensstadien, wollte Joyce seinen Landsleuten einen »blankgeputzten Spiegel« vorhalten: »Meine Absicht bestand darin, ein Kapitel der Sittengeschichte meines Landes zu schreiben, und als Schauplatz wählte ich Dublin, weil diese Stadt mir das Zentrum der Paralyse zu sein schien.« Man darf annehmen, daß Joyce mit seinem künstlerischen Wirken seinen Teil zur »spirituellen Befreiung« seines Landes beigetragen hat. Sein virtuoses mimetisches Erzählen in wechselnden Stimmlagen und Stilhöhen, vorgeführt in *Ulysses* und *Finnegans Wake*, fand freilich nicht nur Bewunderer. Jorge Luis Borges etwa hat beanstandet: »Eine der literarischen Koketterien unserer Zeit ist die methodische, beflissene Ausarbeitung von Werken, die chaotisch wirken. Unordnung simulieren, mühsam ein Chaos konstruieren, die Intelligenz einsetzen, um die Effekte der Zufälligkeit zu erziehen, das war, in ihrem jeweiligen Moment, das Werk von Mallarmé und von James Joyce.« (Übers. von Gisbert Haefs.)

Wer in Dublin auf den Spuren von James Joyce wandeln will, kann dies auf vielerlei Weise tun. Kinderreichtum und schlechte Haushaltsführung hatten zur Folge, daß die ursprünglich wohlhabenden Eltern ab 1891 in rascher Folge das Quartier wechseln mußten, stets auf der Flucht vor den Geldforderungen der Hauswirte. Diese scheinbar endlose Abwärtsspirale läßt sich abschreiten. Von den mehr als zwanzig Adressen seien hier nur einige genannt: 23 Castlewood Avenue, Rathmines, 1 Martello Tower, Bray, 23 Carysfort Avenue, Blackrock (Gedenktafel), 14 (heute: 34) Fitzgibbon Street, 17 North Richmond Street, 29 Windsor Avenue, 8 Royal Terrace (heute: Inverness Road), Fairview, 32 Glengarriff Parade, 7 St. Peter's Terrace (heute: 5 St. Peter's Road).

Oder aber man begibt sich in das James Joyce Centre, 35 North Great George's Street, das 1990, unter anderem auf Betreiben des Joyce-Neffen Ken Monaghan, aus Ruinen auferstanden ist. In diesem schmucken georgianischen Bau – der Tanzakademie Prof. Dennis J. Maginnis aus *Ulysses* – finden Ausstellungen, Vorträge, Lesungen, audiovisuelle Darbietungen statt; von hier aus kann man sich kundigen Führungen durch das Joyce-Gelände der Nordstadt anschließen. Denn das wahre Joyce Country ist nicht die Landschaft dieses Namens in Connemara, wo ein Zweig des Clans zu Hause war, sondern das Asphaltpflaster der Großstadt, wo der Autor das Sosein der Dinge verzeichnete.

Doch warum nicht in einem »Bäumchen, wechsel dich«-Spiel von Fiktion und Faktizität lieber den Geschöpfen des Autors, Leopold Bloom und Stephen Dedalus, auf ihren verschlungenen Pfaden folgen? Selbst Blooms »Geburtshaus« 52 Clanbrassil Street, Dublin 8, ist mit einer Tafel versehen. Auf diesen Gängen wird man auch einer Büste und einem Stand- oder eher Gehbild des Autors von Marjorie Fitzgibbons begegnen: in St. Stephen's Green, Dublin 2, und in North Earl Street, Dublin 1. Das nächste Kapitel liefert Stichpunkte und Hinweise.

James Joyce-Büste, St. Stephen's Green, Dublin

Exkurs(ion)
Ulysses und *Finnegans Wake* von James Joyce

Von Jürgen Schneider

1924 notierte James Joyce: »Wird sich jemand dieses Datums erinnern?« Das Datum: Donnerstag, 16. Juni 1904. Der Tag, der mit einem linden Sonnenmorgen beginnt, ist ein Tag wie kein anderer, der Tag, an dem das Joycesche Epos *Ulysses* spielt. *Ulysses*, das ist – wie Joyce einmal erläuterte – das »Epos zweier Rassen (Israeliten – Iren) und gleichzeitig der Zyklus des menschlichen Körpers wie die *storiella* eines Tages [...] es ist ferner eine Art Enzyklopädie«. *Ulysses*, das ist der längste Tag der Weltliteratur.

Seinem Inhalt nach ist *Ulysses* ein Trivialroman, der so abenteuerlich ist, daß man nie weiß, wohin man verschlagen wird. Schon im Zitat von der »quintessentiellen Trivialität« weist der Roman auf seine eigene Thematik. *Ulysses* ist auch ein historisches Museum der Sprache. Jede noch so niedrige oder hohe Form sprachlichen Ausdrucks kommt ebenso vor wie alle Formen des Englischen, von Anklängen an die angelsächsischen Anfänge bis zum (damals) neuesten amerikanischen Slang. Joyce war fasziniert von der Potenz der Sprache, ihrer Vielfalt, ihren sprießenden, wuchernden Anwendungsmöglichkeiten. Es ging ihm um eine Sprache, die über allen Sprachen steht, eine Sprache, der alle anderen Dienste leisten. In *Ulysses* ist der Held die Sprache. Joyce bediente sich dabei nicht nur anderer Sprachen, er fledderte auch die Sprachen anderer. *Ulysses* ist auch ein gigantischer Zitatenschatz. Gezählt wurden nicht nur 131 Themen, sondern auch 29899 verschiedene Wörter: vom »Mkgnau« der Katze über kindliches Lallen bis zu hochdifferenzierter Poesie, vom Shakespeare-Pathos bis zum Gassenjargon.

Joyce war der erste irische Schriftsteller, den die städtischen Straßen und das urbane Leben faszinierten. Joyce war mehr Städter, Dubliner, als Ire und wäre lieber »burgomaster« einer Stadt wie Amsterdam geworden als Kaiser eines Empire. Schließlich sei ein »burgomaster« unter Menschen, die er kenne, während ein Kaiser Herrscher über unbekannte Territorien sei, deren Menschen er gar nicht kennen könne. In *Ulysses* entfaltet Joyce ein facettenreiches Panorama Dublins. Die Stadt ist in allen Kapiteln präsent, selbst noch durch Zuggeräusche im Halbschlaf von Molly Blooms interpunktionslosem Schlußmonolog.

Ein städtischer Pflastertreter ist die Zentralgestalt des Romans: Leopold Bloom, ein Odysseus, ein Annoncenakquisiteur, ein Hahnrei und Voyeur mit einer Vorliebe für gebratene Innereien und seidene Damenunterwäsche. Das Leseabenteuer *Ulysses* handelt davon, daß sich Leopold Bloom und Stephen Dedalus zwischen acht Uhr morgens und zwei Uhr früh unabhängig voneinander, aber auch gemeinsam durch Dublin bewegen. Dem Wanderer Bloom (und Dublin) ganz allein gehören zehn der achtzehn Kapitel. Stephen Dedalus gehören die ersten drei, und der Morgen beginnt im Wehrturm von Sandycove: »Sie blieben stehen, Haines musterte den Turm und sagte schließlich: – Im Winter ziemlich öde, möchte ich meinen. Martello nennt ihr ihn? – Billy Pitt hat die Dinger gebaut, sagte Buck Mulligan, als der Franzmann fuhr zur See. Aber unser hier ist der *omphalos.*« (Übers. wie im folgenden von Hans Wollschläger.)

Oliver St. John Gogarty, Schriftsteller, Dandy und Freund von Joyce, der ihn im *Ulysses* als Buck Mulligan verewigte, hatte den Turm, der heute das James Joyce Museum beherbergt, 1904 gemietet. Er wollte das glatt-graue steinerne Nußtörtchen zu einem »omphalos« oder »neuen Delphi« machen, wohin er junge Schriftsteller einladen konnte, um einem modernen Hellenismus zu frönen. Joyce, St. John Gogarty und Samuel Chenevix Trench (Haines) lebten hier vom 9. September 1904 bis zur Nacht vom 14. auf den 15. September 1904 zusammen. In dieser Nacht verließ Joyce eiligst den Turm, nachdem Trench von einem schwarzen Panther geträumt, zum Gewehr gegriffen und wild um sich geballert hatte.

Nicht nur an jedem 16. Juni, der seit 1954 als Bloomsday zelebriert wird, ist der Turm Anlaufziel Nummer Eins der Joyce-Fans. Ein Faktum, das den Neffen von James Joyce, Ken Monaghan, erstaunt: Dem Turm, in dem sein Onkel nur wenige Tage verbrachte, würde zuviel Bedeutung beigemessen. Deswegen entschloß sich Monaghan, Besucher lieber durch das Gebiet um den Mountjoy Square, die Gardiner Street, um die North Circular Road und Dorset Street, durch die Stadtteile Drumcondra und Fairview zu führen – Viertel also, in denen Joyce aufwuchs, wo seine Familie lebte, wo der Dichter zur Schule ging.

Stephen Dedalus blickt mit Mulligan und Haines auf die »rotzgrün« schäumende See und begibt sich dann in Deasy's Summerfield Lodge School in Dalkey (Ecke Dalkey Avenue / Old Quarry), wo er Geschichte lehrt. Was in der Fiktion Summerfield Lodge heißt, war 1904 die Clifton School, an der Joyce 1904 unterrichtet hatte. Stephen Dedalus treffen wir wieder, wie er am Strand von Sandymount

»kritsch, krack, krick, krick« über »das Münzgeld des wilden Meeres« schreitet. Unheilsame Sandflächen lauern darauf, an Stephens Sohlen zu saugen, kloakigen Dunst verströmend. Er hält sich an ihren Rändern, bedachten Schrittes: »Eine Porterflasche stand aufrecht, stak bis zur Hüfte, im Kuchenteig des Sands. Eine Schildwache: Insel des schrecklichen Durstes.« Der Blick nach Nordosten in Richtung Pigeon House erinnert ihn an eine blasphemische Passage aus Léo Taxils *La Vie de Jésus*:

– Qui vous a mis dans cette fichue position?
– C'est le pigeon, Joseph.

Pigeon House war früher ein Fort und später dann ein Elektrizitätswerk, auf das der – einst freie – Blick heute ebenso fällt wie auf die Öltanks am North Wall, die Kräne der Docks und den Verkehrsstrom der neuen East Link Bridge.

Wir begegnen Stephen Dedalus daraufhin in den Räumen der Zeitung *Freeman's Journal* (der Eingang befand sich in der Princes Street hinter dem heutigen Penneys-Gebäude) und in der National Library (Kildare Street), wo er über Shakespeares *Hamlet* diskutiert – im Kapitel »Scylla und Charybdis«. Im *Ulysses* sind die Kapitelüberschriften allerdings nicht gedruckt. 1921 hatte Joyce ein (später modifiziertes) Schema erstellt, das zur Verwirrung der Leserschaft beitragen sollte und in dem er jedem Kapitel den Titel einer Episode aus Homers *Odyssee* zuordnete, dazu eine Zeit, eine Farbe, Personen, eine Technik, eine Wissenschaft oder Kunst, eine Bedeutung, ein Körperorgan und ein Symbol.

Bildet die *Odyssee* den Unterbau, so ist die Bibel im *Ulysses* ebenso allgegenwärtig wie Shakespeare – und nicht nur in »Scylla und Charybdis«, wo er direkt das Thema darstellt und der Text manchmal wie ein Potpourri aus indirekten Zitaten wirkt, neben den direkten. Shakespeare »ist der ewige Jagdgrund für alle Köpfe, die aus der Balance geraten sind«. Im *Ulysses* ist »Will in overplus, Will(iam) im Übermaß«.

James Joyce, geboren 1882, verließ Dublin im Oktober 1904 für immer. Irland hat er nur noch auf Reisen – und dann auch nur flüchtig – wiedergesehen. Bereits 1907 machte er sich erste Notizen zum *Ulysses*, doch erst 1914 begann er mit der Niederschrift. Im kosmopolitischen Dreieck Triest-Zürich-Paris arbeitete er bis 1921 daran. Im Gespräch mit Arthur Power erklärte Joyce: »Als ich am *Ulysses* schrieb, versuchte ich, Farbe und Ton von Dublin mit meinen Wörtern wiederzugeben. Die eintönige, aber glitzernde Atmosphäre Dublins, seine halluzinatorischen Dünste, sein zerfetztes Durcheinander, die Welt seiner Bars, seine gesellschaftliche Unbeweglichkeit – sie konnten nur durch die Beschaffenheit meiner Wörter vermittelt werden.«

Von Darmstörungen und Schwere in den Augen geplagt, arbeitete Joyce an seinem literarischen Werk. An einem Darmdurchbruch ist er dann auch im Januar 1941 in Zürich gestorben. In C. P. Currans Nachruf auf Joyce vom 14. Januar 1941 hieß es: »Er trug Dublin in sich [. . .]. Würde Dublin zerstört, so könnten seine Worte die Häuser wieder erbauen, wenn Dublins Bevölkerung ausgelöscht würde, könnten seine Bücher sie wieder bevölkern. Joyce war vieles, aber er war ganz sicher eines: die letzten vierzig Bände von *Thom's Directory*, die laut zu denken begonnen haben.« Zur Rekonstruktion vieler Details des *Ulysses* bediente sich Joyce des Jahrgangs 1904 von *Thom's Official Directory of The United Kingdom of Great Britain and Ireland.* Werden Raum und Zeit im Verlauf des Buches fast bis zur Unkenntlichkeit zerrüttet, so bilden Uhren und Kirchenglocken doch ein zeitliches Geflecht. Wir wissen mitunter auf die Minute genau, was sich wo abspielt.

Dublin ist – mehr als die Elephantiasis der ins Unüberschaubare wuchernden Studien und Sekundärschriften der »Joyce Industry« – trotz aller Veränderungen im Stadtbild das wertvollste »Dokument«, das Joycesche (auch) auf topographische Genauigkeit bedachte Schreiben, das durch die bewältigte Stoffülle ins Universale umschlägt, zu würdigen. Kein Autor, bekundete Ezra Pound, stelle die Dinge derart klar und deutlich hin, daß noch der imaginäre Chinese oder Mensch aus dem einundvierzigsten Jahrhundert einen sehr anschaulichen Begriff von den dargestellten Schauplätzen und Lebensformen bekommen mag, ohne irgendwelche Nachschlagewerke zu benutzen.

Joyce, der selber zum Lesen ein Vergrößerungsglas benutzen mußte, hat mit seinem entwickelten Blick für die winzigen Details, für das triviale »Straßenmobiliar« – wie er sagte –, Dublin vergrößert, so wie die Orte der eigenen Kindheit groß wirken, weil in der Kindheit noch jede Kleinigkeit Bedeutung hatte. Das Wandeln auf den Spuren Leopold Blooms, die Fährtensuche in den Straßen Dublins ist philologisch nicht alleinseligmachend. Wenn Joyce aber zu solchen Wallfahrten in besonderem Maße begeistert, so kommt das vielleicht daher – so der Joyce-Biograph Richard Ellmann –, »daß wir mit diesem *scriptor absconditus*, mit diesem in sich versponnenen Schriftsteller, auf vertrauteren Füßen stehen möchten, in der Hoffnung, ihm näher zu kommen, als er das von sich aus zuläßt«.

Leopold Blooms Tag beginnt hoffnungslos-routiniert im Kapitel »Calypso«. Er verläßt zunächst das Haus 7 Eccles Street. Das Haus existiert nicht mehr; es wurde 1967 eingerissen und 1982 ganz abgetragen, um den Neubau des Privattrakts des Mater Hospital zu ermöglichen. Bloom kommt an Larry O'Rourke's Pub vorbei (heute: James Joyce Lounge, Dorset Street) und kauft in Dlugaczs Metzgerei (fiktiv – der reale Dlugacz war ein Triester Jude) eine Niere. Auf dem Weg spekuliert er, daß es »ein ganz schönes Geduldspiel wäre, quer durch Dublin, ohne an einer Kneipe vorbei«.

Bloom bringt wie immer seiner Frau Molly das Frühstück ans Bett, und unter der Post, die er ihr mit heraufnimmt, befindet sich ein Brief des Boxpromoters und Konzertagenten Blazes Boylan, mit dem Molly ein Verhältnis hat. Bloom hört die Glocken der St. George's Church und verläßt das Haus erneut. Blooms Tag ist kein müßiger Spaziergang. Bloom legt etwa acht Meilen zu Fuß zurück und weitere zehn mit der Straßenbahn, dem Zug oder in der Pferdekutsche. Von gewissen Tageszeiten gibt es keinerlei Bericht, und zwischen Kapiteln ereignet sich vieles, was nicht beschrieben wird.

Wir finden Bloom wieder am Sir John Rogerson's Quay. Es bleibt ein Fragezeichen, wie er dorthin gelangte, und ein Fragezeichen bildet auch sein Weg zum Westland Row Post Office, das nicht mehr existiert; das Gebäude ist Teil der Pearse Street Station. Bloom geht an der Liffey entlang, vorbei an der Windmill Lane, durch die Lime Street, die Hanover und Lombard Street East, »vorbei an Nichol's Beerdigungsinstitut«, das es heute noch gibt. In der Kirche All Hallows (St. Andrew's Church, Westland Row) verfolgt er die Kommunionsprozedur: »Wunderlicher Einfall: Stückchen von einem Leichnam zu essen, wird den Kannibalen sicher schnell einleuchten.« Blooms dritter Halt in dem Kapitel ist Sweny's Chemist's Shop, 1 Lincoln Place, wo er ein Stück »süßes zitroniges Wachs« kauft. »Drogisten ziehen selten um«, weissagt Bloom korrekt. Sweny's gibt es noch immer, auch Zitronenseife, die – obwohl längst eine andere Marke – ein begehrtes Souvenir der Joyce-Wallfahrer ist.

Von der Newbridge Avenue Nr. 9 in Sandymount fährt Bloom mit Stephen Dedalus' Vater Simon und zwei anderen Trauergästen in einer Kutsche quer durch die Stadt zum Friedhof Glasnevin. Der Route der Trauergemeinde können die Bloom-Jünger nicht mehr exakt folgen, da einige der zu passierenden Straßen mittlerweile Einbahnstraßen sind. Auf dem Totenacker sinniert Bloom: »Der Botanische Garten ist gleich da drüben. Es ist das Blut, das in die Erde sickert, das gibt neues Leben.«

Heute ist ein Besuch des Friedhofs ein Gang durch Irlands Geschichte der letzten hundertfünfzig Jahre. Unter trüb trauernden Engeln, prunkvoll und üppig geschmückten Monumenten, efeuumrankten keltischen Kreuzen, zerbrochenen, moosbewachsenen Säulen liegen sie im Tod vereint beisammen, die Kleinen und die Großen, die Linken und die Rechten, die Freistaatler und die Republikaner, die Politiker und die Schriftsteller: unter dem weithin sichtbaren Rundturm Daniel O'Connell; Charles Stewart Parnell, Verfechter von »Home Rule« und der Landreform; Anne Devlin, die tapfere Haushälterin des Rebellenführers Robert Emmet; der »Hochverräter« Roger Casement; die Fenier Fintan Lalor, John O'Leary, James Stephens und Jeremiah O'Donovan Rossa; der von den Briten hingerichtete Pazifist Frank Sheehy-Skeffington; Michael Collins, IRA-Führer und Unterzeichner des Anglo-Irischen Vertrages von 1921; die pistoletragende Gräfin Constance Markievicz; der erste Präsident des Freistaates und Begründer von Sinn Féin, Arthur Griffith; der langjährige Premier und Präsident Eamon de Valera; der Anführer der faschistoiden Blueshirts, Eoin Duffy; der Friedensnobel- und Leninpreisträger Seán MacBride (neben seiner Mutter, der von W. B. Yeats ebenso stürmisch wie erfolglos umworbenen, unermüdlich für die Rechte der Frauen und der Bedürftigen eintretenden schönen Maud Gonne); die Gewerkschafter und Arbeiterführer »Big Jim« Larkin und James Connolly; James Joyces Eltern; der leider weitgehend unbekannt gebliebene Dichter und Übersetzer James Clarence Mangan; der englische Priester, Professor und musikalische Poet Gerard Manley Hopkins, der die letzten fünf Jahre seines Lebens in Irland verbrachte und das Städtchen Monasterevin als »eine der Stützen und Streben meiner Existenz ansah«, Zeitgenosse Walt Whitmans und Stéphane Mallarmés, Autor des berühmten Gedichts »The Wreck of the ›Deutschland‹« und zahlreicher bahnbrechender Sonette; der Stückeschreiber Brendan Behan, die Erzählerin Maura Laverty (*Never No More*, 1942, *Lift Up Your Gates*, 1946), der spastisch gelähmte Schriftsteller Christy Brown (*My Left Foot*, 1954, *Down All the Days*, 1970), der Mitbegründer des Abbey Theatre, Edward Martyn, sowie der Balladensänger Michael Moran (»Zozimus«).

Nach der Beerdigungszeremonie begibt sich Bloom in die Innenstadt. Das Kapitel »Aeolus« spielt hauptsächlich in den Räumen des *Freeman's Journal* und *Evening Telegraph* (4–8 Princes Street). Dem Handlungsort angemessen wird das Geschehen in der Zeitungsredaktion story- oder artikelmäßig aufgegliedert und mit Schlagzeilen versehen. Das Kapitel gibt sich als das, was es zu beschreiben vorgibt: Zeitung. In der *Odyssee* ist Aeolus der Herrscher über die Winde, und

Joyce wählte als Körperorgan für diese Episode die Lunge. Auf Wind und Atem wird immer wieder direkt und indirekt angespielt.

Das Kapitel »Laistrygonen« ist das an topographischen Details reichste. 1988 wurden anläßlich der Tausendjahrfeier Dublins an zentralen Punkten der Bloomschen Wanderung vom Büro des *Evening Telegraph* (Middle Abbey Street) zur National Library in den Bürgersteig vierzehn Bronzetafeln eingelassen. Die Laistrygonen in der *Odyssee* sind Kannibalen, und der Mittagszeit angemessen ist das Kapitel überladen mit Nahrung. Es geht ums Essen, und das von Joyce in seinem Schema benannte Organ ist denn auch die Speiseröhre.

Die Episode beginnt vor Grahams Bonbon- und Konfektladen (49 Lower O'Connell Street). »Ananasbonbons, Zitronenzöpfe, Buttertoffee. Ein zuckerklebriges Mädchen, schubweise Sahnebonbons schaufelnd für einen von den Christian Brothers.« Als Bloom den Fuß auf die O'Connell Bridge setzt, pufft ein Federball aus Rauch von der Brüstung auf: »Brauereischute mit Export-Stout«. Er sinniert über Shakespeares Blankverse – »Der Fluß der Sprache, das macht's« –, und während er zwei Banbury-Kuchen in die Liffey wirft, sieht er ein Ruderboot und fragt sich, ob der Eigentümer der Stadtverwaltung wohl Miete zahlt. »Wie kann man denn Wasser wirklich besitzen? Es strömt und fließt doch unaufhörlich dahin, niemals dasselbe, was uns der Strom des Lebens bringt.« So liest sich Blooms Annäherung an das Prozessuale, an die Wandlungen im *Ulysses*, die sich dann auch ein paar bloomige Gedanken weiter zeigen, wenn der Protagonist, dessen Name selbst unzählige Wandlungen erfährt (Poldy, Leopold Blumenduft, Senhor Enrique Flor, Don Poldo de la Flora und so weiter), sich erinnert, daß seine Frau Molly aus seiner Erklärung der Bedeutung des Wortes Metempsychose »Mit ihm zig Hosen« macht.

Bloom blickt auf das Ballast Office (heute: Ballast House) und überquert die Westmoreland Street, um zur Roverschen Fahrradhandlung zu gelangen (heute: Neubau der ICS Building Society). Aus Harrisons Laden (29 Westmoreland Street, heute: Dublin Pharmacy) dringt »Mockturtle-Dampf und der Dunst frischgebackener Marmeladenpuffer«. Vorbei am Gebäude der *Irish Times* und an Bolton's Westmoreland House überquert er abermals die Straße. Vorbei am Trinity College mit dem Provost's House erreicht Bloom die Nassau Street, überquert sie und bleibt vor dem Schaufenster von Yeates and Son stehen, um die Preise der Feldstecher zu studieren.

Wenn es ums Feld geht, sind die Deutschen dabei: »Goerz-Linsen.« Das Optikergeschäft ist nicht mehr da, die schöne Ladenfassade verschwunden. Am Adam Court erspäht Bloom die Flaschenschultern seines Bekannten Bob Doran, der in den Pub »Empire« (ehemals 1–3 Adam Court) schleicht. Grafton Street, die noch heute Nobeleinkaufsstraße ist, lockt Blooms Sinne. Er trödelt an den Fenstern von Brown Thomas, Seidenhändler, entlang. Bloom erwägt, für Molly ein Nadelkissen zu kaufen, als er vom Anblick seidener Unterwäsche gefesselt wird. »Parfüm von Umarmung fiel ihn allseits an. Mit ausgehungertem Fleisch, dunkel, flehte er stumm darum, Anbeter sein zu dürfen.«

Bronzetafel zu »Ulysses«

Bloom biegt in die Duke Street ein. Hier zierte die Eingangstür des Hauses 7 Eccles Street lange Zeit das Foyer in Bailey's Restaurant. Bloom plant, im (heute nicht mehr existierenden) »Burton« zu speisen. Aber »es würgte ihm die Gurgel. Bespucktes Sägemehl, süßlicher flaulauer Zigarettenrauch, Tabakmief, verschüttetes Bier, bierige Männerpisse, der schale Gestank von Gärung. Keinen Bissen brächte ich hier runter.« Bloom kehrt den Dubliner Laistrygonen, den »dreckigen Essern«, den Rücken, retiriert zur Tür und begibt sich in Davy Byrne's »moral pub«, wo er ein Glas Burgunder und ein Gorgonzola-Käse-Sandwich ordert. Der Pub ist heute Treffpunkt von Bankern, Angestellten und Sekretärinnen, die geschwungene Holztheke, die Bloom so gefällt, längst der Chrommodernisierung gewichen. Aber am Bloomsday erfreuen sich die Joyce-Fans aus Japan und den USA am Käse-Sandwich und am Burgunder, freilich nicht mehr für sieben Pence, sondern für vier Pfund.

Nach seinem Snack setzt Bloom seinen Weg in Richtung National Library fort, wo er sich eine Zeitungsannonce anschauen möchte. Er biegt in die Dawson Street ein und hilft einem blinden Jüngling über die Straße. Bloom sinniert über die Blindheit nach und fragt sich, ob es wohl möglich sei, Farben lediglich durch Berühren zu unterscheiden. In der Molesworth Street läßt er seine Hand zwischen Weste und Hose schlüpfen, um seinen Bauch zu befühlen. »Aber ich weiß ja, daß er weißgelb ist.« In der Kildare Street erspäht Bloom den Liebhaber seiner Frau, Blazes Boylan, weicht ihm aus und rettet sich in das National Museum. Die Gipsnachbildungen nackter antiker Göttinnen in der Eingangshalle des Museums, auf deren »kremige Kurven« Blooms Augen starr blicken, wurden aus dem Rundbau entfernt.

Während Stephen Dedalus in der National Library, in der heute noch die grünen Lampen über alten Arbeitstischen schimmern, seinen Diskurs über *Hamlet* führt, erscheint Bloom ebenfalls in der Bibliothek, um in der Zeitung *Kilkenny People* die von ihm gesuchte Anzeige in Augenschein zu nehmen. Das Kapitel »Irrfelsen« ist eine Odyssee in der Odyssee, und wir begegnen Dublinern an allen möglichen Orten der Stadt und Bloom am Merchant's Arch. Hier leiht er – sich der Tatsache des Stelldicheins von Boylan mit seiner Gattin bewußt – das Buch *Sweets of Sin*.

Das Kapitel »Sirenen« ist vollgepackt mit Liedern und musikalischen Bezügen von Leslie Stuarts Operette *Floradora* über Franz Liszts Rhapsodien bis zu Felix Mendelssohns *Liedern ohne Worte*. In dem polyphonen Erzählfluß trillert, klingelingt, rappelt, zischt, flötet, tiriliert, klapperdiklappt es in einem fort. Joyce hat die Episode in der musikalischen Form einer *fuga per canonem* geschrieben. Das Kapitel beginnt mit einer Art Ouvertüre, die die verschiedenen Themen vorwegnimmt. Der Laut hat Vorrang. In den Worten »in Musik auszufließen, in Lustverlangen« werden Musik und das Motiv der Verführung durch die Sirenen zusammengebracht, so wie Joyce selbstironisch seinen Gedichtband *Chamber Music* in Bezug setzt zu dem »Gesetz vom fallenden Wasser«: »Leere Pötte machen den meisten Lärm.«

Das musikalische Kapitel ist im Ormond Hotel (8 Upper Ormond Quay) an der Liffey angesiedelt. Das Hotel brannte in den dreißiger Jahren aus, wurde verändert wieder aufgebaut und 1987 in »The New Ormond« umbenannt. Die moderne »Sirenen-Suite« befindet sich links von der Eingangshalle. Hier gab es den Speiseraum, in dem Bloom aß und durch die geöffnete Tür der Musik in der Bar lauschen konnte. Die Bar wurde detailgetreu rekonstruiert. Die Musik, der Bloom heute im Ormond ausgesetzt wäre, ist lauter als leere Pötte, wenn die hauseigene Disco »Temple of Sound« Garage, Techno und House Music bietet.

Im »Zyklopen«-Kapitel, das von einem nicht namentlich genannten Dubliner erzählt, der »den Leuten ihre miesen und zweifelhaften Schulden eintreibt«, treffen wir Bloom in Barney Kiernan's Pub (8–10 Little Britain Street; das Haus wurde abgerissen). Bloom kriegt sich mit dem »Bürger«, einer auf dem Gründer der Gaelic Athletic Association, Michael Cusack (1847–1907), basierenden Romanfigur, wegen der United Irishmen, Wolf Tone und des Todes fürs Vaterland, wegen der jüdischen Religion (die antisemitischen Äußerungen gegen Bloom reflektieren die antijüdische Stimmung im Irland des Jahres 1904) und darüber in die Haare, ob Bloom die nächste Runde spendiert. Ist der *Ulysses* auch ein Buch der geschichtlichen Spannungen Irlands, die heute im Nordosten des Landes noch immer nachwirken, so ist ihre Darstellung in diesem Kapitel so augenfällig wie der Joycesche Spott über simple Versatzstücke nationalistischer Ideologie.

Der »Bürger« jagt Bloom aus dem Pub, indem er eine leere Keksbüchse nach ihm wirft. Wie der Zyklop in der *Odyssee* geblendet war, so scheint dem Bürger die Sonne in die Augen, und die Büchse verfehlt ihr Ziel. Die auf dem Straßenpflaster klappernde Büchse löst eine »seismische Störung« aus, die ihr Epizentrum in jenem Viertel hat, in dem in den letzten Jahren immer wieder schwerbewaffnete Soldaten und Polizisten das Bild beherrschten. Sie schützten das Gerichtsgebäude in der Green Street, in dem Prozesse gegen Angeklagte stattfanden, die subversiver Taten verdächtigt wurden.

»Der Sommerabend hatte begonnen, die Welt in seine geheimnisvolle Umarmung zu nehmen. Fern, weit im Westen ging die Sonne unter, und die letzte Glut des nur allzu schnell entschwindenden Tages weilte lieblich noch auf See und Strand.« Nach seiner Stadtirrfahrt hat sich Ulysses Bloom an den Strand von Sandymount getrollt – wo Stephen Dedalus am Morgen über Tang und Muscheln krachte.

Das »Nausikaa«-Kapitel entfaltet sich gegenüber von Leahy's Terrace in Sichtweite der St. Mary Star of the Sea Church. Aus der Kirche dringen Wort und Ton der Messe, während Bloom nach Mädchen linst, unter ihnen die als brav und gut geschilderte Jungfrau Gerty. Aus dem Gotteshaus ertönt das »Tantum ergo«, und Gerty schwingt ihr Bein hin und her. Blooms dunkle Augen »richteten sich starr auf sie [...] in buchstäblicher Anbetung vor ihrem Schrein«. Als eine lange Leuchtkegelröhre des Basar-Feuerwerkes von Ballsbridge hinter der Kirche aufsteigt, muß sich Gerty immer weiter zurücklehnen, um deren Flug zu verfolgen. Und Bloom »konnte nun auch ihre anderen Sachen alle sehen, die Kniehöschen aus Nainsook, dem hautsympathischen Gewebe«. Dann »hatte er freien Blick voll hoch hinauf über ihr Knie«. Joyce, der Gerty und die Szenerie meisterlich im Prosastil kitschiger Unterhaltungsromane aus den neunziger Jahren des 19. Jahrhunderts beschwört, faßt Blooms gesteigerte Erregung in explosive Worte: »Und dann sprang eine Rakete hoch und schoß peng blind und O! dann barst die Leuchtkegelröhre auseinander und es war wie ein seufzendes O! und alles schrie O! und O! in Verzückung und es ergoß sich daraus ein Strom goldregnender Haarfäden und sie schimmerten auseinander und ah! da warens auf einmal lauter grünliche tauige Sterne die niederfielen mit güldenen, O so lebendig! O so sanft, süß, sanft!« Bloom gibt sich Spekulationen über die geheime Gedankenwelt von Mädchen hin und fängt an, eine Botschaft für Gerty in den Sand zu zeichnen. Weil die Flut aber seine Botschaft wegwaschen würde, gibt er das Rühren mit dem Stock auf. Die Stelle, an der Bloom dann ein wenig schlummert, bevor der neunmalige Kuckuckruf aus der Uhr im Haus des Priesters das Kapitel beendet, hat sich das Meer längst genommen. 1904 war Leahy's Terrace kürzer als heute. Der einstige Strand zwischen der Beach Road (die 1904 nicht existierte) und Pigeonhouse Road ist heute bebaut, der Weg zum Meer um einiges länger.

»Deshil Holles Eamus. Deshil Holles Eamus [...] Hopsa, ein Jungeinjung, hopsa!« In dem Kapitel »Rinder des Helios«, das mit Ausrufen beginnt, deren Form sich die römischen Fratres Arvales zur Ehrung der Göttin der Fruchtbarkeit bedienten, treffen wir Bloom im National Maternity Hospital in der Holles Street wieder, wo er die in den Wehen liegende Mrs. Purefoy besucht. Das National Maternity Hospital wurde 1894 eröffnet und 1934 umgebaut, die Fassade zur Holles Street aber nur wenig verändert. Verändert aber wird die Sprache in dieser Episode, deren Form – die Annäherung an literarische Stile – Joyce die Entwicklung eines Embryos im Mutterleib zugrunde legt und so auch das Wachstum der Sprache durch die Jahrhunderte, samt Fehlentwicklungen, betont.

Bloom trifft Stephen Dedalus, der mit einer Horde von Medizinstudenten säuft und lästert. Nach der Geburt des Kindes verlassen Stephen und seine Kumpane das Hospital, um in Burke's Pub einzukehren. An der Ecke Holles und Denzille (heute: Fenian) Street, wo sich der Pub befand, ist heute ein Blumengeschäft. Nach Kneipenschluß gehen Stephen und sein Freund Lynch Richtung Westland Row Station (heute: Pearse Station), um einen Zug zur Amiens Street Station (heute: Connolly Station) zu nehmen, dem Haltepunkt, der im Jahre 1904 dem Bordellviertel Dublins am nächsten lag. Bloom folgt Stephen zum Pub und dann zum Bahnhof. In der Nachtwelt von »Circe« konnte Joyce seiner Phantasie, seiner Auffassung von der Grausamkeit des Unterbewußten freien Lauf lassen. Reale Handlung und Phantasien lassen sich nicht immer trennen, wenn Joyce im oft surreal anmutenden Stil eines Theaterstücks beschreibt, wo sich Stephen und Bloom tummeln, was sie treiben. Die echte Circe war eine Hexe, die Männer in Schweine verwandelte und die Odysseus ihr Bett anbot. Im Dublin von 1904, so wußte Joyce, der selbst sein erstes sexuelles Erlebnis mit einer Prostituierten gehabt hatte, gingen die Männer, die sich zu Schweinen erniedrigen wollten, nach einer durchzechten Nacht ins Bordell. Nora Barnacle, Joyces Frau, äußerte später über den *Ulysses*: »Das Buch ist ein Schwein.«

Die »Nachtstadt« ist verschwunden. Die Montgomery Street, nach der das Hurenviertel einst Monto genannt wurde, heißt heute Foley Street. Diese, die Corporation und die Railway Street sowie ein Teil der Talbot Street waren der »Red Light District«, in dem nahezu 2000 Prostituierte arbeiteten. 1924 stürmte die Polizei – unterstützt von katholischen Eiferern der Legion of Mary – das Viertel. Die Prostituierten wurden festgenommen, die Freudenhäuser geschlossen. Die offizielle Begründung der Schließung: »Wir brauchten diese Viertel nur, solange die britischen Soldaten uns mit ihrer Anwesenheit beehrten.« Die häßlichen Lustbauten sind weitgehend tristen städtischen Wohnblocks gewichen.

Über die Lower und Middle Gardiner Street, den Mountjoy Square, Gardiner Place, Temple Street North, Hardwicke Place gehen Bloom und Stephen in die Eccles Street Nummer 7. Bloom bietet Stephen einen Schlafplatz an, aber der schlägt das Angebot aus und verläßt das Haus ins Unbekannte. Ins Unbekannte? Nimmt man an, daß Stephen Dedalus autobiographische Züge trägt, dann geht er vermutlich ein paar hundert Meter gen Nordwesten in ein kleines rotes Backsteinhäuschen im Stadtteil Cabra: 7 St. Peter's Terrace (heute: St. Peter's Road). Die Familie Joyce, die zwischen 1880 und 1904, als Joyce Dublin verließ, sechzehnmal umzog, lebte 1904 in diesem Haus. James Joyce hatte in Dublin noch weitere Adressen: Er wohnte allein in einem möblierten Zimmer, bei Freunden und hielt sich schließlich in den Jahren 1909 und 1912 in Dublin zu Besuch auf. Wo immer man sich heute in Dublin bewegt – Joyce hat um die Ecke gewohnt.

Bloom legt sich zu Molly ins Bett. Er ruht. Er ist gereist. Und *Ulysses* endet mit dem berühmten Monolog der Molly Bloom, auf die Joyce wie auf seine anderen Frauengestalten vieles von seinen unmittelbaren Erfahrungen mit Nora Barnacle projiziert. Molly Blooms Selbstgespräch kennt keine Pause, keine Zäsur, es ist ein einziger langer endloser Unsatz. In ihrer gedanklichen Odyssee, in der sie die Ereignisse des Tages, ihre Kindheit in Gibraltar und ihre Liebhaber Revue passieren läßt, bezieht sich Molly in rascher Folge auf mehr als fünfzig Lokalitäten in Dublin und Umgebung. Wieder weiß man kaum, wohin man verschlagen wird. Am Ende erinnert sich Molly des Tages mit Bloom auf Howth Head: »[...] und ich hab gedacht na schön er so gut wie jeder andere und hab ihn mit den Augen gebeten er soll doch nochmal fragen ja und dann hat er mich gefragt ob ich will ja sag ja meine Bergblume und ich hab ihm zuerst die Arme um den Hals gelegt und ihn zu mir niedergezogen daß er meine Brüste fühlen konnte wie sie dufteten ja und das Herz ging ihm wie verrückt und ich hab ja gesagt ja ich will Ja.«

Vom »Werk als Kosmos« sprach Umberto Eco einmal. Was auf *Ulysses* bezogen war, gilt erst recht für das letzte Werk von Joyce, *Finnegans Wake*, 1939 erschienen und eine Art Summa seines gesamten Œuvres, der das Prinzip »the seim anew« zugrunde liegt. The seim anew? In der Stoffülle von *Finnegans Wake* finden sich – wie in allen anderen Werken des Autors – autobiographische Bezüge. Im »chaosmos of Alle« gibt es die Liffey, Howth, Chapelizod – Dublin im allgemeinen (»Novo Nilbud«) ist hier mindestens ebenso präsent wie im *Ulysses*, dessen sämtliche Kapitel ebenso genannt werden wie die Titel aller Geschichten in *Dubliners*. Zentral ist auch und wieder die irische Geschichte. Aber mehr noch als in allen vorhergehenden Texten stößt man in *Finnegans Wake* auf literarische Vorgaben verschiedenster Provenienz, »borrowed plumes«. Das »lexinction of life«, in dem es keine Charaktere, keine Handlung, kein Setting, keinen Erzähler gibt, ist expressis verbis »stolen telling«. Und die Sprache ist »anythongue athall« wie aber auch Sprache der Nacht und des Schlafs: »in the Nichtian glossery which purveys aprioric roots for aposteriorious tongues this

James Joyce
Siebdruck von Nial Walsh

is nat language at any sinse of the world [...]«. Es ist eine verrückte (»nuts«) Sprache, die sich wie in einer Nußschale (»nut«) konzentriert. Nat, das dänische Wort für Nacht, verweist aber auch auf die Mutter des ägyptischen Sonnengottes Ra (»in the Nut, in the Nutsky«). Nut, die Herrin der Gestirne, die ihren Sohn des Abends verschlingt und am Morgen neu auferstehen läßt. In ihr verkörpert sich der unendliche Fluß von Ende und Neubeginn, »from pharoph the nextfirst down to rameschecklesthe last bust thing«, der »commodius vicus of recirculation«, wie es im ersten Satz der Endlosschleife *Finnegans Wake* heißt, der an den letzten der letzten Seite anschließt: »The Vico Road goes round and round to meet where terms begin.«

Seinem Mitarbeiter Jacques Mercanton erklärte Joyce einmal: »Alles fließt in einer ewigen Gegenwart dahin. Und in allen Sprachen, denn sie sind noch nicht voneinander getrennt.« Der einzige Zugang zu dem Werk, das Roman zu nennen lediglich eine kategoriale Verlegenheit ausdrückt, ist denn auch der über die Sprache, deren Möglichkeiten und Beschränkungen Joyce wie kein anderer Autor mitreflektierte. Aus Stefan Zweigs Erinnerungen *Die Welt von gestern* (1943) erfahren wir, was Joyce als Ziel vorschwebte: »Ich möchte eine Sprache, die über den Sprachen steht, eine Sprache, der sie alle dienen. In Englisch kann ich mich nicht ganz ausdrücken, ohne mich damit in eine Tradition einzuschließen.«

Wie viele Fremdsprachen eingeflossen sind, hat bislang noch niemand zu sagen vermocht. Bald ist von zweiundvierzig, dann von sechzig die Rede. Unberücksichtigt bleiben bei diesen Zählungen, so Wilhelm Füger, die »regionalen Varietäten und Kreolisierungsprodukte diverser Sprachen sowie irische Geheim- und Sonderidiome.« In seinem Aufsatz »Nacht Sprache« führt Klaus Reichert aus: »Er [Joyce] steckt, wie der Weltgeist oder die Vorsehung, in die Wörter hinein, was ihm brauchbar dünkt, um den Funken zwischen Entlegenstem zu zünden, und Schicht um Schicht, Silbe für Silbe, Laut für Laut, läßt sich das vom Leser wiederum abtragen und seinem angestammten Platz in verschiedenen Sprachen, verschiedenen Kontexten zuordnen. Man könnte auch sagen: Joyce schickt die Etymologie träumen, und was sie in ihrem Traum gebiert, sind Ungeheuer. Solche Ungeheuer machen die Trennungen, die zwischen den Sprachen verlaufen, durch die diese sich unterscheiden, rückgängig: es schieben sich alle Sprachen wieder ineinander in die Eine, die während des Turmbaus verlorenging; aber noch sind wir erst auf dem Weg dorthin, noch ist die Sprache unerlöst, noch ist sie Ge-Babbel.« Das babylonische Gebabbel ist inzwischen auch auf deutsch erhältlich, unter dem übertrieben vieldeutigen Titel *Finnegans Wehg. Kainnäh ÜbelSetzZung des Werkeß von Schämes Scheuß.*

Co. Wicklow

Verläßt man die irische Hauptstadt in südlicher Richtung und wendet sich auf der überwiegend vierspurigen, streckenweise sogar zur Autobahn ausgebauten Nationalstraße 11 nach Wexford oder Waterford, so kommt man zunächst an Dublins Zuckerhut, dem majestätischen Quarzitkegel des Great Sugar Loaf, vorüber, bevor man die mit Eichen bestandenen Hänge des Glen of the Downs passiert. Nach etwa einer halben Fahrtstunde gelangt man in das 600-Seelen-Dorf Ashford (Áth na Fuinseoige), einen günstig gelegenen Ausgangspunkt für Abstecher in die enge Felsenschlucht Devil's Glen, zu St. Kevins frühchristlicher Klostersiedlung Glendalough oder dem drei Meilen langen goldenen Sandstrand von Brittas Bay. Auch ein Spaziergang durch die zur Zeit der Akazien- und Rhododendronblüte besonders farbenprächtigen Mount Usher Gardens empfiehlt sich, oder Afternoon Tea mit knusprigen Scones in dem vierschrötigen, düsteren Herrenhaus Bel Air Hotel mit eigenem (dienstbarem?) Hausgeist.

In der Nähe besagter Teufelsklamm, inmitten der ausgedehnten, selbst im Winter üppig grünen Weiden des Devil's Glen Holiday & Equestrian Village, steht das zinnengeschmückte GLANMORE CASTLE, zu Beginn des 19. Jahrhunderts von Francis Synge, dem Urgroßvater des lyrischen Dramatikers JOHN MILLINGTON SYNGE (1871–1909), in der Manier einer mittelalterlichen Burg erbaut. Der hochherrschaftliche Familiensitz des anglo-irischen Geschlechts, das seinen Beinamen Synge der Bewunderung König Heinrichs VIII. für die »Sing«-Stimme eines Vorfahren verdankt, befindet sich heute in Privatbesitz; früher ging hier der kleine Synge, jüngstes von fünf Kindern, ein und aus.

Den Anstoß zu seinem dramatischen Schaffen erhielt der protestantische Anwaltssohn von W. B. Yeats, dem Vorreiter der Irischen Literarischen Renaissance, der ihm bei einer Zusammenkunft in Paris dringend anriet, auf den Aran Islands das unbekannte Irland der bäuerlichen Kultur zu entdecken und, statt dem Franzosen Racine nachzueifern, ein Leben auszudrücken, »das in der Literatur noch nie zum Ausdruck gekommen war« (übers. von Susanne Schaup). Doch nicht nur auf den kahlen Felseninseln im Atlantik, die er seit Mai 1898 fünfmal zu längeren Aufenthalten bereiste – auch in den Bergen Wicklows, in unmittelbarer Nähe der Großstadt, schaute der studierte Geiger, der sein waches Interesse für Literatur, Natur und Musik mit den Worten »Ich wollte Shakespeare, Darwin und Beethoven auf einmal sein« bekundete, dem Volk aufs Maul. Die Salons der Kapitale fliehend, begab er sich, ausgerüstet mit einer Kamera, auf ausgiebige Material- und Stoffsuche und durchwanderte die Täler und Hochmoore der Grafschaft, ihrer vielen Grünschattierungen wegen auch der »Garten Irlands« genannt. Das Gedicht »Prelude« hält es fest:

Still south I went and west and south again,
Through Wicklow from the morning till the night,
And far from cities, and the sights of men,
Lived with the sunshine, and the moon's delight.

I knew the stars, the flowers, and the birds,
The grey and wintry sides of many glens,
And did but half remember human words,
In converse with the mountains, moors, and fens.

Besonders die Landstreicher hatten es ihm angetan; ihnen, die für ihn die Essenz des Lebens als einer Wanderung in Freiheit verkörperten, widmete der vielbegabte Exponent der Irischen Dramatischen Bewegung den Essay »The Vagrants of Wicklow«.

Aber weder auf Glanmore Castle noch auf dem nahe gelegenen Castle Kevin bei Annamoe, wo er von 1892 bis 1907 die Sommermonate verbrachte und den Verfall der kultivierten Protestant Ascendancy notierte, sondern im schlichteren Tomriland House, nur wenige Kilometer weiter in Richtung Annamoe, lauschte Synge dem Gesinde seine Sprache ab – ein reiches, farbiges, würziges Idiom, das er kunstvoll zu einem poetischen Naturalismus verdichtete. Hier entstand denn auch seine Komödie in einem Aufzug *In the Shadow of the Glen* (1903), das Bühnendebüt des früh an der Hodgkinschen Krankheit gestorbenen romantisch-realistischen Genius: »Als ich vor einigen Jahren *The Shadow of the Glen* schrieb, bekam ich mehr Hilfe, als jedwede Gelehrsamkeit mir hätte gewähren können, durch den Spalt im Fußboden eines alten Hauses in Wicklow, in dem ich wohnte, der mich hören ließ, wovon sich die Dienstmädchen in der Küche unterhielten.« (Übers. von Joachim Krehayn.)

Annamoe selbst, eher bekannt wegen seines Freizeitparks und seiner Forellenzucht, ist nur deswegen in die literarischen Annalen eingegangen, weil hier Laurence Sterne (1713–68), der in Clonmel (→ Co. Tipperary) geborene fabulierfreudige Schöpfer des meisterlichen experimentellen Assoziationenromans *The Life and Opinions of Tristram Shandy, Gentleman* (1759–67), als achtjähriger Knabe in einen Mühlbach stürzte. In seinen *Memoirs of the Life and Family of the Late Rev. Laurence Sterne* (postum, 1775) hat er den Vorfall festgehalten: »Während unseres Aufenthalts in diesem Kirchspiel trug es sich zu, daß ich, während sich das Mühlrad drehte, in ein Mühlgerinne fiel und unverletzt herausgefischt wurde. Die Geschichte meiner wunderbaren Errettung ist unglaublich, jedoch in dieser Gegend Irlands als wahr verbürgt, wo das gemeine Volk zu Hunderten herbeiströmte, um mich zu sehen.« In der Tat geben die Anwohner die Anekdote noch heute zum besten. Leider ist die Mühle nördlich der Brücke über den Annamoe River wie so viele historische Bauten in Irland verfallen und bildet nur mehr ein unkenntliches Gewirr aus Holz, Stein und Eisen. Doch muß man jede, auch noch die unscheinbarste Ruine restaurieren, nur weil ein empfindsamer Dichter um ein Haar sein Leben eingebüßt hätte? Das Rauschen des Bachs, das Gezwitscher der Vögel reicht hin, um sich den verwunschenen Ort einer irischen Kindheit im frühen 18. Jahrhundert lebhaft vorstellen zu können.

Je tiefer man von Annamoe und Laragh aus in die Berge vordringt, desto wilder und einsamer wird die Landschaft. Der weißuniformierte Wachtposten mitten auf der stechginsterbestandenen Militärstraße, die die Briten 1798 angelegt hatten, um die entlegene Gegend besser nach Aufständischen durchkämmen zu können, entpuppt sich nach einer Weile als Schaf, das auf den unwillkommenen Besucher zustöckelt und ihn blöde anstiert. Bei Drumgoff gelangt man schließlich in das fünfzehn Kilometer lange Tal von GLENMALURE (Gleann maoil úghra) am Fuß des dritthöchsten Berges der Insel, des 927 Meter hohen Lugnaquilla. Das nur von vier, fünf Familien besiedelte, tief eingeschnittene »Tal des Liebhabers von Geplänkeln«, wie der beredte irische Name lautet, bot über Jahrhunderte hinweg zahllosen irischen Insurgenten Unterschlupf. Für den Rebellen Michael Dwyer, der noch fünf Jahre nach dem mißlungenen Aufstand der United Irishmen von 1798 die Gegend unsicher machte, ist am Taleingang ein Gedenkstein errichtet; die Hütte, in der er Unterschlupf fand, ist zu besichtigen.

Doch schon im Jahre 1580 hatte der gälische Stammeshäuptling Fiach MacHugh O'Byrne dem englischen Lord Deputy Grey an dieser Stelle eine Niederlage beigebracht; aufgezeichnet wurde sie von dessen Sekretär Edmund Spenser (um 1522–99), dem englischen Renaissance-Dichter und Verfasser des allegorischen elisabethanischen Versepos *The Faerie Queene* (1590–96). Zwölf Jahre später flüchtete sich Red Hugh O'Donnell of Tyrconnell aus dem Dubliner Stadtschloß hierher. Seine Allianz mit Hugh O'Neill zählt zu den letzten Aufstandsversuchen der gälischen Stammesfürsten gegen die englische Kolonialmacht der Reformationszeit vor der »Flucht der Grafen« im Jahre 1607, mit der der Untergang der gälischen Zivilisation (nach englischer Auffassung: »Barbarei«) besiegelt war.

Dieses oft nebelverhangene Tal ist Schauplatz von J. M. SYNGES atmosphärisch dichtem Einakter *In the Shadow of the Glen* (1903), einer makabren Farce über eheliche Liebe und Treue. Der tyrannische Dan Burke stellt sich tot, um das Verhalten seiner Frau Nora zu erproben. Prompt geht sie sich einen jungen Hirten holen, der es freilich nur auf ihr Geld abgesehen hat. Als ihr geprellter Ehemann aufspringt und sie des Hauses verweist, zieht sie schließlich mit einem abgerissenen Landstreicher davon, für Synge die Personifikation von wilder Natur und sensibler Poesie. Dies alles in einer sinnlich flimmernden Diktion, deren unverkennbar gälisches Gepräge noch in der deutschen Übersetzung durchklingt: »Vielleicht möcht Kälte kein Zeichen von Tod sein bei einem wie ihm, denn er war immer kalt, jeden Tag, seit ich ihn kenne ... und jede Nacht, Fremder.« (Übers. von E. S. Lauterbach.) Bereits in seinem allerersten, nie aufgeführten Stück *When the Moon Has Set* hatte Synge leidenschaftlichem Freiheitsdrang das Wort geredet: »Die einzige Wahrheit, die eine Woge kennt, ist, daß sie brechen wird. Die einzige Wahrheit, die eine Knospe kennt, ist, daß sie platzen und blühen wird. Die einzige Wahrheit, die wir kennen, ist, daß wir eine Flut prächtigen Lebens sind, Resultat einer Raserei der Erde.«

Bei der Uraufführung im Dubliner Abbey Theatre wurde *In the Shadow of the Glen* als Affront gewertet – »eine Beleidigung jedes sittsamen Frauenzimmers in Irland«, hieß es. Der Journalist Arthur Griffith, zwei Jahre später der Gründer der Separatistenpartei Sinn Féin, ereiferte sich: »Wir alle wissen, daß irische Frauen die tugendhaftesten in der Welt sind«, und: »In keinem Land der Welt sind die Frauen ihrem ehelichen Band so treu wie in Irland.« Seine vehemente Kritik bewies, daß politischer Nationalismus (ein irischer Staat für ein irisches Volk) und kultureller Nationalismus (irische Themen für ein irisches Publikum) damals wie auch später noch weit auseinanderklafften. Dabei sollte der Kritiker Maurice Bourgeois den sozialkritischen Gehalt der Posse schon 1913 wie folgt beurteilen: »Das Stück ist eine bittere Skizze der lieblosen Ehen der irischen Landbevölkerung. Die Eheschließung ist unter ihnen mehr eine Angelegenheit des wirtschaftlichen Aushandelns als einer Wahl aus Zuneigung.« (Übers. von Joachim Krehayn.)

Von Glenmalure fließt der Fluß Avonbeg durch das Dörfchen BALLINACLASH, wo Synges weitere Wicklow-Dramen angesiedelt sind:

The Well of the Saints (1905), eine »tragikomische Legendenprofanierung« (Joachim Krehayn) über ein blindes Bettlerehepaar, das, von einem Wunderheiler à la St. Patrick kuriert, die Häßlichkeit der Welt erblickt und es vorzieht, wieder zu erblinden und seine Illusionen zu nähren, und *The Tinker's Wedding* (1907), ein Zweiakter, der den sozialen und moralischen Gegensatz zwischen armen Fahrenden und katholischer Geistlichkeit beleuchtet. Synges Antiklerikalismus, seine Breitseiten gegen Blindheit und Illusion wie gegen phantasielosen Realitätssinn machten ihn bei bürgerlich-nationalistischen Theatergängern nicht eben beliebt.

Die rührige Synge Summer School hat ihren Sitz an diesem Ort: in Whaley Lodge in unmittelbarer Nachbarschaft von Whaley Abbey. In letzterer lebte Thomas »Buck« Whaley (1766–1800), eine geborene Spielernatur, Exzentriker, Parlamentarier, Memoirenschreiber und Mitglied des berüchtigten Hell Fire Club dekadenter aristokratischer Stutzer in den Dubliner Bergen. Der mit vierunddreißig Jahren jung verstorbene Roué war berühmt für seine Wetten, vor allem für die 1788 abgeschlossene Wette, daß er innerhalb von zwei Jahren zu Fuß nach Jerusalem und zurück wandern und an der Klagemauer Handball spielen würde. Die Herausforderung gewann er und war um 20.000 Pfund reicher – ein Vermögen, das er gleich wieder verpraßte. Kein Wunder, daß der Klumpfüßige auf seinem Grab getanzt haben soll ...

Im Herzen der Grafschaft Wicklow stößt man bald auf THE MEETING OF THE WATERS, die weithin ausgeschilderte Vereinigung der moorbraunen Flüßchen Avonmore und Avonbeg nördlich von Avoca (Abhainn Mhór) mit seinen fünfhundert Einwohnern. An diesem malerischen, heute freilich fast zubetonierten Flecken, unter den Türmen und Zinnen von Castle Howard, steht noch immer, zum Schutz gegen Souvenirjäger eingezäunt, der ausgebleichte Stumpf jenes Baumes, unter dem THOMAS MOORE (1779–1852), der Dubliner Poet mit dem zweifelhaften Status eines »irischen Nationaldichters«, im Jahre 1807 eines seiner meistrezitierten Gedichte verfaßt hat; unter einer Bronzebüste des Lyrikers finden sich daraus denn auch, eingemeißelt in eine Gedenktafel, zwei Strophen:

There is not in this wide world a valley so sweet
As that vale in whose bosom the bright waters meet;
Oh! The last rays of feeling and life must depart
Ere the bloom of that valley shall fade from my heart.

Sweet vale of Avoca! how calm could I rest
In thy bosom of shade, with the friends I love best,
Where the storms that we feel in this cold world should cease,
And our hearts, like thy waters, be mingled in peace.

Moore, geboren in 17 Aungier Street, Dublin (Gedenktafel), Sohn eines wohlhabenden Lebensmittel- und Weinhändlers, besuchte Samuel Whyte's Academy in Grafton Street (heute Bewley's Oriental Café), wo er sich mit dem später gehenkten Verschwörer Robert Emmet (»Wenn mein Land seinen Platz unter den Nationen der Erde einnimmt, *dann* und *erst* dann sei mein Epitaph geschrieben«) anfreundete, und studierte von 1795 bis 1798 als einer der ersten Katholiken an der Philosophischen Fakultät des protestantischen Trinity College. Er ergänzte seine Ausbildung durch ein Studium der Rechtswissenschaften in London. Nach ersten schriftstellerischen Versuchen als Übersetzer der Oden Anakreons und erotischer Verseschmied (unter dem Pseudonym Thomas Little) hielt er sich, protegiert vom Earl of Moira, 1803 einige Monate als Verwaltungsbeamter der britischen Admiralität auf den Bermuda-Inseln auf. Nachdem er, wie damals üblich, einen permanenten Stellvertreter berufen hatte, der die laufenden Geschäfte regelte, konnte er seine Karriere als Liebhabersänger in den Londoner Salons fortsetzen und sich uneingeschränkt der Literatur widmen.

So veröffentlichte er 1806 den Gedichtband *Epistles, Odes and Other Poems* – eher blutleere Verse konventioneller Machart. Immerhin war Moore heißspornig genug, den Rezensenten der *Edinburgh Review*, Francis Jeffrey, einer vernichtenden Kritik wegen in einem Duell zur Rechenschaft zu ziehen, das nur deshalb keinen tödlichen Verlauf nahm, weil ein Literaturliebhaber zuvor die Kugeln aus den Pistolen entfernt hatte. Seinen bleibenden Ruf und plötzlichen Reichtum begründete Moore mit seiner zehnbändigen Sammlung *Irish Melodies* (1808–34) – hundertvierundzwanzig Volkslieder, die er im Parodieverfahren mit neuen Texten unterlegte, nicht ohne sie, wie ihm der irische Komponist Charles V. Stanford später vorwarf, verfälschend zu glätten. Zahlreiche andere »vaterländische Volksweisen« in demselben Geiste beschönigender Goldschnittlyrik ersann er hingegen selbst.

Moore war einer der ersten, der sich die rege Forschungstätigkeit auf dem Gebiet gälischer Manuskripte, Mythologie und Folklore für seine künstlerische Produktion zunutze machte. Das Erwachen des überwiegend protestantischen irischen Nationalismus im 19. Jahrhundert, der zur Errichtung eines eigenständigen irischen Parlaments 1782–1800 führte, bewirkte auch eine Wiederentdeckung der seit der englischen Eroberung marginalisierten gälischen Literatur und Kultur, zumal der Lyrik und der Musik. Diese häufig als »Erste Gälische oder Keltische Renaissance« bezeichnete Bewegung besann sich, angeregt von den Ossian-Fälschungen des Schotten James Macpherson (1736 bis 96), auf eine bodenständige poetische und musikalische Tradition als dem kollektiven Gedächtnis der wiederzubegründenden irischen Nation. Zahlreiche Studien und Sammlungen geben davon Zeugnis.

Thomas Moore

Freilich war Moores romantisch-phantastisches Bild eines versunkenen vorkolonialen Irland mit seinen emblematischen Versatzstücken Harfe, Kleeblatt und Smaragd zuallererst für den Genuß der Londoner Gesellschaft bestimmt, die er mit seiner gewinnenden Persönlichkeit für sich einnahm. So leistete Moore zwar einen Beitrag zur Wiederbelebung der musikalischen Überlieferung Irlands, ist aber auch mitverantwortlich für die sprachliche und geschmackliche Anglisierung des Volkslieds im Sinne der zeitgenössischen aristokratischen und bürgerlichen Kunstauffassung. Von nun an sollte die sentimentale englischsprachige Ballade den authentischeren alten irischen Gesangsstil des *sean-nós* vielerorts verdrängen. Der englische Kritiker und Essayist William Hazlitt bezichtigte Moore denn auch, dem Zeitgeschmack zuliebe »die wilde Harfe Erins in eine musikalische Schnupftabaksdose verwandelt« zu haben. Doch derlei Vorwürfe taten der Volkstümlichkeit der Gesangsstücke keinen Abbruch: Lieder wie »Love Thee Dearest«, »Believe Me«, »If All Those Endearing Young Charms«, »When Midst the Gay«, »The Harp that Once«, »Oft in the Stilly Night«, »The Minstrel Boy«, »O Lady Fair« oder »The Watchman« erfreuen sich, zumal auf Hochzeitsfeiern oder Partys, bis heute größter Beliebtheit.

Damit gehört Thomas Moore, wie später Percy French, zu jenem in der Salonkultur des 19. Jahrhunderts häufiger anzutreffenden sozialen Phänomen des Dichterkomponisten oder komponierenden Dichters, in dessen Schaffen das Kunstlied im folkloristischen Idiom eine zentrale Rolle spielt. Wie man weiß, sah sich noch James Joyce vor die Alternative Sänger oder Literat gestellt und sang die überkommenen Balladen mit schöner Tenorstimme. Allerdings neigte er dazu, Thomas Moore zu persiflieren, und in seinem Jahrhundertroman *Ulysses* heißt es respektlos über die Statue des Dichters am Trinity College: Bloom »ging unter Tommy Moores schelmischem Finger her. Hängt da ganz vorzüglich über dem Pissoir: Treffpunkt der Wasser.« (Übers. von Georg Goyert.)

Moore schrieb auch, zusammen mit C. E. Horn, eine komische Oper (*M. P. or The Blue Stocking*, 1811). Seine Texte wurden unter anderem von Beethoven, Berlioz, Weber, Mendelssohn, Cornelius, Duparc und Hindemith in Musik gesetzt. Robert Schumann vertonte die Episode *Das Paradies und die Peri* (op. 50) aus der orientalischen Romanze *Lalla Rookh* (1817), einer zuerst von Friedrich de la Motte Fouqué übersetzten exotischen Verserzählung im byronesken Stil, für die Moore zehntausend Pfund Vorschuß erhielt und die so populär war, daß sie im fernen Persien gar in den Straßen deklamiert worden sein soll. Spontini, Rubinstein und Stanford verwerteten den gleichen Stoff für Opernwerke. Seit 1811 eng befreundet mit Lord Byron, ließ Moore es aus Furcht vor allfälligen Skandalen zu, daß die ihm zur Publikation anvertrauten Memoiren des rebellischen Weltschmerzdichters verbrannt wurden. Dafür veröffentlichte er 1830 Byrons Briefe und Tagebücher. Seine satirische Ader bewies er mit *Intercepted Letters or The Two-Penny Post Bag* (1813) und *The Fudge Family in Paris* (1818).

Der Schrein zu Ehren des zum Barden stilisierten Dichters besteht im wesentlichen aus einem Andenkenladen, in dem sich, amerikanischen Touristen zuliebe, der Nippes der Devotionalien häuft, auf ihre

Trinity College, Dublin
Gemälde von James Malton. 1803

Art ein Antidot gegen die süßen und süßlichen Klänge seiner Lyrik. Doch wenn eine wehmütig schmelzende Solotrompete »The Last Rose of Summer« anstimmt, Opernliebhabern nicht zuletzt aus Friedrich von Flotows *Martha* bekannt, lassen auch wir uns eines Schlechteren belehren und lauschen andächtig hingegeben:

'Tis the last rose of summer, left blooming alone;
All her lovely companions are faded and gone.
No flow'r of her kindred, no rosebud is nigh
To reflect back her blushes or give sigh for sigh.

Unweit der »Begegnung der Wässer« (wie der deutsche Irlandreisende Fürst Pückler-Muskau übersetzte) steht auf weitläufigem Parkgelände das 1779 von James Wyatt erbaute georgianische Avondale House, Geburtshaus des protestantischen Gutsherrn Charles Stewart Parnell (1846–91), mit Museum, Arboretum und Naturpfaden. Parnell, nach dem Befreier der Katholiken, Daniel O'Connell, zweifellos der bedeutendste konstitutionelle Politiker des 19. Jahrhunderts, trat an der Spitze der Irish Parliamentary Party und der Irish Land League im Rahmen eines Vereinigten Königreichs für die irische Selbstverwaltung

(*Home Rule*) und für Agrarreformen zugunsten der Rechte der Pachtbauern ein. Der erbittert geführte Landkrieg in Irland und die geschickte Obstruktionspolitik in Westminster galten demnach den Fragen »Wem soll das Land gehören?« und »Wer soll das Land regieren?«

Schritt für Schritt wurde so Ende des 19. Jahrhunderts die gewaltsame englische Landnahme durch Oliver Cromwell rückgängig gemacht, und an die Stelle englischer und anglo-irischer Großgrundbesitzer traten die noch heute zu findenden irischen Kleinbauern. Trotz mancher Rückschläge wäre es dem »ungekrönten König Irlands« im Bündnis mit dem britischen Liberalen William Gladstone beinahe gelungen, der Insel auch ein begrenztes Maß an Unabhängigkeit zu bescheren, hätte ihn nicht eine kontroverse Ehebruchsaffäre mit Katharine O'Shea, der Frau eines Parteikollegen, vom Thron gestoßen. Als sich katholische Bischöfe und politische Rivalen auf Druck Gladstones und seiner rigorosen Nonkonformisten (der »englischen Wölfe«) gegen ihn verbündeten, mußte der gewiefte Parlamentstaktiker nach zwölftägiger Fraktionssitzung von seinem Parteiamt zurücktreten. Ein Jahr später war die »Amsel von Avondale« in Brighton gestorben, der Traum von *Home Rule* vorerst ausgeträumt.

Wieder einmal waren sich die Iren im Kampf um ihre Unabhängigkeit selbst in den Rücken gefallen, ihr angeblich »unbedingter Freiheitswille« scheiterte an kleinmütigen, engstirnigen Moralvorstellungen. Für den jungen James Joyce waren der Skandal und der ihm folgende Königsmord mit ihren Auswirkungen auf das politische Klima Irlands eine prägende politische Erfahrung. Bereits der Neunjährige verfaßte ein gegen Parnells Widersacher Tim Healy gerichtetes Gedicht unter dem bezeichnenden Titel »*Et Tu*, Healy«, und in seinem als Sittengeschichte Irlands konzipierten Kurzgeschichtenband *Dubliners* (1914) widmet Joyce dem sentimental-verlogenen Verhältnis der irischen Nation zu ihrem charismatischen Matador die Erzählung »Ivy Day in the Committee Room«, die ihm die liebste war. Die berühmte weihnachtliche Streitszene in *A Portrait of the Artist as a Young Man* (1916) geht auf eine Auseinandersetzung im Eßzimmer des Elternhauses 1 Martello Terrace, Bray, zurück. Freilich trug Parnell zu seinem Sturz selber bei – zu eigenwillig, zu siegessicher und zu herablassend hatte er sich aufgeführt.

Vom Treffpunkt der Wasser geht es, vorbei an stillgelegten Kupfer-, Blei- und Zinkbergwerken, zur Avoca Mill, der ältesten noch in Betrieb befindlichen Mühle Irlands aus dem Jahre 1723. In dem hübschen Komplex weißgetünchter Cottages werden bunte Webstoffe gefertigt und feilgeboten. Übrigens kam Fürst Pückler noch in den Genuß einer

Bergwerksbesichtigung: »Ich fuhr, in einen schwarzen Kittel gehüllt, in die Felsenschachten ein – eine düstre, schaurige Fahrt! Die Gänge waren kalt wie Eis, tiefe Dunkelheit herrschte in ihnen, und ein schneidender Wind wehte uns mit Grabesdüften entgegen. Von der niedrigen Decke, die zu gekrümmter Stellung zwang, tropfte mit hohlem Klang taktmäßig Wasser herab, und die unerträglichen Stöße des Karrens, den ein Mann langsam über den holperigen Felsenboden hinzog, vollendeten das Bild einer schrecklichen Existenz.«

Co. Wexford

Bis zur Ankunft der Eisenbahn im 19. Jahrhundert war die fruchtbare Grafschaft Wexford vom irischen Inland relativ abgeschnitten; nur drei Paßstraßen – Scullogue Gap, Bunclody Gap und Arklow Gap – ermöglichten einen raschen Zugang über Land. Demgegenüber war die See der wichtigere Verkehrsweg, zumal Wexford den flachsten Küstenstreifen Irlands aufweist. Besonders reizvoll und abwechslungsreich ist die Küstenstraße von Wicklow nach Wexford, vorbei an schmucken Landhäusern, gepflegten Golfplätzen, reetgedeckten Cottages, kleinen Waldstücken und schafgesprenkelten Weiden. Wexford an der Mündung des Slaney und New Ross an der Mündung des Barrow waren gut geschützte Überseehäfen von einiger Bedeutung.

Wie die meisten irischen Häfen, wie Dublin, Wicklow, Arklow, Waterford, Cork und Limerick, ist die Hauptstadt WEXFORD eine als Militärstützpunkt und Handelsniederlassung gedachte Gründung der angeblich nur marodierenden Wikinger, die vom Meer her auf irisches Gebiet vordrangen. Der dänische Name der Siedlung aus dem 9. Jahrhundert lautete Veigsfjörthr (Waesfjord, Hafen am Watt) und wurde von den Iren, deren eigene Bezeichnung Loch Garman in ihrer etymologischen Bedeutung umstritten ist, zu Wexford korrumpiert. Zwar verzeichnet schon der griechische Naturforscher Ptolemäus (um 100 bis um 160) an dieser Stelle einen Ort namens Menapia, benannt nach dem belgischen Volksstamm der Menapii, die in prähistorischen Zeiten hier gesiedelt haben sollen; zwar landete hier der Überlieferung zufolge das mythische Volk der Firbolgs unter seinem Führer Slanghe, doch besteht kein Zweifel, daß die pittoreske Stadt in ihrer heutigen Anlage, vom Hafen aus steil ansteigend, auf die Nord- bzw. Ostmänner zurückgeht. Das Stadtrecht wurde ihr im Jahre 1317 von dem Normannen Aymer De Valence verliehen.

Vielleicht strahlt sie wegen dieser Orientierung nach außen ein anderes Flair aus als weiter landeinwärts gelegene Orte. Welcher anderen irischen Stadt dieser Größenordnung (knapp zehntausend Einwohner) wäre es gelungen, über mehr als vierzig Jahre hinweg Opernfestspiele auszurichten, bei denen unter Mitwirkung international anerkannter Künstler je drei höchst selten gespielte Bühnenwerke zur Aufführung gelangen? Wexford ist einzigartiger Schauplatz der alljährlich im Oktober und November abgehaltenen Wexford Festival Opera, zu der sich Gäste aus aller Welt in der verwinkelten, wie zu einem Karneval buntgeschmückten Altstadt drängen. Elegant gekleidete Paare in Abendrobe und Smoking bewegen sich leicht fröstelnd durch die regenfeuchten Gassen, und drei Wochen lang bietet das 1832 eröffnete Theatre Royal in der High Street (McSweeny Street) – intim, provinziell und kosmopolitisch in einem – der Bevölkerung reichhaltigen Gesprächsstoff.

Jonathan Swift schrieb am 9. Juli 1711 an seine Freundin Esther Johnson (»Stella«): »Geh und trinke deine Wässerchen und werde gesund; und bitte geh spazieren. Bitte betrachte die Einwohner von Wexford; es sind alles Alt-Engländer; sieh Dir an, was sie an Manieren, Namen und Sitten Besonderes haben: Elstern hat es dort immer gegeben, aber bis letztes Jahr nirgendwo sonst in Irland. Man sagt, Katzen und Hunde legen sich am Nachmittag schlafen, und die Leute ebenfalls.« Swift hätte auch erwähnen können, daß sich südlich von Wexford, in den »englischen Baronien« Forth und Bargy aus der Zeit der Besiedlung durch die Anglo-Normannen, die hier ihre erste irische Kolonie errichteten, ein kurioser Dialekt erhalten hatte: Yola. Ein Beispiel für dieses mit altenglischen Brocken und irischen Beimengseln durchsetzte Idiom möge genügen:

Fade teil thee zo lournagh, co Jone, zo knagge.
Th' weithest all curcagh, wafur, an cornee.
Lidge w'ous ana milagh, tis gay an louthee,
Huck nigher, y' art scuddeen; fartoo zo hachee.

In dieser weltoffenen Stadt wurde Jane Francesca Elgee (1820, 1824 oder 1826–96) geboren, besser bekannt unter den Namen Speranza und Lady Wilde. Sie war die Enkelin eines Erzdiakons, der seine schottischen Vorfahren – sie hatten in Irland vor religiöser Verfolgung Zuflucht gesucht – auf ein altes italienisches Geschlecht namens Algeo oder Algiati zurückführte. Es paßt ins Bild dieser extravaganten, exzentrischen Femme de lettres, daß sie sich mit dieser Herkunft nicht zufriedengab, sondern gleich vom größten aller italienischen Dichter, Dante Alighieri (1265–1321), abzustammen behauptete. 1851 heiratete die charakterstarke, selbstbewußte Frau in Dublin den bekannten Augen- und Ohrenarzt Dr. William Wilde (1815–76). Es war ein ungleiches Paar: sie elefantenschwer, er »ein kleiner, affenähnlicher Kerl, der hinter den Röcken seiner Frau herschlich«.

Sie gebar ihm zwei Söhne und eine Tochter Isola, die ihr bereits als Kind wegstarb. Der jüngere Sohn, 1854 in 21 Westland Row, Dublin 2, zur Welt gekommen, sollte erst strahlende, dann traurige Berühmtheit erlangen: »Eine Jeanne d'Arc war nie für die Ehe bestimmt, und jetzt bin ich hier, mit Herz und Seele an den häuslichen Herd gefesselt. Stellt euch vor, in diesem Augenblick, da ich schreibe, schaukele ich, Speranza, eine Wiege, in der mein zweiter Sohn liegt, ein Säugling, am 16. dieses Monats November einen Monat alt und doch schon so groß und prächtig und hübsch und gesund, als wäre er drei Monate alt. Er soll Oscar Fingal Wilde heißen. Klingt das nicht großartig, nebeldunstig und ossianisch?«

William Wilde erwies sich als Schürzenjäger und Herzensbrecher, hatte er doch bereits drei uneheliche Kinder gezeugt und wurde 1864 in einem aufsehenerregenden, aber mit Freispruch endenden Gerichtsprozeß von einer Patientin beschuldigt, sie mit Chloroform betäubt und sich an ihr vergangen zu haben. Der gleichwohl hochgeschätzte Ophthalmologe, Chirurg und Altertumsforscher war Präsident der Royal Irish Academy und Leibarzt der britischen Königin und wurde im selben Jahr 1864 von Queen Victoria in den Ritterstand erhoben, allerdings nicht wegen einer medizinischen Neuerung, Wildes Schnitt, sondern für seine Verdienste um die seit 1841 durchgeführten Volkszählungen. Fortan hielten die Wildes in 1 Merrion Square Salon, wo Gedenktafeln an sie und ihren Sohn erinnern; ihr fünfstöckiges Eckhaus an der eleganten georgianischen Platzanlage war lange Jahre die erste Adresse der Dubliner Gesellschaft. Heute ist das »Oscar Wilde House« mit dem schmiedeeisernen Zierbalkon Sitz des American College Dublin.

Indessen war Lady Wilde nicht nur Gattin eines schriftstellernden Arztes, der medizinische Lehrwerke, Bücher über irische Flüsse und Seen und einen Reisebericht über Madeira, Teneriffa und das Mittelmeer verfaßte; nicht nur Nichte des Romanciers Charles Robert Maturin; nicht nur Mutter des geistsprühenden Oscar Fingal O'Flahertie Wills Wilde (so sein voller Name). Vielmehr hatte sie bereits als junge

Frau gehörigen Anteil an der Weiterentwicklung eines operativen Genres, das die Literatur ganz in den Dienst der Politik stellte: des patriotischen revolutionären Gedichts. Ihr couragiertes, leidenschaftliches Engagement für die irische Sache brachte sie wie später Thomas D'Arcy McGee (1825–68), Alexander Martin Sullivan (1830–84), John Keegan Casey (1848–70) und viele andere Propagandisten in den Umkreis des radikalen Journals *The Nation.* Ab 1844 schrieb sie, ohne selbst politisch tätig zu werden, für das von Thomas Davis (1814–45) mitbegründete Sprachrohr der Jungen Irländer zahlreiche glühende politische

Speranza (Lady Wilde)
Stich von Wm. Oldham nach Bernard Mulrenin, R. H. A.

Kommentare und mahnende patriotische Balladen, darunter das berühmte Gedicht »The Famine Year« über die große Hungersnot, die von 1845 bis 1849 in Irland wütete:

Weary men, what reap ye? – Golden corn for the stranger.
What sow ye? – Human corses that wait for the avenger.
Fainting forms, hunger-stricken, what see you in the offing?
Stately ships to bear our food away, amid the stranger's scoffing.
There's a proud array of soldiers – what do they round your door?
They guard our masters' granaries from the thin hands of the poor.
Pale mothers, wherefore weeping? – Would to God that we were dead –
Our children swoon before us, and we cannot give them bread.

Ausgelöst durch Kartoffelfäule und Mißernten, kostete diese verheerendste Hungersnot Europas vorsichtigen Schätzungen zufolge mehr als einer Million Menschen das Leben, und infolge eines Massenexodus nach Amerika sank die Gesamtbevölkerung der Insel um ein Drittel von 8,2 Millionen (1841) auf 5,8 Millionen (1861) – ein kollektives Trauma, das bis heute, einhundertfünfzig Jahre später, nicht verwunden ist. Dabei war der völlige Zusammenbruch der Versorgung keineswegs jene reine Naturkatastrophe, als die er so gerne hingestellt wird, sondern Folge einer kolonialen Politik: zunächst das eherne Beharren auf Getreidelieferungen nach England, sodann die »Lichtung der Güter«, d. h. die Vertreibung der armen Pächter mit Hilfe von »Brecheisenbrigaden« und die Umwandlung von Ackerland in Viehweiden. Die Abschaffung der englischen Korngesetze beraubte die irischen Bauern am Ende des einzigen Marktes, der ihnen zur Verfügung stand, und trieb sie in die Emigration. Ersetzt wurden sie durch Rinder, Schafe und Schweine, bis mehr Tiere als Menschen in Irland lebten. Symbolträchtig waren die Viehtransportschiffe des 19. Jahrhunderts, die unter Deck das zum Export bestimmte Schlachtvieh beförderten, während sich auf Deck die Auswanderer drängten.

So enthielt die Ausgabe der *Nation* vom 29. Juli 1848 einen feurigen revolutionären Aufruf von Speranza unter dem Titel »Jacta Alea Est«: »Oh! wenn hunderttausend Musketen hell im Himmelslichte glitzerten und sich quer über alle unseren edlen, von England verwüsteten Straßen riesige Barrikaden erstreckten [...].« Die Zeitschrift wurde unverzüglich verboten und dem Herausgeber Charles Gavan Duffy (1816 bis 1903), einem katholischen Anwalt aus Co. Monaghan, wegen Hochverrats der Prozeß gemacht. Als der Kronanwalt ihn beschuldigte, den inkriminierten Beitrag selbst verfaßt zu haben, erhob sich Jane Elgee in der Zuschauergalerie und bezichtigte sich der Urheberschaft.

Nach ihrer Heirat vertauschte sie die oft prahlerischen Aufsätze und schwülstig-blumigen Verse der Speranza (nach dem italienischen Motto »Fidanza, Constanza, Speranza«) mit politisch weniger verfänglicher irischer Folklore und sammelte unter dem Namen Lady Wilde alte irische Volkssagen, die sie in bezaubernd schlichter Sprache nacherzählte. Mehrere Ausgaben von Legenden, Volksweisheiten, Verwünschungen, magischen Formeln und abergläubischen Praktiken stammen von ihrer Hand.

Als ihr Mann 1876 starb, zog Lady Wilde nach London, wo sie trotz ihres guten Rufs als Folkloristin und Dame von Welt in beengten Verhältnissen lebte. Kein Wunder, daß sie eine Steuerbefreiung für kreative Künstler befürwortete, wie sie heute in der Republik Irland tatsächlich besteht: »Der Staat sollte wirklich bedenken, wie wichtig es ist, den Genius von niedrigen Sorgen zu befreien; das Parlament könnte ein Gesetz verabschieden, wonach das Geschlecht der Begabten von der Steuer befreit wird. Denn diese glänzenden Wesen sind für die Welt unerläßlich.«

Sie starb, ein Jahr nachdem ihr ruhmverwöhnter Sohn in Ungnade gefallen und aufgrund seiner Homosexualität ins Gefängnis geworfen worden war; nur wenige Trauergäste gaben ihr das letzte Geleit. Ihr Geburtshaus, die alte Pfarre, steht unmarkiert in der Wexforder Main Street North und bildet heute als The Cairo Club einen Teil von White's Hotel. Aber gleich um die Ecke wird einer anderen Mutter gedacht. Die hübsche Taverne »Thomas Moore« in Cornmarket ist mit einer Steintafel versehen, auf der der romantische Verseschmied seiner dort geborenen Mutter Anastasia Codd mit den folgenden Worten Tribut zollt: »Eines der edelmütigsten und warmherzigsten aller Geschöpfe Gottes wurde unter diesem bescheidenen Dach geboren.« Neuere Schriftsteller aus Wexford wie der Romancier John Banville (*The Book of Evidence*, 1989) oder der Dramatiker Billy Roche (*The Wexford Trilogy*, 1992) werden auf ihr Denkmal warten müssen ...

Zum Gedächtnis an die Aufständischen des Frühsommers 1798, die die Stadt, amerikanischem und französischem Vorbild nacheifernd, einen Monat lang gegen eine Übermacht halten konnten, wurde 1905 auf dem Bull Ring eine Bronzestatue von Oliver Sheppard errichtet, die einen pikenbewehrten Bauern zeigt. Bei der kurzlebigen Erhebung wurde das republikanisch-demokratische Ideal der United Irishmen um Theobald Wolfe Tone, William Drennan und Thomas Russell, die ähnlich wie später Speranza mit Hilfe didaktischer und polemischer Feuilletons eine »Union des ganzen irischen Volkes« mit »Männern ohne Eigentum« als Kern schmieden wollten, durch konfessionell motivierte Massaker an unschuldigen Protestanten nach dem Motto »Murder Without Sin« kompromittiert. Aber hat es deswegen Patina angesetzt wie das Standbild selbst?

Co. Kilkenny

Wie ehrt Irland seine Schriftsteller? Gewiß nicht mit Pomp und Gepränge. Wer auf dem Kirchhof von St. John's im mittelalterlichen Kilkenny (Cill Chainnigh, Canices Kirche) die Gräber eines ungleichen Brüderpaars sucht, das sich um Stadt, Grafschaft und Insel einige literarische Verdienste erworben hat, wird rasch ernüchtert sein. Zwar findet sich neben dem Eingang eine kleine Hinweistafel, derzufolge der Friedhof unter anderem auch die Gebeine von John Banim (1798 bis 1842) und Michael Banim (1796–1874) birgt, doch bietet das Ensemble einen durchaus trostlosen Anblick: umgestoßene Kreuze, zerschmetterte Grabplatten, hüfthoch wucherndes Gras – so türmen sich die Trümmer einer Schädelstätte, die weder den Charme verfallener irischer Gottesäcker besitzt noch die routinierte Gepflegtheit deutscher Friedhöfe.

Immerhin hält das liebevoll restaurierte Rothe Museum in der High Street, ein spätmittelalterlicher Bau mit Erkerchen und Innenhofgalerie, ehemalige Residenz des Bischofs von Ossory und 1642–48 Sitz der aufrührerischen Konföderation von Kilkenny, die Erinnerung an die beiden Brüder mit einigen Exponaten wach. In derselben Straße steht das 1761 errichtete Tholsel, ein Arkadenbau, der früher als Markt- und Stadthalle diente und heute John Banims Büste beherbergt. Kilkennys ältestes Gebäude, Kyteler's Inn aus dem 14. Jahrhundert, befindet sich weiter unterhalb in 27 St. Kieran Street. Es gehörte der reichen Geldverleiherin Dame Alice Kyteler, die 1324 der Häresie, der Hexerei und des Giftmordes an vier Ehemännern angeklagt wurde. Während ihr die Flucht nach England gelang, wurde ihre Magd Petronilla auf dem Scheiterhaufen verbrannt.

Michael und John Banim waren die Söhne eines wohlhabenden katholischen Landwirts und Geschäftsmannes, der Jagdflinten und Angelruten verkaufte – womit sie aus W. B. Yeats' polarer Klassifizierung der irischen Schriftsteller in »voices of the gentry« und »voices of the peasantry« einigermaßen herausfallen. Während der Ältere sein Jurastudium abbrechen mußte, um im väterlichen Laden auszuhelfen, durfte John nach dem Besuch des protestantischen Kilkenny College – Pennal (»mit monastischer Physiognomie«) für so bedeutende Schriftsteller wie George Berkeley, William Congreve, George Farquhar und Jonathan Swift – ab 1813 in Dublin Kunstunterricht nehmen. An der Akademie der Royal Dublin Society wurde er zum Zeichenlehrer ausgebildet. 1816 nach Kilkenny zurückgekehrt, verliebte er sich leidenschaftlich in die Tochter eines Gutsbesitzers, deren Familie indes von einer solchen Liaison nichts wissen wollte. Wie in einem schlechten Liebesroman wurde das Mädchen von ihrem empörten Vater aus Kilkenny verbannt und starb kurz darauf, durch Trauer entkräftet, an der Schwindsucht. John Banim selbst erkrankte an der Rückenmarkstuberkulose, die ihn zehn Jahre später zum Krüppel werden ließ. 1820 kehrte er nach Dublin zurück, wo er sich der Literatur zuwandte.

Dem verehrten Autor der »Waverley«-Romane, Sir Walter Scott, sandte Banim eine Kostprobe seines lyrischen Schaffens zu und fand immerhin so viel Zuspruch, daß er 1821 sein mythologisches Langgedicht *The Celt's Paradise* veröffentlichte. Seine Verstragödie *Damon and Pythias* wurde, ebenfalls 1821, mit großem Erfolg an Covent Garden aufgeführt. Ein Jahr später heiratete er und siedelte nach London um, wo er sich als Bühnenautor und Journalist für das *Literary Register* einen kargen Lebensunterhalt verdiente. Damit war er der erste in der langen Reihe irisch-katholischer Romanciers, die ihr Glück im benachbarten Ausland suchten. Finanzielle Misere, eine Krankheit seiner Frau und sein eigenes Leiden ließen ihn vorzeitig altern, und als er, im milderen Klima Frankreichs Linderung suchend, 1832 durch einen Choleraausbruch weiter geschwächt wurde, bewog ihn sein Bruder 1835 zur Rückkehr nach Kilkenny, wo er im Windgap Cottage, an der Ausfallstraße nach Dublin, von einer Pension der Zivilliste zehrte (Michael selbst mußte 1841 seinen Bankrott erklären und die Stelle des Postmeisters von Kilkenny übernehmen).

Doch zunächst betrieb John von London aus das großangelegte Gemeinschaftsprojekt einer Sequenz anglo-irischer Erzählwerke, die, den schottischen Romanen seines großen Vorbilds Scott vergleichbar, dem englischen Lesepublikum ein tieferes Verständnis der Schwesterinsel ermöglichen und bei aller Schauerromantik wahrheitsgetreue Studien des bäuerlich-katholischen Irland sein sollten – etwas, was Autoren wie Charles Lever mit ihrer herablassenden Haltung den Bauern gegenüber nicht geleistet hatten. Mit ihrem umfangreichen Œuvre (insgesamt vierundzwanzig Romane) waren John und Michael Banim, die unter den Pseudonymen Abel und Barnes O'Hara schrieben, die ersten irischen Romanciers katholischer Provenienz und zugleich die Pioniere des regionalen und des historischen Romans in Irland.

Die Bücher der Brüder lassen sich in drei Kategorien unterteilen: realistische Romane wie *The Mayor of Windgap* (1835) oder *Father Connell* (1842), die das »Leben in der Hütte« in all seiner Schlichtheit, Derbheit und gelegentlichen Brutalität unverfälscht, wenn auch in melodramatischer Handlungsführung abkonterfeien; eine Reihe von oft in didaktischer Absicht verfaßten Romanen wie *The Boyne Water* (1826), *The Croppy* (1828), *The Last Baron of Crana* (1828) und *The Conformists* (1828), die sich – ein Novum in der irischen Literaturgeschichte – mit einschneidenden Ereignissen der irischen Geschichte wie dem Krieg zwischen Jakob II. und Wilhelm von Oranien, den Penal Laws und dem Aufstand von 1798 befassen; und schließlich Schauerromane wie *The Ghost Hunter and His Family* (1833), die die unheimliche »Anderwelt« mit ihren Geistererscheinungen und ähnlichem Spuk beschwören: »Nichts bewegte sich, um mein inzwischen fast übernatürliches Bild zu beleben; keine Kuh, kein Pferd, kein Schaf graste gemächlich am Rande meines zaubrischen Baches. [...] Wenn sich ein Laut rührte, dann nur der, den sein wisperndes Wasser verursachte; oder das von fernen Feldern und Wiesen schwach widerhallende Gepfeife des Hirtenjungen; oder das heisere einsame Krächzen der Saatkrähe, die sich zu ihrem schwerfälligen Flug in eine fruchtbare Gegend aufschwang. Inmitten all dieses Lichts und Schweigens tauchte plötzlich, ich weiß nicht wie, eine hochbetagte, wildgekleidete Frau vor mir auf« (*The Fetches*, 1825).

Kollaborierende Brüder sind in der Literatur- und Kunstgeschichte kein gar so rares Phänomen; man denke nur an die deutschen Brüder Schlegel, Grimm oder Boisserée. Aber daß zwei Geschwister, obwohl geographisch getrennt lebend, über Jahrzehnte hinweg eine musterhafte Zusammenarbeit aufrechterhalten konnten, erforderte ein hohes Maß an Einsinnigkeit und Disziplin. »Während man früher Michaels Anteil im Vergleich mit dem von John abwertete, hält man ihn heute für gleichwertig. Man könnte das Werk beider auch als weitgehend gleichartig bezeichnen, denn es lassen sich nur wenige stilistische, kompositorische oder sujetmäßige Unterschiede erkennen. Das ist kein Zufall, denn zum einen unterzog der eine die Manuskripte des anderen fast stets einer oft durchgreifenden Revision, und zum anderen kamen die Ideen bzw. Anstöße zu einigen der Romane jeweils vom Bruder« (Klaus Lubbers). Erst 1887 sollte es zwischen den Cousinen Edith Somerville und Martin Ross (d. i. Violet Martin) zu einer ähnlich fruchtbaren Form literarischer Partnerschaft kommen.

Als Thomas Moore, der »Bard of Erin«, 1809 mit einer Gesangsrolle in Kilkenny gastierte, lernte er in dem von Richard Power gegründeten Kilkenny Private Theatre seine spätere Frau, die protestantische Amateurschauspielerin Elizabeth (»Bessy«) Dyke, kennen. Er verliebte sich so heftig in die junge Schönheit, daß er sie schon zwei Jahre später in London ehelichte: da war sie sechzehn. 1729 war in dem altrosa gestrichenen Gebäude gegenüber dem prächtigen Kilkenny Castle (13. Jahrhundert) das Singspiel *Polly* von John Gay (1685–1732) uraufgeführt worden, dessen *The Beggar's Opera* aus dem Jahr zuvor die Vorlage für Bertolt Brechts *Dreigroschenoper* abgab.

Auf dem Südufer des Flusses Nore, drei Kilometer südlich von THOMASTOWN (Baile Mhic Anndáin, FitzAnthonys Stadt), einem pittoresken Marktflecken an der N 9, stehen die Überreste von Dysart Castle. Vor der herbstlich buntgefärbten Laubkulisse wirkt das graue Gemäuer wie ein steinerner Zeuge einer grandioseren Vergangenheit. Hier wurde am 12. März 1685 GEORGE BERKELEY (1685–1753) geboren, nach Johannes Scotus Eriugena der einzige Philosoph von Rang, den Irland hervorgebracht hat. Der Sohn englischer Siedler besuchte das Royal College Kilkenny und schrieb sich als Fünfzehnjähriger am Trinity College Dublin ein (dortselbst die nach ihm benannte Berkeley Library). Bereits drei Jahre nach seinem Studienabschluß im Jahre 1704 lehrte der zum Fellow ernannte junge Magister Griechisch, Hebräisch und Theologie. In rascher Folge entstanden nun die drei Schriften, die ihm die Aufmerksamkeit der Mitwelt und einen herausragenden Platz in der Philosophiegeschichte sicherten: *An Essay towards a New Theory of Vision* (1709), *Treatise Concerning the Principles of Human Knowledge* (1710) und *Three Dialogues between Hylas and Philonous* (1713), verfaßt in einem eleganten literarischen Stil, an dem noch Lenin bei aller grundsätzlichen ideologischen Gegnerschaft »Geradheit, Klarheit und Deutlichkeit« rühmte.

Berkeleys philosophische Anschauungen lassen sich wie folgt resümieren: In dem Bemühen, gewisse Unstimmigkeiten in der sensualistischen Erkenntnistheorie des englischen Philosophen John Locke (1632–1704) zu beseitigen, insbesondere dessen willkürliche Unterscheidung zwischen den objektiv, »an sich« existierenden Primäreigenschaften der Dinge (Ausdehnung, Solidität, Gewicht, Bewegung) und ihren subjektiv, »für uns« existierenden Sekundäreigenschaften (Farbe, Figur, Geruch, Ton, Geschmack), gelangte er zur radikalsten Ausformulierung des Idealismus, indem er vehement die Existenz einer unabhängig von der Sinneswahrnehmung bestehenden materiellen Außenwelt oder körperlichen Substanz bestritt (»Materie ist ein Nichtseiendes«). Mit dem zentralen Satz seines Lehrgebäudes »esse est percipi« (»Das Sein von allem, was wir ein Ding nennen, ist sein Wahrgenommenwerden«) wurde Berkeley so zum Hauptvertreter des subjektiven Idealismus, für den die Gegenstände nichts anderes als »Gruppen von Ideen« oder »Verbindungen von Empfindungen« darstellten. Aus diesen neuplatonischen Gedanken, die an den antiken Philosophen Plotin anknüpfen und später von Empiriokritizisten wie Ernst Mach und Richard Avenarius wieder aufgegriffen werden sollten, erklärt sich wohl auch Berkeleys Beiname »Irlands Platon«.

Um nicht gänzlich in einen Solipsismus abzugleiten, dem nur mehr »das Gemüt, der Geist, die Seele, das Ich« als wirklich gelten, nahm Berkeley die Existenz eines rationalen Willens, eines kraftbegabten Wesens an, das als höchste und letzte Ursache die Naturgesetze aufstellt, die Grenzen der menschlichen Erkenntnis festlegt und in unserem Geiste notwendig bestimmte Vorstellungen hervorruft: »Die Inkonsequenz in diesem System hat wieder Gott zu übernehmen« (Hegel). So hatte Berkeley bereits in seiner psychologischen Theorie der visuellen Wahrnehmung das Sehen als schöpferische Handlung definiert, die einem Schöpferakt Gottes entspricht; ebenso sind unsere Ideen in gewissem Sinne Abbildungen der Gedanken Gottes.

Berkeleys konsequent idealistische Doktrin wirkte auf den Sentimentalismus Laurence Sternes und Edward Youngs, den Skeptizismus David Humes, den kritischen Idealismus Immanuel Kants und auf Arthur Schopenhauer (»Die Welt ist meine Vorstellung«). Samuel Johnson hingegen reagierte als Fürsprecher des »gesunden Menschenverstands«, als er mit dem Fuß einen Stein beiseite stieß und trocken bemerkte: »So widerlege ich Berkeley.« Oder er beschied einen Verfechter Berkeleys, der sich von ihm verabschiedete: »Bitte verlassen Sie uns nicht, Sir; denn womöglich vergessen wir, an Sie zu denken, und dann hören Sie auf zu existieren.« (Übers. von Jutta Schlösser.)

In demselben Jahr, in dem Berkeley seinen philosophischen Traktat veröffentlichte, ließ er sich zum Geistlichen der anglikanischen Staatskirche weihen, 1724 wurde er Dekan von Derry und 1734 Bischof von Cloyne (Co. Cork). Als Theologe und Verteidiger der christlichen Religion hatte Berkeley ein handgreifliches Interesse daran, den Atheismus der Freidenker, den Deismus der puritanischen Dissenters und den um sich greifenden Materialismus von Naturwissenschaftlern wie Isaac Newton zurückzudrängen und mit Hilfe einer teleologischen Erklärung der Naturphänomene die Übereinstimmung von christlichem Glauben und wissenschaftlicher Erkenntnis zu gewährleisten, daher seine »immaterialistische Hypothese«. So schrieb er: »Die Existenz der Materie oder unwahrgenommener Körper ist nicht nur die Hauptstütze der Atheisten und Fatalisten gewesen, sondern auf dem nämlichen Prinzip ruht ebenso auch der Götzendienst in allen seinen mannigfachen Formen.«

1713 ließ sich Berkeley beurlauben und zog nach London, wo er in dem Literatenzirkel um Joseph Addison, John Arbuthnot, Alexander Pope, Richard Steele und Jonathan Swift verkehrte. Zwischen 1714 und 1721 reiste er zunächst als Privatsekretär und Hauskaplan des Earl of Peterborough, später als Hauslehrer des Bischofs von Clogher durch Frankreich und Italien, wo ihm das Manuskript zum zweiten Teil seiner *Principles* abhanden kam. Als ihm Esther Van Homrigh, Dean Swifts geliebte »Vanessa«, nach ihrem Tode 1723 die Hälfte ihres Vermögens überließ, plante er die Gründung eines College auf den Bermuda-Inseln, das der Ausbildung anglikanischer Geistlicher und der Weiterverbreitung des christlichen Glaubens unter den Eingeborenen dienen sollte. 1725 kehrte er nach London zurück, um den britischen Premierminister Robert Walpole für sein ehrgeiziges Projekt zu gewinnen.

Nach dreijährigem Antichambrieren konnte er im September 1728, frisch vermählt, mit der Zusage von 20 000 Pfund in See stechen. Sein Gedicht »On the Prospect of Planting Arts and Learning in America« verrät etwas von seinem missionarischen Selbstbewußtsein:

Westward the course of Empire takes its way.
The first four acts already past;
A fifth shall close the drama with the day –
Time's noblest offspring is the last.

In Whitehall bei Newport auf Rhode Island erstand Berkeley eine Farm, mit der er die Versorgung des College mit Lebensmitteln sicherstellen wollte. Als indes die versprochenen Gelder nicht eintrafen, segelte er unverrichteter Dinge nach England zurück, im Reisegepäck die sieben platonischen Dialoge seines *Alciphron or The Minute Philosopher* (2 Bde., 1732). In London arbeitete er unter anderem an *The Analyst* (1734), einer Kritik der Newtonschen Fluxionenlehre, in der er die Mysterien der Mathematik denen der Religion zur Seite stellte.

W. B. Yeats reihte Berkeley neben Goldsmith, Swift und Burke in die Galerie seiner »persönlichen Geister« ein (vgl. sein Gedicht »The Tower«). Noch im Jahre 1925 versuchte er Berkeley, der gesagt hatte: »Wir Iren denken anders«, in einer Rede vor der Irish Literary Society als Repräsentanten u n d Interpreten einer spezifisch irischen Mentalität, einer vergeistigten, visionären Denkungsart, hinzustellen: »In Berkeley und in Burke haben wir eine Philosophie, auf die sich das gesamte Leben einer Nation gründen läßt. Das [...] ist etwas, was England, so bedeutend es im modernen wissenschaftlichen Denken und in jeder Art Literatur ist, meiner Ansicht nach nicht besitzt. Man nähre [...] den reifen Verstand mit Berkeley und der großen modernen idealistischen Philosophie [...], und Irland ersteht neu – stark, gewappnet und weise. Berkeley hat bewiesen, daß die Welt eine Vision ist.«

Co. Carlow

Manchen politisch interessierten Irlandfreunden dürfte Michael Farrell als einer der nordirischen Bürgerrechtler bekannt sein, die Ende der sechziger Jahre in friedlichen Demonstrationen für die Gleichstellung von Katholiken und Protestanten auf die Straße gingen, bevor britische Intransigenz und loyalistische Übergriffe den bewaffneten Widerstand der IRA auf den Plan riefen. Heute betätigt sich der Mitbegründer von »People's Democracy« als Journalist, Zeithistoriker und Rechtsanwalt in Dublin. Weniger bekannt ist ein anderer MICHAEL FARRELL (1899 bis 1962), der aus der strategisch gelegenen Handels- und Industriestadt CARLOW am Ostufer des hundertzwanzig Kilometer langen, schiffbaren Barrow River stammt. Sein Geburtshaus, ein giftgrün angestrichenes namenloses Wirtshaus, steht, mit der üblichen Inschrift versehen, in Tullow Street. In dieser Straße fand am 25. Mai 1798 eine erbitterte Schlacht zwischen United Irishmen und Soldaten der britischen Krone statt, die 640 Aufständischen das Leben kostete. Auf dem nahe gelegenen Croppy Grave (»Croppies« hießen sie wegen ihrer kurzgeschorenen Haare) wird ihrer mit drei Eichen und einem keltischen Steinkreuz gedacht.

In Farrells Person manifestiert sich der einzige »Vorstoß« der Grafschaft Carlow auf literarisches Gebiet. Vermutlich ist es so, daß sich auch im schöngeistigen Bereich bestimmte Counties vor anderen auszeichnen. Im Sport etwa obsiegen Kilkenny, Cork, Tipperary, Offaly, Galway, Limerick, Wexford oder Clare regelmäßig bei den Hurling-Meisterschaften, während sich Kerry, Dublin, Meath und Down ihre Lorbeeren beim gälischen Fußball verdienen. Ein Schlußlicht in der Liga der Literaten ist Carlow (Ceatharlach bedeutet übrigens »Vierfacher See«; dabei hat Carlow als eine der wenigen Grafschaften Irlands keinerlei stehende Binnengewässer aufzuweisen, wohl aber die hübschen Flüßchen Barrow, Nore und Slaney).

Michael Farrell hat mit nur einem einzigen Werk für Aufsehen gesorgt, mit dem dickleibigen Roman *Thy Tears Might Cease* (1963). Der Sohn eines prominenten Carlower Geschäftsmannes hatte gerade mit dem Medizinstudium am University College Dublin begonnen, als er während der Wirren des irischen Bürgerkrieges wegen Besitzes einer verbotenen Flugschrift für sechs Monate inhaftiert wurde. Nach seiner Entlassung aus dem Gefängnis Mountjoy wanderte er mit einer Kommilitonin zunächst eine Zeitlang durch Europa, bis es ihn schließlich nach Belgisch-Kongo verschlug, wo er als Schiffsinspektor für den Zoll arbeitete. Erst 1930 kehrte er nach Irland zurück, heiratete Frances Cahill, die protestantische Besitzerin der Handweberei »The Crock of Gold« (benannt nach dem phantastischen Roman von James Stephens), und nahm am Trinity College Dublin sein Studium wieder auf. Zwei Jahre später brach er seine Ausbildung ein weiteres Mal ab und zog sich in ein einsames Haus am Hang des Great Sugar Loaf bei Kilmacanogue (Co. Wicklow) zurück, wo er sich die nächsten Jahre über ganz der Arbeit an seinem Epochenroman widmete. Sein Nachbar war Sean O'Faolain. Selbst als er bei Radió Éireann Drehbuchautor, Produzent und Moderator wurde, arbeitete Farrell immer weiter an seinem Roman, bis das Manuskript ungeahnte Ausmaße annahm. In den fünfziger Jahren übernahm er die Leitung des Geschäfts seiner Frau.

In Dublins Literaturzirkeln gewann seine gewaltige Unternehmung alsbald einen legendären Ruf, kam sie doch irischer Hypertrophie, gepaart mit Endgültigkeitsphobie, entgegen – der archetypische irische Roman, der allerorten be-, ja zerredet und niemals vollendet wird. Niemand glaubte an die Existenz des Manuskripts, und maliziöse Gerüchte wurden ausgesprengt: »Er will sein Buch auf griechisch abfassen. Keine andere Sprache sei seiner würdig.« Vielleicht bezog sich John Ryan auf seinen Freund Michael Farrell, als er nüchtern konstatierte: »Die Iren können nur auf feste Termine hinarbeiten. In der Seichtigkeit unbegrenzter Fristen zerrinnen ihre Hoffnungen und Bestrebungen wie ein morgendlicher Nebeldunst.«

Farrells Roman hat schließlich auch noch eine ungewöhnliche Publikationsgeschichte. Bereits 1937 hatte Sean O'Faolain, an dessen kulturkritischer Monatszeitschrift *The Bell* Farrell in den vierziger Jahren unter dem Pseudonym Gulliver mitarbeiten sollte, das bereits auf fünf Bände angeschwollene Manuskript in einem Koffer nach London transportiert, um es einem britischen Verlag anzubieten. Der Verleger Jonathan Cape erklärte sich zur Annahme bereit, sobald der Roman zur Gänze vorläge. Wie O'Faolain berichtet, reagierte Farrell alles andere als erfreut: »Der Autor nahm die ermutigende Neuigkeit mit einem hochfahrenden Lächeln auf, wie es einem Aristokraten ansteht, der soeben vernommen hat, daß er anderntags für die Guillotine bestimmt ist. Das war seine gleichbleibende Einstellung dem Manuskript gegenüber: begierig, es gedruckt zu sehen, voller Angst, es aus der Hand zu geben.«

Nach zahllosen neuen Anläufen und einem Nervenzusammenbruch gab Farrell das voluminöse, wenn auch durchaus nicht amorphe Manuskript 1956 seinem langjährigen Freund Monk Gibbon zu lesen. Aber da er an Arteriosklerose litt, war er schon zu krank, um selbst noch einmal Hand an das Geschriebene anzulegen. So konnte das mit seinem Herzblut geschriebene Opus erst aus Farrells umfänglichem Nachlaß veröffentlicht werden, bearbeitet von Monk Gibbon, der das Manuskript um mehr als 100000 auf 220000 Wörter kürzte. Das Mammutwerk, in der deutschen Übersetzung 788 Seiten stark, erzielte einen durchschlagenden Publikumserfolg und wurde in England und Amerika zum Bestseller.

In gewissem Sinne ist der autobiographisch getönte Entwicklungsroman in der Tat ein Jahrhundertwerk. Geschildert wird, in konventionell realistischem, jedem Experiment abgeneigten Erzählstil, die bewegte und bewegende Lebensgeschichte des Waisenknaben Martin Matthew Reilly von der Kindheit und Jugend bis zum Mannesalter. Den zeitgeschichtlichen Hintergrund bildet die erste Hälfte des 20. Jahrhunderts, insbesondere das Jahrzehnt zwischen 1910 und 1920, in dem der Osteraufstand die biographische und historische Wendemarke darstellt, den Übergang von einer relativ stabilen Welt zu einer des Zusammenbruchs und des Neubeginns. Die pralle Romanhandlung bietet ein breites sozialhistorisches Panorama des Lebens in katholischen Provinzstädtchen und auf protestantischen Landgütern und beleuchtet die irische Frage von beiden Seiten. Besonderes Augenmerk gilt der Rolle des Intellektuellen, dem es in der Politik wie in der Liebe zuallererst um das eigene Wohl und Wehe zu tun ist. Wie die Romanschriftstellerin Mary Rose Callaghan kritisch anmerkt, verdankt der

Roman freilich »der modernen Romankunst nichts und hätte statt im Jahre 1963 fast ebensogut im Jahre 1863 veröffentlicht worden sein können, von einer Cousine zweiten Grades der Brontës«.

Co. Laois

Gleich hinter der Stadt Carlow beginnt die Grafschaft Laois. Über die N 78 hinweg führt die N 80 in nordwestlicher Richtung nach Portlaoise. Nach etwa achtzehn Kilometern, kurz vor dem Bergpaß Windy Gap, der unversehens eine herrliche Aussicht auf eine weite, nur von drei Höckern durchbrochene Ebene eröffnet, geht es (dem Schild »Kennelly Quarries« folgend) von der Hauptstraße rechts ab zu dem winzigen Weiler Ballintubbert, in dem der anglo-irische Dichter Cecil Day-Lewis (1904–72) zur Welt kam. Cecil, heute vermutlich weniger bekannt als sein Sohn, der Schauspieler Daniel Day-Lewis, wurde zwar schon in zartestem Säuglingsalter von Irland nach England verpflanzt, fand jedoch in einigen seiner Verse – etwa »Fishguard to Rosslare«, »Remembering Con Markievicz« oder »My Mother's Sister« (»I see her against the pearl sky of Dublin / Before the turn of the century, a young woman«) – zu seinen irischen Ursprüngen zurück. So beschreibt er in seinem Gedicht »The House Where I Was Born« sein herrschaftliches Geburtshaus Ballintubbert House: »An elegant, shabby, white-washed house / With a slate roof.« Heute im Besitz des englischen Schauspielers John Hurt, sieht der auf einem größeren Anwesen stehende zweistöckige Bau, mit einem beigen Farbkleid versehen, durchaus nicht mehr schäbig aus. Im übrigen verbrachte Day-Lewis bei seinem Onkel, dem Rev. William Goldsmith Squires, einem Abkömmling Oliver Goldsmiths, Sommertage in Monart, drei Kilometer westlich von Enniscorthy (Co. Wexford).

Die Suche nach heimatlichen Wurzeln entsprang sicherlich dem Bedürfnis nach Stabilität, hatte doch seine Familie dem Vater in alle Himmelsrichtungen folgen müssen; innerhalb weniger Jahre hatte dieser als protestantischer Kuratgeistlicher und Pfarrer dreimal die Stelle gewechselt. Erst der Besuch eines Internats in Sherborne (Dorset), wo Cecil Day-Lewis mit Louis MacNeice aus Belfast Bekanntschaft schloß, das Englischstudium am Wadham College in Oxford und vor allem die beginnende Schriftstellerei verliehen seinem Leben eine gewisse Stetigkeit.

Oxford und Cambridge fungierten, entgegen allen Absichten des akademischen Establishments, als Durchlauferhitzer für politisch engagierte Dichter (und kommunistische Meisterspione). Day-Lewis gesellte sich früh zu dem intellektuellen Freundeskreis um W. H. Auden, dem Stephen Spender, Edward Upward und Louis MacNeice sowie – in Cambridge – William Empson, John Lehmann und Christopher Isherwood angehörten, alle aus gutbürgerlicher Familie, alle radikale Dichter, die schon bald der gesellschaftlichen und politischen Entwicklung Rechnung zu tragen gewillt waren: vom Aufstieg Hitlers über den Spanischen Bürgerkrieg bis zum Zweiten Weltkrieg. Aus dem Widerspruch zwischen bürgerlicher Herkunft und konservativ-akademischem Milieu einerseits und hellwacher Intelligenz sowie Tatendrang andererseits ergab sich die Spannung, die zumindest während der dreißiger Jahre ihre Lyrik durchzog. In Day-Lewis' Band *Transitional Poem* (1929) finden die widerstreitenden Ansprüche des Persönlichen und des Sozialen, des »Subjektiven« und des »Objektiven« Ausdruck. Die eigentliche Grenzüberschreitung erfolgte mit dem revolutionären Werk *The Magnetic Mountain* (1933) über den symbolischen Aufbruch eines Mannes in ein neues Land, ein neues Leben.

Zwar verfaßte Day-Lewis auch drei Romane – und veröffentlichte ab 1935 unter dem Pseudonym Nicholas Blake rund zwanzig Kriminalromane um den W. H. Auden nachempfundenen Detektiv Nigel Strangeways –, doch wie bei den meisten seiner Freunde lag sein Hauptaugenmerk auf der Lyrik, von der er sich eine durchschlagendere gesellschaftliche Wirkung erhoffte. In diese Zeit fällt nicht nur die Entscheidung des langjährigen Englischlehrers für die prekäre Existenz als freier Schriftsteller, sondern auch sein Eintritt in die Kommunistische Partei, der er bis zum Hitler-Stalin-Pakt angehörte. Mit Ausbruch des Zweiten Weltkriegs erklärte er sich zur Mitarbeit im britischen Informationsministerium bereit. Leicht kann ihm der Entschluß nicht gefallen sein:

Where are the War Poets?

They who in folly or mere greed
Enslaved religion, markets, laws,
Borrow our language now and bid
Us to speak up in freedom's cause.

It is the logic of our times,
No subject for immortal verse –
That we who lived by honest dreams
Defend the bad against the worse.

In der Folgezeit wurde der unmittelbare Einfluß des Politischen in seiner Poesie wieder zurückgedrängt, und Day-Lewis wandte sich mehr und mehr privaten Lebensbereichen und der Naturlyrik zu. Mit seiner unverwechselbaren rhythmischen Sprache war er einer der herausragenden lyrischen Dichter seiner Epoche. 1968 zum Poeta laureatus gekürt, jener seltsamen britischen Einrichtung eines veritablen Hofdichters, starb er am 22. Mai 1972 bei einem Besuch seines Freundes Kingsley Amis in Hadley Common (Hertfordshire). Cecil Day-Lewis ist nicht zu verwechseln mit dem aus Belfast stammenden Literarhistoriker und Kinderbuchautor C. S. Lewis (1898–1963), der in Oxford lehrte und phantastische Romane schrieb.

Co. Kildare

Kildare (Cill Dara, Kirche der Eiche), betriebsames Zentrum der irischen Pferdezucht im Westen der weitflächigen Tiefebene The Curragh und Hauptstadt der gleichnamigen Grafschaft, verdankt seine Entstehung einer Klostergründung um das Jahr 470. Am Standort eines prähistorischen Heiligtums mit Eichbaum stiftete die Druidentochter Brigid (um 453 – um 524), als »Verkünderin Christi«, »Königin des Südens« und »Maria der Gälen« Irlands weibliches Pendant zu St. Patrick, ein Doppelkloster für Männer und Frauen, das sich im Laufe der Jahrhunderte zu einer bedeutenden Stätte christlicher Frömmigkeit, Gelehrsamkeit und Buchmalerei entwickelte. Selbst der normannische Kirchenmann Gerald Barry of Wales (Giraldus Cambrensis, um 1146 bis 1223), der die Iren in seiner *Topographia Hibernica* als primitive Barbaren hinstellte, konnte nicht umhin, das *Book of Kildare*, eine seither verlorengegangene illuminierte Handschrift, als das »Ergebnis der Arbeit nicht von Menschen, sondern von Engeln« zu bewundern.

St. Brigid's Cathedral stammt aus dem 13., der zweiunddreißig Meter hohe Rundturm aus dem 10. Jahrhundert. Von dem benachbarten Feuerhaus, in dem bis zur Auflösung des Klosters nach heidnischem Ritus neunzehn Nonnen abwechselnd über eine ewige Flamme wachten, haben sich einige wenige Bruchstücke erhalten. Im Volksglauben verschmolz die historische Äbtissin Brigid (ihr Festtag, der 1. Februar, ist zugleich Beginn des keltischen Frühlings, Imbolc) mit der keltischen Licht- und Feuergöttin Brigit, von der sie ihren Namen hatte, zu einer christlichen Heiligengestalt, der die unglaublichsten Wundertaten nachgesagt wurden. Ihr ist die erste irische Vita überhaupt zugedacht, verfaßt von Cogitosus in der zweiten Hälfte des 7. Jahrhunderts. Noch heute heften abergläubische Gläubige als Fruchtbarkeitsbringer das aus Bast geflochtene St. Brigid's Cross an ihren Kuhstall.

Von derartigen Klostergemeinschaften brachen die irischen Mönche zu Hunderten auf, um als »weiße Märtyrer« den Heiden des Abendlandes das Christentum und den Christen vollendete Bildung zu bringen. Zunächst als Missionare, dann als Erzieher bereisten sie ganz Europa und begründeten so die irische Diaspora: St. Columban (Luxeuil und Bobbio), St. Fridolin (Säckingen), St. Fursa (Péronne), St. Gallus (St. Gallen), St. Kilian (Würzburg) oder St. Virgil (Salzburg), aber auch Forscher wie der Grammatiker, Geograph und Astronom Dícuil der Geometer. Auf diese Weise gelangte Irland europaweit in den Ruf einer Insel wo schon nicht der Seligen, so doch der Heiligen und Gelehrten.

Die Herkunftsbezeichnung »Scotus« (»Scotia«, nach der Gemahlin des sagenhaften Milesius, war ursprünglich die lateinische Wortprägung für Irland und wurde erst später auf »Alba« oder »Albania«, das heutige Schottland, übertragen) wurde bald gleichbedeutend mit »gelehrt« und »belesen«. So gab es die »Skoten« Sedulius Scotus, Clemens Scotus (Alkuins Nachfolger als Vorsteher der Hofschule Karls des Großen), Marianus Scotus (Verfasser einer Weltchronik) und Johannes Scotus Eriugena, dessen Beiname »der aus Irland Gebürtige« seine irische Abstammung gleich doppelt verbürgt. Diese »Scriptores Latini Hiberniae« waren alle geistige Träger der karolingischen Renaissance, jener an der Antike orientierten kulturellen Blütezeit, die das leichtfertige Gerede vom finsteren Mittelalter Lügen straft.

Sedulius Scotus (um 820 – um 880) wuchs aller Wahrscheinlichkeit nach im Kloster Kildare selbst auf. Gegen 848 gelangte er, vermutlich im Gefolge einer politischen Gesandtschaft, über Wales ins Frankenreich, wo er in Lüttich ein irisches Kultur- und Bildungszentrum gründete. Hier arbeitete er mit Hilfe anderer irischer Kleriker etwa zehn Jahre lang an der Abschrift bedeutender lateinischer und griechischer Manuskripte: durchaus nicht nur Evangelien und Episteln, sondern auch die weltliche Lyrik eines Horaz.

Sedulius schrieb auch eigene Gedichte. Außer einem Fürstenspiegel für den fränkischen König Lothar II. und einem Leben der hl. Brigid in Hexametern sind mehr als achtzig mittellateinische Gedichte überliefert, aus denen kein asketischer Geistlicher, sondern ein warmherziger Mann mit menschlich-allzumenschlichen Zügen zu uns spricht. Sedulius klagt über das schlechte Wetter und seine zugige Zelle, er schreibt derbe Trinklieder, eine demütige »Apologia pro vita sua« und Oden auf vornehme Gäste (so auf einen Grafen Robert, von dem er zum Lohn fünfundzwanzig Flaschen Wein empfing). Bei Kaiserin Ermengard fanden seine Verse so großen Anklang, daß sie einige davon in einen Wandteppich wirkte. Möglicherweise stammt aus Sedulius' gespitztem Federkiel auch eines der schönsten und anrührendsten altirischen Gedichte, »Meisse ocus Pangur Bán«, über einen Mönch und seine weiße Katze, die einträchtig ihren unterschiedlichen Beschäftigungen, Mäusefang und Wahrheitssuche, nachgehen. Kunstvolle Poesie als bloße Marginalie.

Auch Johannes Scotus Eriugena (um 810–77), nicht zu verwechseln mit dem als »Doctor subtilis« gerühmten schottischen Philosophen und Theologen Johannes Duns Scotus (um 1266–1308), begab sich nach abgeschlossener Ausbildung in einem irischen Kloster auf den Kontinent. Ab 845 hielt er sich am Hofe Karls des Kahlen auf und wurde gegen 850 zum Leiter der Hofschule bestallt. Von ihm, dem einzigen einheimischen irischen Philosophen und bedeutendsten Denker der westlichen Christenheit zwischen dem hl. Augustinus im 5. und Anselm von Canterbury im 11. Jahrhundert, sagt Hegel: »Er war der erste, mit dem nun eine wahrhafte Philosophie beginnt, und vornehmlich nach Ideen der Neuplatoniker.«

Mit seiner auf griechischen Quellen beruhenden Schrift *De Praedestinatione* griff er in die theologische Kontroverse um das seit Augustinus umstrittene Verhältnis zwischen göttlicher Vorsehung und menschlicher Willensfreiheit ein und zog erstmals den Verdacht der Häresie auf sich, suchte er doch bereits mit Lehrsätzen wie »Die wahre Philosophie ist die wahre Religion, und die wahre Religion ist die wahre Philosophie« die Verstandestätigkeit von der Vormundschaft der biblischen Offenbarung als ausschließlicher Autorität zu befreien. Seine philosophische Methode bestand eben darin, die christliche Lehre im Gegensatz zur Orthodoxie rational und logisch zu erklären. Eine Lyoner Kirchenversammlung urteilte denn auch: »Es sind zu uns gekommen die Schriften eines geschwätzigen Menschen, der von der göttlichen Prädestination auf menschliche Weise oder, wie er sagt, mit philosophischen Argumenten disputiert, ohne sich auf die Heilige Schrift zu stützen und die Autoritäten der Kirchenväter beizubringen; sondern er verteidigt dies aus sich und hat es auf seine Gesetze gestellt – den göttlichen Schriften unterwerfe er sich nicht.«

Als Übersetzer und Kommentator, ausgestattet mit Kenntnissen der griechischen, hebräischen und arabischen Sprache, machte Eriugena den Okzident erstmals mit dem christlich-neuplatonischen Gedankengut der alexandrinischen Schule vertraut und wirkte auch insofern innovativ, als er die intellektuelle Existenz im aristotelischen Sinne als gültige Lebensform verteidigte. Die 1994 aus dem Verkehr gezogene alte irische Fünf-Pfund-Note zeigt vor dem Hintergrund eines Schriftauszugs aus dem *Book of Durrow* ein »konzeptuelles« Porträt des Philosophen von Patrick Hickey: eine vergeistigte Mönchsgestalt mit fast kahlem, gedrungenem Schädel, buschigen Augenbrauen und leicht schmerzlichen Gesichtszügen. Der Faltenwurf des dunkelbraunen Pelzmantels, in den Eriugena sich hüllt, wirkt von ferne wie der schroffe Felsen Skellig Michael, auf dem die irischen Anachoreten in gottesfürchtiger Demut hausten, bevor sie den humanen Wert der Gelehrsamkeit entdeckten.

Mit seinem von Papst Honorius III. im Kampf gegen die Albigenser 1225 verworfenen philosophischen Hauptwerk *De divisione naturae* (862–66), einer tiefsinnigen systematischen Darlegung seiner zwischen Theismus und Pantheismus schwankenden Weltauffassung, beeinflußte Eriugena die Scholastik und die deutsche Mystik. Seine *Carmina*, namentlich seine langen assonanzenreichen Ideengedichte zur christlichen Symbolik der Dinge, Zahlen und Buchstaben, folgen einem sorgfältig abgestimmten hierarchischen Muster; so steigen sie, vermittelt über die kirchliche Liturgie, von den Mysterien des Göttlichen zur menschlichen Geschichte herab und enden meist mit einem Gebet für die Person des Königs und sein Reich.

Co. Offaly

Die nach dem irischen Stamm Ua Bhfailghe benannte Grafschaft Offaly im Herzen der Grünen Insel gehört zu dem Teil der irischen Zentralebene, der vielerorts von sumpfigem Moor überzogen ist: Ein Fünftel der Fläche liegt unter einer braunen Torfdecke begraben. Bedeutendste Sehenswürdigkeit der Grafschaft, die unter dem Namen »King's County« erst im 16. Jahrhundert entstand, ist die von St. Ciaran gestiftete frühchristliche Klosterstätte Clonmacnoise (Clúain maccu Nóis, Ebene der Söhne von Nos), ein beeindruckendes Ensemble von Kirchen, Rundtürmen, Hochkreuzen und Grabplatten. An den Ruinen der monastischen Anlage, die in ihrer mehr als tausendjährigen Geschichte vierundfünzigmal niedergebrannt und geplündert wurde, wälzt sich voller Gleichmut der breite Strom des Shannon vorüber.

Literarische Bezüge hat vor allem die malerische Marktstadt BANAGHER (Beannchar na Sionna, spitze Felsen am Shannon) aufzuweisen, jedem Freizeitkapitän als lohnender Anlegeplatz bekannt: Angler können fischen, Ornithologen das Vogelschutzgebiet erkunden. Die breite Hauptstraße mit ihren gleichförmigen Häuserfassaden aus dem 18. Jahrhundert fällt zum Ostufer des Shannon ab. Sie verbindet Birr, Standort eines prunkvollen Schlosses mit weitläufiger Parkanlage und frühem Teleskop, und das im Jahre 563 vom hl. Brendan begründete Clonfert (Co. Galway), dessen winzige Kathedrale über ein mit grotesken Tier- und Menschenköpfen reich verziertes hibernoromanisches Portal verfügt.

In dem zweistöckigen Postamt (das Nachbargebäude, in dem er wohnte, ist abgerissen) wirkte der englische Romancier ANTHONY TROLLOPE (1815–82). Der Sohn eines bankrotten Anwalts, der als Landwirt später erneut scheiterte, wurde in London geboren und besuchte als wenig gelittener und oft geprügelter Externer die englischen Internate Harrow on the Hill und Winchester College – »ein tägliches Fegefeuer«. Nach dem Schulabgang 1834 arbeitete er zunächst sieben Jahre als Postbeamter im Londoner Hauptpostamt, bis er 1841, als Sechsundzwanzigjähriger, nach Irland versetzt wurde: »Seit diesem Zeitpunkt, wer hätte ein glücklicheres Leben gehabt als das meine?«

Mit dem Kanalboot, einem »schwimmenden Gefängnis«, traf er, von Dublin kommend, in Banagher ein, wo er zunächst im Shannon Hotel abstieg. In dem lebensfrohen Marktflecken fühlte er sich von Anfang an wohl: »Die Iren mordeten mich nicht und brachen mir nicht einmal das Genick. Ich fand sie bald gutmütig, gescheit – die Arbeiterklasse ist bei weitem intelligenter als die in England –, sparsam und gastfreundlich.« Trollope genoß sein Ansehen in der Gemeinde und pflegte vielfältige soziale Kontakte, er schloß sich der Jagdgesellschaft der Galway Blazers an und legte erstmals Begeisterung für seine Arbeit an den Tag (so wird ihm die Erfindung der roten, nach Erringung der Unabhängigkeit lediglich grün übertünchten Briefkästensäulen nachgesagt, wie man sie in Irland allenthalben antrifft). 1844 heiratete er Rose Heseltine; eine seiner literarischen Figuren beurteilt die Institution der Ehe allerdings so: »[...] als wäre der Mann bezwungen, endlich in einen Käfig gesperrt und gezähmt worden, um ihn für häusliche

Clonfert Cathedral

Zwecke abzurichten, und seiner uralten Freiheit in den Wäldern beraubt.«

In Irland verbrachte Trollope insgesamt siebzehn Jahre, in denen er den Postdienst umorganisieren half: 1841–44 in Banagher (Co. Offaly), 1844/45 in Clonmel (Co. Tipperary), 1845 in Milltown Malbay (Co. Clare), 1845–51 in Mallow (Co. Cork), 1853/54 in Belfast (wo er zum Postaufseher über die nordirischen Grafschaften befördert wurde), 1854–59 in Dublin. Hier residierte er in Donnybrook, in dem großzügigen georgianischen Haus 6 Seaview Terrace. Erst danach kehrte er nach England zurück, wo er – angeblich lachend – starb und wo er auch begraben liegt (Kensal Green Cemetery, London) und mit einem Denkmal geehrt wurde (Poets' Corner, Westminster Abbey).

Um sein schmales Salär aufzubessern, verlegte sich Trollope, wie schon vor ihm seine Mutter Frances Trollope (1780–1863), auf die Romanschriftstellerei. Es wäre müßig, seine Werke vollständig aufzählen zu wollen – im Verlaufe von nur fünfunddreißig Jahren verfaßte der Schaffenswütige siebenundvierzig Romane, fünf Bände Erzählungen, zahlreiche Bücher über seine Reisen in die Karibik, nach Ägypten, Australien, Neuseeland und Südafrika sowie eine Autobiographie – ein Œuvre, das ihm, wie er stolz ausrechnete, alles in allem 68939 Pfund, 17 Schilling und 5 Pence einbrachte. Mit ihrem hundertfünfzehnbändigen Werk übertraf lediglich die eigene Mutter seine penible und disziplinierte Schreibproduktion von zweitausendfünfhundert Wörtern täglich vor dem Frühstück.

Daß seine literarische Karriere nicht nur in Irland, sondern mit unsentimentalen Romanen über Irland begann, soll nicht vergessen werden. Trollopes Inspektionsreisen im ganzen Land, auf denen er Beschwerden nachging oder neue Routen entwarf, versorgten ihn ausreichend mit Stoff. Sein Debüt war ein vom Anblick einer Ruine in Drumsna (Co. Leitrim) angeregter Roman über das Unwesen des *absenteeism*, *The Macdermots of Ballycloran* (1847), gefolgt von *The Kellys and the O'Kellys or Landlords and Tenants. A Tale of Irish Life* (1848), einer Gestaltung des damaligen Grundwiderspruchs der irischen Gesellschaft zwischen Grundbesitzern und Pachtbauern. Auch *Castle Richmond* (1860), *An Eye for an Eye* (1879) und *The Landleaguers* (postum 1883) spielen in Irland und nehmen sich der komplizierten Beziehungen zwischen Irland und England an. Trollope war ein Vertreter konservativer viktorianischer Werte, die er durch Hochmut, Raffgier und moralische Korruption gefährdet sah.

Bekannt wurde Trollope allerdings nicht durch diese irischen Romane, sondern durch seine beiden englischen Romanzyklen: die mit

The Warden (1855), seinem ersten Erfolg, einsetzenden und mit *The Last Chronicle of Barset* (1867) abschließenden Barsetshire-Romane und die politischen Palliser-Romane, in denen er nicht »Götter oder Dämonen«, sondern – humorvoll, ironisch und satirisch – gewöhnliche Menschen vorführen wollte. Allesamt kreisen sie um die Themen Macht und Moral, Kirche und Staat, Liebe und Besitz, Individuum und Gesellschaft. Mit ihnen führte Trollope drei Neuerungen in die englische Romankunst ein: einmal die Romansequenz mit wiederkehrendem Figurenensemble, zum anderen den politischen, ja parlamentarischen Roman, zum dritten den imaginären Schauplatz, hier die fiktive südenglische Domstadt Barchester, die in etwa dem provinziellen Winchester entsprechen soll, aber von einem Besuch Salisburys angeregt wurde. Thomas Hardys Wessex ist ohne Trollopes Grafschaft Barsetshire nicht denkbar.

Nicht daß FLANN O'BRIEN (1911–66) seinen Lebensmittelpunkt in Offaly gehabt hätte; er ist, nach James Joyce und Sean O'Casey, der große Dichter der Hauptstadt Dublin. Doch der in Strabane (Co. Tyrone) zur Welt gekommene Romanautor, drittes von zwölf Kindern eines Zollbeamten, der so häufig versetzt wurde, daß er den Knaben erst mit zwölf Jahren einschulen ließ, verlebte einen Teil seiner Kindheit in der Whiskey-Stadt Tullamore und holte sich in der Grafschaft Offaly die Anregung für seinen Romanerstling, dessen Titel vielen Übersetzern Rätsel aufgegeben hat. Was 1966 auf deutsch bieder-brav als *Zwei Vögel beim Schwimmen* herauskam, ist erst 1989 zu dem surrealistisch klingenden *In Schwimmen-Zwei-Vögel* berichtigt worden. Das Surreale aber ist das Topographisch-Mythische: Der verwirrende englische Romantitel *At Swim-Two-Birds* (1939) ist nämlich nichts anderes als die wörtliche Übertragung der irischen Ortsbezeichnung SNÁMH-DA-ÉN.

Dieses Inselchen im Shannon, das auf englisch Devenish Island heißt und auf halbem Wege zwischen Shannonbridge und Clonmacnoise liegt – Dutzende von Kabinenkreuzern gleiten im Sommer täglich daran vorbei –, war der Überlieferung nach Rastplatz des dem Wahnsinn verfallenen nordirischen Kleinkönigs Sweeney (Suibhne), den der hl. Ronan nach der Schlacht von Moira (Mag Rath) AD 637 in einen Vogel verwandelt hatte. Von da an flatterte der ausgestoßene Vogelmensch, sein Schicksal beklagend und die Landschaft besingend, ruhelos von einem Ort zum anderen. Für Robert Graves war das mittelalterliche Poem *Buile Suibhne*, 1983 von Seamus Heaney unter dem Titel *Sweeney Astray* übersetzt, »die grausamste und bitterste Schilderung der Lage eines besessenen Dichters in der gesamten europäischen Literatur«.

Vielleicht entlehnte Flann O'Brien der mittelirischen Legende von dem zwischen Himmel und Erde schwebenden Vogel auch die Leitidee des »gesunden Wahnsinns«, die sein gesamtes von absurder Phantasie und bizarrer Fabulierkunst gekennzeichnetes Werk durchdringt: »Wenn der Mensch den Mut hat, den Blick zu heben und die schrecklichen menschlichen Lebensverhältnisse vernünftig zu betrachten [...], muß er endlich einsehen, daß kürzeste Perioden zeitweiliger Befreiung von unerträglichem Leid das äußerste ist, was ein Individuum zu Recht erwarten kann.« Jedenfalls verwendete er in seinem pikaresken Abenteuerroman, dem Beispiel James Stephens' folgend, mythische Gestalten wie Mad Sweeney oder Finn MacCool als zentrale Kontrastfiguren zu den zeitgenössischen Vertretern der Dummheit.

Mit irischer Sprache und Mythologie war der Autor wohlvertraut; sein eigentlicher Name, Brian O'Nolan, lautet in irischer Schreibung Brian Ó Nualláin; sein Vater war überzeugter Irischsprecher und unterrichtete seine Sprößlinge selbst. In der Grenzstadt Strabane (An Srath Bán, die Wiese am schnellen Fluß), wo eine Gedenktafel sein Geburtshaus 15 Bowling Green markiert, lernte der junge O'Brien mehr Irisch als Englisch; seitdem bewegte er sich mühelos zwischen den beiden Sprachen und Kulturen. So studierte er später (1929–32) am University College Dublin nicht nur Englisch und Deutsch, sondern auch Irisch und veröffentlichte im Studentenmagazin *Comhthrom Féinne* humoristische Artikel auf altirisch. Nach einem Deutschlandaufenthalt (1933/34) erwarb er 1935 mit einer Arbeit über die Natur in der irischen Poesie den Magistergrad und trat wie sein Vater in den Staatsdienst ein. Im Ministerium für Kommunalverwaltung stieg er bereits zwei Jahre später zum Privatsekretär des Ministers auf. 1953 freilich sah er sich aus Gesundheitsgründen (chronischer Alkoholmißbrauch!) gezwungen, seine Kündigung einzureichen.

Graham Greene, damals Verlagslektor bei Longman's, empfahl die Annahme des eingereichten Manuskripts mit den Worten: »Wir haben schon früher Bücher in Büchern gehabt, aber O'Nolan geht ein gutes Stück weiter als Pirandello oder Gide. Die Schraube wird angezogen, bis man (a) ein Buch über einen Mann namens Trellis hat, der (b) ein Buch über gewisse Charaktere verfaßt, die (c) den Spieß umdrehen, indem sie über ihn schreiben.« Dementsprechend hat der Roman drei tastende Anfänge und aufgrund der demokratischen Emanzipation seiner Figuren eine sich selbst unterlaufende »prä-postmoderne« Erzählstruktur. Was ihn außer der innovativen Form auszeichnet, sind ein absurdes Lebensgefühl, höherer Blödsinn, Wort- und Sprachspiele, grimmige Satire, kaustischer Witz, poetischer Geist, groteske Gelehrsamkeit und parodistischer Schabernack mit literarischen Konventionen. Sie alle entspringen letztendlich der Überzeugung, daß das Leben eine immerwährende Halluzination sei. Der experimentelle Anti-Roman in der Nachfolge von *Tristram Shandy* und *Ulysses*, von dem bei seinem ersten Erscheinen nur wenige hundert Exemplare verkauft wurden, fand lediglich in intellektuellen Kreisen Beachtung. James Joyce, der Übervater der irischen Schriftsteller, würdigte O'Brien, den »Joyce des trinkenden Mannes«, als »echten Schriftsteller von wahrhaft komischem Esprit«.

O'Briens virtuoses Werk *The Third Policeman*, 1940 vollendet, wurde von seinem Verlag abgelehnt und konnte erst postum 1967 erscheinen. Dieses phantasmagorische »Porträt der Hölle« (Aidan Higgins) über einen Mordfall, bei dem der Täter, ohne es zu gewärtigen, selbst ermordet wird, spielt in Offaly. Über weite Strecken behandelt O'Brien in ausführlichen Fußnoten die absurden Theorien eines verrückten Wissenschaftlers namens de Selby; dieser behauptet etwa einen Austausch von Molekülen zwischen Fahrrädern und Radfahrern mit der Folge einer wechselseitigen Metamorphose von Mensch und Maschine. O'Briens eigene manichäische Auffassung von der gegenseitigen Durchdringung von Gut und Böse ist im Handlungsverlauf deutlich erkennbar.

Wenn O'Brien auf irisch oder für die Zeitung schrieb, schlüpfte er in eine andere Haut. Unter dem Pseudonym Myles na gCopaleen (Myles von den Pferdchen) schrieb er den Kurzroman *An Béal Bocht* (1941; engl. *The Poor Mouth. A Bad Story about the Hard Life*), eine Satire auf die *Gaeilgeorí*, die verbissenen Irisch-Zeloten aus den Städten, die die Armut auf dem Lande als glorreiches kulturelles Erbe romantisierten. So verbissen waren sie freilich nicht, daß sie O'Briens schwarzen Humor nicht genossen hätten. Als Folie diente dem Autor der von ihm durchaus geschätzte Lebensbericht *An tOileánach* (1929) von Tomás Ó Criomhthain.

Für die *Irish Times* verfaßte O'Brien von 1940 bis zu seinem Tod dreimal wöchentlich eine mit Anekdoten versetzte sozial- und sprachkritische Kolumne namens »Cruiskeen Lawn« (»das randvolle Krüglein«), in der er, dem Purismus eines Karl Kraus in nichts nachstehend, bombastischen Stil, bürokratische Mißstände, philiströsen Geschmack, schlechte Manieren, Klischees und Prätentionen aufs Korn nahm. Zu seinem festen Personalbestand zählten das unzertrennliche Paar Keats und Chapman und »the Plain People of Ireland«; zugleich wartete er mit lateinischen, altgriechischen, altirischen, deutschen und französischen Sprachbrocken auf. Eine Auswahl seiner Kultstatus genießenden journalistischen Arbeiten aus einem Vierteljahrhundert ist unter den Titeln *The Best of Myles* (postum 1968) und *Myles Away from Dublin* (postum 1985) erschienen.

Mit seinem schwarzen Hut und Mantel war der vielnamige Autor, der sich wie zur Selbstmaskierung auch noch der Pseudonyme Stephen Blakeley, Brother Barnabas, Count O'Blather, George Knowall und John James Doe bediente und das Leben nur als Komödie erträglich fand, eine stadtbekannte Erscheinung. Sein Todesdatum scheint er sich selbst ausgesucht zu haben; er starb am Fools' Day, dem 1. April 1966, an Krebs. Seine letzten Worte galten einem Freund, der den Gin an seinem Krankenbett mit etwas Wasser verdünnte: »Allmächtiger, willst du ihn denn ganz ertränken?« Der Autor, der dem kulturellen Milieu der dreißiger, vierziger und frühen fünfziger Jahre angehörte, erfuhr erst nach seinem Tod die Anerkennung, die er herbeigesehnt hatte.

Co. Westmeath

Delvin, dieses unscheinbare, schläfrige Städtchen am Ostrand der seenreichen Grafschaft Westmeath, war 1918 und in den darauffolgenden Jahren Schauplatz des folgenschwersten Skandals der irischen Literaturgeschichte im 20. Jahrhundert. Ausgelöst wurde die Kontroverse durch die Veröffentlichung eines Romans mit dem bezeichnenden Titel *The Valley of the Squinting Windows* – das Tal der scheeläugigen Fenster. Als Verfasser zeichnete ein gewisser Brinsley MacNamara (1890–1963), Pseudonym für den Schriftsteller John Weldon, der als ältestes von sieben Kindern des Schulmeisters James Weldon im benachbarten Hiskinstown zur Welt gekommen und im Alter von fünfzehn Jahren nach Delvin gezogen war, wo sein Vater die Leitung der Volksschule Ballinvalley übernommen hatte.

Niemand dachte sich Arges, als der junge Weldon fünf Jahre später nach Dublin übersiedelte, um in den Zolldienst einzutreten. In Wahrheit schloß er sich als Schauspieler dem 1903 gegründeten Abbey Theatre an, nahm 1911 an der ersten amerikanischen Tournee der Truppe teil und versuchte zwei Jahre lang vergebens, in New York Fuß zu fassen. Seine Rückkehr nach Delvin im Jahre 1913 verband sich mit dem

Brinsley MacNamara

Entschluß, freier Schriftsteller zu werden – mitten in der intellektuell kargen irischen Provinz. Innerlich hatte sich MacNamara von seinem Heimatort schon so weit distanziert, daß er seine unmittelbare Umgebung bedenkenlos als Rohstoff für den ersten seiner sieben Romane verwenden konnte.

Der im übrigen durchaus humorvolle Roman *The Valley of the Squinting Windows* ist ein scharf abrechnendes realistisches Porträt irischen Kleinstadtlebens, ein geharnischter Rundumschlag gegen geistige Trägheit, falsche Sittenstrenge, Heuchelei, Habgier, Mißgunst und Klatschsucht, wie sie die im Text wiederaufgenommene Titelmetapher auf den Begriff bringt: »Sie sah, wie in vielen scheeläugigen Fenstern sich plötzlich Köpfe zeigten und Männer und Frauen, denen sie auf der

Straße begegneten, sich hohnlachend nach ihr umdrehten und ihr hinterhergafften.« Die Schneiderin Nan Brennan und die aufgeklärte Lehrerin Rebecca Kerr werden zur Zielscheibe übermächtigen Hasses, der die zuinnerst tief frustrierten Dörfler vereint.

Anfänglich noch stolz auf die künstlerische Leistung eines der Ihren, fühlten sich die Bewohner Delvins bald düpiert, saßen sie doch dem weitverbreiteten Mißverständnis auf, wonach Dichtung als Kolportage, eine bissige Gesellschaftssatire zuallererst als Schlüsselroman zu lesen sei, der sich verschleiert gegen konkrete Einzelpersonen wende. Augenzeugen berichten, wie eine der Damen von Delvin im geselligen Kreis vor Clonyn Castle aus dem Roman vorlas: »Lachsalven unterbrachen die Lektüre, als die eine oder die andere ausrief: ›Das ist N., aber haargenau!‹ oder ›Unverkennbar, wer das ist!‹ Doch plötzlich, auf Seite 48, brach die Vorleserin ab. Unverkennbar, auf wen sich das bezog! Die Zuhörerinnen betrachteten das steinerne Gesicht der Vorlesenden. Mit einem Knall wurde das Buch zugeklappt. Die schockierten Damen erhoben sich und machten sich fast wortlos auf den Heimweg.«

Intuitiv hatten die kompromittierten Urbilder in der literarischen Fiktion das geheime Gesetz des eigenen Zusammenlebens erkannt und konstruierten nun gewollt und mit masochistischer Lust enge Parallelen zwischen Delvin und Garradrimna, dem erfundenen Ort der Handlung, zwischen erdichteten und realen Figuren und Geschehnissen. In einem einzigartigen Akt der Abwehr begann nun jene hysterische Hetzkampagne, die landesweit Beachtung fand und sich in die drei Phasen Verbrennung, Boykott und Vertreibung gliederte, nicht zu vergessen die Bemühungen um ein Verbot des Buches, das in der Tat nach der ersten Auflage vom Verlag zurückgezogen wurde.

In einem öffentlichen Autodafé auf dem Marktplatz überantwortete eine aufgebrachte Menge am 28. Mai 1918 das Buch des Missetäters feierlich den Flammen. Tags darauf verlegte man sich auf das Mittel des Schulboykotts. Ursprünglich war ein Boykott eine während der irischen Landagitation angewandte Taktik sozialer Ächtung gegen räuberische Gutsverwalter vom Schlage des sprichwörtlich gewordenen Captain Boycott in Co. Mayo gewesen; jetzt vergriffen sich reaktionäre Elemente an dem unschuldigen Vater des Autors, der über Jahre hinweg so ausdauernd und vollständig verfemt wurde, daß er 1925 mangels Schülern vorzeitig in Pension gehen mußte. Die durch den katholischen Gemeindepfarrer bereits ausgesprochene Kündigung war zwar auf Geheiß des Bischofs rückgängig gemacht worden; das Gerichtsverfahren aber, das James Weldon 1923 in Dublin gegen die

Organisatoren des Boykotts wegen verminderter Bezüge anstrengte, kehrte sich gegen ihn. Die Schriftsteller W. B. Yeats, Æ, Oliver St. John Gogarty und James Stephens riefen zu einer Solidaritätsspende auf. Der Autor selbst flüchtete sich aus Delvin nach Quin (Co. Clare), in das Haus seiner Verlobten, und lebte später in der Dubliner »Verbannung«, entfremdet dem bisherigen Zentrum seines Daseins, das er so getreu verortet hatte.

Die ätzende Kritik an der bieder-bigotten Kleingeisterei weiter Teile der irischen Landbevölkerung hatte sich voll bewahrheitet; durch ihre gewalttätigen Aktionen bestätigten die Bewohner Delvins nur, was sie so vehement bestritten: daß das literarische Destillat aus einer mannigfaltigen Wirklichkeit sie mitbetraf. Was Wunder, daß in der gesamten Ortschaft keinerlei Spuren von MacNamara zu verzeichnen sind, keine Stele und keine Plakette an den Romancier der Midlands erinnert. In Dublin hingegen fand er Anerkennung, wurde (zumal nach dem Prozeß) gelesen und geehrt. Von 1925 bis 1960 fungierte er als Archivar der irischen Nationalgalerie, 1932 wurde er Mitbegründer und Präsident der Irish Academy of Letters. Ob er so großzügig dachte wie Thomas Mann anläßlich der Rezeption seiner *Buddenbrooks*? »Ich verzeihe es Mittelstadt-Advokaten und alten Jungfern, wenn sie ein Kunstwerk nicht losgelöst aus bürgerlichen Beziehungen zu würdigen vermögen.« Eine politische Erklärung für das Verhalten seiner Mitbewohner hatte er parat: »Wenn ein Land einen langwierigen Kampf um seine Freiheit geführt hat, stellt sich das durchaus verzeihliche Gefühl ein, es sei in gewissem Sinne Verrat, sich allzusehr in die Schwächen des eigenen Volkes zu vertiefen.« J. M. Synge, Sean O'Casey und Patrick Kavanagh – sie alle konnten ein Lied davon singen.

Mit seinen neun Bühnenstücken, meist eingängigen Lustspielen, verhalf MacNamara neben George Shiels und Sean O'Casey dem Abbey Theatre 1919–24 zu finanziellen Erfolgen, die das nach dem Unabhängigkeitskrieg beinahe bankrotte Unternehmen gut gebrauchen konnte. Weit wichtiger als diese Kassenschlager ist jedoch, daß MacNamara als Begründer des modernen kritischen Realismus der dreißiger und vierziger Jahre zu gelten hat, der die Abkehr von der beschönigenden Romantik des »Wunderlichen, Fernen, halb Vergnüglichen, halb Betrüblichen« um viele Jahre vorwegnahm. So führte er in *The Clanking of Chains* (1920) die künstlerische Auseinandersetzung mit »den Ketten, die die Iren für sich selber schmieden«, auf politischer Ebene fort. Ein irischer Patriot der Sinn Féin, der am Kampf für die irische Unabhängigkeit teilnimmt, leidet unter dem ernüchternden Kontrast zwischen hochfliegender republikanischer Rhetorik und der niederen Krämergesinnung, die die zu errichtende Republik durchdringen wird (der Irische Freistaat entstand erst 1922!). Seine und MacNamaras literarische Nachfahren sind die Gesellschaftskritiker Liam O'Flaherty und Peadar O'Donnell.

Aber auch »das lange, leise Glucksen des Geistes« war MacNamaras Metier. Der phantastische Roman *The Various Lives of Marcus Igoe* (1929), von der Kritik gemeinhin als sein gelungenstes Werk angesehen, erweist ihn als einen Fabulierer, der in alternativen Szenarien die Denkmöglichkeit mehrerer gleichzeitiger Existenzen erprobt. Was hier in ernst-verspielter, tragikomischer Manier verhandelt wird, ist nichts weniger als die Unsterblichkeit fiktiver Charaktere (und damit des Künstlers), ihre Überlegenheit über die prosaischen Gestalten unserer Wirklichkeit, die, falls sie sich denn dazu aufschwingen können, einen anderen Verlauf ihres Lebenswegs nur erträumen.

Unweit Delvins bei SOUTH HILL befindet sich, auf zweitausend Morgen Land, der Familiensitz der Chapmans, seit 1952 eine von Barmherzigen Schwestern geleitete Klosterschule. Welchen Bezug die Chapmans, Nachkommen eines Cromwellschen Siedlers, zur Literatur haben? Thomas Robert Tighe Chapman hatte mit seiner Frau Eva, geb. Rochford, bereits vier Töchter, als er mit deren attraktiver Gouvernante nach England durchging. Um seine Spuren zu verwischen, legte er sich den Namen Lawrence zu und zog ruhelos von Ort zu Ort. In wilder Ehe mit Sarah Dunner zeugte er fünf weitere Kinder, alles Knaben, darunter auch Thomas Edward, besser bekannt unter der Abkürzung T. E. LAWRENCE (1888–1935) und dem heroischen Beinamen »Lawrence von Arabien«.

Der legendäre Oxforder Orientalist und Archäologe, im gleichnamigen Breitwandfilm von dem irischen Schauspieler Peter O'Toole verkörpert, war nicht nur ein Mann der Tat, der im Ersten Weltkrieg eine neue Existenz als abenteuerlicher Guerillaführer annahm, sondern auch Verfasser des autobiographischen Romans *The Seven Pillars of Wisdom* (1926), eines gewaltigen Epos, das ein eindringliches Bild von der Wüstenrevolte der arabischen Stämme gegen die Türkenherrschaft und von der komplexen Persönlichkeit des Autors entwirft. In seiner Doppelrolle als politischer Agent im Solde des britischen Kolonialamtes und als Freiheitskämpfer an der Seite der Araber unter dem Haschemiden Feisal, später König des Irak, gab der stets jungenhaft wirkende Lawrence eine überaus schillernde Figur ab. Das Buch, an dem er in seinem Cottage Clouds Hill bei Wareham (Dorset) sieben Jahre lang verbissen gearbeitet hatte, erschien zunächst im Privatdruck und wurde erst in seinem Todesjahr 1935 einer breiteren Öffentlichkeit zugänglich, stilistisch überarbeitet von dem Lawrence freundschaftlich verbundenen George Bernard Shaw (zu seinen Freunden zählten auch Thomas Hardy, E. M. Forster und Winston Churchill).

Enttäuscht über die imperialistische Nahostpolitik seiner Brotgeber, die das ihren Verbündeten gemachte Versprechen eines arabischen Nationalstaats aus machtpolitischen Erwägungen gebrochen hatten, und aus Scheu vor dem Scheinwerferlicht der Öffentlichkeit zog sich Lawrence aus dem Kolonialdienst zurück und verdingte sich unter den Noms de guerre John Hume Ross und T. E. Shaw als gemeiner Soldat zunächst bei der Royal Air Force, dann bei einem Panzerkorps und schließlich wieder bei der RAF. Am 19. Mai 1935 verunglückte er ganz unheroisch mit seinem Motorrad, das ihm George Bernard Shaw zum Geschenk gemacht hatte, auf der Straße zwischen Clouds Hill, seiner Zufluchtsstätte und Literaturwerkstatt, und Bovington, der Garnison, in der er stationiert war – ein Verkehrsunfall von aufschlußreicher Symbolik. An seinem Grab auf dem Friedhof im nahen Moreton wird an jedem Geburtstag ein Bouquet weißer Rosen »in memory of Tess 2020 AD« niedergelegt, das in einer Art Countdown Jahr für Jahr eine Blume weniger aufweist – ein weiteres Mysterium im Leben und Nachleben eines Mannes, der mit seinem widersprüchlichen Naturell Zeitgenossen, Leser und Kinogänger gleichermaßen fesselte. Christopher Isherwood urteilte: »Von ihm ließe sich sagen, daß er, wie Shelley und Baudelaire, die neurotischen Leiden einer ganzen Generation am eigenen Leib erduldet hat.«

Wie zahlreiche Schilder ausweisen (wenn sie nicht gerade verdreht sind), teilen sich die Grafschaften Westmeath, Longford und Roscommon den Ehrennamen »Goldsmith Country«, ja sie wetteifern geradezu um den Standort des Geburtshauses von Oliver Goldsmith (1728–74), erfolgreicher anglo-irischer Dichter, Dramatiker, Romancier und Essayist zwischen Aufklärung und Empfindsamkeit. So beansprucht der Marktflecken Elphin (Co. Roscommon), ein 1500 Jahre alter, noch vom hl. Patrick gegründeter Bischofssitz zehn Kilometer nördlich von Tulsk, den geistvollen Autor des unter anderem von Herder und Goethe hochgeschätzten Romans *The Vicar of Wakefield* (1766) für sich. Seine Mutter sei bei einem Besuch im Hause ihres Vaters Oliver Jones, des anglikanischen Kuraten von Elphin, niedergekommen. Mit Ausnahme des Bischofspalastes selbst soll Ardnagowan (Smith Hill), etwa zwei Kilometer außerhalb der Stadt gelegen, der stattlichste Bau in der Umgebung gewesen sein. In jedem Fall besuchte der junge Goldsmith, wie übrigens auch William Wilde, Vater des Dichters Oscar, die örtliche Diözesanschule.

Gegen die Annahme einer Geburt in Elphin spricht jedoch ein Eintrag in der Familienbibel der Goldsmiths, demzufolge der zweite Sohn des anglikanischen Pastors Charles Goldsmith das Licht der Welt im nicht minder wohlklingenden Pallas (Co. Longford), fünf Kilometer östlich von Ballymahon, erblickt hat. Das vom Vater gepachtete Farmhaus ist längst abgerissen und lediglich die – wiederum ausgeschilderte – Stelle zu besichtigen. Getauft wurde das Neugeborene jedenfalls in der Gemeinde Forgney, wo ein Fenster in der neuen Pfarrkirche an den Autor erinnert.

Von größerer Wichtigkeit für Leben und Schaffen Goldsmiths ist Lissoy, auch unter den literarischen Namen Auburn und The Pigeons bekannt – so sehr durchdringen sich Dichtung und Wahrheit. In dem kleinen Weiler an der N 55, auf halbem Wege zwischen Ballymahon und Athlone östlich des von zahlreichen Kabinenkreuzern befahrenen Lough Ree, verbrachte Goldsmith 1730–47 die entscheidenden Jahre seiner Kindheit und Jugend. Sein Vater, Nachkomme eines Mitte des 17. Jahrhunderts zum protestantischen Glauben übergetretenen katholischen Priesters, hatte 1730 die Pfründe im benachbarten Kilkenny West übernommen und in Lissoy das Pfarrhaus im Queen-Anne-Stil bezogen, dessen Ruine am Ende einer breiten, von Bäumen gesäumten Auffahrt noch zu sehen ist.

Goldsmiths Versepos *The Deserted Village* (1770) über die verheerenden Auswirkungen der industriellen Revolution auf ein allem Anschein nach englisches Dorf (1761 wurde der Autor Zeuge der Zerstörung von Nuneham Courtenay in Oxfordshire) beginnt mit einer nostalgischen Beschwörung der Kindheitsidylle von Lissoy und ihrer gefälligen Szenerie:

> Sweet Auburn! loveliest village of the plain,
> Where health and plenty cheered the labouring swain,
> Where smiling spring its earliest visit paid,
> And parting summer's lingering blooms delayed.

Selbst Thomas Byrnes – Lehrer an der Dorfschule, die Goldsmith mit sechs Jahren besuchte – wird in jambischen Pentametern gedacht:

A man severe he was, and stern to view;
I knew him well, and every truant knew.
[...]
While words of learned length, and thundering sound,
Amazed the gazing rustics ranged around;
And still they gazed, and still the wonder grew,
That one small head could carry all he knew.

Daß Goldsmith, obwohl er über die englische Politik der »Einhegungen« – der Umwandlung von Ackerland in herrschaftliche Parkanlagen – schrieb, das heimatliche Lissoy mit seinem Mühlbach im Sinn hatte, bezeugt auch seine spätere Äußerung: »Wenn ich in die Oper gehe ..., sitze ich da und sehne mich nach dem Kamin in Lissoy und ›Johnny Armstrong's Last Goodnight‹ von Peggy Golden. Wenn ich Hampstead Hill besteige ..., gestehe ich gern, daß er schön ist, doch dann befände ich mich lieber auf dem kleinen Hügel vor Lissoy Gate und betrachtete den für mich lieblichsten Gesichtskreis der Natur.« In dem Poem verschmelzen Irland und England zu einem Dritten. Die Hungersnot des Jahres 1740 hatte vierhunderttausend Iren das Leben gekostet, und die Klage des gesellschaftlich bewußten Dichters gilt dem Niedergang des irischen Dorfes unter der Herrschaft skrupelloser »abwesender« Gutsherren ebenso wie dem des englischen:

Ill fares the land, to hastening ills a prey,
Where wealth accumulates, and men decay:
Princes or lords may flourish or may fade,
A breath could make them as breath has made;
But a bold peasantry, their country's pride,
When once destroyed can never be supplied.

Und so wird »ein unschuldiges Vergangene mit anmutiger Trauer wieder« herangefordert, »zurückgerufen durch des elegischen Dichters leise Klagetöne« (J. W. v. Goethe).

Auch das von Waldung umgebene Ardagh (Ard-achadh, hohes Feld) südwestlich von Edgeworthstown, ein ebenfalls von St. Patrick gestifteter bischöflicher Stuhl, wo ein hübsches Heimatmuseum (Heritage Centre) auch über unseren Autor unterrichtet, inspirierte Goldsmith zu einem bedeutenden Werk. Die blendend weiße Klosterschule der Barmherzigen Schwestern am Nordausgang des Dorfes hieß früher Ardagh House und befand sich im Privatbesitz von Sir George Fetherstone. In dunkler Winternacht hatte der sechzehnjährige Goldsmith

Kilkenny West Church

das damals noch dreistöckige georgianische Gutshaus mit einem Gasthof verwechselt und war unaufgefordert eingekehrt, um sich zur Ruhe zu betten. Der amüsante Vorfall gab Anlaß zu *She Stoops to Conquer* (1773), einem glänzenden Stück in der Tradition der Restaurationskomödie, mit dem Goldsmith sich von den tränenseligen Rührstücken seiner Zeitgenossen absetzte. Ihm war das bürgerliche Lustspiel *The Good-Natured Man* (1768) vorangegangen, die empfindsame Darstellung eines allzu freigebigen und ausschweifenden jungen Mannes, der ständig von Schuldhaft bedroht ist – in seiner Behandlung des Zwiespalts zwischen Gefühl und Erfahrung zweifellos ein Selbstporträt des für seine Großzügigkeit bekannten Autors.

1745 schrieb sich Goldsmith am Trinity College Dublin ein; als unbemittelter Stipendiat war er verpflichtet, den Innenhof auszufegen und die Professoren zu bedienen (»ein Widerspruch, daß Männer die freien Künste lernen und zugleich wie Sklaven behandelt werden; Freiheit studieren und Knechtschaft praktizieren«). Nach dem Tode des Vaters im Jahre 1747 lebte er von Zuwendungen seines Onkels Contarine und von Darlehen seiner Freunde, wenn er nicht seine Bücher verpfändete. Allerdings ließen seine akademischen Leistungen zu wünschen übrig; allzugern lungerte er lustlos am Haupttor herum, ebendort, wo heute sein 1863 von John Henry Foley geschaffenes Bronzestandbild steht – neben seinem Freund Edmund Burke der einzige Alumnus, der solcherart geehrt wurde.

Nach dem Abschluß mit dem B. A. 1749 kehrte er nach Ballymahon zurück, wo seine Mutter inzwischen ein Cottage bezogen hatte. Dem Beispiel des Vaters folgend, sollte er den Beruf des Geistlichen ergreifen, doch mußte er zwei Jahre warten, bevor er einen Antrag stellen durfte. Dann wurde dieser abgelehnt; denn statt sich weiterzubilden, hatte der Aspirant seine Wartezeit mit Handball- und Kartenspiel vertrödelt. 1752 brach er nach Edinburgh auf, um ein Medizinstudium zu beginnen. Zwei Jahre später setzte er seine Ausbildung im niederländischen Leiden fort, brach sein Studium jedoch schon nach einem Jahr ab und durchwanderte statt dessen flötespielend und disputierend Frankreich, Deutschland, die Schweiz und Italien.

1756 traf er völlig mittellos in London ein. Hier arbeitete er als Apothekengehilfe, dilettierender Arzt, Hilfslehrer, Korrektor, Rezensent und Kolumnist für *The Monthly Review*, *The Critical Review* und die eigene Zeitschrift *The Bee*, bevor er sich der schöngeistigen Literatur zuwandte. Sein Debüt auf diesem Gebiet war *An Enquiry into the Present State of Polite Learning in Europe* (1759), eine vergleichende Untersuchung der europäischen Literaturgesellschaften, die unpedantische und unsentimentale Natürlichkeit propagiert. Nach Biographien Voltaires und Richard Nashes erschien seine Sammlung *The Citizen of the World or Letters from a Chinese Philosopher, Residing in London, to His Friends in the East* (1762), politische Reiseessays, die ein wichtiges Schlagwort der Aufklärung aufgreifen. Wie sein Studienkollege Edmund Burke schloß er sich dem exklusiven literarischen Zirkel um den englischen Aufklärer Samuel Johnson (1709–84) in Soho an, wo er »zu den glänzendsten Zierden der Johnson-Schule gehörte« (James Boswell) und als englischer Autor gehandelt wurde. In seinem einfühlsamen Langgedicht *The Traveller* (1764) spürt er den unterschiedlichen »Glücksprinzipien« der von ihm besuchten Länder nach.

Trotz seiner erstaunlichen Produktivität als Autor populärwissenschaftlicher Geschichtswerke litt Goldsmith, nicht zuletzt aufgrund einer gewissen Extravaganz, zeitlebens unter extremer Armut. Samuel Johnsons Biograph James Boswell (1740–95) zitiert sein großes Vorbild mit den bezeichnenden Worten: »Ich erhielt eines Morgens eine Botschaft von dem armen Goldsmith, er sei in großer Bedrängnis, und da es nicht in seiner Macht stehe, zu mir zu kommen, bitte er mich, ich möchte so schnell wie möglich zu ihm kommen. Ich schickte ihm eine Guinea und versprach, sofort zu kommen. Ich ging dann auch, sobald ich angezogen war, und erfuhr, daß seine Wirtin ihn wegen seiner Miete eingesperrt hatte, worüber er in heftiger Rage war. Ich sah, daß er meine Guinea schon gewechselt und eine Flasche Madeira und ein Glas vor sich stehen hatte. Ich korkte die Flasche zu und ersuchte ihn, sich zu beruhigen, und begann zu ihm über die Möglichkeiten zu sprechen, wie er befreit werden könnte. Da erzählte er mir, er habe einen druckfertigen Roman, den er mir zeigte. Ich sah hinein und erkannte seine Vorzüge, sagte der Wirtin, ich käme bald zurück, und ging zu einem Buchhändler und verkaufte ihn für sechzig Pfund. Ich brachte Goldsmith das Geld, und er beglich seine Miete, nicht ohne seine Wirtin hochtrabend zu schelten, daß sie ihn so schlecht behandelt habe.« (Übers. von Jutta Schlösser.)

Das betreffende Manuskript war der erbauliche Roman *The Vicar of Wakefield,* die humoristische, von tiefer Empfindung und leiser Ironie durchzogene Erzählung des gutmütigen, ebenso integren wie leichtgläubigen Geistlichen Dr. Primrose, dessen Familie trotz zahlreicher Hiobsbotschaften, Rückschläge und Kränkungen am Ende im Einklang mit der Natur und in selbstgenügsamem Wohlstand lebt. Der stimmungsvolle, in eleganter, unprätentiöser Prosa abgefaßte Roman ist ein Loblied des einfachen, kreatürlichen Lebens auf dem Lande, fernab allem gesellschaftlichen Konformismus.

Oliver Goldsmith-Statue, Trinity College, Dublin

Bemerkenswert war der Gegensatz zwischen Goldsmiths wenig attraktivem Äußeren und einer gewinnenden, warmherzigen Persönlichkeit, frei von allem Arg. Sein grob geschnittenes Gesicht war von Pokkennarben entstellt, sein kleiner Kopf mit dem fliehenden Kinn saß auf einem gedrungenen Körper. In Gesellschaft trat der liebenswerte Mann oft unbeholfen auf und beging so manchen Fauxpas; angeborene Schüchternheit kompensierte er durch Überschwenglichkeit.

Goldsmith starb ein Jahr nach dem großen Erfolg seines zweiten Lustspiels, möglicherweise bei dem Versuch, eine Krankheit, die er sich zugezogen hatte, mit selbstgebrautem Absud zu kurieren. Bei seinem Tode hinterließ er Schulden in Höhe von zweitausend Pfund, weswegen er nicht, wie es seiner Bedeutung zukam, in Westminster Abbey beigesetzt werden konnte, sondern mit einem nicht näher identifizierten Grab auf dem Friedhof von Temple Church vorliebnehmen mußte. Wenigstens wurde ihm 1776 in Poets' Corner ein Denkmal errichtet. Das von Johnson entworfene lateinische Epitaph *Nihil quod tetigit non ornavit* (»Nichts, was er berührte, blieb unverschönert«) rühmt Goldsmiths unverschnörkelte Darstellungskunst. Der Schauspieler David Garrick (1716-79) dichtete eine süffisantere Alternative: »Here lies Nolly Goldsmith, for shortness call'd Noll, / Who wrote like an angel, but talk'd like poor Poll.« Ob »armer Papagei« oder »glänzender Idiot« (Horace Walpole), W. B. Yeats bewunderte den Mann, dessen Bühnenstücke die subtilen Gesellschaftskomödien eines Oscar Wilde und George Bernard Shaw vorwegnehmen, sehr – »sipping at the honeypot of his mind«.

Co. Longford

»Es war der 18. Januar 1972, und auf seinem Katafalk vor dem Hochaltar der Kirche vom Heiligen Namen in Ranelagh lag ein großer, schnittiger, leberfarbener Plastiksarg, der am Vorabend aus New York eingeflogen worden war. Dieser massive Sarkophag enthielt die elfischen Überreste Padraic Colums, des letzten Überlebenden der irischen literarischen Renaissance; des letzten Aufflackerns des keltischen Zwielichts.« So schrieb John Ryan, Maler, Literaturförderer und Herausgeber der Kulturzeitschriften *Envoy* und *Dublin Magazine*. Auf dem Friedhof St. Fintan's in Sutton (Co. Dublin) hielt der Romancier Benedict Kiely (*The Cards of the Gambler*, 1953) die Grabrede auf eine literarische Vaterfigur, deren Lebensspanne die gesamte Entwicklung der irischen Dichtkunst von den ersten Regungen der gälischen Selbstbesinnung über die Klassiker der Moderne bis zu den Vertretern der Gegenwartsliteratur umfaßte. In Anspielung auf einen Buchtitel Colums wünschte der Theaterdirektor Micheál Mac Liammóir dem Verstorbenen: »Möge die *wilde Erde*, die seinen Leib bedeckt, nicht allzu drükkend auf ihm lasten.« Das mit einem keltischen Kreuz verzierte Grab (B 24) befindet sich im mittleren Teil des Friedhofs.

Padraic Colum (1881–1972) stammte aus der Flußstadt Longford in der gleichnamigen Binnengrafschaft, benannt nach der alten Feste (*longphort*) der O'Farrells, Stammesfürsten von Annally. Klein von Gestalt, aber groß im Geiste, war er in der Tat einer der herausragenden Akteure und Aktivisten jener allumfassenden kulturellen Bewegung, die der irischen Literatur eine ungeahnte Blütezeit bescherte – um so mehr, als er sich, mit einundsechzig Büchern ein bis ins hohe Alter überaus fruchtbarer Schriftsteller, auf ausnahmslos jedem literarischen Gebiet betätigte: Lyrik, Drama, Roman, Erzählung, Kinderbuch, Essay, Kritik, Biographie, Reisebuch, Folklore. Geboren wurde das älteste von acht Kindern in dem Armenhaus (heute St. Joseph's Hospital, mit Schrifttafel), das sein Vater leitete, bevor er, nach dreijähriger Beteiligung am Goldrausch in Colorado, in dem Dubliner Vorort Glasthule, Dún Laoghaire, Stationsvorsteher wurde. Dort lebte Padraic, wie eine von Bord Fáilte angebrachte ovale, pastellblaue Gedenktafel ausweist, in dem winzigen weißen Cottage zwischen den Eisenbahngeleisen und der Hausnummer 1 Eden Road Upper. Mit siebzehn trat er in die Fußstapfen seines Vaters und arbeitete sechs Jahre lang als Büroangestellter in der Verrechnungsstelle der irischen Eisenbahn in Kildare Street, Dublin.

Mit Gedichten, die der Journalist Arthur Griffith, 1905 Gründer der politischen Partei Sinn Féin mit dem ursprünglichen Ziel einer britisch-irischen Doppelmonarchie nach k. und k. österreichisch-ungarischem Vorbild, in seinem Organ *The United Irishman* veröffentlichte, machte sich Colum frühzeitig einen Namen: einen gälischen Namen. Er gehört zu denen, die sich aus Begeisterung für die Sache umbenannten; so entstand aus dem englischen Taufnamen Patrick die irischsprachige Version Padraic. Namen, diese delikaten phonetisch-graphischen Konfigurationen, die uns, wiewohl nur Schall und Rauch, unsere unverbrüchliche Identität als Subjekt zu gewähren und zu gewährleisten scheinen – in der zweisprachigen, keltisch zwielichtigen Kultur der Insel dienen sie dem Vexierspiel. Der Bilingualismus eröffnet den Iren, zumal den Schriftstellern, die Möglichkeit einer rätselhaften Doppelexistenz: Ein Douglas Hyde konnte zu Dubhghlas de hÍde mutieren, und hinter »Seamais Seoighe« verbirgt sich niemand anders als James Joyce – oder war es Schämes Scheuß?

Colums berühmtes Gedicht »A Drover«, das wie »The Plougher«, »The Poor Scholar« und »An Old Woman of the Roads« in seiner ersten Lyriksammlung *Wild Earth* (1907) enthalten ist, greift das Motiv des traditionellen Viehtriebs auf. Seit Menschengedenken wurden die Viehherden der irischen Züchter von dem mageren Boden des Westens über die sanften Hügel Leitrims und Longfords nach Osten getrieben, zur Mast in den satten Weidegründen der Grafschaft Meath. In den Verszeilen vermengt sich Bäurisches, wie Colum es authentisch heraufzubeschwören verstand, mit märchenhaften Zügen:

I hear in the darkness
Their slipping and breathing –
I name them the by-ways
They're to pass without heeding;

Then the wet, winding roads,
Brown bogs with black water,
And my thoughts on white ships
And the King o' Spain's daughter.

Gleichzeitig schloß sich Colum als Schauspieler und Bühnenautor der 1903 gegründeten Irish National Theatre Society an, besser bekannt unter dem späteren Namen Abbey Theatre. Er war einer der ersten, der für das Abbey schrieb. Als er mit dem Stück *Broken Soil* (1903) reüssierte, wagte er, ermutigt durch das Stipendium eines vermögenden Amerikaners, den Schritt zur Existenz als freischaffender Schriftsteller. Auf *The Land* (1905), gleichfalls ein realistisches Bauerndrama mit einer »beschaulich-poetischen Behandlung des Normalen« (Æ), das Yeats' mystischen Visionen eines ursprünglichen Keltentums so gar nicht entsprach, folgten *The Fiddler's House* (1907) und *Thomas Muskerry* (1910).

1914, zwei Jahre nach seiner Heirat mit der Lehrerin Mary Catherine Gunning Maguire, emigrierten die Colums in die USA, wo beide bis 1930 ausschließlich von ihrer literarischen Produktion lebten, Mary von Rezensionen, Padraic vor allem von Kinderbüchern (etwa *The King of Ireland's Son*, 1916) und Nacherzählungen klassischer Mythen und Legenden (*The Frenzied Prince*, 1943, oder *The Legend of St Co-*

lumba, 1937). Die erweiterte amerikanische Ausgabe von *Wild Earth* (1916) enthält ein Gedicht Colums im schlichten Volkston, das zu einem der meistgesungenen irischen Volkslieder geworden ist, »She Moves Through the Fair«.

1923 reiste Colum auf Einladung der dortigen Behörden nach Hawaii, um die Mythen und Volksmärchen der Insulaner zu studieren, war er doch schon nach der Unabhängigkeit Irlands mit der Aufzeichnung und Sammlung irischer Heldengeschichten, Heiligenlegenden und Volkslieder beauftragt worden (vgl. *A Treasury of Irish Folklore*, 1955). Männern wie ihm ist es zu danken, daß die Archive der 1935 gegründeten Irish Folklore Commission (heute das Department of Irish Folklore am University College Dublin) geradezu überquellen von Material. Mit mehr als zwei Millionen Manuskriptseiten – und, wie Myles na gCopaleen es ausdrückte, zwei Tonnen Gewicht – gilt die irische Sammlung als die umfassendste der Welt. Das Ergebnis von Colums Tätigkeit auf Hawaii waren drei pralle Bände.

Padraic Colum stand nicht nur in engem Kontakt mit den literarischen und politischen Größen des nationalen Aufbruchs, mit Arthur Griffith, Thomas MacDonagh, W. B. Yeats, Lady Gregory, Æ, J. M. Synge und James Stephens, über die er teilweise Porträtgedichte schrieb (*Irish Elegies*, 1958), sondern war auch mit dem Außenseiter James Joyce befreundet. So setzte er sich 1912 für die Veröffentlichung der Kurzgeschichtensammlung *Dubliners* ein, und als er sich 1930–33 in Paris aufhielt, half er dem halb erblindeten Autor beim Abtippen von *Finnegans Wake*. Gemeinsam mit seiner Frau veröffentlichte er unter dem Titel *Our Friend James Joyce* (1958) seine mit zahlreichen Anekdoten angereicherten Erinnerungen an den exterritorialen Schriftsteller. 1962 wurde der rüstige Achtziger Präsident der James Joyce Tower Society, die in Sandycove (Co. Dublin) ein Museum zu Ehren des großen Modernisten einzurichten gedachte – heute magnetischer Anziehungspunkt für Joyce-Verehrer aus aller Welt. Nach dem Tode seiner Frau 1957 bezog er eine Zweitresidenz in dem roten Backstein-Reihenhaus 11 Edenvale Road (mit Gedenktafel) in Ranelagh, Dublin 6, wo er bis 1969 wohnte, wenn er sich in Irland aufhielt. 1945 amerikanischer Staatsbürger geworden, starb Colum in Connecticut im selbstgewählten Exil. Ob es zwischen den Adressen Eden Road, Edenvale Road und New Canaan in Connecticut einen geheimen Zusammenhang gibt – eine Sehnsucht nach dem verlorenen Paradies der Menschheitsgeschichte, dem Gelobten Land der Zukunft?

Es kommt nicht eben häufig vor, daß eine ganze Stadt nach einem Literaten benannt ist. Vielleicht fällt einem das kleine Wolframs-Eschenbach im Mittelfränkischen ein, vielleicht die Gebietshauptstadt Gorkij in der ehemaligen Sowjetunion, Geburtsort des großen sozialistischen Realisten. Doch auch im Namen ihres Wohn- und Sterbeorts EDGEWORTHSTOWN ist MARIA EDGEWORTH (1767 oder 1768–1849), die Romanschriftstellerin, Essayistin und Kinderbuchautorin, nur mitgemeint – als Abkömmling eines vermögenden anglo-irischen Geschlechts, das schon seit 1583 dort ansässig war und über ausgedehnte Ländereien verfügte, welche der kleinen Siedlung Mostrim (Meathas Truim, Holunderbaum) zwischen Longford und Mullingar den englischen Namen aufprägten. In seinen lesenswerten *Reisen in Irland* (2 Bde., 1843) hat Johann Georg Kohl der Stadt und ihrer Umgebung ein ganzes Kapitel gewidmet.

Aus der protestantischen Großgrundbesitzerfamilie gingen illustre Persönlichkeiten hervor: Marias Vater Richard Lovell Edgeworth (1744–1817), Pädagoge, Erfinder und Parlamentarier, Henry Essex Abbé Edgeworth de Firmont (1745–1807), nach seiner Konversion zum Katholizismus Beichtiger des französischen Königs Ludwig XVI., welchselbigen er auf seinem letzten Gang zum Schafott begleitete (»Fils de Saint Louis, montez au ciel«), Michael Pakenham Edgeworth (1812–81), Botaniker und Grammatiker, sowie Francis Ysidro Edgeworth (1845–1926), Ökonom, Mathematiker und Statistiker.

Geboren wurde Maria indes nicht in Irland, sondern, als zweites Kind aus der nicht sonderlich glücklichen Ehe Richard Lovells mit Anna Maria Elers, in Black Bourton (Oxfordshire). 1773 holte der Vater die Familie in das soeben erbaute Edgeworthstown House am östlichen Ortseingang, ein ansehnliches georgianisches Herrenhaus mit klassizistischem Säulenportal, das heute, vielfach erweitert und bis zur Unkenntlichkeit umgebaut, den Barmherzigen Schwestern als modernes Pflegeheim dient. Nur noch eine Gedenktafel an der weißen Toreinfahrt und ein Porträt der zwergwüchsigen Tochter in der Eingangshalle erinnern daran, daß dies der stolze Stammsitz einer der bedeutendsten Autorinnen Irlands war. Nach zwei Jahren wurde Maria wieder nach England geschickt, zum Schulbesuch in Derby und London.

Erst 1782, in demselben Jahr, in dem ein autonomes irisches Parlament einberufen wurde, kehrte sie, zusammen mit ihrer Stiefmutter Elizabeth Sneyd, endgültig nach Edgeworthstown zurück, wo sie bis zum Ende ihres Lebens wohnen blieb und wo sie – wie die Plakette pedantisch vermerkt – »unverheiratet« starb; den Antrag des schwedischen Diplomaten Edelcrantz in Paris hatte sie abgelehnt. Begraben liegt sie auf dem Friedhof der kleinen protestantischen Kirche St. John's am entgegengesetzten Ende des Dorfes. Über ihren Vater, neben dem sie gebettet ist, schrieb sie: »Wenige, glaube ich, haben so viel Glück oder so viele Vorzüge genossen wie ich in der Anleitung und der Gesellschaft, dem grenzenlosen Zutrauen und der grenzenlosen Zuneigung eines solchen Vaters und eines solchen Freundes.«

Der bildungshungrige und reformwillige Mann, ein typischer Dilettant des 18. Jahrhunderts, war in jeder Hinsicht produktiv: als Erfinder eines Semaphors, eines Velozipeds, eines Meßrads und einer Lore, als kühner Denker, der die Entwicklung des Asphalts und der Montgolfière vorwegnahm, als radikaler Erziehungstheoretiker, der mit Marias Hilfe pädagogische Abhandlungen im Geiste Rousseaus verfaßte (gesammelt in *Essays on Practical Education*, 1798), aber auch als Erzeuger von zweiundzwanzig Kindern. War schon der Neunzehnjährige mit Marias Mutter durchgebrannt, so verliebte er sich 1770 so leidenschaftlich in Honora Sneyd, eine bekannte Schönheit, daß er sich zur Abkühlung seiner Gefühle nach Frankreich flüchtete. Nach dem Tod seiner Frau drei Jahre später konnte er seine Geliebte endlich zum Altar führen, doch hielt das Glück nicht lange vor: Schon nach sieben Jahren ging sie an der Schwindsucht zugrunde, und ihrem letzten Wunsch entsprechend, heiratete er unverzüglich ihre Schwester Elizabeth, die ihm sieben weitere Kinder schenkte. Seine vierte Frau, Francis Beaufort, gebar ihm sechs Kinder; als das letzte zur Welt kam, zählte er, ein biblisch fruchtbarer Greis, achtundsechzig Jahre.

Auf Maria übte der Philanthrop, ratgebend und ratsuchend, immensen Einfluß aus. Nicht nur, daß er sie mit der Buchführung und Verwaltung des großflächigen Guts, mit der Fürsorge für ihre nachrückenden Stiefgeschwister betraute; er war es, der sie zum Schreiben ermutigte, zum einen, indem er sie an seinen eigenen schriftstellerischen Unternehmungen wie etwa dem *Essay on Irish Bulls* (1802) beteiligte oder ihr seine Memoiren (1820) zur Vollendung anbefahl, zum anderen, indem er sie etwa damit beauftragte, in selbständiger Arbeit einen Bericht über »die Ursachen der Armut in Irland« aufzusetzen oder seine Erziehungsmaximen mit unterhaltenden und belehrenden Geschichten zu illustrieren. Auf diese Weise entstanden Maria Edgeworths zunächst für den eigenen Hausgebrauch bestimmte, dann aber äußerst populäre und vielfach übersetzte Kinderbücher wie *The Parent's Assistant* (1796, 1800), *Early Lessons* (1801), *Moral Tales for Young People* (1801) und andere mehr. Indessen wäre es ungerecht, den didaktischen Zug der Autorin, ihren Hang zum Moralisieren einzig und allein der direkten Einwirkung einer übermächtigen Vater- und Erzieherfigur zuschreiben zu wollen; vielmehr entsprang die Indienstnahme ihres Erzähltalents zu utilitaristischen Zwecken ihrer inneren Überzeugung, daß Literatur der Aufklärung und der Beförderung menschlichen Glücks zu dienen habe. Ihre gesammelten Werke umfaßten achtzehn Bände.

Maria Edgeworths Nachruhm ist für immer verbunden mit ihrem ersten, dem einzigen ganz ohne Richards Wissen und Zutun zustande gekommenen Roman *Castle Rackrent. An Hibernian Tale Taken from Facts, and from the Manners of the Irish Squires, before the Year 1782* (1800), einer meisterhaften, vergnüglich zu lesenden Darstellung der desolaten sozialen Verhältnisse, die auf irischen Landgütern obwalteten. Thady Quirk, der fiktive Erzähler, dessen halb in Mundart gehaltene Memoiren vom unaufhaltsamen Niedergang einer Dynastie von Grundeigentümern über vier Generationen hinweg die Autorin in altbewährter Manier nur herauszugeben behauptet (mit zahlreichen Fußnoten und einem Glossar zur Erklärung des hiberno-englischen Sprachgebrauchs für ihr vorwiegend englisches Lesepublikum) – dieser »arme«, »alte«, »ehrliche« Thady ist Gutsverwalter der Rackrents, eine treue Seele und ein unverzichtbares Faktotum. Seine respektvollen Verbeugungen vor der »Ehre«, dem »Stolz« und dem »Wohl« seiner von den Dämonen Alkohol, Prozeßsucht, Hasard und Politik besessenen, moralisch verkommenen und betriebswirtschaftlich inkompetenten Herrschaft – Sir Patrick, Sir Murtagh, Sir Kit und Sir Condy – verleiht der intimen Schilderung der einzelnen Episoden ihren untergründigen Humor und ihre satirische Wirkung.

Ausgestattet mit genauer Beobachtungsgabe und analytischer Schärfe, untersucht Edgeworth aber auch die ökonomischen Gesetzmäßigkeiten hinter dem persönlichen Ruin, unter anderem die unerbittliche Ausnutzung der Pachtbauern durch die Gutsherrschaft, die selbst dem eigenen wohlverstandenen Interesse gegenüber unverantwortlich war: »Auf ihre Tafel [...] kamen Pflichtenten und Pflichtputen und Pflichtgänse so schnell, wie wir sie essen konnten, denn meine Herrin hielt schärfstens Ausschau und wußte bis auf das letzte Faß Butter alles, was die Pächter überhaupt besaßen. Sie kannten ihre Art, und aus Furcht vor Pachtschinderei und vor Sir Murtaghs Gerichtsverfahren wurden sie in so guter Zucht gehalten, daß sie es nicht wagten, sich ohne dieses oder jenes Geschenk Schloß Stopgap zu nähern – für meine Herrin war nichts zuviel oder zuwenig – Eier – Honig – Butter – Mehl – Fisch – Wild, Moorhühner und Heringe, frische und gesalzene – alle besorgten sie was. Und ihre jungen Ferkel, die kriegten wir, und den besten Speck und den besten Schinken, den sie herstellten, und im Frühjahr all die jungen Hähnchen.« Wenngleich derartige Auswüchse angeprangert werden, so wird doch das System als solches von der Autorin nicht in Frage gestellt; soziale Herkunft und Stellung verboten ihr jede übermäßige Identifikation mit den niederen Klassen.

Mit dem »nur zur Zerstreuung« geschriebenen Kurzroman führte Maria Edgeworth eine Reihe von Neuerungen in die Erzählgattung ein. Auch wenn sie beileibe nicht die erste war, die einen »anglo-irischen« Roman verfaßte (vor ihr versuchten sich daran William Chaigneau, Thomas Amory, Henry Brooke und Charles Johnstone), so wurde sie doch zur Begründerin des sogenannten »Regionalromans«, der die Lebensweise und Denkungsart einer bestimmten Region, sei diese nun Irland als ganzes oder die irischen Midlands, auffächert, wie sie vorher noch nie so detailgetreu festgehalten wurden. Anschreibend gegen englische Stereotypen, begriff sich Edgeworth in einer Vermittlerrolle und verlieh Iren wie Anglo-Iren erstmals eine Stimme – eine Stimme, die selbst von Georg III. gehört wurde: »Der König war sehr erfreut über *Castle Rackrent* – er rieb sich die Hände und sagte, na bitte – jetzt weiß ich doch etwas über meine irischen Untertanen.«

Bereits der Untertitel macht deutlich, daß der Roman auf Tatsachen beruht, örtliche Gepflogenheiten beschreibt und sich historisch exakt definieren läßt (selbst wenn er sich wie in diesem Fall auch auf zeitgenössische Zustände nach 1782 beziehen läßt). Die Ironie der Geschichte wollte es, daß das Werk in ebendem Jahr 1800 erschien, als die Hoffnungen der hochgestimmten Protestant Ascendancy auf eine autonome irische Nation mit der Unionsakte und der erzwungenen und erkauften Selbstauflösung des irischen Parlaments nach nur achtzehn Jahren der kulturellen Blüte für immer begraben wurden. Die radikalen Aufständischen des Jahres 1798, die eine unabhängige, demokratische Republik gefordert hatten, vertrieben vorübergehend auch die »progressiven«, »humanen« Edgeworths, so widersprüchlich waren die damaligen Klassenverhältnisse.

Mit der Verknüpfung von Familienchronik und Gesellschaftspanorama schuf Maria Edgeworth zugleich das neue realistische Genre »Big House Novel«, das für die Entwicklung der irischen Literatur im 19. und 20. Jahrhundert maßgebend werden sollte. Hierin wird das Gutshaus einer Familie der protestantischen Oberschicht – handgreifliches Symbol für das Schicksal der Familie, ihrer Klasse und des ganzen Landes – nicht nur zum Schauplatz, sondern zum eigentlichen Thema der Erzählung. Die erstmalige Verwendung von Umgangssprache, der typisch irische Kontrast zwischen einer starken Erzählerfigur und einer handlungsarmen Fabel, die Reflexion über historische und politische Fragen – all das macht den Roman zu einem wegweisenden Debüt. Darüber hinaus schrieb hier eine Frau, zugegebenermaßen in einem »männlich-pragmatischen« Stil, über die Männerrolle der Gutsherren.

Maria Edgeworths nachhaltige Wirkung auf zeitgenössische Autoren des Auslands, ob romantische wie Sir Walter Scott (1771–1832), rationalistische wie Jane Austen (1775–1817) oder realistische wie I. S. Turgenjew (1818–83), ist belegt. Walter Scott, den sie 1823 in Edinburgh und auf Schloß Abbotsford aufsuchte und der im Sommer 1825 als Gast in Edgeworthstown House weilte, hielt in einem nachträglichen Vorwort zu *Waverley* (1814), dem ersten seiner historischen Hochlandromane, seine Dankesschuld fest: »Ich empfand, daß man für mein Land etwas ähnliches versuchen könne wie das, was Miss Edgeworth so glücklich für Irland erreicht hat – etwas, das die Einheimischen denen des verschwisterten Königreichs in einem günstigeren Licht zeigen würde, als in welches sie bis dahin gestellt waren, und dazu beitragen würde, Sympathie für ihre Tugenden und Nachsicht mit ihren Schwächen hervorzurufen.« Bei seinem Besuch im Westen Irlands legte er Edgeworth eine Frage vor, die heute noch ebenso brennend aktuell ist wie damals: »Erklären Sie der Öffentlichkeit, weshalb Pat [der sprichwörtliche Ire], der in anderen Ländern so gut vorankommt, in seinem eigenen so elend ist.« Von Turgenjew wiederum ist die Äußerung überliefert, daß er »in der Ausrichtung seiner literarischen Laufbahn ein unbewußter Schüler von Miss Edgeworth« sei.

In dem Roman *The Absentee* (1812) nahm Edgeworth sich des ruchlosesten Aspekts der irischen Landwirtschaft an. Ein Großteil der anglo-irischen Grundeigentümer lebte das ganze Jahr über in England und verpraßte die zusammengeräuberten Erträge meist in der Londoner Gesellschaft. *Ormond* (1817) behandelt den grundlegenden Konflikt zwischen den beiden entgegengesetzten aristokratischen Kulturen Irlands, der englischen und der gälischen, der nur mit dem Untergang der indigenen gelöst werden könne.

Co. Meath

In SLANE (Baile Shláine, Slaines Stadt), einem malerisch zwischen Slane Hill und dem Flußlauf des Boyne eingebetteten Straßendorf am Schnittpunkt der N 2 mit der N 51, stößt man auf das geduckte Geburtshaus des lyrischen Dichters FRANCIS LEDWIDGE (1887–1917). Die unscheinbare Tagelöhnerkate, die seit 1982 ein kleines Museum mit Werken, Manuskripten, Briefen, Fotos, persönlichen Utensilien und anderen Memorabilien beherbergt, deutet auf die ärmlichen Verhältnisse hin, denen Ledwidge entstammte. Der Sohn eines Stallknechts, zweitjüngstes von acht Kindern, kehrte der Schule mit dreizehn Jahren den Rücken, um einer ungeregelten Arbeit als Ladenschwengel, Handlanger und Vorarbeiter nachzugehen. Schon bald machte sich sein waches politisches Bewußtsein für das Unrecht sozialer und nationaler Unterdrückung geltend: Als Organisator eines Streiks verlor er seinen Arbeitsplatz im Kupferbergwerk des nahe gelegenen Landguts Beauparc, gleichzeitig stieg er zum Sekretär der nationalistischen Bürgerwehr der Irish Volunteers in Slane auf.

Francis Ledwidge-Museum

Ledwidges literarische Laufbahn begann 1912, als er dem einflußreichen anglo-irischen Großgrundbesitzer und späteren Schriftsteller Lord Dunsany (1878–1957) eine Kladde mit ersten, oft noch konventionellen lyrischen Versuchen zuschickte, die er zunächst sogar auf Ziegelsteine geritzt hatte. Lord Dunsany, der in den aparten Naturgedichten des Straßenarbeiters nicht zu Unrecht gewisse Ähnlichkeiten mit den schottischen und englischen »Bauerndichtern« Robert Burns und John Clare entdeckte, setzte sich für die Veröffentlichung seiner *Songs of the Field* (1915) ein. Als sich die Publikation mit dem Ausbruch des Ersten Weltkriegs verzögerte, bewilligte der großzügige Mäzen dem neuerlich arbeitslos gewordenen »Dichter der Amsel« eine Leibrente.

Unterdessen hatte John Redmond, Nachfolger von Charles Stewart Parnell als Führer der Irish Parliamentary Party, in einer historischen Rede am 20. September 1914 in Woodenbridge (Co. Wicklow) an die Anhänger irischer Selbstverwaltung den fatalen Aufruf erlassen, nicht im eigenen Land gegen die Kolonialmacht, sondern an deren Seite auf dem Kontinent »für die demokratischen Rechte kleiner Nationen« (US-Präsident Woodrow Wilson) zu kämpfen. Wie 80000 andere Irish Volunteers, die sich nunmehr in National Volunteers umbenannten, meldete sich Ledwidge einen Monat später freiwillig zu der nämlichen britischen Armee, die sein Land besetzt hielt – er verdingte sich bei den Royal Inniskilling Fusiliers, in denen auch sein Mentor diente.

Diesmal hatte ihn sein politisches Bewußtsein im Stich gelassen. Der imperialen britischen Parole vom »Großen Krieg für die Zivilisation« schenkte er mehr Glauben als der beherzten Losung des Marxisten James Connolly »Wir dienen weder König noch Kaiser – sondern Irland«. Er kämpfe »weder für ein Prinzip noch für ein Volk noch für ein Gesetz, sondern für die Felder entlang des Boyne, für die Vögel und den blauen Himmel über ihnen«, erklärte er. Am Ende waren es nicht die vertrauten Wiesen und Weiden der Grafschaft Meath, sondern die blutgetränkten Felder Flanderns, auf denen der Obergefreite, während einer Teepause von einer deutschen Granate zerrissen, sein Leben ließ – einer von 49400 irischen Kriegstoten. Enttäuschung über die Zurückweisung seiner Liebe zu der Gutsbesitzerstochter Ellie Vaughey und das rasche Umschwenken seiner Kameraden mochten ihn zu dem verhängnisvollen Schritt mitveranlaßt haben.

Auch wenn sein lyrischer Ton bisweilen etwas Zages und Geziertes hat, das mit seiner eigenen Lebenserfahrung als zupackender Arbeiter und politischer Aktivist nicht recht zusammenstimmen will, verraten Ledwidges »Lieder« eine intime Kenntnis der Natur und der näheren

Lokalitäten. Musikalisch klangvoll und in anschaulichen Bildern fangen sie die Atmosphäre ländlichen Lebens in seinem geliebten Boyne-Tal ein, so etwa »June«:

The hedges are all drowned in green grass seas,
And bobbing poppies flare like Elmo's light,
While siren-like the pollen-stainéd bees
Drone in the clover depths. And up the height
The cuckoo's voice is hoarse and broke with joy.
And on the lowland crops the crows make raid,
Nor fear the clappers of the farmer's boy,
Who sleeps, like drunken Noah, in the shade.

An der ursprünglich als »fünfte Provinz« Irlands bezeichneten geschichtsträchtigen Kulturlandschaft Meaths, von alters her das Einfallstor nach Irland, entzündete sich Ledwidges lyrische Imagination. Hier steht noch immer die 5000 Jahre alte neolithische Nekropolis Brugh na Bóinne mit den drei kolossalen Ganggräbern Newgrange, Knowth und Dowth; hier erhebt sich der über Tausende von Jahren hinweg bewohnte Hügel von Tara, wo irische Stammeshäuptlinge sich zu Priesterkönigen krönen und mit der keltischen Göttin der Souveränität vermählen ließen und wo sie alle drei Jahre Rat abhielten; hier, auf dem 161 m hohen Slane Hill, entfachte im Jahre 433 der hl. Patrick entgegen dem ausdrücklichen Befehl des heidnischen Königs Laoghaire das erste Osterfeuer (Lumen Christi), um den Sieg des neuen Glaubens über den druidischen Kult des keltischen Irland zu verkünden (schwindelfreie Kletterer genießen von der Turmruine der Kirche aus einen unermeßlich weiten Rundblick auf die gewellte Hügellandschaft Meaths); hier fochten die Anhänger Jakobs II. und Wilhelms III. von Oranien 1690 unter großen Verlusten die Schlacht am Boyne aus, mit der die protestantische Vorherrschaft in Irland auf zwei Jahrhunderte besiegelt wurde.

In Ledwidges zweitem Gedichtband mit dem beredten Titel *Songs of Peace* (1917) kommen Belange von Krieg und Frieden, Leben und Tod zum Ausdruck, litt er doch unter dem Widerspruch, zu einer Zeit für englische Interessen zu streiten, da seine politischen Dichterfreunde Thomas MacDonagh, Patrick Pearse und Joseph Mary Plunkett ihren Anteil an dem kurzlebigen Osteraufstand 1916 mit dem Leben büßten, hingerichtet von Soldaten, die die gleiche Uniform trugen wie Ledwidge selbst. Es war derselbe Widerspruch, der den nationalistischen Arbeiter an den vermögenden unionistischen Aristokraten, den patriotischen Poeten an den Peer band, und allen Versuchungen zum Trotz desertierte er nicht. Eine Photographie zeigt einen grüblerischen jungen Mann: strenger Scheitel, dichte Brauen, gequälter Blick hinter schmalen Gläsern, fleischige Lippen und eine zutiefst schwermütige Miene.

Seine Elegie für Thomas MacDonagh, ein Jahr vor seinem eigenen Tod geschrieben, verrät denn auch einiges von dem melancholischen Schmerz, den er angesichts widerstreitender Loyalitäten empfand. Das Gedicht mit seinem kunstvollen Geflecht von End- und Binnenreimen kann als sein eigenes Epitaph gelten; nicht von ungefähr ist die erste Strophe in die Gedenktafel an seinem Cottage im Ortsteil Janeville auf der Straße nach Drogheda eingemeißelt:

He shall not hear the bittern cry
In the wild sky, where he is lain,
Nor voices of the sweeter birds
Above the wailing of the rain.

Nor shall he know when loud March blows
Thro' slanting snows her fanfare shrill,
Blowing to flame the golden cup
Of many an upset daffodil.

And when the Dark Cow leaves the moor,
And pastures poor with greedy weeds,
Perhaps he'll hear her low at morn
Lifting her horn in pleasant meads.

Als dichtender Soldat hat Francis Ledwidge nur wenig gemein mit den britischen »War Poets« Wilfried Owen (1893–1918), Isaac Rosenberg (1890–1918) oder Siegfried Sassoon (1886–1967), deren poetisch verarbeitete Kriegserlebnisse die edwardianisch beschauliche Lyrik Großbritanniens in die Moderne katapultierten. Zwar spiegeln seine Abschnittüberschriften die verschiedenen Kriegsschauplätze wider, an denen er Dienst tat, doch zum Thema wird der Krieg ihm nicht. Dennoch gilt: Auch ihn riß der politische und existentielle Schock des ersten großen Völkergemetzels in diesem Jahrhundert aus der Beschränktheit der pastoralen Naturidylle, und seine meditativen Gedichte aus dem Feld sind überschattet von Selbstzweifeln und düsteren Todesahnungen. An einen Intimus schrieb er: »Wenn du mich nach dem Kriege nicht mehr singen hörst, dann weißt du, daß ich über den Strom gegangen bin, zu Keats [seinem Lieblingsdichter] und den anderen.« Zur Hundertjahrfeier seiner Geburt ehrte ihn sein Heimatdorf mit einer Eiche und einem Gedenkstein vor einem mächtigen Findling.

Auch schlichte Felder haben ihre Geschichte. Ein Acker in Spiddal bei NOBBER linkerhand der Landstraße nach Kells ist eigens, wenn auch vergebens, mit Metallsuchgeräten abgekämmt worden, um den Standort des Geburtshauses von TURLOUGH O'CAROLAN (Toirdhealbhach Ó Cearbhalláin, 1670–1738) aufzuspüren – der Vater des berühmten Wanderharfners war Hufschmied. Als O'Carolan im nahen Cruicetown zur Schule ging, verliebte er sich in Bridget Cruise, nach deren begütertem altnormannischen Geschlecht der Flecken benannt war. Ihr zu Ehren sollte er später sein erstes Instrumentalstück komponieren, dem zahlreiche gälische Preislieder auf sie und andere Frauen folgten, wie »Eleanor Plunkett« oder »Mrs MacDermott«.

Seine eigene Familie, deren schmaler Landbesitz nicht zum Leben reichte, siedelte gegen 1684 nach Carrick-on-Shannon (Co. Leitrim) um, wo O'Carolans Vater John billigeres Land pachten und in Eisengießereien arbeiten konnte. Später wurde er für die aristokratische Familie der McDermott Roes in Ballyfarnan (Co. Roscommon) tätig, die sich seines Sohnes annahm und ihm eine gediegene Ausbildung in Irisch und Englisch ermöglichte. Mit achtzehn Jahren erkrankte O'Carolan an den Blattern und erblindete vollkommen. Sein Gebrechen hatte aber immerhin den Vorzug, daß er von der Feldarbeit freigestellt und im Harfenspiel unterwiesen wurde.

Nachdem er es auf seinem Instrument zur Meisterschaft gebracht hatte, zog er von 1692 an, von seiner Gönnerin mit Blindenführer, Reitpferd und Empfehlungsschreiben versehen, auf dem Lande umher und lebte nach althergebrachtem Muster vom geschickten Spiel seiner Finger und seiner musikalischen und poetischen Erfindungsgabe. Freilich suchte er weniger die Hütten der Pachtbauern auf als vielmehr die Paläste des gälischen, teilweise auch des anglo-irischen Landadels, dem der unbeschwerte, gesellige Künstler für gewährte Gastfreundschaft musikalische Unterhaltung und Zerstreuung bot, so daß er allenthalben hochwillkommen war. Jonathan Swift, dem Verächter gälischer Kultur, soll er in Dublin »Pléaráca na Ruarcach« vorgespielt haben. Auf seinen Wegen begleiteten ihn oft seine Freunde, die gälischen Dichter Cathaoir Mac Cába (um 1700–40) und Séamus Dall Mac Cuarta (um 1647–1732). So führte er die gleiche unstete Nomaden-Existenz wie, eingebunden in eine strenge Stammeshierarchie und gefördert von einem ausgedehnten Patronatssystem, Hunderte keltischer Barden vor ihm.

Barden waren Reimer und Rezitatoren im Gefolge eines der höfischen *filí* (Dichter, in vorchristlicher Zeit auch Seher und Priester), die der aristokratischen Oberschicht angehörten und höchstes Ansehen genossen. Als die gälische Gesellschaftsordnung im 17. Jahrhundert unter dem Ansturm der englischen Eroberer zusammenbrach und den *filí* die soziale Basis entzogen wurde, verselbständigte sich der Stand der Barden; sie begannen vor einem Unterschichtspublikum auf der Harfe, dem beliebtesten Instrument der Oberschicht, vorzutragen und entwickelten ein eigenes künstlerisches Liedschaffen, bestehend aus Trink-, Preis- und Klageliedern (allerdings wurde die Harfe erst im 19. Jahrhundert, als die Tradition längst erloschen war, zum nationalen Symbol Irlands, das noch heute im Staatswappen der Republik zu finden ist).

Auch O'Carolan komponierte Trinklieder, in denen er Whiskey und Geselligkeit besang, wie etwa »Receipt for Drinking«, und verfertigte zahllose – poetisch oft unbedeutende – Lobgesänge im Geiste Pindars, die in Hyperbeln seinen jeweiligen Patron rühmten: seine Tugenden, die Vorzüge seines Reitstalls, die Gastlichkeit seines Hauses, die Schönheit seiner Frau, die Ehrwürdigkeit seiner Familie, die Heldentaten seiner Vorfahren. Von seinen 216 erhaltenen Weisen tragen 170 die Namen seiner Mäzene im Titel, so etwa »O'Carolan's Address to Cian O'Hara's Cup« (in der Übertragung von Samuel Ferguson):

Were I west in green Arran,
Or south in Glanmore,
Where the long ships come laden
With claret in store:
Yet I'd rather than shiploads
Of claret, and ships,
Have your white cup, O'Hara,
Up full at my lips.

O'Carolan scheute auch vor Selbstlob nicht zurück und formulierte ebenso listig wie trotzig: »Ní fheicfear mo leitheid go bráth« (»Meinesgleichen wird nie mehr zu sehen sein«). Damit freilich verriet er historischen Weitblick.

Zugleich zeigte O'Carolan ein waches Verständnis für die Entwicklung der kontinentaleuropäischen, insbesondere der italienischen Barockmusik eines Geminiani oder Corelli, die seine eigenen Kompositionen so stark beeinflußte, daß sie zwischen Volks- und Kunstmusik anzusiedeln sind und ins klassische Repertoire ebenso Eingang gefunden haben wie in die Folklore. Eine hübsche Anekdote schildert, wie O'Carolan, zu Gast in einem Adelshaus, einen herausragenden Exponenten der italienischen Musik seiner Zeit, den Violinvirtuosen, Theoretiker und Tonsetzer Francesco Geminiani (um 1680–1762), zu einem musikalischen Wettstreit herausforderte. Wie viele Blinde verfügte er über ein feines Gehör und ein ausgezeichnetes Gedächtnis, so daß es ihm nicht schwerfiel, ein ihm auf der Violine vorgetragenes unbekanntes Stück fehlerfrei nachzuspielen. Noch mehr verblüffte er seinen Kontrahenten, als er ein Stück in der gleichen Manier improvisierte, das noch heute als »O'Carolan's Concerto« bekannt ist.

Als Kompositeur, Lyriker, Musiker und Sänger (wobei umstritten ist, in welcher Eigenschaft er sich am meisten hervortat) war O'Carolan die bedeutendste Figur der zeitgenössischen irischen Musikszene. »Hätte es Irland freigestanden, eine nationale Kunst auszubilden, hätte er die wundervolle traditionelle Volksmusik zu einer hohen Kunst erhoben, so wie Chopin die nationale Musik Polens«, urteilte wehmütig der Erzähler Seumas MacManus (1861-1960) in seiner nationalistischen *History of the Irish Race* (1921). Wie O'Carolan starb und wo er beigesetzt ist, läßt sich dem Kapitel zur Grafschaft Roscommon entnehmen.

Munster

Co. Tipperary

Der Schriftsteller, der den Menschen der Grafschaft Tipperary ein literarisches Denkmal gesetzt hat, war CHARLES J. KICKHAM (1828–82), Balladendichter, Romancier und unermüdlicher Agitator für Landreform und irische Unabhängigkeit. Der Sohn eines gutgestellten Tuchhändlers und Landwirts kam in Cnoicín a' Ghabha (Hügel des Schmieds, heute Mocklershill), sechs Kilometer östlich von Cashel, zur Welt, als seine Mutter zu Besuch dort weilte. Als Dreizehnjähriger erlitt der für den Arztberuf bestimmte Knabe bei einer Explosion von Schießpulver schwere Seh- und Gehörschäden.

Bereits in frühen Jahren war Kickham Anhänger des überkonfessionellen Jungen Irland, das, ungeduldig mit Daniel O'Connells gewaltfreier, konstitutioneller und katholischer Massenbewegung zur Aufhebung der Union mit Großbritannien, die völlige Loslösung Irlands und die Errichtung einer demokratischen Republik auf seine Fahnen geschrieben hatte. In MULLINAHONE (sechzehn Kilometer nördlich von Fethard unweit der N 6), wo Kickham den Großteil seines Lebens verbrachte und auch begraben liegt, findet sich ein Wegweiser zum »1848 Rebellion and National Flag Monument« in der Nähe des dreizehn Kilometer weiter nördlich gelegenen Dorfes Ballingarry an den Hängen der Slieveardagh Hills, im ereignisreichen Jahr der europäischen Revolutionen Schauplatz eines kläglich mißlungenen Aufstands der Jungen Irländer gegen die britische Herrschaft, der als »Scharmützel auf dem Kohlacker der Witwe McCormack« in die Geschichtsbücher eingegangen ist. Kickham beteiligte sich – indem er Piken herstellte, die traditionelle Waffe irischer Empörer.

Die Anführer der fehlgeschlagenen Erhebung, William Smith O'Brien, Patrick O'Donoghue, Terence Bellew MacManus und Thomas Francis Meagher, wurden nach mittelalterlichem Brauch zum Tode durch Hängen, Auseinanderreißen und Vierteilen verurteilt – ein bar-

barisches Strafmaß, das erst nachträglich in lebenslängliche Verbannung nach Van Diemen's Land in Australien umgewandelt wurde. Der vom Puritanismus geprägte englische Schriftsteller Thomas Carlyle (1795–1881), Biograph des Irenhassers Oliver Cromwell, kommentierte zynisch: »Wenn einem Elefanten eine Maus über den Weg läuft, was muß der Elefant tun? Sie zermalmen.« Übrigens war Meagher der Schöpfer der nach französischem Vorbild gestalteten irischen Trikolore, der heutigen Nationalflagge: »Das Weiß in der Mitte bezeichnet eine dauerhafte Waffenruhe zwischen ›Orange‹ und ›Grün‹, und ich vertraue darauf, daß sich irische Protestanten und irische Katholiken unter seinem Faltenwurf in brüderlichem Heldenmut die Hände reichen.«

Wie so oft in der irischen Geschichte entfaltete das Geschehen seine eigentliche politische Potenz erst im nachhinein, in einer Vorläufer- und Vorbildfunktion, die die Emeute zu einem winzigen Glied in der nicht abreißenden Kette nationalrevolutionärer Revolten machte. Unter Beteiligung irischer Emigranten in Amerika ging aus den versprengten Überresten des Jungen Irland bereits zehn Jahre später, am St.-Patrick's-Tag 1858, die militante, konspirative Irish Republican Brotherhood hervor, deren Mitglieder sich nach der legendären altirischen Kriegerschar des Fionn Mac Cumhaill Fenier nannten und den gravierendsten Fehler der Jungen Irländer, die Vernachlässigung der Agrarfrage, nicht wiederholten. 1860 trat Kickham dem Geheimbund bei und wurde 1863 von dem Führer James Stephens in die Dubliner Redaktion der Zeitung *The Irish People* berufen. Nach dem Verbot des Organs wurde er am 11. November 1865, zwei Jahre vor der Niederwerfung des unausbleiblichen Aufstands, verhaftet und zwei Monate später wegen Hochverrats zu vierzehn Jahren Zuchthaus verurteilt – er hatte einen Treueid auf die »faktisch bestehende irische Republik« geleistet. Vier Jahre seiner Strafe büßte er in den englischen Gefängnissen Woking und Portland ab, bevor er aufgrund seines zerrütteten Gesundheitszustands – er war fast gänzlich erblindet – vorzeitig entlassen wurde.

Noch in der Haft hatte er sich – als einziger der schriftstellernden Fenier – der Belletristik zugewandt, und nach frühen volkstümlichen Balladen wie »Rory of the Hill« und »Slievenamon« entstand sein erster populärer Roman *Sally Cavanagh or The Untenanted Graves*, eine Liebesgeschichte, die noch 1869 veröffentlicht wurde, im Todesjahr des bedeutenden Erzählers William Carleton, der nicht zu Unrecht prophezeit hatte, nach seinem Ableben werde es im irischen Roman zu »einer Stille, einem Dunkel von vielleicht einem halben Jahrhundert« kommen. Doch Kickhams größter Erfolg – ein rezeptionsgeschichtliches Phänomen – war der bis heute immer wieder aufgelegte Roman *Knocknagow or the Homes of Tipperary* (1873), über Jahrzehnte hinweg das meistgelesene Stück Literatur in Irland.

Von einem angesehenen und einflußreichen Politiker, der von 1872 bis zu seinem Tode Präsident des Obersten Rates einer Geheimgesellschaft war, hätte man einen operativen Fenier-Roman erwarten sollen, und in der Tat beleuchtet das umfängliche, handlungsstarke Werk die Zerstörung eines fiktiven (dem Lautstand nach aber an Kickhams Geburtsort erinnernden) Dorfes in Tipperary durch gutsherrliche Auspressung und erzwungene Emigration. Doch es überwiegt die halb nostalgische, halb farcenhafte Schilderung ländlicher und häuslicher Genreszenen mit einer tüchtigen Prise Lokalkolorit und Lokalpatriotismus. Vielleicht verständlich, heißt es doch schon im Vorwort zu *Sally Cavanagh*: »Ich bin nicht länger Gefährte von Dieben und Mördern. Ich atme meine heimatliche Luft, inmitten von Szenen, die zu verlassen nichts mich hätte locken können außer einem Ruf, dessen Nichtbeachtung mein Leben unerträglich gemacht hätte. Ich bin ZU HAUSE.«

Die literarhistorische Bedeutung dieses einen Romans in der an qualitätvollen irischen Erzählwerken nicht eben reichen zweiten Jahrhunderthälfte liegt darin, daß hier dem überkommenen Bild des angetrunkenen, arbeitsscheuen »Bühneniren« erstmals ein positives Verständnis nationaler Eigenschaften und provinziellen Lebens entgegengesetzt und die Perspektive der Protestant Ascendancy, etwa einer Maria Edgeworth, vertauscht wird mit der der kleinen Leute, der alteingeborenen Iren – im Einklang mit Kickhams politischer Auffassung und seiner tiefen Zuneigung zu seiner Grafschaft.

In Dankbarkeit hat Tipperary dem Autor ein Denkmal gesetzt: 1898 errichtete man auf der Main Street der Stadt Tipperary eine von dem Bildhauer John Hughes geschaffene Bronzestatue des Sitzenden. Enthüllt wurde sie von keinem anderen als dem nationalistischen Journalisten John O'Leary (1830–1907), dem nämlichen O'Leary, dem sein politischer Schüler W. B. Yeats mit den berühmten Zeilen aus »September 1913« einen Grabgesang schrieb: »Romantic Ireland's dead and gone, / It's with O'Leary in the grave.« Kickhams bescheidenes zweistöckiges Wohnhaus in der Fethard Street in Mullinahone ist mit einer Gedenktafel versehen und 1982 zu einem kleinen Museum in Privatbesitz umgestaltet worden, zu dem man über einen blinden Nachbarn Zutritt erhält. Zu besichtigen sind freilich nur einige wenige persönliche Habseligkeiten, Fotografien und Fotokopien von Briefen und Manuskripten. Über Kickhams Grab auf dem nahe gelegenen katholischen Friedhof St. Michael's steht ein keltisches Hochkreuz.

Charles Kickham Museum

Eine Plakette vor dem Kickham Community Park zeigt die Romanfigur Mat the Trasher beim Wettbewerb im Holzhammerwerfen. An Kickhams Sterbehaus 2 Montpelier Place, Stradbrook Road, Blackrock (Co. Dublin), erinnert eine Bronzetafel an Séarlus S. Ciocam – so sein Name auf irisch. Erzbischof Croke, Mitbegründer der noch heute hochbedeutenden Gaelic Athletic Association, hielt ihn »von allen Männern, denen ich je begegnet bin, für den sanftmütigsten, liebenswürdigsten, wahrheitsliebendsten«.

»Ich wünschte, entweder mein Vater oder meine Mutter, oder fürwahr alle beide, denn von Rechts wegen oblag die Pflicht ihnen beiden zu gleichen Teilen, hätten bedacht, was sie da trieben, als sie mich zeugten; hätten sie gebührend in Betracht gezogen, wie viel von dem abhing, was sie gerade taten; – daß es dabei nicht nur um die Hervorbringung eines vernünftigen Wesens ging, sondern daß womöglich die glückliche Bildung und Beschaffenheit seines Körpers; vielleicht sein Genie und just die Färbung seines Gemüts: – und gar, denn Gegenteiliges war ihnen nicht bekannt, die Wohlfahrt eines ganzen Hauses ihre Wendung nach den Säften und Dispositionen nehmen könnten, die gerade obenauf waren: – Hätten sie all dies gebührend in Erwägung und Betracht gezogen und wären demgemäß verfahren – ich bin wahrhaftig überzeugt, ich würde in der Welt eine ganz andere Figur vorgestellt haben, als die, in der mich der Leser wahrscheinlich erblicken wird.« (Übers. von Michael Walter.)

Der hier, gleich zu Eingang seines Lebensberichts ab ovo, so witzig-vorwitzig zu uns spricht, ist Tristram Shandy, Ich-Erzähler in dem skurrilen Roman *The Life and Opinions of Tristram Shandy, Gentleman* von LAURENCE STERNE (1713–68), einem fabelhaft monströsen Werk, das selbst in neun Jahr für Jahr erschienenen Bänden (1759–67) und 312 Kapiteln über Zeugung und Geburt seines Protagonisten kaum hinausfindet. Ob der Autor gegen seine Eltern dieselben stillen Vorwürfe erhob? Gezeugt und geboren wurde er in der Mary Street (früher Our Lady's Street) in CLONMEL, einer 15 000 Einwohner zählenden Stadt inmitten des fruchtbaren Obstanbaugebiets im Suir-Tal, in der Ferne zu drei Vierteln von Bergen umgeben. Der vor allem für seinen Apfelmost, seine Zuchtpferde und Windhunde bekannte Ort mit dem lieblichen Namen (Cluain Meala bedeutet ›Honigwiese‹) ehrte seinen bekanntesten Sohn am Ende von O'Connell Street mit einer steinernen Gedenktafel, angebracht am Westgate.

Laurence war der einzige Sprößling einer Irin aus Clonmel und des englischen Subalternoffiziers Roger Sterne. Die Familie folgte dem armen Fähnrich, seinerseits Enkel des Erzbischofs von York, von Garnison zu Garnison, abwechselnd in Irland und in England. Zur Schule ging Sterne von 1723 bis 1731 bei Halifax (Yorkshire), zwei Jahre später nahm er als Stipendiat am Jesus College Cambridge das Studium der Theologie auf, das er 1737 mit dem Bachelor und ungeachtet seiner irreligiösen Haltung und seines ungeeigneten Temperaments mit den heiligen Weihen abschloß. Dank seiner Beziehungen konnte er sich, zumal nach seiner Heirat mit Elizabeth Lumley 1741, mehrere Pfründen in Sutton-on-the-Forest, Stillington und Coxwold (Yorkshire) sichern, deren Einkünfte dem liberalen, lebensfrohen Vikar geselligen Umgang in eleganten Londoner Salons und dem gesundheitlich Angegriffenen langjährige Aufenthalte und Erholungsreisen auf dem Kontinent ermöglichten. Von letzteren legt der unvollendete, in Tagebuchform abgefaßte Roman *A Sentimental Journey through France and Italy* (2 Bde., 1768) Zeugnis ab, dessen humoristische Kultivierung und Stilisierung des Gefühls zum Vorbild zahlreicher Reiseberichte wurde. Statt Sehenswürdigkeiten beschreibt Sternes sentimentaler Yorick minuziös seine vielfältigen, zwischen Mitleid und Eigenliebe schwankenden Gefühlsregungen.

Es heißt, seine »kleinen, stillen Aufmerksamkeiten« gegenüber dem anderen Geschlecht hätten seine Frau in den Wahnsinn getrieben und ins Irrenhaus gebracht. Daß er sich noch kurz vor seinem Tode einer Liebesleidenschaft überließ, beweisen *Letters from Yorick to Eliza* (Elizabeth Draper, 1773). Aufgrund seiner aufwendigen Lebensführung starb Sterne ebenso mittellos, wie er aufgewachsen war. Zur Ruhe sollte er lange nicht kommen: Seine sterbliche Hülle auf dem Friedhof von Paddington, London, wurde von Leichenräubern exhumiert und in Cambridge von Anatomen seziert, anschließend erneut bestattet und 1969 nach Ausgrabungen bei einem Bauvorhaben zum dritten Mal beigesetzt, diesmal in seinem Sprengel Coxwold.

Es ist müßig, darüber streiten zu wollen, ob Sterne nun als irischer oder als englischer Schriftsteller zu gelten hat; von beiden Seiten ist sein Werk der jeweiligen Nationalliteratur zugeschlagen worden. So richtig es ist, daß der Zufall seiner Geburt, seine frühe Kindheit allein ihn nicht zum Iren stempeln (oder wie der Duke of Wellington es nicht sehr delikat ausdrückte: »In einem Stall geboren zu werden macht einen noch längst nicht zum Pferd«), so richtig ist es auch, daß sein mäandernder Roman, wiewohl nicht mit irischer Thematik befaßt, durchaus Züge irischer Denkweise aufweist und in Erzählwerken wie *Finnegans Wake* von James Joyce oder *At Swim-Two-Birds* von Flann O'Brien, beide 1939 erschienen, ebenbürtige Nachfolger, Wiedergänger seiner Fabulierkunst, gefunden hat.

Sternes erstes Buch war *A Political Romance* (1759), ein Text, in dem sich bereits sein Hang zu extravagantem Extemporieren, komischen Szenen, Geistreicheleien und Schlüpfrigkeiten mitteilte. Mit Heiterkeit und Rabelaisschem Witz schrieb er gegen seine Krankheiten Asthma und Tuberkulose an. Doch erst *Tristram Shandy* bescherte dem Autor – trotz heftiger Ablehnung durch literarische Größen wie Samuel Johnson, Horace Walpole, Samuel Richardson und Oliver Goldsmith – über Nacht einen so überwältigenden Erfolg, daß er unter

Laurence Sterne
Gemälde von
Sir J. Reynolds.
1760

dem Titel *The Sermons of Mr. Yorick* (3 Bde., 1760–69) selbst seine nicht sonderlich anregenden Sermone als Landpfarrer herausgeben konnte. Lessing, Jean Paul, Heine, Fontane und erst recht die Vertreter der literarischen Moderne – sie alle haben Sterne und seine selbstreflexive literarische Verfahrensweise sehr geschätzt. Goethe attestierte ihm, er habe »die große Epoche reinerer Menschenkenntnis, edler Duldung, zarter Liebe in der zweiten Hälfte des vorigen Jahrhunderts zuerst angeregt und verbreitet« und sei »der schönste Geist, der je gewirkt hat«.

1783 wurde der begeistert aufgenommene Roman von Leonard McNally (1752–1820) für die Bühne bearbeitet. Derselbe McNally, berüchtigt dafür, daß er später als bezahlter Agent im Solde von Dublin Castle die Aufstandspläne der United Irishmen verriet und 1803 seinen Freund Robert Emmet nicht für dreißig Silberlinge, sondern für die stattliche Summe von zweihundert Pfund an den Galgen lieferte, verfaßte 1781 mit seinen *Sentimental Excursions to Windsor* eine Parodie auf Sterne – wie zum Beweis, daß in Irland nicht nur politische Rebellen, sondern auch deren Verräter sich literarisch betätigen.

In Clonmel und in Templemore bei Roscrea ging als Zwölf- und Dreizehnjähriger der exzentrische Reiseschriftsteller und Linguist George Borrow (1803–81) zur Schule, der sich als erster Engländer der Erforschung der Zigeuner, ihrer Bräuche und ihrer Sprache widmete. Einige Kapitel in *Lavengro. The Scholar – The Gypsy – The Priest* (3 Bde., 1851), einem ausgesprochenen Zwitterwerk: halb autobiographischer Roman, halb wissenschaftliche Untersuchung, sind eine gute Einführung in die Grafschaft Tipperary. Sein Gastland weckte in dem jungen Offizierssohn ein lebenslängliches Interesse für Fremdsprachen (in diesem Falle Irisch) und für Pferde und Ruinen, von denen es in Irland so viele gab und gibt.

Co. Cork

An der Landstraße N 25 von Dungarvon nach Cork liegt die im 13. Jahrhundert von Anglo-Normannen gegründete Hafen- und Marktstadt Youghal (Eochaill, Eibenwald), heute vor allem als Seebad bekannt. Youghal, dessen mittelalterlicher Stadtwall sich zum großen Teil erhalten hat, ist berühmt für seinen weiten Sandstrand und seine feine Spitze (»pointe d'Irlande«). Auf einem Privatgrundstück unmittelbar nördlich von St. Mary's, einem ebenfalls aus dem 13. Jahrhundert stammenden Kirchenbau, steht das vornehme Herrenhaus Myrtle Grove, einer der wenigen elisabethanischen Landsitze Irlands, mit seinem Giebeldach und seinen gefälligen Mansarden eine willkommene Abwechslung von der überwiegend kastenförmigen Architektur der georgianischen Periode. Das im Sommer der Öffentlichkeit zugängliche Gebäude gehörte Sir Walter Raleigh (Ralegh, um 1552–1618), dem Höfling und Günstling Königin Elisabeths I., Abenteurer, Soldat, Seefahrer, Entdecker, Wissenschaftler, Historiker und Poet. Hier lebte er vorübergehend, als er 1588 zum Gouverneur von Youghal eingesetzt wurde, auch wenn er sich meist von einem Statthalter vertreten ließ.

Der Überlieferung nach rauchte Raleigh unter einer Eibe im Hof die erste irische Tabakspfeife – sehr zum Entsetzen seiner Dienerin, die ihn mit Wasser übergoß, um das vermeintliche Feuer zu löschen. Doch dessenungeachtet trat das »Unkraut aus Virginia« seinen Siegeszug um die ganze Welt an. In seinem Garten soll Raleigh, der die Knollenfrucht in England einführte, auch die erste Kartoffel Irlands gepflanzt haben. In der Folgezeit wurde das aus der Neuen Welt stammende indianische Nachtschattengewächs zum Grund- und Hauptnahrungsmittel der Iren, von denen ein gutes Drittel kaum andere Speise zu sich nahm, und die Vernachlässigung überkommener Feldfrüchte war einer der Faktoren, die während der Fehlernten des 19. Jahrhunderts zur Katastrophe der »Großen Hungersnot« führten. Gedacht wird der zivilisatorischen Großtat nicht nur mit dem alljährlichen Walter Raleigh Potato Festival (Ende Juni), sondern auch mit einem eigenen Obelisken nahe Killua Castle bei Clonmellon (Co. Westmeath).

Zivilisatorische Großtat? Raleighs andere Seite, die Fratze des Eroberers, kommt zum Vorschein, wenn man ihn in Smerwick Harbour (Co. Kerry) am Werke sieht. Im Jahre 1580 war auf der Halbinsel Dingle ein vom Papst finanziertes spanisch-italienisches Expeditionsheer von siebenhundert Fußsoldaten an Land gegangen und hatte sich unter päpstlicher Flagge im Fort del Oro (Dún an Óir) verschanzt – die erste Invasion der Britischen Inseln seit der Eroberung durch die Normannen. Truppen unter dem englischen Vizekönig Lord Arthur Grey de Wilton und seinem Sekretär, dem gelehrten Dichter Edmund Spenser, belagerten die Festung auf einem unzugänglichen Felsvorsprung nördlich von Ballyferriter und erzwangen die ehrenvolle Kapitulation. Obwohl die Verteidiger wie vereinbart die Waffen streckten, wurden sie ohne Ausnahme, Frauen und Kinder eingeschlossen, niedergemetzelt. Hauptmann Walter Raleigh soll das blutige Massaker geleitet haben; es war sein erster Einsatz in Irland.

Kein Wunder, daß Raleigh zum Lohn für seine Dienste bei der elisabethanischen Unterwerfung und Verwüstung der Insel 1584 in den Ritterstand erhoben und mit einem Weinhandelsmonopol und einem Patent zur Eroberung und Besiedlung ferner Kolonien (so 1585/86 Virginia) bedacht wurde. Zwei Jahre später erhielt er von seinem Souverän 42 000 Morgen Land in Cork und Waterford zum Geschenk, welches die englische Krone bei der erbarmungslosen »Bepflanzung« Munsters mit englischen Siedlern unter den alteingesessenen irischen und normannischen (»Old English«) Familien konfisziert hatte – dreimal mehr, als die Gefolgsleute der Königin im Durchschnitt zugesprochen bekamen.

Dún an Óir-Monument, Dingle

Über den Fluß Blackwater ist Youghal mit Lismore (Co. Waterford) verbunden. Auf einem Felsen thront, malerisch in eine Parklandschaft eingebettet, Lismore Castle, ein von John Paxton (1803–65) im viktorianischen Geschmack umgestaltetes Schloß, dessen eindrucksvolle Zinnen auf das fruchtbare Flußtal blicken. Bestandteil des mächtigen Gebäudes ist der alte Bischofspalast aus dem 12. Jahrhundert, der im Jahre 1589 ebenfalls in Raleighs Besitz überging. In den Sommermonaten sind die waldigen Parkanlagen für Besucher geöffnet.

Aber das Schicksal ist wetterwendisch. Als Raleigh die Londoner Hofdame Elizabeth Throgmorton schwängerte, fiel er in Ungnade und mußte in der Gunst der Königin dem Earl of Essex weichen. Obwohl er die Mutter seines Sohnes nach der Geburt geehelicht hatte, wurde er im Tower of London eingekerkert. 1595 unternahm er allerdings schon wieder eine Expedition an den Orinoko in Guayana, gefolgt von Fahrten nach Cadiz und zu den Azoren. 1602 veräußerte »der letzte Elisabethaner« seine gesamten irischen Besitzungen gegen eine geringe Summe an Richard Boyle (1566–1643), einen englischen Anwalt, der nur »mit samtenen Reithosen und 23 Pfund 3 Schilling in der Börse aus England« eingetroffen war und binnen kurzem zu einem der reichsten und mächtigsten Männer in Munster aufstieg. Sein über dem Tor von Lismore Castle eingemeißelter Wahlspruch »God's providence is our inheritance« (»Gottes Vorsehung ist unser Erbteil«) zeugt ebenso von dem hohen Selbstbewußtsein des späteren Great Earl of Cork wie sein prunkvolles Renaissancegrabmal in St. Mary's Church, Youghal. Sein Sohn Robert (1627–91) ist eher für seine wissenschaftlichen Leistungen auf dem Gebiet der Physik und Chemie bekannt; nach ihm und E. Mariotte ist das Druck-Volumen-Gesetz der Gase (1662) benannt.

1603 wurde Raleigh wegen Hochverrats (angeblich war er an einem Komplott gegen Jakob I. beteiligt) zum Tode verurteilt, zunächst aber für dreizehn Jahre in den Tower geworfen (dort Ralegh's Walk). Als er von einer neuerlichen Beutefahrt zum Orinoko, von dessen Gold- und Silberschätzen er sich seine Freilassung versprochen hatte, mit leeren Händen zurückkehrte, wurde das Urteil vollstreckt. Er trug es mit Fassung, »prüfte die Schneide des Richtschwerts und fand, daß sie ein scharfes Heilmittel sei, aber wirksam gegen alle Übel« (Karl S. Guthke).

Raleigh schrieb an die vierzig Gedichte, teils Herrscherlob im Stile der Elisabeth-Dichtung, teils exquisite Verse, die eine gewisse Weltverdrossenheit verraten:

Like truthless dreams, so are my joys expired
And past return are all may dandled days;
My love misled, and fancy quite retired,
Of all which past, the sorrow only stays.

Im Gefängnis führte Raleigh wissenschaftliche Experimente durch und schrieb an seiner *History of the World* (1614), einem gewaltigen Fragment über die göttliche Vorsehung und die Stellung des Menschen in einer aus zahllosen Korrespondenzen bestehenden symmetrischen Weltordnung, das trotz eines Umfangs von einer Dreiviertelmillion Wörter nicht weiter vordringt als bis zum Jahre 130 v. Chr. Das Werk ist ein glänzendes Fallbeispiel für das hierarchische, analogische und schematische Denken der elisabethanischen Zeit, die nicht müde wurde, die vielfältigsten Bezüge zwischen dem Makrokosmos des Universums und dem Mikrokosmos des Individuums herzustellen.

Sir Walter Raleigh und Edmund Spenser (um 1522–99) waren eng miteinander befreundet und statteten sich gegenseitig Besuche ab. Im August 1580 war der neben Shakespeare bedeutendste elisabethanische Dichter, der sich bereits mit *The Shepheardes Calender* (1579), einem zwölfteiligen Zyklus von Eklogen in Dialogform, Ansehen erworben hatte, an der Seite des englischen Lord Deputy, Lord Arthur Grey, in Howth gelandet, um als dessen Sekretär an den englischen Unterjochungsfeldzügen teilzunehmen. Bis auf kurze Unterbrechungen in London sollte er sich achtzehn Jahre lang im ungeliebten Irland aufhalten (unter anderem auch in seinem Zweitschloß Enniscorthy Castle), bis ihn endlich ein Aufstand der Munster-Iren in die Flucht trieb.

Spenser, treuer Diener seines Herrn, wurde nicht nur zum Schreiber des Kanzleigerichts, zum Schreiber des Rats von Munster und zum High Sheriff von Cork bestellt, sondern profitierte auch materiell von der gigantischen Landnahme. 1586 bekam er außer 3028 Morgen Landbesitz Kilcolman Castle nördlich von Doneraile bei Buttevant übereignet. Hier, fernab von den Machtpositionen des englischen Hofes, führte er ab 1588, wie er leicht verprellt angab, ein »bescheidenes, gemächliches Leben«; in dem nahen, am Awbeg River gelegenen Doneraile Court (öffentlicher Park) verwickelte er Raleigh in kultivierte Gespräche über Fragen der Dichtkunst:

He piped, I sung; and, when he sung, I piped;
By change of turns, each making other merry;
Neither envýing other, nor enviéd
So pipéd we, until we both were weary.

In der Wohnburg am binsenbestandenen See setzte er die Arbeit an seinem auf zwölf Bücher konzipierten Hauptwerk fort, dem allegorisch-mythologischen Versepos *The Faerie Queene* (3 Bde., 1590, 3 weitere Bde., 1596), zu dessen Veröffentlichung ihn Raleigh 1589 anregte. Das unvollendet gebliebene Werk schildert ebenso sinnenfroh wie lehrhaft die Abenteuer von Rittern der Tafelrunde König Arthurs auf der Suche nach der Feenkönigin Gloriana, die mit Elisabeth I. gleichgesetzt wird. Mit ihm tritt Spenser für ein aristokratisches Menschenideal ein, das, an den zwölf moralischen und politischen Tugenden des Aristoteles orientiert, mittelalterliche Ritterlichkeit mit humanistischer Gelehrsamkeit paart. Die eigenwillige Strophenform (acht jambische Pentameter, gefolgt von einem Alexandriner, mit dem strengen Reimschema abab bcbc c) ist als »Spenserstrophe« in die Literaturgeschichte eingegangen.

Man fühlt sich im Falle Spenser an eine der geschichtsphilosophischen Thesen Walter Benjamins erinnert: Die Kulturgüter »werden im historischen Materialisten mit einem distanzierten Betrachter zu rechnen haben. Denn was er an Kulturgütern überblickt, das ist ihm samt und sonders von einer Abkunft, die er nicht ohne Grauen bedenken kann. Es dankt sein Dasein nicht nur der Mühe der großen Genien, die es geschaffen haben, sondern auch der namenlosen Fron ihrer Zeitgenossen. Es ist niemals ein Dokument der Kultur, ohne zugleich ein solches der Barbarei zu sein«. Derselbe Spenser, der mit dem kunstvollen Wortgeflecht von *The Faerie Queene* die arkadische Landschaft Corks besang (die mit englischen Phantasienamen versehenen Flüsse sind einzeln aufgeführt, sämtliche Baumarten in manischer Benennungswut in Verse gebannt), dachte sich dieses Land frei von den wilden Iren (»the wylde Irishe«), die sich seinem Ideal der »sweet civilitie« nicht fügen wollten. Die Blüte der englischen Renaissance-Dichtung, zu der etwa die seiner Braut Elizabeth Boyle zugedachten Liebesgedichte *Amoretti* (1595) zählen, ging Hand in Hand mit dem kulturellen Trauma, das die Iren erlitten.

In seinem dialogisch angelegten Bericht *A Veue of the Present State of Ireland* (1596) hält der imperiale Chronist die Grausamkeiten der Engländer nicht nur fest, sondern rät kaltblütig zum Genozid durch Roden der als Schlupfwinkel dienenden Wälder und Aushungern der

Bevölkerung. Wenn es den Eingeborenen erst einmal untersagt sei, ihr Land zu bestellen und ihr Vieh zu weiden, »werden sie sich rasch selbst verzehren und sich gegenseitig verschlingen«. Spensers Rezept für den Umgang mit den eingeborenen Iren und den hibernisierten und degenerierten Alt-Engländern verrät die Angst der Elisabethaner vor dem identitätsbedrohenden Anderen, vor der Ansteckung durch Sprache, Glauben, Sitten und Gebräuche der Unterworfenen. Daher sein Programm einer umfassenden sprachlichen und kulturellen Anglisierung (worauf erst Douglas Hyde mit seinem Gegenprogramm der Deanglisierung Ende des 19. Jahrhunderts eine Antwort fand) oder gar der physischen Vernichtung, das allein die englische Herrschaft sichern könne.

Selbst ein Angehöriger der eigenen Aufsteigerkaste, Maurice Viscount Roche of Fermoy, war von Spensers Ausführungen so entsetzt, daß er den ersten Boykott der irischen Geschichte verfügte, nämlich daß »keiner von seinen Leuten Handel oder Geschäfte mit Mr. Spenser treiben sollte«. In der Rebellion von 1598 zahlten es die entrechteten Iren dem stolzen Renaissance-Menschen, der sich im Mittelpunkt des Universums wähnte, in einem Racheakt heim. Im Oktober wurde Kilcolman Castle von Aufständischen in Brand gesteckt; einer seiner Söhne und Teile des Manuskripts der *Faerie Queene* sollen in den Flammen umgekommen sein. Spenser floh mit seiner Familie nach Mallow und begab sich kurz darauf nach London, wo er – wie es heißt, »aus Mangel an Brot« – elendiglich zugrunde ging. Der »Fürst der Dichter seiner Zeit, dessen göttlicher Geist keiner anderen Zeugen bedarf als der Werke, die er hinterlassen hat« (so die Grabinschrift von Nicholas Stones), wurde neben Geoffrey Chaucer in Poets' Corner, Westminster Abbey, beigesetzt.

Da steht er nun, Spenser's Tower, ein efeubewachsener Stumpen. In der saftig-grünen Landschaft des Vogelschutzgebiets vor den Ballyhouras Mountains ist er ein historisches Mal, das an das Schicksal unzähliger irischer Burgen und Paläste mahnt, welche im Laufe mehrerer Jahrhunderte zu leeren Steinhülsen niedergebrannt wurden. Ihr Gegenstück sind die vielen verfallenen Hütten, die ebenfalls verlassen stehen. Da ehrt das Dörfchen Doneraile lieber einen Autor, der den Vorzug hatte, zugleich katholischer Priester und irischer Patriot zu sein: Das Wohnhaus von Canon Sheehan (1852–1913) an der Brücke über den Fluß Awbeg ist mit einer Gedenktafel versehen, und vor der katholischen Pfarrkirche steht eine 1925 aufgestellte Bronzestatue von Francis Doyle-Jones, die den damals »weltweit berühmten«, heute hingegen eher vernachlässigten Schriftsteller mit Birett und Nickelbrille zeigt.

Der aus Mallow stammende Geistliche war von 1895 bis zu seinem Tode hier Gemeindepfarrer. Patrick Augustine Sheehan machte es sich zur Aufgabe, »für den Nicht-Gentleman ohne Equipage« zu schreiben: »Kein Wordsworth hat bisher das Lob dieser irischen Talbewohner gesungen.« Seine Romane aus dem irischen Priesterleben wie *My New Curate* (1900), *Luke Delmege* (1901) oder *The Blindness of Dr. Gray* (1909) fanden unter den irischen Pächtern ebenso reißenden Absatz wie seine »agrar-sozialen Romane«, z. B. *Lisheen* (1907) und *Miriam Lucas* (1912). Politisch radikaler waren *Glenanaar* (1905) über die »Verschwörung von Doneraile« im Jahre 1829 und der Fenier-Roman *The Graves at Kilmorna* (postum 1915). Die Vertreter der Moderne, Yeats, Synge und George Moore, beschimpfte Sheehan als »neue Heiden und Ästheten«; kein Wunder, daß sich dem talentierten und belesenen Romancier allzuoft der gestrenge Seelsorger in den Weg stellte. Heiterer Humor und heiligmäßige Härte, waches politisches Bewußtsein und konventionelle Moralanschauungen gingen in seinem Werk eine unglückliche Verbindung ein.

Die Marktstadt Ráth Luirc (Charleville) an der N 20, nur wenige Kilometer nördlich von Doneraile, war die Wirkungsstätte des gälischen Poeten und Homer-Übersetzers Seán Clárach Mac Domhnaill (1691–1754), der auf dem Kirchhof von Ballysallagh begraben liegt. Auf seiner Farm in Kiltoohig veranstaltete der »Chief Poet of Munster« Dichtertreffen, bei denen unter anderem Seán Ó Tuama (1706 bis 1775) und Eóghan Rúadh Ó Súilleabháin (1748–84) zusammenkamen. Mit Ó Tuama war auch Aindrias Mac Craith (1708 – um 1795) befreundet, ein Schulmeister aus Limerick, bekannt unter dem Beinamen An Mangaire Súgach (der fröhliche Hausierer).

Ganz in der Nähe von Doneraile, nordwestlich des Dörfchens Farahy, zwei Kilometer westlich von Kildorrery, stand Bowenscourt, das 1765–75 im italienischen Stil erbaute Gutshaus der namhaften angloirischen Erzählerin, Romanschriftstellerin und Essayistin Elizabeth Bowen (1899–1973). Elizabeth Dorothea Cole Bowen, einziges Kind des Rechtsanwalts und Grundbesitzers Henry VI Cole Bowen, verlebte die ersten sieben Jahre ihrer Kindheit abwechselnd in Bowenscourt und in ihrem Geburtshaus 15 Herbert Place, Dublin 2 (vgl. ihre Familien- und Kindheitserinnerungen *Bowen's Court* und *Seven Winters. Memories of a Dublin Childhood*) – ein Alternieren zwischen Stadtwohnung und Landvilla, Winter- und Sommerresidenz, wie es für begüterte Angehörige der protestantischen Oberschicht nicht untypisch war. Der umliegende Grund und Boden, 800 Morgen umfassend, befand sich schon seit dem Cromwellschen Landraub im 17. Jahrhundert im Besitz der Familie.

Bowenscourt »ist die Verneinung des mystischen Irland: Seine kahlen Mauern entkräften das verstörende Licht der Umgebung. [...] Die wenigen Zimmer sind geräumig und hoch. Das Haus ragt drei Stockwerke auf, unten ist an einer Stelle ein Kellergeschoß eingelassen. Eine Terrasse vor der Eingangstür, von einem unsichtbaren Bogen gestützt, überdacht das Areal; von dieser Terrasse führen die Stufen zur Kiesauffahrt hinab.« Leider müssen wir uns völlig auf die Beschreibung verlassen, die Elizabeth Bowen von ihm gibt, denn das Gebäude selbst, das ihr so lieb war, hat sich nicht erhalten, obwohl sein Standort heute ausgeschildert ist. Dabei fiel es nicht etwa kriegerischen Auseinandersetzungen zum Opfer, sondern dem Geschäftssinn eines Nachbarn, der den Bau gleich nach der Übernahme im Jahre 1960 abreißen ließ, um das wertvolle Bleidach zu verhökern. Virginia Woolf, die wie Rosamond Lehmann, Carson McCullers oder Iris Murdoch in dem gastfreundlichen Haus zu Besuch weilte, gewann, herablassend wie immer, einen eher negativen Eindruck: »Elizabeths Haus war nichts als ein großer Steinklotz voll italienischer Kaminsimse und modriger Möbel aus dem 18. Jahrhundert [...], aber sie beharrten darauf, eine Art baufälliger Pracht aufrechtzuerhalten.« Daran änderten auch die noblen schwarzen Limousinen nichts, die vor dem Eingang parkten.

Wer die spirituelle Präsenz der in England an Lungenkrebs gestorbenen Autorin spüren möchte, der muß sich an die Dorfkirche von Farahy selbst halten, wo die anglikanische Gemeinde – »die kleinen Mädchen in weißen Musselinkleidern und gestärkten weißen Musselinhüten« – allsonntäglich zum Gottesdienst zusammenkam. Unmittelbar vor dem Portal befindet sich das Grab der für ihre subtile Beobachtungsgabe und ihre profunden Einsichten gerühmten Autorin. Im Eingang selbst ist eine Gedenktafel angebracht; sie trägt die Aufschrift: »In ihren Werken hinterließ sie einen Beweis ihres Genius, ein Bild ihrer Persönlichkeit und eine Geschichte ihres Zuhauses.« Auf dem kleinen Friedhof sind auch Bowens Gatte und andere Familienmitglieder beigesetzt.

Als Bowens Vater 1906 wieder einmal einen Nervenzusammenbruch erlitten hatte, war »Bitha« auf ärztliches Anraten zusammen mit ihrer Mutter Florence nach England verschickt worden, wo sie die Internate Harpenden Hall School (Hertfordshire) und Downe House School (Kent) besuchte. Ihr Heranwachsen als Einzelkind, die Trennung der Eltern und der frühe Tod der Mutter (1912) hinterließen in ihr ein Gefühl der Einsamkeit und Unsicherheit, das sich nicht nur in

Elizabeth Bowen

einem Hang zum Stottern äußerte, sondern auch in ihren Romanen zu einer Konzentration auf das psychologische Problem der Personwerdung führte; nicht selten sind ihre einfühlsam gezeichneten Protagonistinnen, wie etwa Portia Quayne in dem meisterhaften Roman *The Death of the Heart* (1938), frühverwaiste, sensible junge Frauen, deren hochgespannte Liebeserwartungen an der kalten Verständnislosigkeit ihrer Umgebung scheitern.

Nach dem Studium am Trinity College Dublin ging Bowen 1918 nach London, wo sie im Bloomsbury-Kreis verkehrte und sich mit Virginia Woolf und E. M. Forster anfreundete. 1923 war ein ereignisreiches Jahr: Bowen heiratete den schottischen Pädagogen Alan Charles Cameron, zog nach Oxford um und veröffentlichte ihr erstes Buch, den Erzählband *Encounters*, dem drei Jahre später *Ann Lee's and Other Stories* folgte. Auch ihre ersten vier Romane, darunter *To the North* (1932), entstanden in Oxford. Ihr literarisches Credo war »das nicht-poetische Aussprechen einer poetischen Wahrheit; kein Aussprechen derselben kann endgültig sein«.

Da sie in England zur Schule ging, den größten Teil ihres Lebens in England verbrachte und sich in der Mehrzahl ihrer Bücher englischen Gegenständen zuwandte, gilt Elizabeth Bowen, die oft mit Henry James verglichen wird, als britische Autorin; ihre irische Herkunft und ihre anglo-irische Perspektive werden dabei unterschlagen: »Ich betrachte mich als irische Romanschriftstellerin. Solange ich zurückdenken kann, bin ich mir meines Irischseins immer höchst bewußt gewesen. [...] Ich muß sagen, daß es eine ungemein verstörende Gefühlsregung ist. Es handelt sich – das sei betont – keineswegs um Sentimentalität.« In Romanen wie *The Last September* (1929) und *A World of Love* (1955) sowie in etlichen ihrer exzellenten Kurzgeschichten wählte sie denn auch irische Themen und Schauplätze.

So behandelt der Roman *The Last September* am Beispiel eines jungen Mädchens, das die politischen Wirren und den gesellschaftlichen Wandel der frühen zwanziger Jahre durchleidet, den Lebensherbst der Protestant Ascendancy in County Cork und die komplizierten, einander widerstreitenden Loyalitäten der Anglo-Iren, die sich auch in Bowens eigenem Hin- und Herpendeln zwischen einem bürgerlich-urbanen London und dem Milieu des protestantischen Landadels in der rustikalen Landschaft Corks widerspiegelten: »Ererbte Loyalität gegenüber England – wo ihre Söhne zur Schule gingen, in dessen Kriegen ihre Söhne getötet wurden und dem sie ihre Ländereien und ihre Macht zuallererst verdankten – zogen sie in die eine Richtung; ein ihnen in Fleisch und Blut übergegangenes latentes ›Irischtum‹ in die andere.«

Der Roman, der in der von Maria Edgeworth bis Jennifer Johnston reichenden Tradition des »Big House Novel« steht, setzt die Zerstörung des vornehmen Herrenhauses einer Vertreibung aus dem Paradies gleich, was, wie Bowen ausführt, der anglo-irischen Literatur denselben Grad an Schmerzlichkeit verleiht, der der irischsprachigen Literatur seit dem Zusammenbruch der gälischen Zivilisation zu eigen war. In ihren zehn Romanen und neunundsiebzig Kurzgeschichten verließ Bowen nur selten die ihr vertraute Sphäre gutsituierter Gesellschaftsschichten. Doch immer wieder gelingt es der Autorin, unbarmherzig hinter den sozialen Masken unbefriedigende persönliche Beziehungen aufzudecken und das komplizierte Seelenleben ihrer Gestalten inmitten einer in sterilen Konventionen befangenen Umwelt zu zergliedern.

In dem melodramatischen Liebes- und Spionageroman *The Heat of the Day* (1949), ihrem meistgelesenen und von ihr selbst am höchsten geschätzten Werk, beschwört Bowen das den deutschen Luftangriffen trotzende London der Kriegszeit herauf, als sie tagsüber im Informationsministerium, nachts als Luftschutzwart arbeitete. Dieselbe Eleganz, die ihr waches Gesicht und ihre ganze aristokratische Erscheinung auszeichnet, findet sich in ihrem delikaten, mehr andeutenden als ausführenden Prosastil wieder, in Romanen wie *The House in Paris* (1935), *The Little Girls* (1964) oder *Eva Trout or Changing Scenes* (1968) und in Kurzgeschichtenbänden wie *Joining Charles* (1929) und *The Demon Lover* (1945).

Das hübsch gelegene Städtchen CLOYNE östlich von Cork Harbour ist mit dem Namen des bedeutendsten irischen Denkers der Neuzeit, GEORGE BERKELEY (1685–1753), verbunden. In demselben Jahr, in dem der prominenteste Widersacher des philosophischen Materialismus eines John Locke oder Isaac Newton seine *Three Dialogues between Hylas and Philonous* (1713) veröffentlichte, eine populäre Darstellung seiner »immaterialistischen« Position, ließ er sich zum Geistlichen der anglikanischen Staatskirche weihen, 1724 wurde er Dekan von Derry und 1734 endlich zum protestantischen Bischof von Cloyne berufen. Konfrontiert mit der bitteren Armut in seiner Diözese, entwickelte er ein profundes Interesse an brennenden Tagesproblemen. In drei unter dem Titel *The Querist* (1735–37) anonym veröffentlichten Bänden warf er im Stile eines sozialreformerischen Pamphletisten Hunderte von religiösen, ökonomischen, sozialen und politischen Fragen auf, so etwa diese: »132. Ob es auf Erden irgendein christliches oder zivilisiertes Volk gibt, das so bettelarm, elend und notleidend ist wie die gemeinen Iren? 134. Ob, wenn es um dieses Königreich eine Mauer aus Messing gäbe, tausend Ellen hoch, unsere Eingeborenen nicht dennoch reinlich und bequem leben, das Land bestellen und seine Früchte ernten könnten?«

Berkeley befaßte sich mit Arbeitsbeschaffungsmaßnahmen, mit öffentlicher Gesundheit und Erziehung und trat für religiöse Toleranz, Aussöhnung zwischen den Konfessionen und eine Lockerung der zu Anfang des 18. Jahrhunderts erlassenen Penal Laws ein, welche die Ausübung des katholischen Bekenntnisses unter Strafe stellten und Katholiken fast aller Bürgerrechte beraubten. Bei alledem war er nicht frei von Exzentrik. So trat er in der Abhandlung *A Chain of Philosophical Reflections and Inquiries Concerning the Virtues of Tar Water* (1744), später *Siris* genannt, für die universelle Anwendung von aufgegossenem kalten Teer zu medizinischen Zwecken ein – eine Obsession, die er mit dem Dichter James Clarence Mangan teilte. Mit seinen medizinischen und physiologischen Überlegungen zur Heilkraft von Teer führte er freilich seine neuplatonische Philosophie von Seele und Körper, vom göttlichen Tun als der Ursache aller physischen Phänomene, im Grunde nur fort. 1752 legte er sein Kirchenamt aus gesundheitlichen Gründen nieder und zog sich nach Oxford zurück, wo er im Jahr darauf starb.

In St. Colman's Cathedral (14. Jahrhundert) findet sich ein von Bruce Joy 1890 geschaffenes alabasternes Denkmal zu Ehren des Bischofs. Übrigens ist die Kathedrale, neben der einer der griffelschlanken irischen Rundtürme aufragt (im 17. Jahrhundert unpassenderweise mit Zinnen versehen), nach Colmán Mac Léníni benannt, der im Jahre 604 als Abt von Cloyne starb. Der Heilige war zunächst »Berufsdichter« und, sieben erhaltenen Fragmenten nach zu urteilen, der erste irische Lyriker, der die überkommene Versform (gälische Kettenalliteration und fixe Silbenzahl) bereicherte, indem er aus der lateinischen Poesie den Endreim übernahm.

Mit 130000 Einwohnern ist Cork (Corhaigh, sumpfiger Ort), die Stadt am Fluß Lee (vgl. das Lied »On the banks of my own lovely Lee«), die drittgrößte Kommune Irlands. Zum jährlichen Guinness Jazz Festival im Oktober festlich mit Wimpeln geschmückt, ist sie dem eigenen Selbstverständnis nach unverhohlene Rivalin Dublins und hat einen ganz eigenen Charakter: »Als er uns verließ, bemerkte der sommerliche Besucher auf seine gutmütige Art, Cork sei ein recht geschäftiger Ort, wenn man bedenkt, wie klein er ist. Und das glaubt er wirklich, denn was immer weniges an Pastoren, Briefträgern, Straßengören, Bettlern; an Plätzen, Straßen, Gassen, Märkten; an Fuhrwerken, Autos, Straßenbahnen, Schiffen; an Kirchtürmen, Mauertürmchen, Kuppeln und anderen Türmen; an Glocken, Hupen, Begegnungen, Schreien; an Konzertsälen, Theatern, Geschäften wir zu bieten haben [...], ist in einem schmalen zweistromigen, vielbrückigen Flußtal bunt durcheinandergewürfelt, schiebt sich und wird geschoben, ist so zusammengedrängt, daß die schiere Masse einen Schaum und ein Gestöber erzeugt, die den zufälligen Besucher verwirren, es sei denn, er wäre entschlossen, der wahren Größe und dem wahren Wert der Dinge auf den Grund zu gehen. Für ihn ist das Cork. Aber für uns ist es nur die ›Niederung der Stadt‹. Was ist mit den Hängen? Man braucht nur irgendeinen jener alten, weitgeschwungenen, baumlosen, wolkenüberschatteten Hügel drei Schritte hinaufzulaufen, und schon findet man sich des Mittags in einer Stille wieder, an der man bald Geschmack findet. Sie haben die Stadt kaum verlassen, doch Sie heben den Blick, Sie schauen sich um und bemerken [...] den Geist der Kontemplation [...]« – die gälische Welt des 18. Jahrhunderts.

So beurteilte DANIEL CORKERY (1878–1964), ein irischer Homme de lettres, der Kritik und Kreativität verband und sich auf den Gebieten der Kurzgeschichte, des Dramas und der literaturwissenschaftlichen Untersuchung gleichermaßen hervorgetan hat, seine Heimatstadt Cork, und allein dieser Prolog zu seinem ersten und einzigen Roman *The Threshold of Quiet* (1917), in dem er – nach einem Wort von Henry David Thoreau (1817–62) – ein »Leben stiller Verzweiflung« gestalten wollte, läßt erkennen, worum es ihm zu tun war: um den Gegensatz zwischen Stadt und Land, den er als einen zwischen englischer und irischer Sprache, Literatur und Kultur wahrnahm.

Allerdings hielt der Sohn eines Zimmermanns Cork die Treue und wohnte zeitlebens in dem Haus, in dem er geboren wurde: 2 AUBURN VILLAS (Gedenktafel). Hierbei handelt es sich keineswegs um eine Villa, sondern um ein unscheinbares Reihenhaus mit kleinem Vorgarten in einem von Gardiner's Hill abgehenden Sträßchen im Nordosten der Stadt, dessen graues Einerlei nur gelegentlich von einem himmelblauen oder türkisfarbenen Fassadenanstrich aufgelockert wird. Corkery wurde am Ende im Haus seiner Nichte Maureen in Fountainstown gepflegt, starb als Junggeselle in Passage West und fand seine letzte Ruhestätte auf dem St. Joseph's Cemetery in Cork.

Der einzige Aufenthalt außerhalb Corks galt dem St. Patrick's College Dublin, wo sich Corkery 1906/07 zum Schullehrer ausbilden ließ. Nach Cork zurückgekehrt, arbeitete er als Lehrer, später als Schulrat für Irisch. In St. Patrick's National School unterrichtete er unter anderem den jungen Frank O'Connor, den er mit seinem ersten Tafelanschrieb auf irisch (»Fasse Mut, Irland!«) stark beeindruckte. Für O'Connor war Corkery »ein kleiner Mann mit lahmem Bein, der sich langsam und beschwerlich in den Klassenzimmern herumschleppte, obwohl er, wann immer er wollte, wie auf Schlittschuhen umherzugleiten schien und ein so hitziges Gemüt hatte, daß ihm das Blut ins Gesicht schoß. Trotz seines Gebrechens war er so – flink, mager und reinlich. Er hatte einen kleinen, runden Kopf und ein rundes Gesicht mit dem Teint eines Säuglings, auf dem ein schmaler dunkler Schnurrbart und der Anflug von Bartstoppeln ebenso unpassend wirkten, wie sie an einem kleinen Jungen gewirkt hätten.« Als Lehrer und Autor übte Corkery auf die nächste Generation von Schriftstellern – Autoren wie Frank O'Connor und Sean O'Faolain – unübersehbaren Einfluß aus; entscheidende Anregungen für die realistische Kurzgeschichte der dreißiger, vierziger und fünfziger Jahre stammen von ihm.

In seinem polemischen Werk *The Hidden Ireland* (1925), einer Studie der gälischen Literatur des 18. Jahrhunderts in Munster, deren Titel über Jahrzehnte hinweg zu einem wichtigen Schlagwort der kulturpolitischen Debatte wurde, beleuchtete Corkery die kulturellen »Reichtümer jenes verhungernden Volkes«, dem die drakonischen Penal Laws Sprache, Erziehung, Religion, Berufsausübung, Gerechtigkeit vorenthalten hatten. Er suchte die Aufmerksamkeit seiner Leser auf die bardischen Schulen (Courts of Poetry) der Vergangenheit zu lenken und argumentierte, daß die Konzentration auf die Literatur des anglo-irischen Establishments von den »einheimischen Ressourcen« irischer Identität, den Restbeständen einer jahrtausendealten gälischen Zivilisation, ablenke.

Nach der Veröffentlichung seiner kontroversen Arbeit *Synge and Anglo-Irish Literature* (1931), mit der er 1929 den Grad eines M. A. erworben hatte, wurde Corkery als Professor für Englische Literatur ans University College Cork berufen. Bei dieser Abhandlung handelt es sich um den schärfsten Frontalangriff auf das Konzept anglo-irischer Literatur überhaupt, vorgetragen von der Warte eines agrarisch und gälisch gefärbten katholischen Nationalismus. Corkery hatte heftig bestritten, daß anglo-irische Autoren zu einer irischen Nationalliteratur nach dem Vorbild der klassischen russischen Erzähler, Gogol, Turgenjew, Tschechow und Gorki, beitragen könnten.

Ironischerweise schrieb der Mann, der als enthusiastisches Mitglied der Gälischen Liga die Wiederentdeckung und -belebung des Irischen betrieb, selber fast ausschließlich auf englisch. Während Corkery, dem das Naturell zur aktiven Teilnahme am Unabhängigkeitskampf fehlte, in *The Hounds of Banba* (1920) agitatorisch verwendbare Szenen aus dem Guerillakrieg gegen die Briten festhielt, schilderte er in seinen angesehenen Erzählsammlungen *A Munster Twilight* (1916), *The Stormy Hills* (1929), *Earth out of Earth* (1939) und *The Wager* (1950) vor allem die harschen Lebensbedingungen auf dem Lande.

Ein drittes Betätigungsfeld war für Corkery die Bühne. Bereits 1908 gründete er in der Absicht, auch in Cork die Irische Literarische Renaissance zu befördern, zusammen mit Terence McSwiney und anderen die Cork Dramatic Society, die auch sein erstes Theaterstück zur Aufführung brachte. 1920 wurde im Abbey Theatre unter Lennox Robinson sein Einakter *The Yellow Bittern* gegeben. Für seine Verdienste um die irische Literatur wurde Corkery nach seiner Emeritierung 1947 mit der Ehrendoktorwürde ausgezeichnet und fünf Jahre später zum Mitglied von Seanad Éireann, dem Oberhaus des irischen Parlaments, ernannt.

Corkerys Wirken und Schaffen hinterläßt einen zwiespältigen Eindruck: Zwar bahnte er mit seinen kritischen Arbeiten einer Neubewertung der lange vernachlässigten gälischen Poesie den Weg und regte zahlreiche Übertragungen an; zugleich aber war sein Blick von einem nachgerade fanatischen Interesse an der irischen Sprache und Literatur verstellt, aus dem ein steriler anglophobischer Nationalismus sprach. Seine rückwärtsgewandte Grundhaltung, seine romantisierende Auffassung der Vergangenheit, seine durchaus nicht immer abgesicherten Erkenntnisse mündeten in einseitige, übersteigene Ansprüche.

Mit seiner historischen Romantrilogie *Stand and Give Challenge* (1934), *Candle for the Proud* (1936) und *Men Withering* (1939) um den gälischen Dichter Donnchadh Ruadh Mac Conmara (Denis MacNamara, 1715–1810) und seinen jakobitischen Freund Tadgh Gaedhealach Ó Súilleabháin (Timothy O'Sullivan, 1715–95) griff der mehrfach auch ins Deutsche übersetzte katholische Romancier und Biograph Francis MacManus (1909–65) aus Kilkenny Corkerys Anregung auf, sich auf die Munster-Schule als lebendiges Erbteil irischer Literatur zu besinnen. Übrigens soll der reisefreudige Mac Conmara, ebenso wie er in seinem Langgedicht *Eachtra Giolla an Amaráin* (»Abenteuer eines glücklosen Burschen«) über Neufundland schrieb, seine nostalgischen Verse »Bán Chnoic Éireann Óigh« (»Die schönen Hügel Irlands«) in Hamburg verfaßt haben.

»Meine frühesten Erinnerungen setzen in Blarney Street ein, die wir Blarney Lane nannten, da sie dem Verlauf eines alten Feldwegs von Cork nach Blarney folgt. Sie beginnt in der Nähe des Flußufers am unteren Ende von Shandon Street im Schmutz und steigt den Hügel hinauf zu etwas wie Elend an.« So beschreibt Frank O'Connor (1903 bis 1966), mit bürgerlichem Namen Michael Francis O'Donovan, in seiner Autobiographie *An Only Child* (1961) das Weichbild seiner von Armut gezeichneten Kindheit in Cork. Wer heute nach der Hausnummer 251 Ausschau hält, wird zwar fast noch ebensoviel Schmutz und Elend vorfinden, das Haus selbst jedoch nicht. Statt dessen richte man den Blick auf die in den Bürgersteig vor Nummer 248 eingelassene Gedenktafel. Geboren wurde O'Connor in Douglas Street, bestattet ist er auf dem Dubliner Friedhof Deans Grange (Grabstelle N 79–80, St. Patrick's), wo eine zerbrochene Grabplatte mit seinem Namen das einzige ist, was an seinen irdischen Aufenthalt erinnert.

Immerhin ragt aus all der Verwahrlosung der 1722 errichtete Turm von St. Anne's Church (Shandon Church) auf, dessen berühmtes Glockengeläut der Journalist, Humorist und ehemalige Seminarist Francis Sylvester Mahony (1804–66) – »eine irische Kartoffel, mit attischem Salz gewürzt« – überschwenglich mit den oft zitierten Knittelversen besang:

I have heard bells tolling, ›old Adrian's Mole‹ in
Their thunder rolling from the Vatican,
With cymbals glorious, swinging uproarious,
In the gorgeous turrets of Notre Dame;
But thy sounds were sweeter than the dome of Peter
Flings o'er the Tiber, pealing solemnly,
Oh! the bells of Shandon
Sound far more grand on
The pleasant waters of the river Lee.

Die Fassade des zum Wahrzeichen der Stadt gewordenen Kirchturms besteht auf zwei Seiten aus rotem Sandstein, auf den gegenüberliegenden aus grauem Kalkstein, daher der Corker Spruch »Partly coloured like the people / Red and white is Shandon Steeple«. Darüber erhebt sich wie ein dreistöckiger Pfefferstreuer der eigentliche Glockenturm. Besucher können die acht Glocken läuten und einen herrlichen Ausblick über die Stadt und ihre verwinkelten Gassen genießen. Father Prout, wie Mahony sich nach dem fiktiven Sohn Jonathan Swifts und seiner Geliebten Stella aus seinen *Reliques* (1836) nannte, liegt zu Füßen des mächtigen Turms begraben, auf dem, weithin sichtbar, ein goldener Lachs die Wetterfahne abgibt.

Will man eine Bleibe des Erzählers, Kritikers und Übersetzers O'Connor entdecken, der zusammen mit Sean O'Faolain und Liam O'Flaherty das hell leuchtende Dreigestirn am Himmel des sozialkritischen Realismus der vierziger Jahre bildet, so muß man schon zum Harrington Square bei Dillon's Cross pilgern, einem geschrägten, um eine Marienstatue angelegten Platz, auf dem sich ballspielende Kinder tummeln. Das grasgrüne Gemäuer des Schreins umfängt die kleine Siedlung wie der Schutzmantel der Madonna selbst. An dem winzigen Reihenhäuschen Nr. 8 – beiger Anstrich, bemoostes Dach – findet sich eine Gedenktafel, in der Stadtbücherei in Grand Parade, wo O'Connor

Shandon Church, Cork City

als Bibliothekar angestellt war, auch eine Büste – nachträgliche Ehrungen für einen nonkonformistischen Mann, der, solange er seine bitteren Geschichten über eine von Armut, Arbeitslosigkeit, Auswanderung und »barbarischer Mediokrität« geprägte Gesellschaft schrieb, wenig gelitten war und zeitlebens mit der Zensur zu kämpfen hatte.

Denn eine Zensur fand und findet statt. Artikel 40 der irischen Verfassung sieht eine Zensur auf den Gebieten der Religion, Moral und Politik vor; ihr unterliegen gotteslästerliche, aufrührerische und unzüchtige Bücher, Periodika, Filme, Funk- und Fernsehsendungen. Nicht nur das allgemeine intellektuelle Klima der dreißiger, vierziger und fünfziger Jahre, auch der Umstand, daß jeden Monat an die siebzig Bücher verboten wurden, erklärt den Exodus irischer Autoren während dieses Zeitraums. Die oft nur aufgrund eines anrüchigen Ti-

Frank O'Connor

tels oder einiger weniger Zeilen ausgesprochenen Verbote benahmen den Schriftstellern nicht nur die Freiheit des künstlerischen Ausdrucks, sondern raubten ihnen auch die Möglichkeit zu ihrem Lebensunterhalt. Mitglieder der Catholic Truth Society erblickten ihren Lebenszweck umgekehrt darin, anstößige Textstellen zu schwärzen und Autoren anzuschwärzen – Zensur als ein Akt puritanischer Selbstreinigung.

Kein irischer Schriftsteller von Rang, dessen Werke im Verzeichnis nicht-lieferbarer Bücher nicht aufgeführt gewesen wären. Auch Autoren der Weltliteratur, von Boccaccio und Casanova über Balzac,

Proust, Freud, Gorki, Thomas Mann und Hemingway bis hin zu Malraux, Gide und Sartre, waren einträchtig auf dem Index versammelt. Sind die Bestimmungen inzwischen auch gelockert worden – mit der Gesetzesreform von 1967 wurden auf einen Schlag 5000 Titel von ihrem Bann erlöst und das harsche Lebenslänglich in nachsichtige zwölf Jahre verwandelt –, so schneidet die Schere einer nachgerade paranoiden Zensur doch selbst heute noch. Zusammen mit O'Faolain war O'Connor einer der wenigen irischen Schriftsteller, die nicht emigrierten, sondern aktiv gegen die Repressalien der Zensurbehörden und den mit ihr einhergehenden geistigen Provinzialismus vorgingen, besonders auf den Seiten der 1940 von ihm mitbegründeten Zeitschrift *The Bell* (»Zensur ist eine Beleidigung irischer Intelligenz«). Erst 1951 verließ er notgedrungen für zehn Jahre die Grüne Insel, um als Gastprofessor in den USA Vorlesungen über den Roman (*The Mirror in the Roadway. A Study of the Modern Novel*, 1957) und die Kurzgeschichte (*The Lonely Voice. A Study of the Short Story*, 1963) zu halten.

Trotz angegriffener Gesundheit war O'Connor, von jugendlichem Idealismus getrieben, mit fünfzehn Jahren in die IRA eingetreten und hatte auf seiten der Republikaner am irischen Bürgerkrieg teilgenommen. Seine Internierung durch Freistaatler nutzte er zur Vervollkommnung seiner Irischkenntnisse und zur Abrundung seiner größtenteils autodidaktisch erworbenen Bildung. In der Haft in Gormanstown gelangte er auch zu der Einsicht, daß die politischen Vorstellungen der Republikaner zu keiner wirklich freien Republik führen würden; die Entwicklung des Irischen Freistaats unter Eamon de Valera sollte ihm recht geben. 1924–28 arbeitete er als Bibliothekar in Sligo, Wicklow und Cork, 1928–38 in Dublin. Dort kam er bald mit Æ in Berührung, der ihn zu seinen Soirées lud und seine ersten Verse, Kurzgeschichten und Rezensionen veröffentlichte. Als Mitdirektor des Abbey Theatre von 1935 bis zu seinem Rücktritt im Jahre 1939 erlebte O'Connor die Aufführung seiner Theaterstücke, darunter *In the Train* (1937) und *Moses' Rock* (1938).

Was jedoch sein vielseitiges Schaffen vor allem auszeichnet, sind nicht die Bühnenwerke und Studien, Biographien und Autobiographien, Reisebücher und Romane (darunter *The Saint and Mary Kate*, 1932), sondern die sieben Erzählbände *Guests of the Nation* (1931), *Bones of Contention* (1936), *Crab Apple Jelly* (1944), *The Common Chord* (1947), *Traveller's Samples* (1951), *Domestic Relations* (1957) und *My Oedipus Complex* (1963), auf deutsch als *Gesammelte Erzählungen* erhältlich. »Sämtliche Kurzgeschichtenautoren der Welt sind unter Gogols Mantel hervorgekrochen«, so resümierte Bryan MacMahon mit Dostojewski. O'Connor wird denn auch mit einem anderen Großmeister der russischen Erzählkunst, mit Tschechow, auf eine Stufe gestellt; Yeats urteilte dezidiert: »Wer seine Heimat so verewigt, der tut für Irland, was Tschechow für Rußland tat.« Sicherlich war O'Connor mit fast zweihundert Geschichten einer der produktivsten Erzähler Irlands.

In der Kurzgeschichte erblickte O'Connor die ideale nationale Kunstform, mit der »marginalisierten Bevölkerungsgruppen« eine »einsame Stimme« zur Verfügung gestellt wird. Statt mythischer Heroen und ihrer Großtaten, wie sie noch dem elitärer denkenden Yeats vorschwebten, sind es die ihm von seiner eigenen Herkunft vertrauten kleinen Leute, deren randständige Existenz er schildert. Muriel Spark rühmte seine »wunderbare Technik, die die Geschichten verallgemeinert, ohne ihre lokalen Vorzüge zu beeinträchtigen«. Die Titelgeschichte seiner ersten Erzählsammlung *Guests of the Nation*, die den Konflikt zwischen Irland und der alten Kolonialmacht auf der Ebene persönlicher, von einer gemeinsamen Sprache geprägter Beziehungen behandelt, gewann für die irische Kurzgeschichte der Jahrhundertmitte ausgesprochenen Vorbildcharakter. Auf dem gleichen Stoff beruht auch Brendan Behans bekanntes Drama *The Hostage.*

Neben seinen eigenen Werken, die zunehmend auch die sexuelle Repression aufs Korn nahmen, widmete sich O'Connor der Übersetzung irischsprachiger Poesie der Vergangenheit. Auch an dieser Zweiteilung seiner literarischen Aktivitäten erweist sich seine Haßliebe zu Irland, auf dessen warmblütige keltische Hoch-Zeit nach Jahrhunderten der Fremdherrschaft, kaum war die Unabhängigkeit erkämpft, ein bourgeoiser Kältestrom folgte. Besonders bekannt ist O'Connors Übertragung des großen elegischen Liebesgedichts »Caoineadh Airt Uí Laoghaire« (»Lament for Art O'Leary«) von Eileen Dubh O'Leary, Tante des »Befreiers« Daniel O'Connell aus Derrynane – ein traditionelles *caoineadh* oder Klagelied. Der von seiner Witwe so liebevoll besungene gälische Aristokrat – hingeschlachtet, weil er sich weigerte, die Stute, die er als Einheimischer laut Strafgesetz nicht besitzen durfte, unter Preis zu verkaufen – wurde in Kilcrea Abbey bei Ovens unweit von Cork beigesetzt; die Grabinschrift lautet: »LO ARTHUR O'LEARY / GENROUS HANDSOME BRAVE / SLAIN IN HIS BLOOM / LIES IN THIS HUMBLE GRAVE.«

Vielleicht ist es kein Zufall, daß auch O'Connors um drei Jahre älterer Freund und Kollege SEAN O'FAOLAIN (1900–91) einer Stadt entstammt, die den Beinamen »Rebel Cork« trägt. Der Erzähler, Romancier und Biograph, dessen Wirken und Schaffen bis auf die zähe Langlebigkeit und eine bessere Erziehung auffällige Parallelen mit O'Connors aufweist, rebellierte nicht nur gegen seinen Vater, sondern zugleich gegen all das, wofür dieser stand: »Er war der bescheidene, aber unschätzbare Sockel, auf dem alle großen Staaten und Reiche sich verschlagen zu Macht und Ruhm erhoben haben, und ich war ein natürlicher, wenn auch sanfter Rebell« (*Vive Moi!*, 1964). Denn O'Faolains Vater diente als Polizist mit königstreuer Gesinnung in der Royal Irish Constabulary, die nur zwei Jahrzehnte nach Seans Geburt zur Zielscheibe der aufständischen IRA wurde: »Es war gut für meinen Vater, daß er pensioniert wurde, ehe sich nach 1916 der revolutionäre Geist im ganzen Land auszubreiten begann.«

O'Faolain kam in 1 Half Moon Street gegenüber der besuchenswerten Municipal Art Gallery zur Welt; rückblickend beschrieb er seine Familie als »vornehmtuend, aber auf dem denkbar niedrigsten sozialen Niveau, Blicke der Begierde und Bewunderung nach oben und nach vorne werfend, Blicke des Hasses und der Verachtung nach unten und nach hinten«. Von seinen fast täglichen Theatergängen und seinen Verwandtenbesuchen auf dem Land empfing der junge O'Faolain die ersten Impulse zum Schreiben.

1918 nahm er das Studium am University College Cork auf, zugleich trat er in die IRA ein, um am Unabhängigkeitskampf teilzunehmen. Im Vertrauen auf die irische Sprache als »Kennzeichen und Kennwort« seiner politischen Überzeugungen gälisierte er seinen englischen Namen John Whelan. Jung wie das Jahrhundert, wurde er mit der Geburt des Irischen Freistaats, den er ablehnte, mündig. Im Bürgerkrieg ergriff der studierte Philologe, der sich unter anderem auch als Bombenbastler nützlich machte, die Partei Eamon de Valeras und stieg 1922 für acht Monate zum Leiter der Öffentlichkeitsarbeit der IRA auf, brach jedoch mit der Bewegung wegen ihrer Wirtschafts- und Sozialpolitik. Nach vorübergehender Tätigkeit als Vertreter für Schulbücher konnte er 1926–29 mit Hilfe eines Stipendiums an der Harvard University studieren, wo er mit dem M. A. abschloß. Von 1929 an arbeitete er als Englischlehrer in Boston, London und Middlesex. Erst 1933 kehrte er nach Irland zurück, in ein »unfähiges« Irland, dessen national und religiös motivierte Insularität seinen Vorstellungen von einer freiheitlichen, weltoffenen Republik nicht im entferntesten entsprach.

Als produktiver Erzähler, als Biograph von Constance Markievicz, Daniel O'Connell, Eamon de Valera, Hugh O'Neill und Kardinal Newman, als Begründer und Herausgeber (1940–46) der kritischen

Sean O'Faolain

Monatsschrift *The Bell*, die sich als Sprachrohr des »Lebens vor jeder Abstraktion« begriff, galt O'Faolain als Primus inter pares der irischen Gelehrtenrepublik, als soziales und kulturkritisches Gewissen der Nation. Er war der einflußreichste Vertreter einer *littérature engagée*, die den romantischen Elitismus eines W. B. Yeats noch vor dessen Tod 1940 ablöste. Wie O'Connor machte sich O'Faolain Gedanken über die irische Identität (*An Irish Journey*, 1940, *The Irish*, 1948), die Kurzgeschichte (*The Short Story*, 1948) und den modernen Roman (*The Vanishing Hero*, 1956). Zu den Erzählern, die ihm viel zu verdanken haben, zählen Mary Lavin, John McGahern und William Trevor. Seine Frau Eileen und seine Tochter Julia (*No Country for Young Men*, 1980) haben sich ebenfalls literarisch betätigt.

Aber womit O'Faolain auch im Ausland die meisten Leser gewann, das waren seine einfühlsamen Kurzgeschichten über »Trinker und Träumer«, »Lügner und Liebhaber«, »Sünder und Sänger«, in denen er mit akribischer Genauigkeit die geistige Signatur des Zeitalters festhält und die Frustrationen eines dürftigen Lebens in irischen Provinzstädten nachzeichnet. Ob britische Herrschaft oder kirchliche Macht, ob wirtschaftliche Zwänge oder moralischer Druck – in O'Faolains zehn Erzählbänden stößt das Individuum immer wieder an künstlich gesetzte gesellschaftliche Grenzen. Gleich mit *Midsummer Night Madness* (1932), sieben lyrisch-suggestiven Erzählungen über die Wirren der beiden irischen Kriege, zog O'Faolain den Beifall der Kritiker und das Mißfallen des katholischen Klerus auf sich. Wie O'Connor unterzieht er hier den bewaffneten Kampf, der, im Rückblick, letztlich nur zu den sozialen Gegebenheiten im neuen Staatswesen führte, einer kritischen Betrachtung.

O'Faolains katholisch-antiklerikale Romantrilogie *A Nest of Simple Folk* (1934), *Bird Alone* (1936) und *Come Back to Erin* (1940) behandelt das gleiche Thema eines unbefriedigenden Daseins, individueller Revolten und kollektiver Paralyse, selbstzerstörerischer Verblendung und verlorener Illusionen. Angesichts der Übermacht von Staat und Gesellschaft erleben seine archetypischen Protagonisten bestenfalls einen Augenblick flüchtiger Selbstverwirklichung im Akt des Aufbegehrens. Erst Jahrzehnte später konnte John Montague erleichtert aufatmen und, in Anspielung auf Yeats' berühmten Vers, reimen: »Puritan Ireland's dead and gone, / A Myth of O'Connor and O'Faolain.«

»Er hat das Beste im Volk getroffen, den eigentlichen Puls des Lebens. [...] Sein Werk ist überall von Anmut – einer sanften, arkadischen Anmut – gezeichnet.« Aber: er ist »schuldig der großen Sünde wider die

Kunst – der Sünde des Rationalismus. Er hat versucht, seinen Geschichten die Unmöglichkeit zu nehmen, die sie uns erst lieb und teuer werden läßt.« So ambivalent urteilte W. B. Yeats über einen Mann, der kein eigenes literarisches Œuvre vorzuweisen hat, sondern sich vorgesetzt hatte, fremdes Gut zu sammeln, schriftlich zu fixieren und für die Nachwelt zu bewahren: THOMAS CROFTON CROKER (1798–1854). Geboren wurde der Sohn eines Majors, dessen Vorfahren zu Zeiten Königin Elisabeths I. aus Derbyshire nach Irland ausgewandert waren, in BUCKINGHAM SQUARE im Zentrum von Cork. Wie bei so vielen seiner Zunftgenossen blieb auch seine schulische Erziehung auf die elementarsten Anfangsgründe beschränkt. Dennoch zeigte der Knabe schon mit zwölf Jahren starkes Interesse an der mündlichen Volksüberlieferung und widmete sich dem Studium der irischen Folklore mit großem Eifer.

So unternahm er von früh an ausgedehnte Streifzüge durch den Südwesten Irlands, wo er den Erzählungen der Bauern über Feen und Elfen lauschte und sich Lieder und Verse vortragen ließ. Von dieser bahnbrechenden Tätigkeit ließ Croker sich weder durch seine Lehre in dem angesehenen Handelshaus der Quäker Lecky & Marchant in Cork abhalten noch durch den Antritt einer Stelle in der britischen Admiralität in London, die ihm nach dem Tod des Vaters 1818 ein Namensvetter, der Politiker und Journalist John Wilson Croker (1780–1857), vermittelt hatte. In der untergeordneten Position harrte er bis zu seiner Pensionierung im Jahre 1850 aus. Hatte er seinen bürgerlichen Lebensmittelpunkt in London, so galt doch seine geistige Aufmerksamkeit stets den Märchenerzählern Irlands. Immer wieder kehrte er in den Westen und Süden der Heimatinsel zurück, um weitere literaturwissenschaftliche und volkskundliche Nachforschungen anzustellen.

Wurden schon seine *Researches in the South of Ireland* (1824) vielfach gelobt, so veröffentlichte er 1825 anonym jenes Werk, das ihm zu bleibender Anerkennung verhelfen sollte: Seine *Fairy Legends and Traditions of the South of Ireland* fanden begeisterte Aufnahme und waren bereits nach wenigen Tagen vergriffen. Im Jahr darauf wurde der schmale Band von den Brüdern Grimm unter dem Titel *Irische Elfenmärchen* ins Deutsche übertragen. 1828 folgte eine Fortsetzung, 1829 *Legends of the Lakes or Sayings and Doings at Killarney* und zehn Jahre später *Popular Songs of Ireland*, eine Volksliedsammlung, in der sich etwa Lieder zum Preis des irischen Klees (*shamrock*), der irischen Tonpfeife und der irischen Kartoffel finden.

Was Samuel Ferguson und James Clarence Mangan aus romantischem Geist für die Lyrik geleistet hatten und Thomas Moore für das irische Liedgut, das leistete Croker für die Volkserzählungen, die vielen alten Sagen, Legenden und Märchen, die die Leute einander zur Unterhaltung am häuslichen Kamin vortrugen – nach dem Sprichwort: »Ein Lied der menschlichen Stimme erhält sich länger als das Lied der Vögel; das Wort überdauert allen Reichtum und allen Glanz dieser Erde.« (Übers. von Frederik Hetman.) Auch wenn er diese *folk tales* stilistisch bearbeitete und das Rohmaterial des Ethnologen methodenwidrig zu abgerundeten Erzählungen mit Steigerung und Höhepunkt umformte, bot der Pionier der irischen Märchenforschung erstmals Einblick in die reiche Folklore mit ihren phantastischen Spukgestalten und wundersamen Geisterwesen (göttlicher Herkunft?), den Banshees, Leprechauns und Pookas. Sie alle zeugen von der »Vorliebe dieses keltischen Volkes für die ›Jenseitswelt‹, für das Sinnieren und Träumen, für das Phantasmagorische und Ornamentale, das Verschlungen-Labyrinthische« (Frederik Hetman). Zu den Bewunderern von Geschichten wie »The Haunted Cellar« oder »The Legend of the Lough« zählten Maria Edgeworth und Walter Scott, der den Autor nach seiner ersten Begegnung so beschrieb: »[...] klein wie ein Zwerg, scharfäugig wie ein Habicht, und von ungezwungenen, einnehmenden Umgangsformen, ein bißchen wie Tom Moore.« Letzterem sandte Croker zahlreiche Volksmelodien zu, die er aufgezeichnet hatte.

1827 wurde Croker Mitglied der Society of Antiquaries, und in den darauffolgenden Jahren half er weitere Gesellschaften ins Leben rufen, für die er neue Sammlungen erstellte: 1839 die Camden Society, 1840 die Percy Society sowie 1843 die British Archaeological Association. Die humoristischen Romane *The Adventures of Barney Mahoney* und *My Village Versus Our Village* (beide 1832) stammen indes nicht von ihm, sondern wurden von seiner Frau Marianne Nicholson, die er 1830 in London geheiratet hatte, unter seinem Namen veröffentlicht.

Dank ihrer malerischen Küstenlandschaft, dank einem milden Klima, welches das üppige Wachstum mediterraner Vegetation begünstigt, ist die Region West Cork beliebter Alterssruhesitz deutscher Geschäftsleute, niederländischer Künstler und britischer Obristen und hat, was ihre Lebensqualität anbetrifft, ausgeprägt englischen, ja kontinentalen Charakter. Das Dorf Castletownshend, acht Kilometer südöstlich von Skibbereen gelegen, am Eingang zu dem schmalen Fjord Castle Haven, den man mit der Fähre überqueren kann, war schon immer Stammsitz protestantischer anglo-irischer Grundbesitzer, etwa der vielfach miteinander verschwägerten Somervilles, Coghills oder Chavasses und der Townshends, nach denen der Ort benannt ist. Berühmteste Tochter der Familie Somerville wie der Ortschaft als ganzer ist die viktorianische Jagd-, Reise- und Romanschriftstellerin Edith Œnone Somerville (1858–1949). Auf Korfu geboren, wurde sie, als ihr Vater – auch er britischer Berufsoffizier – in den Ruhestand trat, im Alter von einem Jahr nach Castletownshend verpflanzt. Ihre Eltern ließen sie überwiegend privat erziehen, in dem von Eiben beschatteten Familiensitz Drishane House am Südwesteingang des Dorfes. Bis auf Studienaufenthalte in London und Paris, wo sie die Malerei erlernte, und abgesehen von Reisen durch Irland und die Vereinigten Staaten, verbrachte Somerville ihr gesamtes Leben in dem großzügigen georgianischen Ziegelsteinbau am oberen Ende der Hauptstraße, die, von zwei Bergahornen »gebremst«, steil zum kleinen Hafen hin abfällt. Vielleicht läßt sich in der gemütlichen Gaststube Mary Anne's etwas weiter unterhalb eine Anekdote aufschnappen.

Als Somerville 1886 ihre Cousine zweiten Grades Violet Martin (1862–1915) aus Moycullen (Co. Galway) kennenlernte, freundeten sich die beiden rasch miteinander an, entdeckten sie doch eine Fülle charakterlicher Gemeinsamkeiten – von der Passion für gesellschaftliche und sportliche Vergnügungen wie Reiten und Jagen bis zu einem ausgeprägten Unabhängigkeitssinn, scharfer Beobachtungsgabe und maliziöser Decouvrierlust. Die schicksalhafte Begegnung stiftete die mit Abstand wichtigste geistige und menschliche Beziehung im Leben der beiden exzentrischen Gutsherrentöchter. Angesichts ihrer beider Liebe zur Literatur beschlossen sie, unter dem Doppelnamen »Somerville and Ross« gemeinschaftlich zu publizieren. Violet Martin, die – elftes von vierzehn Kindern – einem alten und landreichen normannischen Geschlecht entstammte (König Richard Löwenherz hatte Oliver Martin ein Wappen mit dem Wahlspruch »Sic itur ad astra« verliehen), legte sich das Pseudonym »Martin Ross« zu, nach dem 1777 erbauten Familiensitz Ross House auf halbem Wege zwischen Galway und Oughterard (nach langwierigen Restaurationsarbeiten neuerdings im Mai, September und Oktober der Öffentlichkeit zugänglich).

Die äußerst fruchtbare Zusammenarbeit des Duos begann mit dem reißerischen Schauerroman *An Irish Cousin* (1889), zu dem Martin den Großteil des Textes, Somerville die Illustrationen beisteuerte. Den komplizierten, aber harmonischen Entstehungsprozeß ihrer Manuskripte schildert Somerville wie folgt: »[...] wir erledigten unsere Arbeit gesprächsweise. Die eine oder die andere – nicht selten beide gleichzeitig – unterbreitete einen Vorschlag. Dieser wurde diskutiert, womöglich angefochten, gebilligt oder abgeändert; dann wurde er von derjenigen, die zufällig gerade einen Federhalter zur Hand hatte, niedergeschrieben, ausgekratzt, erneut hingekritzelt; bis er sich schließlich in Schönschrift übertragen fand, hatte er höchstwahrscheinlich allerhand zu erleiden [...].« Resultat dieser Vorgehensweise sind mehrere in einem kraftvollen Stil verfaßte Bücher, die wie aus einem Guß wirken.

Nach *Naboth's Vineyard* (1891) erschien *The Real Charlotte* (1894), gemeinhin als gelungenster irischer Roman des 19. Jahrhunderts gepriesen. Dieser bedeutende Beitrag zur Entwicklung einer realistischen Romankunst in Irland verbindet ein schonungsloses Balzacsches Gesellschaftspanorama mit dem feinfühligen Psychogramm einer ehrgeizigen und manipulativen Frau, die sich mit ihren skrupellosen Machinationen den Weg zu einer befriedigenden Liebesbeziehung verbaut und sich dabei selbst zugrunde richtet. Die »krankhaften Phantasien« der Autorinnen (erstmals in der irischen Literatur wird ein weiblicher Protagonist von innen gesehen) stießen auf den entschiedenen Widerstand von Somervilles Bruder.

Populärer als dieser ernsthafte Versuch, sich des Themas Geschlecht im dreifachen Sinne des Wortes (Familie, Generation, Sexus) anzunehmen, waren zumindest in England drei Bände mit humoristischen Erzählungen über die Eskapaden eines englischen Richters in dem für ihn unverständlichen Irland, *Some Experiences of an Irish R. M.* [Resident Magistrate] (1899), *Further Experiences of an Irish R. M.* (1908) und *In Mr. Knox's Country* (1913). In diesen unterhaltsamen, vom kolonialen Standpunkt der begüterten Klassen aus geschriebenen Geschichten entstand noch einmal ein abgerundetes Bild jener geschlossenen anglo-irischen Gesellschaft auf dem Lande, die zum Zeitpunkt der Entstehung bereits dem Untergang geweiht war und so mit einer gewissen Schadenfreude bedacht wurde. Major Sinclair Yeates ist der Typus des wohlmeinenden, aber aufgeblasenen Engländers, der den Grillen und Possen, Listen und Ränken der irischen Provinzler schutzlos ausgeliefert ist.

An der Sache der irischen Nationalisten, an dem Literaturprogramm des Mythagogen Yeats hatten die beiden Autorinnen kein Interesse und keinen Anteil. Wenn sie nicht damit beschäftigt waren, sich amüsante Figuren, absurde Situationen und entlarvend witzige Dialoge auszudenken, so reisten sie im Land umher und brachten ihre Erlebnisse und Erinnerungen zu Papier: *Through Connemara in a Governess Cart* (1892), *In the Vine Country* (1893), *Beggars on Horse Back* (1895), *All on the Irish Shore* (1903), *Some Irish Yesterdays* (1906). Oder das Gespann schrieb über die wilde Jagd.

Der erfolgreichsten Partnerschaft der irischen Literaturgeschichte wurde ein jähes Ende bereitet, als Violet Martin an den Spätfolgen von Verletzungen starb, die sie sich 1898 bei einem Jagdunfall zugezogen hatte. Edith setzte ihre eigene literarische Produktion jedoch uneingeschränkt fort und bediente sich, ob aus Aberglauben oder aus Geschäftssinn, auch weiterhin des eingeführten Markennamens. Die Treue zu ihrer Cousine wurzelte teilweise in der spiritistischen Überzeugung, daß ihr intimster Freund und Kollege »Martin Ross« auch aus dem Jenseits mit ihr kommuniziere – auf Séancen. Dies war nicht die *écriture automatique* der französischen Surrealisten, wohl aber der inspirierende Automatismus der Alphabettafel.

So erschienen düster-pessimistische Romane wie *Mount Music* (1919), *An Enthusiast* (1921) und *The Big House of Inver* (1925) – schon dem Titel nach ein »Big House«-Roman über den unaufhaltsamen Niedergang und Verfall einer anglo-irischen Familie und ihres Herrenhauses, Grabgeläut auf den an England orientierten Landadel –, *French Leave* (1928) und *Sarah's Youth* (1938) nach wie vor unter beider Namen. Selbst einige ihrer Jagdbücher (1903–19 war sie Master of Foxhounds in West Carbery) und etliche ihrer bio- und autobiographischen Titel zeichnete Somerville nicht allein. *Irish Memories* (1917) schildert unter anderem einen Aufenthalt Jonathan Swifts, der 1723 zu Gast in Castletownshend weilte. In seinem Landschaftsgedicht »Carberiae Rupes« (»Die Klippen von Carbery«) zollte er den Schönheiten Munsters auf lateinisch Tribut.

Edith Somerville starb in Tally House, nur wenige Schritte von ihrem eigenen Wohnsitz entfernt. Das ganze Dorf gab ihr das letzte Geleit. Auf dem Sarg lagen ihre Reitpeitsche, ihr Jagdhorn, ihr Malgerät und der Doktorhut, den ihr das Trinity College Dublin 1932 für ihre literarischen Verdienste verliehen hatte – die Utensilien ihrer vier Leidenschaften Reiten, Jagen, Malen und Schreiben. Auf dem protestantischen Friedhof St. Barrahane auf einem Hügel am unteren Ende der Ortsstraße liegen die beiden Cousinen nebeneinander begraben, im Tode so vereint wie im Leben. Die Kirche selbst weist einige Memorabilien auf, so etwa einen bronzenen Kronleuchter und eine Tafel aus dem Besitz Somervilles.

Co. Kerry

Fünf Kilometer südlich der Ortschaft MUCKROSS liegt Killeaghy Hill, ein ehemaliges Hügelfort, das ein Kuriosum deutsch-irischer Beziehungen beherbergt. Hinter dem Postamt rechts der Hauptstraße führt ein Pfad hinauf zu einem baumumringten, überwucherten Friedhof, über den ein verwittertes frühmittelalterliches Kirchlein mit Glockenturm wacht. Im 18. Jahrhundert restauriert, ist es seither erneut verfallen; statt der Kirchenglocken nicken im Frühjahr Osterglocken über die abgesunkenen Grabsteine hin. Die Lebenden können sich am Ausblick auf die Berge und Seen von Killarney erfreuen.

An dieser Stelle liegt der Hannoveraner Gelehrte und Schriftsteller RUDOLF ERICH RASPE (1737–94) begraben, der kaum noch jemandem als Urheber der allseits beliebten Lügenmärchen des Barons Münchhausen bekannt sein dürfte, von seinen anderen Verdiensten zu schweigen. Doch war er es, der, seit 1782 Bergwerksingenieur in Dolcoath (Cornwall), auf englisch die abenteuerlichen Geschichten des »Ur-Münchhausen« niederschrieb und 1785 unter dem entzückend umständlichen Titel *Baron Munchausen's Narrative of His Marvellous Travels and Campaigns in Russia. Humbly Dedicated and Recommended to Country Gentlemen; And, if They Please, to be Repeated as Their Own, after a Hunt, at Horse Races, in Watering-Places, and Other Such Polite Assemblies; round the Bottle and Fire-Side* in London anonym veröffentlichte. Bis dahin waren von den Scherzen, Schnurren und Schwänken des in Bodenwerder in Westfalen ansässigen Karl Friedrich Hieronymus Freiherrn von Münchhausen nur einzelne Anekdoten im Berliner *Vademecum für lustige Leute* erschienen, die möglicherweise ebenfalls von Raspe zusammengestellt worden waren: »M-h-s-nsche Geschichten« (1781) sowie »Noch zwei M-Lügen« (1783). Die erweiterte zweite Auflage (1786) von Raspes außerordentlich populären Phantastereien wurden von Gottfried August Bürger ins Deutsche rückübersetzt, mit eigenen Episoden versehen und zu dem Volksbuch *Wunderbare Reisen zu Wasser und Lande, Feldzüge und lustige Abenteuer des Freiherrn von Münchhausen* (1786, vermehrte Ausgabe 1788) gestaltet, das heute noch jedem Schulkind geläufig ist. So ist Raspe der eigentliche Schöpfer einer der bekanntesten Figuren der Weltliteratur, auf deren Namen, Flausen und Flunkereien selbst ein medizinischer Fachterminus wie das »Münchhausen-Syndrom« für eine aus »Krankenhausabhängigkeit« simulierte Krankheit mit imaginären Schmerzen zurückgeht.

Die Münchhausen-Geschichten sind mehr als eine lose Sammlung spielerisch erzählter Kriegs-, Jagd-, Reise- und Seefahrtabenteuer in bester literarischer Tradition, eine burleske Ausgeburt ungehemmter Fabulierfreude. Sie sind auch eine Satire auf den deutschen Landadel, dessen Ruhmredigkeit und Aufschneiderei sie in der Person des erzählenden Landedelmannes bloßstellen. Niedergeschrieben wurden sie womöglich aus Rachsucht von einem aus der Gesellschaft Ausgestoßenen.

Raspe hatte in Leipzig und Göttingen Philologie und Naturwissenschaften studiert und erwies sich auch in seinen Schriften als Doppelbegabung. So verfaßte der »Hochgelahrte« (Georg Christoph Lichtenberg) und Polyhistor einerseits wissenschaftliche Abhandlungen zu Fragen der Kunstgeschichte, Numismatik, Mineralogie, Geologie und Geographie, andererseits aber auch ein Lustspiel und einen Ritterroman. Daneben übersetzte er aus dem Italienischen, Französischen, Englischen (u. a. Percy und »Ossian«) und Deutschen (u. a. Leibniz und Lessings *Nathan der Weise*). Seine bürgerliche Laufbahn begann 1762 mit dem Posten des Sekretärs der Königlichen Bibliothek zu Hannover, wo er die Leibniz-Edition betreute. 1767 wurde er Professor der Altertümer und Aufseher der landgräflichen Kunstsammlungen in Kassel. In seiner Person durchdringen sich das Streben nach wissenschaftlicher Wahrheit und das Vergnügen an literarischer Fiktion, Interesse an der industriellen Revolution und romantische Entzündbarkeit, aber auch demokratisch-aufklärerische Haltung und ein Hang zu Betrügereien.

Denn hinfort verlief sein Leben beinahe ebenso listenreich und abenteuerlich wie das seines Lügenbarons. Als er, in Geldnot geraten, das ihm anvertraute Kasseler Münzkabinett veruntreute, mußte Raspe 1775, steckbrieflich gesucht, nach London fliehen, worauf die Royal Society ihm die 1769 verliehene Ehrenmitgliedschaft wieder aberkannte. Im selben Jahr begegnete ihm dort Lichtenberg auf einer Gesellschaft: »Seine Kleider sind nun nicht mehr so wie zuvor, und er sieht fast aus als wie ein –, ich meine, als wie was er ist.« Ob London, Edinburgh oder Birmingham, nirgendwo hielt es den Rastlosen länger als ein Jahr. In Schottland, wo er auf Sir John Sinclairs Gut nach Mineralien schürfen sollte, kam es zu einem weiteren Eklat, der die Vorlage zu Walter Scotts historischem Roman *The Antiquary* (1816) mit dem Bösewicht Hermann Dousterwivel abgab. Statt das ihm anvertraute Land ehrlich zu explorieren, schmuggelte der treulose Prospektor Erzproben ein, deren »Fund« ihm eine reiche Belohnung eintrug. Als sein Schwindel aufflog, mußte er neuerlich die Flucht antreten. Im November 1793 reiste er nach Dublin und von dort aus weiter nach Killarney, wo er als geologischer Berater der Familie Herbert die Kupfergewinnung in den Bergwerken von Muckross und Ross Island überwachen sollte. Kaum hatte er sein Amt angetreten, da erlag er dem Fleckfieber – er starb im selben Jahr wie Bürger. Zwei Mechaniker sollen Raspe zu seiner letzten, nach achtzehnjährigem Exil gleichfalls auf fremdem Boden gelegenen Ruhestätte geleitet haben. Kurz vor seinem Tode schrieb er einem Bekannten: »Wer Ruhm schenkt, der schenkt mehr als Leben.« Ruhm schenkte er einer historischen und literarischen Figur; ihm selber war er nicht vergönnt.

Doch ruht er wirklich hier in Muckross? Es erfordert den Mut eines Dschungelforschers, sich einen Weg durch das dichte Gehölz des Rhododendrons zu bahnen, der aus den Gebeinen der Toten erwachsen ist. Ein Stamm ragt mitten aus der Grabplatte hervor, die gut und gerne Raspes sterbliche Hülle bedecken könnte, wenn diese sich nicht unter den Efeuranken daneben verbirgt. Mit dem Stock zu kratzen hilft nicht weiter. Wann wird sich eine deutsch-irische Kommission der verwilderten Schädelstätte annehmen?

Aufgrund ihrer überwältigenden Berg- und Seenlandschaft, von der sich schon prominente Besucher wie Sir Walter Scott und Sir Alfred Tennyson begeistert zeigten, ist die Marktstadt KILLARNEY seit nunmehr fast zwei Jahrhunderten eines der wichtigsten Zentren des irischen Fremdenverkehrs. An der Gedenksäule für die »Four Kerry Poets« am Martyr's Hill, College Street, dürften die meisten Besucher indes achtlos vorübergehen. Auf dem Sockel des von Seamus Murphy geschaffenen Monuments steht eine steinerne, doch licht wirkende Frauengestalt, eine sogenannte *Spéir-bhean* oder »Himmelsfrau«. Dies war die Muse, die den auf eine Restauration der Stuarts hoffenden irischsprachigen Dichtern ihre Visionsgedichte *(aislingí)* eingab; einer poetischen Konvention folgend, verkörperte die junge Schönheit, zu der die alte Vettel von Beara aufgeblüht war, das auf seine Befreiung harrende Irland. Wie Dornröschen nach hundertjährigem Schlaf sollte sich Cathleen Ni Houlihan, oder wie die Namen für die Idee eines souveränen Irland sonst alle lauteten, von dem alten und dem jungen Thronprätendenten der katholischen Stuarts, Jakob Eduard und Karl Eduard (»Bonnie Prince Charlie«), wachküssen lassen. Ob die Wiedergewinnung des Throns durch dieses Herrscherhaus Irlands Weg in eine englisch orientierte Moderne wirklich aufgehalten hätte, sei dahingestellt.

Die vier Dichter aus Munster, deren hier gedacht wird – Piaras Feiritéar (Pierce Ferriter, 1610–53), geboren in Ferriter's Castle bei Dingle, Séafradh Ua Donnchadha (Geoffrey O'Donoghue, 1620 bis 1677) aus Glenflesk sowie Aodhagán Ua Rathgaile (Egan O'Rahilly, 1670–1728) und Eoghan Ruadh Ua Súilleabháin (Owen Roe O'Sullivan, 1748–84) aus Sliabh Luachra östlich von Killarney –, sie alle begriffen sich nicht nur als in derselben ehrwürdigen Tradition stehend, sie liegen auch gemeinsam begraben. Im Altarraum von Muckross Abbey, dem 1448 von Donald MacCarthy gestifteten und 1652 von Oliver Cromwell in Schutt und Asche gelegten Franziskanerkloster, finden sich (falls man sie denn findet!) die Grabplatten dieser gälischen Viererbande. Man miete sich am Eingang der Parkanlagen von Muckross House einen der dort aufgestellten Pferdewagen und lasse sich, bei Regen oder frischem Wind in Decken gehüllt, in munterem Trab zu der romantischen Ruine kutschieren.

Der aus der Gemarkung Scrahanaveale bei Gullaun stammende Aodhagán Ua rathgaile (Aogán Ó Rathaille), einer der letzten dynastischen Dichter alten Stils und wie seine Vorfahren auf einen Mäzen angewiesen, war genötigt, sich englischen Siedlern, den Brownes, Earls of Kenmare, anzudienen, die sich der umliegenden Ländereien der MacCarthys bemächtigt hatten. Entsprechend bitter fielen die Gedichte aus, die den Niedergang der alten Ordnung gälisch-aristokratischen Zuschnitts und den Aufstieg einer »crew from the land of Dover« beklagten. »Fremde Teufel haben unser Land zu einem Grab gemacht«, hieß es à la chinoise nach der alles entscheidenden Schlacht am Boyne 1690.

Galt Ua Rathgailes Sorge weniger den politischen Belangen des Landes als vielmehr der Erhaltung der eigenen Privilegien? Immerhin waren die *filí* eine der tragenden Säulen der irischen Gesellschaft gewesen und hatten in ihren oft vererbbaren Ämtern denselben Respekt genossen, der einst den heidnischen Druiden zukam. Oft konnten sie auf eine lange Ahnenreihe zurückblicken, in seinem Fall läßt sie sich »bis vor Christi Tod« zurückverfolgen. Der Poet, »einer der großen Snobs der Literatur« (Frank O'Connor), gewohnt, in Saus und Braus zu leben, war an den Bettelstab gekommen. Anders als die gälischen Stammesfürsten hatten die englischen Emporkömmlinge keinen Begriff von Poesie, Unterhaltspflicht und Gastfreundschaft.

Dabei konnte er sich durchaus als Poeta doctus verstehen, hatte er doch in Killarney Lateinisch, Griechisch, Alt- und Mittelirisch gelernt. Obwohl es zwischen den beiden Welten, der untergehenden eines Aodhagán Ua Rathgaile und der aufstrebenden eines Jonathan Swift, kaum Berührungspunkte gab, erzählte man sich auf der Halbinsel Beara in Süd-Kerry denn auch folgende Anekdote: »Es heißt, daß Dean Swift in Irland umherreiste, um herauszufinden, welche Grafschaft die gelehrtesten Einwohner hätte. Als die Leute in Kerry hörten, daß er kam, baten sie Aogán Ó Rathaille, ihn herauszufordern. Aogán, ein Seil um die Hüfte geschlungen, zwei räudige Hunde an den Fersen, verkleidete sich als Kuhhirte und stellte sich auf der Straße auf, wo der Dekan entlangkommen würde. Als Swift in Hörweite war, begann Aogán, eine seiner Kühe auf lateinisch anzureden, die andere auf griechisch und eine dritte in schwierigem, kunstvollem Irisch. Er war dabei, sich zu anderen Kühen und anderen Sprachen vorzuarbeiten, da wandte sich Dean Swift an seinen Diener und sagte verblüfft: ›Hier in Kerry sprechen ja schon die Kuhhirten sieben Sprachen! Wie wird es dann erst um die Gelehrten bestellt sein? Es hat keinen Sinn, daß ich mit ihnen wetteifere!‹ Und er machte auf dem Absatz kehrt und ritt schnurstracks wieder nach Dublin zurück.«

Über den kleinen Marktflecken Killorglin, der jedes Jahr im August drei Tage lang den traditionsreichen Puck Fair begeht, bei dem ein verstört dreinblickender wilder Ziegenbock zum König gekrönt wird, geht es weiter zu der an archäologischen Schätzen reichen Halbinsel Dingle, einem beliebten Ferienziel kontinentaler Touristen. In der Ferne ragt das gewaltige Gebirgsmassiv des Mount Brandon (Cnoc Bhréanainn) auf und wirft seinen Schatten auf die umliegende Küstenlandschaft. Mit 954 Metern die zweithöchste Erhebung der Insel, verhüllt der stark zerklüftete und im Nordwesten zum Meer hin steil abfallende Berg sein Haupt oft in den Wolken, und tückische Wetterumschwünge sind schon manchem Bergsteiger zum Verhängnis geworden. Aber besteigen will man ihn oder wenigstens Sybil Head, von dem J. M. Synge schrieb: »An solchen Orten fragt man sich, wieso überhaupt noch irgend jemand in Dublin, London oder Paris zurückgeblieben ist, wo es doch, sollte man meinen, besser wäre, in einem Zelt oder einer Hütte an diesem herrlichen Meer, unter diesem Himmel zu leben und die wunderbare Luft zu atmen, die den Zähnen wie Wein ist.«

Namen wie Brandon Mountain, Brandon Head, Brandon Bay, Brandon Point (wo die Straße 377 Meter über dem Meeresspiegel jäh abbricht), Brandon Village, Brandon Monument, Brandon's Well und Brandon's Oratory verweisen auf den irischen Heiligen Brendan von Clonfert (Brandan, Brandon, um 489 – um 577). Der hl. Brendan, einer der zwölf Apostel Irlands, nach seinen waghalsigen Expeditionen auch Brendan der Seefahrer genannt, wurde aller Wahrscheinlichkeit nach in der Nähe des auf einer schmalen Landzunge gelegenen Hafenorts Fenit dreizehn Kilometer westlich von Tralee (berühmt für seine irische Volkstanz- und Theatertruppe Siamsa Tíre) geboren. In der Nacht seiner Geburt war die gesamte Umgegend von gleißendem Licht erfüllt, und als er in einem Brunnen östlich von Ardfert (sehenswerte Kathedrale) getauft wurde, entsprangen diesem drei Widder, daher der Ortsname Tobar-na-Molt (Quelle der Widder), heute ein Wallfahrts-

Der hl. Brendan mit seinen Gefährten.
Ihr Boot fährt auf dem Rücken eines Walfischs

ort. Mit seinem Missionarseifer, seinen zahlreichen Klostergründungen und einem heiligmäßigen Leben als Einsiedler wurde Brendan rasch zum Schutzpatron des »Kingdom of Kerry«. Begraben ist er in der Kathedrale von Clonfert (Co. Galway). Saint's Road, ein alter, von Brendan eigenhändig angelegter Pilgerpfad, der von Currauly aus im Zickzack zum Gipfel des dreizehn Kilometer langen und acht Kilometer breiten Gebirgszugs hinaufführt, wird am 29. Juni von Tausenden von Wallfahrern begangen.

Daß Amerika, was Europäer anbelangt, nicht erst 1492 von dem Italiener Christoph Kolumbus entdeckt wurde, sondern bereits von den landhungrigen Wikingern, die über Schottland, England, Irland, die Färöer-Inseln, Island und Grönland immer weiter nach Westen vordrangen, ist allgemein bekannt und weithin akzeptiert, ob der Entdecker »Vinlands« nun Leif Eriksson oder Bjarni Herjulfsson hieß. Doch könnte es sein, daß auch den wilden Nordmännern bereits ein anderer zuvorgekommen war? Der englische Reiseschriftsteller Tim Severin, der sich auf die Archäologie des »Nachreisens« zu Wasser und zu Lande spezialisiert hat und den unterschiedlichsten Routen auf dem Terrain des Mythos und der Historie nachspürt, machte die Probe aufs Exempel, indem er sich 1976/77 in einem aus Weidengeflecht und Ochsenhäuten gefertigten primitiven Segelboot über den Nordatlantik treiben ließ, bis er nach Neufundland gelangte.

In alledem folgte er bis ins letzte Detail einer dem Anschein nach rein phantastischen Reiseschilderung, die von der sieben Jahre währenden Irrfahrt St. Brendans und seiner vierzehn Gefährten handelt. Das im Mittelalter häufig kopierte, mehrfach in die europäischen Volkssprachen übersetzte und viel gelesene lateinische Erbauungs- und Unterhaltungsbuch *Navigatio Sancti Brendani Abbatis* (um 800; dt. *St. Brandans wundersame Seefahrt*), ein mönchisches Schiffermärchen von der Gattung des *immram* (›auf Reisen‹), berichtet von den gefahrvollen Abenteuern und seltsamen Begegnungen des Abtbischofs, darunter auch von einem Gespräch mit dem Erzverräter Judas, der, von den ewigen Höllenqualen vorübergehend befreit, an Sonn- und Feiertagen auf einem Meeresfelsen ausruhen darf, sündigen Christen zum Trost.

Damit beauftragt, nach dem Gelobten Land der Seligen, der im Westen gelegenen Paradiesinsel Hy Brasil, zu forschen, ist Brendan um das Jahr 525 von Brandon Creek am Fuß des heiligen Berges (heilig war dieser schon den Heiden, die den keltischen Sonnengott Lug verehrten) aufgebrochen. Unwahrscheinlich war ein solches Unterfangen in gläubig-abergläubischer Zeit durchaus nicht; verbürgt sind immerhin Brendans Reisen nach Iona und Wales, zu den Orkney und Shetland Islands und in die Bretagne. So ist denn auch die Insel der Schafe geographisch mit einer der Färöer-Inseln identifiziert worden, das Paradies der Vögel mit den Hebriden, die Insel der Schmiede und des feuerspeienden Bergs mit dem vulkanischen Island, die Säule aus Kristall mit einem grönländischen Eisberg, die Meeresuntiere mit Walen und die dunstige Insel der Trauben endlich mit dem in Nebel gehüllten Neufundland. Hinter der Mönchslegende von der *peregrinatio Christi* könnte sich die literarisch durchgeformte Darstellung einer historischen Atlantiküberquerung verbergen.

So könnte Brendan rund tausend Jahre vor dem ungleich besser gerüsteten Kolumbus den nordamerikanischen Halbkontinent betreten haben. Tim Severins kühne Unternehmung hat den Komponisten Shaun Davey zu der Orchestersuite *The Brendan Voyage* (1980) inspiriert, bei der die irische Sackpfeife (*píob uilleann*) Severins winzigschmales, aber hochseetüchtiges Boot repräsentiert. Die »St. Brendan« selbst ist in einem Glaspavillon des Freilichtmuseums Craggaunowen Project bei Quin (Co. Clare) zu bewundern, in dem auch Rekonstruktionen bronzezeitlicher Pfahlbauten (*crannóg*) ausgestellt sind. Wie ein umgestülptes Steinboot hingegen wirkt das kompakte Gallarus Oratory drei Kilometer südlich von Kilmalkedar, ein trockengemauertes frühchristliches Bethaus, dessen sorgfältig gefugtes Kragsteindach 1200 Jahre irischen Regens unbeschadet überstanden hat. Auf dem Weg in das Städtchen Dingle kommt man an dem Bau, der einen Eindruck von den Lebensbedingungen der damaligen Zeit vermittelt, vorbei.

Vor dem Südwestzipfel der Halbinsel Dingle liegen die Blasket Islands (Na Bhlascaoid), eine Gruppe von sieben Inseln, darunter Inishvickillane im Privatbesitz des ehemaligen irischen Premiers Charles J. Haughey. Zur größten von ihnen, Great Blasket (An Bhlascaoid Mhóir), die auf der Wasserfläche liegt wie ein hingestreckter grüner Walfischleib, gelangt man über den fünf Kilometer breiten Sund mit Leihbooten aus dem kleinen Fischerhafen Dunquin (Dún Chaoin). Früher verkehrten hier die *curracha*, mit geteerten Tierhäuten oder Segeltuch überzogene kiellose Boote, die, wurden sie auf den Köpfen und Schultern der Fischer über den Strand getragen, wie schwarz dahinkrabbelnde Käfer wirkten. Als Schauplatz von David Leans Filmepos *Ryans Tochter* (1971) hat Dunquin einige Berühmtheit erlangt; Kruger Kavanagh's Pub und die kleine reizende Sandbucht Coumeenole bei Slea Head sind wichtige Anlaufstellen für die Besucher. Weiter westlich im glitzernden Atlantik locken unerreichbar die versunkenen Kontinente der irischen Mythen: Tir na nÓg, das ossianische Land der ewigen Jugend, und Hy Brasil, jene zauberische Insel, die sich noch bis Mitte des 17. Jahrhunderts auf Kartenwerken eingezeichnet fand, angeblich nur 450 Kilometer von Galway entfernt. Die naheliegende Gedankenverbindung mit Platons untergegangem Atlantis ist oft angestellt worden.

In der Weltliteratur ist Great Blasket, der westlichste Punkt nicht nur Irlands, sondern Europas überhaupt, und Amerika am nächsten,

Blasket Islands am Abend

ein einzigartiger Fall. Bei einer dünngesäten Bevölkerung von rund einhundertfünfzig irischsprachigen Fischern und Bauern, die auf der oft nur schwer erreichbaren Insel ein überaus karges Dasein fristeten, sind auf engstem Raum (nur wenig mehr als sechs Quadratkilometer) drei außergewöhnliche autobiographische Bücher von ebenso literarischem wie ethnographischem Wert entstanden, die zu den Klassikern der gälischen Literatur zählen und in vielerlei Sprachen übersetzt wurden: *An tOileánach* (1929; engl. *The Islandman*) von Tomás Ó Criomhthain, *Fiche Blian ag Fás* (1933; engl. *Twenty Years A-Growing*) von Muiris Ó Súilleabháin und *Peig. Tuairisc a thug Peig Sayers ar imeachtaí a beatha féin* (1936; engl. *Peig. The Autobiography of Peig Sayers of the Great Blasket Island*) von Peig Sayers. Damit nicht genug: der marxistische Altphilologe George Thomson (1903–87), der auf Great Blasket sein homerisches Ithaka fand, rechnet der »Blasket-Bibliothek« weitere sechzehn Bände Poesie und Prosa zu (fast alle in An Café Liteartha in Dingle käuflich). Sie zeugen von der ungebrochenen literarischen Produktivität der wenigen Inselbewohner und ihrer Nachkommen.

Der englische Keltologe Robin Flower (1881–1946), genannt »Bláithín« (›Blümchen‹), schilderte die Insel in *The Western Island or The Great Blasket* (1944) als Paradies für Philologen, Ethnologen und Anthropologen, die hier Irisch lernen, Volksmärchen sammeln und Studien treiben konnten (unter ihnen im August 1905 J. M. Synge). Hatte sich doch hier die irische Sprache, die keltische Denk- und Ausdrucksweise, die orale Tradition der Kerry-Gaeltacht fast wie unter einer Käseglocke unversehrt bewahrt. Dabei kontrastierten die harschen Lebensbedingungen einer »primitiven« vorkapitalistischen Subsistenzwirtschaft auf einem Eiland, das »nur eine Klippe in der offenen See« war, mit dem immensen Reichtum an Folklore. Die Inselbewohner, eine verschworene Solidargemeinschaft, die den Elementen Wind und Wasser trotzte, lebten so abgeschnitten von der übrigen Welt, daß sie nicht einmal wußten, worum es sich handelte, als Mitte des 19. Jahrhunderts von einem Schiffswrack Teekisten angeschwemmt wurden. Die Frauen vermuteten einen Farbstoff und färbten sich mit den feuchten Blättern die Unterröcke.

Tomás Ó Criomhthain (Tomás O'Crohan, Thomas O'Criffan, 1856–1937) ist der älteste der drei Autoren und der einzige, der sein gesamtes Leben auf Great Blasket zubrachte. Ermuntert von seinem späteren englischen Übersetzer Robin Flower, lernte er eigens Irisch schreiben, um seine bis dahin nur mündlich weitergereichten Erinnerungen aufzeichnen zu können. In der Begegnung mit einem einheimischen Dichter geht ihm die Problematik der mündlichen Erzähltradition einer jahrtausendealten Volkskultur auf, die durch den unaufhaltsamen Verschriftlichungsprozeß aufbewahrt und zugleich verdrängt wird: »Ob ihr es glaubt oder nicht, er lag da flach auf den Rücken ausgestreckt und sagte jedes einzelne Wort des Gedichtes her. Er lag auf einem Polster aus weichem Heidekraut, die Sonne brannte von einem wolkenlosen, tiefblauen Himmel und röstete die Seite des Dichters, die gerade noch oben lag. [...] ›Dieses Gedicht wird verlorengehen‹, sagte er, ›wenn nicht jemand es festhält. Hast du nicht ein Stück Papier in der Tasche, auf das du es aufschreiben könntest?‹« (Übers. von Annemarie und Heinrich Böll.) Im Augenblick der Niederschrift wird das epische Gedächtnis überflüssig; verstreute Informationen aus Büchern und Zeitungen ersetzen die formelhafte Mitteilung kollektiver Erfahrung.

Der einfache, ungebildete Mann war sich seiner einzigartigen Stellung durchaus bewußt. Er war der erste und zugleich der letzte seiner Art – der erste, der zur Feder griff, der letzte, der über die archaische Lebensweise der Fischer und Bauern zu berichten wußte. In der Tat verließen 1953 die letzten der seit dem 17. Jahrhundert hier siedelnden Insulaner ihren angestammten Flecken an der Nordostseite der Insel und zogen nach Dunquin. Der Alltag, den Ó Criomhthain in *Allagar na hInise* (1928; engl. *Island Cross-Talk. Pages from a Diary)* so liebevoll schildern konnte, ist unter dem Druck der modernen Zivilisation für immer verschwunden. In seinem einzigen irischsprachigen Roman *An Béal Bocht* (1941; engl. *The Poor Mouth*) erlaubte sich Flann O'Brien den Spaß, Ó Criomhthains kraftvollen Stil ebenso wie seinen denkwürdigen Ausspruch »Menschen wie uns wird es nie mehr geben« mit urwüchsigem Witz zu parodieren.

Peig Sayers (1873–1958), die »Königin der Geschichtenerzähler«, wurde in Dunquin geboren. Obwohl die Familie ursprünglich aus England stammte und dem protestantischen Bekenntnis angehörte, waren die Sayers irischer als die Iren (»Hibernicis ipsis Hiberniores«) und brachten mehrere Erzähler hervor. Nach ihrer Heirat mit Pádraig Ó Gaoithín zog sie auf die Insel hinüber, wo sie ihre beiden Töchter und ihre vier Söhne aufzog. Von Peig Sayers heißt es, wenn sämtliche Heldensagen der Fenier verlorengegangen wären, so hätte sie sie frischweg aus dem Gedächtnis wiedergeben können. 375 ihrer Feen- und Geistergeschichten, die sie, die Pfeife im Mund, im Kreise der Nachbarn zum besten gab, sind auf mehr als fünftausend Seiten festgehalten worden. Robin Flower berichtet: »Ihre Worte könnten aufgeschrieben werden, wie sie ihr über die Lippen kommen, und sie hätten die Wirkung von Literatur ohne jeden Anflug gekünstelter Komposition.«

Nächst dem Singen und Tanzen war das Erzählen für die Inselbewohner die einzige Form der Unterhaltung wie auch die einzige Form der Weitergabe von althergebrachten Weisheiten und Werten: »Die Langeweile ist der Traumvogel, der das Ei der Erfahrung ausbrütet« (Walter Benjamin). In *Peig* – jahrzehntelang ungeliebtes Pflichtpensum irischer Schüler – und in *Machtnamh Sean-Mhná* (1939; engl. *An Old Woman's Reflections*) beschrieb Sayers in farbiger Diktion die Naturschönheiten der Insel ebenso wie das spartanische Leben und die reiche Kultur ihrer Bewohner. Ihr Sohn Micheál Ó Gaoithín (1904–74) verfaßte neben eigenen Gedichtbänden eine Biographie seiner Mutter, *Beatha Pheig Sayers* (1969). Die Insel blieb unbewohnt, bis Peigs Wohnhaus zu einer schlichten Herberge umgestaltet wurde, so daß man eine Zeitlang während der Saison auch wieder auf der Insel übernachten konnte. Andere Katen sind gleichfalls notdürftig wiederhergestellt.

Muiris Ó Súilleabháin (Maurice O'Sullivan, 1904–50), obwohl von der Insel gebürtig, wuchs nach dem frühen Tod seiner Mutter in einem Waisenhaus in Dingle auf, wo er nur Englisch sprach, und kehrte erst mit sieben Jahren wieder nach Blasket zurück. 1927 ging er nach Dublin, wo er in die Polizeibehörde Garda Síochána eintrat. In Connemara stationiert, schrieb er nach dem Vorbild von Maxim Gorkis *Meine Kindheit* (1913) zum eigenen Vergnügen und zur Unterhaltung der alten Frauen auf der Insel seine von Sehnsucht nach dem früheren Inselleben erfüllte Autobiographie. In seiner Einführung nannte E. M. Forster (1879–1970) die poetische Schilderung einer Kindheit und Jugend einen »Bericht einer neolithischen Zivilisation von innen heraus. Synge und andere haben sie von außen beschrieben, und zwar sehr einfühlsam, aber ich kenne kein anderes Beispiel dafür, daß sie sich selbst vernehmen ließe und zur Moderne spräche. [...] hier ist das Ei eines Meeresvogels – schön, vollkommen und heute morgen erst gelegt.« Die gleiche Metapher bei Benjamin und Forster! Nach dem außerordentlichen Erfolg des Buches schied Ó Súilleabháin 1934 aus dem Polizeidienst aus, heiratete und ließ sich in Connemara als Bauer nieder. 1950 kam er bei einem Badeunglück in der Nähe von Galway ums Leben.

In dem naiven Glauben, mit »Videowänden« und »Multi-Media-Shows« auch nur annähernd die Unmittelbarkeit dieser überkommenen Merkwelt ohne Laden und Gasthaus, Postamt und Polizeiwache, Arzt und Pfarrer einfangen zu können, hat man in Dunquin ein ultramodernes audiovisuelles Besucherzentrum errichtet, mit dem dem untergegangenen kulturellen Erbe der Insel Tribut gezollt werden soll. Einzig das Standbild von Ó Criomhthain vor dem bunkerähnlichen, olivgrünen Bau verrät etwas von dem alten Geist.

Ein besonderer Punkt auf der literarischen Landkarte Irlands ist die Stadt Listowel (Lios Tuathail, Tuathails Fort) am Great Southern Way (N 69) von Tralee nach Tarbert im Norden der Grafschaft Kerry. Der dreieinhalbtausend Einwohner zählende Marktflecken an den Ufern des lachsreichen Feale ist Heimat der Dramatiker und Erzähler George Fitzmaurice (1877–1963), Maurice Walsh (1879–1964), Bryan MacMahon (geb. 1909) und John B. Keane (geb. 1928) und bietet damit ein getreues Abbild der in ganz Irland herrschenden Literaturverhältnisse: daß eine zahlenmäßig geringe Bevölkerung überproportional viele Autoren hervorbringt, geradeso als rege sich noch in der kleinsten Gemeinde ein nicht zu unterdrückendes Verlangen nach schriftstellerischer, zumal dichterischer Betätigung.

So konnte der Lyriker Patrick Kavanagh mit milder Ironie von einem »stehenden Heer von zehntausend Poeten« sprechen, und der Stückeschreiber Thomas Kilroy spottete: »Man kann keinen Stein über eine Hecke werfen, ohne einen Dichter zu treffen.« Maurice Walsh selbst resümierte: »Für eine so kleine Insel produzieren wir mehr Künstler pro Quadratmeile als jedes andere Land der Welt, und das ist eine Herausforderung. Im Drama, in der Lyrik und im Roman haben wir gezeigt, daß wir ein eigenes und eigentümliches Volk sind. Ja, ich könnte fast sagen: Als England uns seine Sprache lieh, gaben wir ihr im Austausch dafür seine Literatur.«

Der in Doagh House wenige Kilometer vor der Stadt geborene Beamte George Fitzmaurice, ein schüchterner, zurückhaltender Mann, der sich schließlich ganz aus dem Theaterbetrieb zurückzog, gilt als »eine Art literarischer Rousseau le Douanier, der zwischen der Welt der Fantasy und der der Realität auf eine Weise eine Brücke schlug, die erst heute [1949] wirkliche Anerkennung zu finden beginnt« (Micheál Mac Liammóir). Bauernschwänke und Volksstücke wie *The Country Dressmaker*, groteske Tragikomödien wie *The Pie-dish* und *The Magic Glasses* gehörten, von 1907 bis 1923, zum frühen Repertoire des Abbey Theatre. Seine dramatischen Phantasien hingegen, wie *The Dandy Dolls*, *The Green Stone*, *The Enchanted Land* und *The Ointment Blue*, wurden kaum mehr aufgeführt.

Fitzmaurice – sicherlich ein Abkömmling jenes mächtigen Geschlechts, dessen im Jahre 1600 von Truppen Elisabeths I. geschleifte Burg auf dem Marktplatz zu sehen ist – starb in 3 Harcourt Street in Dublin in einem karg möblierten Zimmer. Neben dem Bett des Verblichenen fand sich ein Zettel mit der verzweifelten Offerte: »Der Autor ist bereit, sämtliche Rechte an 14 Stücken, die sich gründlich mit dem irischen Landleben befassen, fest zu verkaufen. Die meisten sind bereits gedruckt oder publiziert worden. Geeignet für Musicals, Fernsehspiele etc. Weitergeben an Interessenten.« Der schon zu Lebzeiten zum Einsiedler wurde, ruht auf dem Dubliner Großfriedhof Mount Jerome.

Wurde Fitzmaurice mit einem Zöllner nur verglichen, so war sein Schriftstellerkollege Maurice Walsh wirklich Zollbeamter, zunächst in Schottland, dann in Irland, und beide Länder verwendete er als Schauplätze für seine in Millionenauflage verkauften Bestseller wie *The Key Above the Door* (1926), *While Rivers Run* (1928), *The Small Dark Man* (1929) oder *Blackcock's Feather* (1932). Sein berühmtestes Werk dürfte jedoch die Erzählung »The Quiet Man« (1933) sein, die 1952 von dem irischstämmigen Regisseur John Ford in und um Cong

(Co. Mayo) verfilmt wurde (dt. *Die Katze mit dem roten Haar*). Von dem Ruhm zehrt der kleine Ort heute noch.

Der vielseitig begabte Beamtensohn Bryan MacMahon, Autor des Romans *Children of the Rainbow* (1952) und Übersetzer von Peig Sayers, diente seiner Heimatstadt lange Jahrzehnte als Schullehrer und hat sich vor allem durch die Erzählbände *The Lion Tamer* (1948), *The Red Petticoat* (1955), *The End of the World* (1976) und *The Sound of Hooves* (1985) hervorgetan. *The Honey Spike* (1967), der Pikaroroman und das Schauspiel gleichen Titels, verraten eine intime Kenntnis des fahrenden Volkes (*travellers*) und seiner Geheimsprache Shelta.

In der Person von John B. Keane verbinden sich Kunst und Gewerbe. Der Kneipier, der als junger Mann in London Straßen kehrte, ist zugleich einer der produktivsten irischen Dramatiker und seit der Verfilmung seines Theaterstücks *The Field* (1965) durch Jim Sheridan weithin bekannt. Hat die Schenke in der Literatur von jeher die dramaturgische Funktion einer Stätte, in der unverhoffte Begegnungen den dramatischen Knoten schürzen, so bietet der stark frequentierte Pub am unteren Ende von William Street, den Keane 1953 nach seiner Rückkehr aus England kaufte, dem Literaten in ihm hinreichend Gelegenheit, das Menschlich-Allzumenschliche zu studieren. Wer weiß, wie viele Anregungen der scharfsichtige, hellhörige Wirt dem gängigen Klatsch und Tratsch schon entnommen hat, aus welchen Anekdoten er seine von der Kritik mitunter geschmähten melodramatischen Erfolgsstücke destilliert.

Mit Werken wie *Sive* (1959), *Sharon's Grave* (1960), *Big Maggie* (1969) oder *Moll* (1972), wahren Publikumsmagneten, sichert Keane immer wieder die Solvenz des Abbey Theatre. Seine Einakter wiederum eignen sich vor allem für die zahlreichen Amateurbühnen, die das Rückgrat des irischen Theaterbetriebs bilden. Keanes Serie humoristischer Briefromane eines irischen Abgeordneten, eines Gemeindepfarrers, Landwirts, Heiratsvermittlers, Ordnungshüters, Postboten oder Ministers ist zum Teil inzwischen auch auf deutsch erhältlich.

Für eine Stadt dieser Größenordnung bietet Listowel über die literarischen Verbindungen hinaus eine erstaunliche Fülle kultureller Aktivitäten: vom Teach Siamsa Folk Theatre in Finuge über Fleadh Cheoil na hÉireann, dem landesweiten Volksmusikwettbewerb, der jährlich mehr als 60000 Besucher anlockt (August), bis zur international bekannten Writers' Week (Juni/Juli). Das allirische Erntefest und die »Wren Boy«-Meisterschaften (September) runden den reichhaltigen Veranstaltungskalender ab.

Co. Limerick

Wer hätte je etwas Gutes über LIMERICK (Luimneach, kahler Flecken) zu sagen gewußt? Selbst Lola Montez (1818–61), mit richtigem Namen Marie Dolores Eliza Rosanna Gilbert, die feingliedrige Balletteuse mit den neun mal drei Reizen vollendeter weiblicher Schönheit, die im Trikot, manchmal auch ohne, die Welt eroberte und 1846 Liebe und Gunst König Ludwigs I. von Bayern errang, stammte möglicherweise gar nicht aus Limerick oder, wie eine andere Überlieferung es will, aus Castle Oliver bei Kilfinane. In ihren aus dem Französischen übersetzten *Memoiren* (1851) gibt die nachmalige Gräfin von Landsfeld vielmehr an, 1823 als Tochter eines »irländischen Gentleman von sehr vornehmer Herkunft« in Sevilla zur Welt gekommen zu sein. Ihretwegen wurde die illiberale bayrische Regierung durch das »Kabinett der Morgenröte« ersetzt, das öffentliches Rauchverbot und Pressezensur aufhob; an ihrer ungeliebten Person – als Femme fatale wurde sie zum Vorbild für spätere Lulus und Lolitas – entzündete sich in München die Märzrevolution, deren Vertreter sie als »Teufel ohne Hörner und Schweif« beschimpften.

Die politische Bedeutung der Liebesaffäre am Königshof bestand darin, »daß ›die feurige Andalusierin‹ in die Lage kam, durch ihre runden Hüften die Position derjenigen Partei aus dem Gleichgewicht zu bringen, die bis dahin durch den König regierte, d. h. daß durch den Einfluß der Tänzerin Lola Montez auf Ludwig I. die äußere Herrschaftsform des allgewaltigen Jesuitismus in Bayern zerbrochen wurde« (so der Sittengeschichtler Eduard Fuchs in *Ein vormärzliches Tanz-Idyll*). Wäre sie nur in Irland geblieben und hätte die äußere Herrschaftsform des allgewaltigen Jansenismus zerbrochen, dessen ubiquitäre Auswirkungen auch in Limerick zu spüren waren!

Die gängigen Epitheta nämlich, die der Wikingergründung am Mündungstrichter des Shannon anhaften, lauten: nüchtern, konventionell, sittenstreng, engstirnig, rechtgläubig, frömmlerisch, selbstgerecht. Erst die Gründung der inzwischen zur Universität umgewandelten Fachhochschule (1972) hat das Gesicht der Stadt zum Besseren verändert. Unter der Bezeichnung »Mellick« firmiert Limerick in dem vorzüglichen Romanwerk der katholischen Autorin KATE O'BRIEN (1897–1974), die leider allzuoft mit ihrer erfolgreicheren Schriftstellerkollegin Edna O'Brien (Verfasserin der Trilogie *The Country Girls*, *The Lonely Girl* und *Girls in Their Married Bliss*, 1960–64) verwech-

Kate O'Brien

selt wird und erst in den letzten Jahren von Frauenverlagen wiederentdeckt worden ist.

O'Brien wuchs in der Mulgrave Street auf und wurde, da mit fünf Jahren Halbwaise, von französischen Nonnen im Internat Laurel Hill Convent erzogen. Ihr Elternhaus, Boru House, hat das gediegene und achtbare Aussehen der oberen Mittelschicht, der sie entstammte und die traditionell die Domäne des Romans darstellt. In ihren Büchern befaßte sich O'Brien denn auch weder mit den »Big Houses« der protestantischen Aristokratie noch mit den Katen der katholischen Kleinbauern, sondern erstmals mit dem im Irischen Freistaat neu entstandenen katholischen Mittelstand, dem von Anstands- und Besitzdenken geprägten Milieu wohlhabender Kaufleute und Freiberufler in der irischen Provinz. Ihr einziger Vorläufer in dieser Hinsicht ist der katholische Journalist Gerald Griffin (1803–40) aus Limerick mit seinem Roman *The Collegians* (1829).

Nach dem 1916 begonnenen Studium am University College Dublin arbeitete O'Brien zunächst als Journalistin für den *Manchester*

Guardian, bevor sie als Lehrerin und Gouvernante nach Bilbao ging, wo sie sich mit spanischer Geschichte und Literatur vertraut machte und einen sinnenfroheren Katholizismus vorfand, als sie nach ihren irischen Erfahrungen für möglich gehalten hätte. Ihr Buch *Farewell, Spain* (1937) trug ihr im faschistischen Spanien ein Einreiseverbot ein, das erst zwanzig Jahre später aufgehoben wurde. Nach ihrer Heirat mit einem holländischen Journalisten versuchte sie sich in London mit *Distinguished Villa* (1926) und *The Bridge* (1927) zunächst an Bühnenstücken, bevor sie mit ihrem Romandebüt *Without My Cloak* (1931) ihren ersten großen Erfolg erzielte. Mit dieser Familienchronik über drei Generationen gewann sie nicht nur den James Tait Black Memorial Award und den Hawthornden Prize, sondern fand zu ihrem vorherrschenden Thema: dem meist aussichtslosen Kampf des (weiblichen) Individuums gegen rigide familiäre, gesellschaftliche und religiöse Zwänge und Pflichten. Mit Ausnahme von *Pray for the Wanderer* (1938) sind O'Briens Protagonisten stets Frauen, die einen Konflikt zwischen gesellschaftlichen Konventionen und dem leidenschaftlichen Verlangen nach geistiger Freiheit und sexueller Erfüllung austragen müssen. Oft geht es um Bildungs- und Reisemöglichkeiten, um die Freundschaft zwischen Frauen, »die in einem Code von Reaktionen befangen sind, einem Menuett vorprogrammierter Antworten und Erwartungen«, so etwa in *The Anteroom* (1934).

Mary Lavelle (1936) und der Bildungsroman *The Land of Spices* (1941), ein weibliches Gegenstück zu Joyces *Portrait of the Artist as a Young Man*, wurden von der staatlichen Buchzensur verboten, letzterer aufgrund eines einzigen Satzes, in dem en passant eine geschlechtliche Handlung zwischen zwei Männern erwähnt wird. O'Briens Vergeltung für das erlittene Unrecht waren die Romane *Pray for the Wanderer* über einen irischen Schriftsteller in der Selbstverbannung und *The Last of Summer* (1943), geharnischte Attacken gegen den in Irland vorwaltenden katholischen Puritanismus. Ihr erfolgreichstes Buch freilich war *That Lady* (1946), ein historischer Roman über die Liebschaften der Fürstin von Éboli mit König Philipp II. von Spanien und dessen Sekretär Antonio Pérez.

1950 ließ sich O'Brien im schön gelegenen Roundstone (Co. Galway) nieder, einer von dem schottischen Bauingenieur Alexander Nimmo in den zwanziger Jahren des 19. Jahrhunderts gegründeten Fischersiedlung am Fuße des Errisbeg. In ihrem Fort oberhalb des Hafens empfing sie Gäste wie den italienischen Romancier Ignazio Silone, der »das japanische Paradies« genoß und sich an den dortigen Lichtverhältnissen begeisterte – ebenso wie sie: »Um Roundstone […] hat man oft die Illusion, daß alles in der Schwebe sei, eine Unbestimmtheit zwischen Hügel und Himmel, ein Austausch zwischen Wasser und Stein, den das unbeschreiblich klare Licht paradoxerweise noch zu betonen scheint.«

Dennoch hielt es sie 1965 nicht länger in Irland, und sie übersiedelte nach Kent, wo sie auch starb. Über ihr Verhältnis zu Limerick sinnierte sie: »Selbst der freieste Geist bedarf eines Geburtsorts, eines *locus standi,* von dem aus er die Welt anschaut, und einer eigenen Leidenschaft, mit der er sie beurteilt. In aller Bescheidenheit sage ich dasselbe von meiner Beziehung zu Limerick. Dort begann ich die Welt anzuschauen und die erforderliche Leidenschaft zu entwickeln, mit der ich sie beurteilen konnte. Dort lernte ich die Welt überhaupt kennen, und ich weiß, daß ich, wo immer ich mich aufhalte, von Limerick aus schaue und meine Mutmaßungen anstelle. Und ›zu besitzen, ohne besessen zu sein‹ – es mag unfair erscheinen, aber das ist das Geschenk, das ein Exulant von einem bestimmten Ort mitnimmt, und bereichernder, so jedenfalls denkt der Empfänger, als die durchschnittliche Zuteilung für den Daheimgebliebenen.«

Co. Clare

Loch Gréine lifts my soul with joy -
Such land! Such country! What a sky!
How silently the mountains rest
Their heads upon each other's breast.

(Übers. von David Marcus)

When I looked at Lough Graney my heart grew bright,
Ploughed lands and green in the morning light,
Mountains in rows with crimson borders
Peering above their neighbours' shoulders.

(Übers. von Frank O'Connor)

Zwei englische Übertragungen ein und desselben Texts, der mit einer Beschreibung der bukolischen Bergidylle westlich von Lough Derg anhebt. Wie anders mag da erst das irischsprachige Original wirken, dessen exquisiter Rhythmus, technische Brillanz und poetische Kunstfertigkeit immer wieder gerühmt worden sind (und in der deutschen Prosaübersetzung leider verlorengehen)! Die Rede ist von dem meisterlichen balladesken Langgedicht *Cúirt an Mheon-Oíche* (1800; dt. *Das Mitternachtsgericht*), einer in der gälischen Literatur des 18. Jahrhunderts einzigartigen subversiven Satire auf die zeitgenössische irische Sexualmoral. Seine 1206 Zeilen stellen die einzige literarische Hinterlassenschaft des Dichters BRIAN MERRIMAN (Brian Mac Giolla Meidhre, um 1749–1805) dar, über dessen Leben verhältnismäßig wenig Stichhaltiges bekannt ist. Als Geburtsjahr werden 1740, 1747, 1749, 1750 oder 1757 genannt, als Geburtsort Clondegad, Ennistymon oder Feakle (alle Co. Clare). Auch vom Berufsstand seiner Eltern weiß man nichts Genaues, doch gab sein Name »Merryman« Anlaß zu Spekulationen, denn so bezeichnete man den *filius naturalis* eines katholischen Priesters. Verbürgt ist lediglich, daß Merriman ab 1770 in einer Heckenschule in Kilclenin bei Feakle tätig war, später zwanzig Morgen Land pachtete und sich seinen Unterhalt als Kleinbauer verdiente; aktenkundig ist ferner, daß er im Jahre 1796 für gut geratenen Flachs eine Prämie in Gestalt zweier Spinnräder zugesprochen bekam und selber erst spät, um 1790, heiratete. Einem Nachruf zufolge starb er am 27. Juli 1805 in seinem inzwischen abgerissenen Haus 5 Clare Street in Limerick, wo er Mathematikunterricht erteilt hatte.

Begraben liegt Merriman auf dem kleinen Kirchhof von FEAKLE neun Kilometer westlich von Scarriff an der Landstraße nach Gort. In malerischer Umgebung schmiegt sich das abgeschiedene Dorf an den Südhang der Slieve Aughty Mountains unweit des genannten Sees. 1967 wurde gegen den Widerstand der Kreisverwaltung eine von Seamus Murphy geschaffene Bronzetafel an der Friedhofsmauer angebracht, die Grabstätte selbst ist nicht markiert. Doch nach langen Jahrzehnten schärfster Ablehnung erfreut sich der Dichter mittlerweile zunehmender Anerkennung. So hält die Merriman Society seit 1968 an verschiedenen Orten der Grafschaft Clare eine einwöchige Sommerschule ab, die ebenso dem Tanzvergnügen und der Trinkkumpanei dient wie der literarhistorischen Verortung ihres Namensgebers.

Wenn sich der Ruhm eines Autors auf ein einziges Werk gründet, so ist etwas Besonderes zu gewärtigen. In der Tat ragt das originelle Werk, obschon beeinflußt von der mündlichen Volksüberlieferung, aufgrund seiner gewagten Thematik und seines energischen Stils heraus aus der Flut traditioneller gälischer Lyrik, die Wein, Weib und Gesang mit den immergleichen Wendungen bedenken. Das burleske Versepos ist eine scharfsichtige Darstellung sozialer und sexueller Mißstände und eine unverhüllte Anklage gegen den Puritanismus irischer Junggesellen, die sich aus Furcht vor einer möglichen Verringerung ihres Besitzstandes weigern, die Ehe einzugehen – eine Einstellung, die den Landfrauen noch heute zu schaffen macht und in den achtziger Jahren eine wichtige Rolle bei der öffentlichen Debatte um die Einführung der Scheidung spielte.

Der Hergang ist rasch wiedergegeben: Von einer Abgesandten der Feenkönigin von North Munster, Aoibheall, die in dem Berg Craglea, fünf Kilometer nördlich von Lough Derg, residiert, wird der Erzähler vor einen phantastischen, nachgerade surrealen Gerichtshof geladen. Es kommt zu einem bitteren Schlagabtausch und wechselseitigen Invektiven. Eine erzürnte junge Frau beschwert sich über die erlittenen sexuellen Entbehrungen, ein alter Krauter erbost sich über die Leichtlebigkeit des Flittchens. So lustvoll die Frauen ihre weiblichen Reize zur Schau stellen, so sehr sie Junggesellentum, Geldheiraten und den priesterlichen Zölibat attackieren – die Männer lassen sich weder belehren noch bekehren. Als ihm von den versammelten Frauen Prügelstrafe droht, erwacht der Erzähler aus seinem Alptraum:

> Verklagt, verurteilt und abgestraft
> hat das Gericht um Mitternacht
> uns, die Männer von Irland.
> Auch die Vögel pfiffen es jetzt von den Bäumen:
> Alle Macht den Weibern!
>
> (Übers. von Hans-Christian Kirsch)

Doch hinter der zeitkritischen »Satire im folkloristischen Gewand«, die den Kampf der Geschlechter zum Vorwurf hat, verbirgt sich ein veritables »Preislied auf die Liebe, ihre Glorie, ihre Torheit, die Lebenskraft, die in ihr steckt« (Hans-Christian Kirsch).

Merrimans erfrischender Witz, sein komisches »Vulgäririsch« und seine übermütigen Pikanterien erinnern eher an die derbe Sprache des französischen Renaissanceschriftstellers François Rabelais (um 1494 bis 1553) als an die züchtig-verhaltenen Empfindungen irischer Liebeslyrik. *Cúirt an Mheon-Oíche* ist eine einfallsreiche Travestie der konventionellen *aisling*, einer poetischen Vision, in der der Dichter das romantische Bild einer Frauengestalt wie Cathleen Ní Houlihan beschwört, die das geknechtete Irland verkörpert und dazu aufruft, sie (d. h. es) aus der Sklaverei zu befreien. Gleich zu Anfang erfolgt die Umkehrung dieses Topos:

Mich dünkte, als seh ich aus den Augenwinkeln hervor
jemanden kommen ... ein riesiges Weib,
gepanzert der Leib, mit kräftigen Schenkeln,
stark, grob und mit verdrossener Miene.
Wenn ich recht schätzte,
war sie sechs, sieben Meter groß.

(Übers. von Hans-Christian Kirsch)

Das zwischen 1780 und 1790 auf Merrimans Bauernhof entstandene vierteilige Gedicht ist für die Bühne bearbeitet und häufiger als jeder andere gälische Text ins Englische übersetzt worden, so von Denis Woulfe (1880), Michael O'Shea (1897), Percy Arland Ussher (1926), Frank O'Connor (1946), Lord Longford (1949), David Marcus (1953), Patrick C. Power (1971) und Cosslett Ó Cuinn (1982). Am 30. April 1946 kam es zu einem Eklat, als O'Connors kontroverse Übertragung *The Midnight Court. A Rhythmical Bacchanalia* als einziges lyrisches Erzeugnis in der Geschichte der irischen Zensur von den Behörden verboten wurde, wohingegen das irische Original nicht nur frei zugänglich, sondern zumindest auszugsweise in allen Schulbüchern abgedruckt war. Die Zensoren waren so unbelesen, daß sie dem Übersetzer unterstellten, der eigentliche Urheber des »unzüchtigen« und »obszönen« Machwerks zu sein – ein schmeichelhaftes Kompliment, das er teuer büßen mußte.

Connacht

Co. Galway

I, the poet William Yeats,
With old mill boards and sea-green slates,
And smithy work from the Gort forge,
Restored this tower for my wife George;
And may these characters remain
When all is ruin once again.

So lautet das Gedicht »To Be Carved on a Stone at Thoor Ballylee« von William Butler Yeats (1865–1939), ein Vermächtnis des Dichters, das nach seinem Tod getreulich zur Ausführung gelangte. Seit 1948 schmückt der Vers eine in die Hauptfassade von Thoor Ballylee (Tuar Bhaile Uí Laoi) eingelassene Steinplatte. Thoor Ballylee ist der Name, den Yeats dem normannischen Bergfried von Ballylee Castle wenige Kilometer nordöstlich von Gort beilegte, einem vierstöckigen, viereckigen, vierschrötigen Wach-, Wehr- und Wohnturm der de Burgos. Nach seiner Heirat mit dem jungen englischen Medium George Hyde-Lees im Jahre 1917 hatte Yeats das trutzige graue Bauwerk für die Summe von 35 Pfund erstanden, wiederherrichten und möblieren lassen und mit seiner Familie als Sommerresidenz bezogen. Erst 1929, als Feuchtigkeit und gestiegene Instandhaltungskosten einen weiteren Aufenthalt unratsam erscheinen ließen, zog er sich von dem Objekt zurück. Überschwemmungen können auch heute noch zum Problem werden.

Zum hundertsten Geburtstag des Dichters eröffnete der Schriftsteller Padraic Colum in dem trotz grüner Efeuranken eher spartanisch wirkenden Bau ein Yeats-Museum. Heute kann man in den weißgestrichenen, geräumigen Zimmern Erstausgaben, Porzellan und einige der schweren Eichenholzmöbel betrachten, die Yeats eigens anfertigen ließ. Eine steinerne Wendeltreppe führt zur Brustwehr hinauf, von wo aus sich der beschauliche Flecken gut überblicken läßt. Die amerikanische Lyrikerin Sylvia Plath nannte das Ensemble von Wald, Turm, Cottage, Mühle, Bach und Brücke »den schönsten und friedlichsten Ort in der Welt«, und in der Tat hatte Yeats ein besonderes Geschick darin, zauberhafte, dem Seelenfrieden zuträgliche Plätzchen aufzustöbern. So dürfte ihn in seinem Kaufentschluß die Verheißung der Hexe Biddy Early bestärkt haben: »Zwischen den beiden Mühlrädern von Ballylee gibt es ein Heilmittel gegen jedwedes Übel.« Hier fand der Modernist mit dem ausgeprägten Sinn für Vorbilder und Vorläufer einen Zufluchtsort vor der »filthy modern tide«.

Mehr noch, Yeats besaß ein untrügliches Gespür für die Sinnbildlichkeit des Materiellen, Physischen, Topographischen. Der Kontrast zwischen dem herrschaftlichen Turm und den beiden benachbarten Katen entsprach seiner Vorstellung von einer engen Fühlung zwischen Aristokratie und Bauernschaft ohne jeglichen Zwischenraum für einen bürgerlichen Mittelstand, wie sie in anderem Zusammenhang Louis MacNeice beschwor:

> [...] as close
> As the peasantry were to the landlord,
> As the Irish to the Anglo-Irish,
> As the killer is close one moment
> To the man he kills,
> Or as the moment itself
> Is close to the next moment.

Der phallische Turm und die vaginale Wendeltreppe repräsentierten für ihn darüber hinaus die männlichen und weiblichen Anteile an seiner Kunst. In einer Zeit des Bürgerkriegs stand der Turm, ein steinerner Elfenbeinturm des Sprachartisten, für eine stabile gesellschaftliche Ordnung. Freilich hat die Plakativität, mit der sich Yeats in ein Kontinuum bewunderter Vorgänger einreiht, durchaus etwas Gewolltes, Gewaltsames:

> I declare this tower is my symbol; I declare
> This winding, gyring, spiring treadmill of a stair is my
> ancestral stair;
> That Goldsmith and the Dean, Berkeley and Burke have
> travelled there.

Ganze Gedichtsammlungen, so *The Tower* (1928) und *The Winding Stair* (1933), die einige seiner bestechendsten Verse enthalten, kreisen um den Turm als Emblem für die Spannung zwischen Geschichte und Gegenwart.

Yeats, stets auf der Suche nach symbolischen Korrespondenzen, betrachtete sich als Nachfolger nicht nur Homers, sondern auch des blinden gälischen Sängers und Dichters Anthony Raftery, der um die hübsche Müllerstochter Mary Hynes – »die leuchtende Blume von Ballylee« – mit derselben Inbrunst und Vergeblichkeit warb wie er selbst um die berückende Schönheit Maud Gonne. Rafterys berühmtes Preislied für Máire Ní Eidhin endet mit dem poetisch-prosaischen Gedanken:

It is Mary Hynes, the calm and easy woman,
Has beauty in her mind and in her face.
If a hundred clerks were gathered together,
They could not write down a half of her ways.

Das Flüßchen an Yeats' Turmhaus versickert in einer Senke namens Raftery's Cellar im porösen Gestein und nimmt einen unterirdischen Verlauf, bis es das Anwesen Coole Park nordwestlich von Gort erreicht, wo es in einen kleinen Teich mündet. Der gepflegte Landschaftsgarten lädt zu ausgedehnten Spaziergängen ein. Ihm, dem herrschaftlichen Haus und seiner Besitzerin widmete W. B. Yeats eine Reihe melancholisch-nostalgischer Gedichte, darunter auch »Coole Park, 1929«:

Here, traveller, scholar, poet, take your stand
When all these rooms and passages are gone,
When nettles wave upon a shapeless mound
And saplings root among the broken stone,
And dedicate – eyes bent upon the ground,
Back turned upon the brightness of the sun
And all the sensuality of the shade –
A moment's memory to that laurelled head.

Wie von Yeats vorausgeahnt, wurde die fensterreiche Villa, zu der die weitgeschwungene Zedernallee führte, 1941 staatlicherseits abgerissen und der Schutt für fünfhundert Pfund an einen Bauunternehmer verkauft; lange Zeit gab es nichts weiter zu besichtigen als seine von Rasen bedeckten Grundmauern. Inzwischen ist man sich des Fehltritts innegeworden und hat ein Besucherzentrum errichtet – ein höchst unvollkommener Ersatz für den imposanten Originalbau.

Wem aber gehörte das lorbeerbekränzte Haupt, zu dessen Gedächtnis Reisende, Gelehrte und Poeten einen Augenblick verweilen sollen? Der anglo-irischen Folkloristin, Dramatikerin und Übersetzerin LADY GREGORY (1852–1932), mit vollem Namen Isabella Augusta Gregory geb. Persse. Zwar wurde sie auf dem Landgut Roxborough House unweit Loughrea (Co. Galway) geboren, wo ihre Eltern sie privat erziehen ließen, doch tauschte sie einen Herrensitz gegen den anderen ein und damit ihre unionistische Herkunft gegen eine nationalistische Überzeugung. Denn 1879 hatte sie auf einer Italienreise den um fünfunddreißig Jahre älteren Sir William Gregory, ehemaligen Gouverneur von Ceylon, kennengelernt und sich im Jahr darauf mit ihm vermählt (ihr einziges Kind, Robert, fiel als Major im Ersten Weltkrieg). Mit ihrem hochgebildeten Mann verlebte sie, ganz Dame der Gesellschaft, die Saison in London und bereiste Indien, Ceylon, Ägypten, Spanien und Italien.

Obwohl sie bereits zu seinen Lebzeiten Pamphlete zu Fragen der arabischen Revolte, der Heimindustrie, der Besteuerung oder der irischen Selbstverwaltung veröffentlicht hatte, wagte sie sich erst nach seinem Tod 1892 an die schöngeistige Literatur heran, angeregt von ihrem Geliebten, dem englischen Lyriker Wilfred Scawen Blunt (1840 bis 1922). Als sie ihr erstes Bühnenstück schrieb, war sie bereits Anfang Fünfzig; ihr letztes vollendete sie im Alter von fünfundsiebzig Jahren. Ihre schicksalhafte Begegnung mit Yeats im Jahre 1896 war entscheidend für die innere Festigung ihres gesundheitlich angegriffenen Schützlings, der in Coole Park ein zweites Zuhause fand: »Sie ist mir Mutter, Freundin, Schwester und Bruder gewesen. Ich kann die Welt ohne sie nicht erkennen – sie hat meinen wankelmütigen Gedanken dauerhaften Adel verliehen.« Der Blick von seinem Zimmer auf den See inspirierte Yeats zu dem berühmten Gedicht »The Wild Swans at Coole« (1919):

> The trees are in their autumn beauty,
> The woodland paths are dry,
> Under the October twilight the water
> Mirrors a still sky;
> Upon the brimming water among the stones
> Are nine-and-fifty swans.
> [...]
> But now they drift on the still water,

Mysterious, beautiful;
Among what rushes will they build,
By what lake's edge or pool
Delight men's eyes when I awake some day
To find they have flown away?

Lady Gregory gestaltete das Haus mit seinem aristokratischen Ambiente zum geselligen Mittelpunkt der Irischen Literarischen Renaissance um; ihr gastlicher Salon wurde Zufluchts- und Versammlungsort führender Köpfe der Irischen Dramatischen Bewegung, die hier zusammenkamen, um Belange der literarischen Szene zu erörtern oder sich in den Wäldern und am See zu ergehen. Shaw spielte Klavier, Yeats diktierte Verse. Statt sich allerdings in ein Gästebuch einzutragen, verewigten sie ihre Namen auf borkiger Rinde: Neben einer Buchsbaumhecke steht, sorgfältig eingezäunt, der »Autograph Tree«, eine ausladende Blutbuche, auf der die eingeritzten Monogramme der illustren Gäste zu erkennen sind: WBY, JBY, JMS, GBS, SOC, AE, KTH, VM, JM, AJ, DH und GM – ihre Entschlüsselung sei dem detektivischen Spürsinn der Leser und Betrachter überlassen.

Im Gespräch mit Yeats und dem ebenso asketischen wie exzentrischen katholischen Gutsherrn Edward Martyn (1859–1923) in Duras (Doorus) House bei Kinvara (Co. Galway), damals im Besitz des Grafen Florimond de Basterot, der Guy de Maupassant und Paul Bourget zu Gästen hatte, heute eine Jugendherberge, plante Lady Gregory 1898 im Laufe eines einzigen Nachmittags die Gründung eines irischen Nationaltheaters, das als öffentliches Forum im Prozeß der nationalen Selbstfindung fungieren und Stücke irischer Autoren zu irischen Themen zur Aufführung bringen sollte. Martyn, Cousin von George Moore und Herr über das im Tudor-Stil restaurierte Tullira Castle bei Ardrahan (Co. Galway), Autor der Stücke *The Heather Field* (1899) und *Maeve* (1899), gründete nicht nur gemeinsam mit Moore, Yeats und Lady Gregory das Irish Literary Theatre, das 1899 mit *Maeve* und Yeats' *The Countess Cathleen* eröffnet wurde, sondern stiftete auch den Palestrina-Chor der Pro-Cathedral Dublin sowie den Sängerwettbewerb Feis Ceoil und führte die Kunst der Hinterglasmalerei wieder in Irland ein. So bewirkte das als anglo-irisch zu definierende Terrain im Dreieck Duras House, Tullira Castle und Coole Park die geistige Erneuerung des irischen Dramas.

1901 wurde das Irish Literary Theatre mit der Schauspieltruppe der Brüder William und Frank Fay zur Irish National Theatre Society vereinigt, die 1904 ihre Heimstatt im Abbey Theatre Dublin fand. Mit seiner realistischen Szenerie und seiner poetisch-deklamatorischen Darstellungskunst sollte das Abbey, dessen Ko-Direktorin Lady Gregory von 1904 bis 1928 war (vgl. ihre Memoiren *Our Irish Theatre*, 1913), Weltberühmtheit erlangen. Lady Gregory gelang es, die beiden Stränge der neuen bürgerlichen Nationalliteratur zu bündeln: die heroischen Epen und Mythen der gälischen Vergangenheit und die Folklore des irischen Westens mit seinem bildergesättigten englischen Idiom. Resultat war ein Bauerndrama in »keltischer Dämmerung« (Yeats). Die höchst energische Frau war die treibende Kraft hinter einem sich autonom verstehenden literarischen Nationalismus jenseits aller Propaganda und politischen Zwistigkeiten.

Doch die Bewohnerin von Coole Park war nicht nur großzügige Mäzenin, unermüdliche Initiatorin und Organisatorin, die Impulse gab, junge Talente aufstöberte, Verhandlungen führte und Geld zur Verfügung stellte, sondern selber eine experimentierfreudige Dramatikerin, die mehr als vierzig handwerklich gediegene Mysterienspiele und realistische Bauernschwänke verfaßte. Eines ihrer *Seven Short Plays* (1909), der Einakter *Spreading the News*, wurde zusammen mit Yeats' *On Baile's Strand* zur feierlichen Eröffnung des Abbey Theatre am 27. Dezember 1904 gegeben. *The Rising of the Moon* (1904) ist das früheste Beispiel jener typisch irischen Kombination des Patriotischen mit dem Derb-Komischen, die jedes politische Handeln als Donquichotterie erscheinen läßt. Andere Stücke sind *The Gaol-Gate* (1906) und *The Workhouse Ward* (1909).

Lady Gregory lernte Irisch, half in Kinvara einen Zweig der Gälischen Liga gründen und übersetzte von ihr gesammelte gälische Volkserzählungen, Legenden und Rebellenlieder in den künstlichen Dialekt der Baronie Kiltartan, gehört »durch das Hörrohr einer alten Dame«: *A Book of Saints and Wonders* (1906), *The Kiltartan History Book* (1909), *The Kiltartan Wonder Book* (1910), *Visions and Beliefs in the West of Ireland* (2 Bde., 1920). Außer Molière und Goldoni übertrug sie irische Heldensagen, so *Cuchulain of Muirthemne* (1902), »das beste Buch, das je aus Irland hervorgegangen ist; denn die Geschichten, von denen es erzählt, sind das hauptsächliche Geschenk Irlands an die Imagination der Welt« (W. B. Yeats).

Lady Gregory trat für die Rückgabe der impressionistischen Gemäldesammlung ihres 1915 mit der »Lusitania« untergegangenen Neffen Hugh Lane ein, die heute als ständige Leihgabe der Tate Gallery in der Hugh Lane Municipal Gallery Dublin ausgestellt ist (vgl. *Hugh Lane's Life and Achievement*, 1921). Begraben liegt die »größte lebende Irin« (G. B. Shaw) auf dem New Cemetery in Bohermore, Galway.

Der oft übellaunige Sean O'Casey, den sie nach Kräften förderte und zu sich nach Coole einlud, fand freundliche Worte für sie: »Sie verbrachte ihre Jugendtage und wuchs auf in dem roten Rips- und gelben Plüschleben der Zeit: plüschüberzogene Photorahmen, plüschüberzogene Körper und Möbel, plüschüberzogene Seelen voll plüschüberzogenen Glaubens an Gott. Daß ihr all diese Dinge fragwürdig erschienen, ist sicher, und daß sie ein anderes, weiteres, härteres und kräftigeres Leben um sich herum spürte, ist ebenfalls sicher. Ungeachtet all derer, die sie umgaben, als ihr geschäftiges literarisches und dramatisches Leben begann, brachte sie allein es fertig, unbeschwert und ihrer selbst sicher mitten unter den einfachen Leuten zu sitzen, und auch die fühlten sich in ihrer Gesellschaft wohl.« (Übers. von Werner Beyer.)

Von Gort führt uns die Reise nach Galway (Gaillimh, Ort Galvas, der Gälen, der Galicier?), der geschäftigen Universitätsstadt an der irischen Westküste, die im vergangenen Jahrzehnt zu einem atmosphärisch dichten Ort der Künste aufgeblüht ist. Auf Eyre Square, dem

Eyre Square, Galway

Zentralplatz, mit dem die Kommune so unterschiedliche Politiker wie den IRA-Kämpfer Liam Mellows und den irischstämmigen US-Präsidenten John F. Kennedy ehrt, findet sich auch ein steinernes Standbild, dem man ansieht, daß es keinem Politiker gelten kann. Inmitten von Pflanzen und Felsen sitzt fast gnomenhaft ein kleingewachsener, freundlicher Herr und neigt versonnen den Kopf, als lausche er einer inneren Stimme und wolle jeden Augenblick zu erzählen anheben. Zweifellos ein *seanchaí*, einer jener traditionellen irischen Geschichtenerzähler, kurzweiliger Vermittler kollektiver Erfahrung. Doch wie verträgt sich mit diesem Eindruck sein bürgerlicher Habitus, sein Auftreten in Anzug und Melone?

Das von Albert Power geschaffene und 1936 von Eamon de Valera enthüllte Denkmal zeigt einen irischsprachigen Schriftsteller, der beides miteinander verband: das Weltläufig-Urbane mit dem Bodenständig-Bäuerlichen, Vagabundentum mit Seßhaftigkeit, das Vermögen zu erzählen mit der Kunst des Schreibens. Als Essayist und Erzähler begnügte sich Pádraic Ó Conaire (1882–1928) nicht damit, die irische Sprache, wie von Conradh na Gaeilge, der 1893 gegründeten Gälischen Liga, angestrebt, auf überkommene Weise als literarisches Medium wiederzubeleben, sondern suchte der erzählenden Prosa Elemente der zeitgenössischen europäischen Literatur, zumal der französischen und russischen, zuzuführen: »Wir leben in einer komplexeren Welt, und neue Methoden und eine neue Metaphysik sind vonnöten, um sie zu erkunden.«

Ó Conaire, aus Galway gebürtig und mit zwölf Jahren verwaist, wuchs bei Verwandten in Rosmuck (Ros Muc), einem winzigen Flekken in einer der irischsprachigen Gegenden (*gaeltachtaí*) Connemaras, auf, so daß Irisch zu seiner ersten Sprache wurde. Sein Haus, Teach Ghairfean, wird demnächst zu einem Arbeits- und Begegnungszentrum für irischsprachige Schriftsteller ausgebaut. Seiner nächsten Ausbildungsstätte, Blackrock College in Dublin, kehrte er den Rücken, um zur See zu fahren. Schließlich verschlug es ihn in die Weltstadt London, wo er in den britischen Staatsdienst eintrat und Stoff für seinen späteren Emigrantenroman *Deoraidheacht* (1910; engl. *Exile*) sammeln konnte. In seiner Freizeit versuchte er sich an ersten Erzählungen und Essays. Nachdem er auf dem Oireachtas, einem von der Gälischen Liga alljährlich veranstalteten Literaturfestival, zwischen 1904 und 1913 sechs Preise errungen und die Bände *Tír na nIongantas* (»Wunderland«, 1913) und *An Sgoláire Bocht* (»Der arme Scholar«, 1913) veröffentlicht hatte, riß er das Ruder seines Lebensschiffchens abermals herum und kehrte 1914 nach Irland zurück, allerdings nicht in die gesicherten Verhältnisse einer festen Anstellung, sondern als freischaffender, ja frei umherschweifender Schriftsteller.

Denn von nun an durchstreifte er, ein schreibender Vagant (*seachránaí*), die unwirtlich rauhe Landschaft Connemaras, in der er sich so zu Hause fühlte, mit einem zweirädrigen Eselskarren und hielt seine sinnlichen Eindrücke und Erlebnisse in Essays, Skizzen und Geschichten fest. *M'Asal Beag Dubh* (»Mein kleiner schwarzer Esel«, postum 1944), eine Liebeserklärung an seinen struppigen Gefährten, die an Robert Louis Stevensons *Travels with a Donkey in the Cevennes* (1879) erinnert, gibt Kunde von seiner nomadischen Existenz. Ó Conaires mehr als vierhundert psychologisch feinfühlige Erzählungen über Menschen, die unter der unerbittlichen Härte des Landlebens leiden, wurden weithin gelesen; seine vierzehn Lebensjahre als ungebundener Bohemien erlaubten ihm, mit einem knappen Dutzend Buchtitel, eine hohe Produktivität. Auf englisch sind *The Finest Stories of Pádraic Ó Conaire* (1991) erhältlich. Schmucklos, sparsam, durchgeformt mit einem Minimum an sprachlichem Aufwand, fanden die Texte nicht immer den Beifall der Sprachanwälte und Brauchtumspfleger.

Ó Conaires pikaresker Kurzroman *Deoraidheacht*, in naivem Tonfall erzählt von dem einarmigen und einbeinigen Micil, versammelt in London, der »Stadt der Düsternis«, ein groteskes irischsprachiges Figurenensemble, das nach expressionistischer Art nur mit Typenbezeichnungen wie »die dicke Dame«, »die große rothaarige Frau« und »der kleine gelbe Mann« belegt wird – menschliches Treibgut einer Gesellschaft, die »am Golde hängt«. Am Ende des Romans stellt sich heraus, daß der verkrüppelte und oft obdachlose Protagonist, der seine Gliedmaßen und – als Attraktion einer Monstrositätenschau – seine Identität verloren hat, längst gestorben ist.

So war Ó Conaire, der erste Berufsschriftsteller in Irisch seit langem, ein einflußreicher Pionier gälischer Literatur im 20. Jahrhundert, und auf die Nachricht von seinem Ableben hin hielt der im Volkston dichtende Lyriker Frederick R. Higgins (1896–1941) in einer Elegie den Wesenskern dieses entdeckungsfreudigen, kosmopolitischen Erzählers fest: »Ah, they'll say: Padraic's gone again exploring; / But now down glens of brightness.« Sein irdischer Besitz bestand aus dem, was er am Leibe trug: einer Pfeife, einem Stück Priem, einem Apfel und einem Taschenmesser. Über seinem Grab auf dem New Cemetery von Galway, auf dem auch Lady Gregory und Walter Macken beigesetzt sind, steht ein von James Power entworfener Gedenkstein, der 1982 von dem gälischen Lyriker Máirtín Ó Direáin (1910–88) enthüllt wurde.

Ein weiterer Sohn Galways ist besagter WALTER MACKEN (1915–67), der vielseitige Schauspieler, Dramatiker und Romancier, in dessen Werken die Stadt und ihr Umland eine wesentliche Rolle spielen. Im Schatten des von Jesuiten geleiteten Internats für Knaben geboren, nämlich in dem zweistöckigen Eckhaus 18 ST. JOHN'S AVENUE (marmorne Gedenktafel), besuchte er selbst die Schule der Patrizischen Brüder. Macken verfaßte seine erste Erzählung mit zwölf Jahren, doch seine künstlerische Karriere begann zunächst damit, daß er sich als Siebzehnjähriger der 1928 von Hilton Edwards und Micheál Mac Liammóir (d. i. Alfred Willmore) gegründeten irischsprachigen Theateranstalt An Taibhdhearc na Gaillimhe in Middle Street anschloß. An diesem Theater wirkte er lange Jahre als Darsteller, Regisseur, Direktor und Autor. Ein einprägsames Bühnenstück über die Fischer von Claddagh, dem Stadtteil, aus dem die berühmten irischen Verlobungsringe mit dem von zwei Händen gehaltenen Herzen stammen, sollte er später zu dem Roman *Rain on the Wind* (1950) umarbeiten, in dem ein junger Fischer sich gegen die Machenschaften seiner Verwandten behauptet.

Mackens englischsprachiges Stück *Mungo's Mansions* (1946) hingegen wurde mit großem Erfolg am Abbey Theatre Dublin aufgeführt, ebenso die Dramen *Home is the Hero* (1952, später mit ihm verfilmt) und *Twilight of a Warrior* (1955), beides eindringliche Charakterstudien, deren Protagonisten gewalttätige Männer sind, der eine ein entlassener Häftling, der andere ein republikanischer Aktivist, der seine Familie tyrannisiert (nicht unähnlich dem autoritären Freiheitskämpfer Moran in John McGaherns exzellentem Roman *Amongst Women*). In Thema und Haltung sind Mackens Bühnenwerke Sean O'Caseys Dublin-Stücken vergleichbar. Nach seiner Rückkehr von einem dreijährigen Engagement am Abbey Theatre entwickelte Macken An Taibhdhearc na Gaillimhe zu einer Art gälischem Nationaltheater. Daneben übernahm er Bühnen- und Filmrollen in London und New York. 1966 wurde er als Intendant ans Abbey Theatre berufen – eine Stelle, die er freilich schon nach wenigen Monaten aufgab, um sich in Menlo bei Galway niederzulassen und sich ausschließlich der Romanschriftstellerei zu widmen.

Von seinem besonders in Großbritannien und den USA populären schriftstellerischen Werk ist am bekanntesten die mehrere Jahrhunderte umspannende historische Romantrilogie *Seek the Fair Land* (1959), *The Silent People* (1962) und *The Scorching Wind* (1964), eine ambitionierte Darstellung der turbulenten irischen Geschichte von der Cromwellschen Eroberung über die »Große Hungersnot« bis hin zur Gründung des Irischen Freistaats. Mit lebensvollen, handlungsprallen, unterhaltsamen und leicht zugänglichen Romanen wie *Sunset on the Window Panes* (1954), mit Erzählbänden wie *God Made Sunday* (1962) und mit Kinderbüchern wie *Island of the Great Yellow Ox* (1966) und *The Flight of the Doves* (postum 1968) hat Macken auch in Deutschland eine Lesergemeinde gefunden. In Irland wurden drei seiner Romane von der Zensur verboten – ein Schicksal, das Macken mit allen guten Autoren, ob einheimischen oder ausländischen, teilte.

In Bowling Green Street Nr. 8, einer Seitenstraße von Market Street, befindet sich das kleine Wohnhaus, in dem die Bäckerstochter Nora Barnacle (1884–1951) als eines von sieben Geschwistern aufwuchs. Das Gebäude stand von 1975 an leer, bis es 1987 restauriert und als Museum der Öffentlichkeit zugänglich gemacht wurde. Nora Barnacle war zwar nicht selbst Schriftstellerin, dafür aber, ob in Triest, Zürich oder Paris, die treibende Kraft im Leben des größten irischen Schriftstellers des 20. Jahrhunderts, James Joyce. So wurde denn auch die Gedenktafel an ihrem Haus an seinem hundertsten Geburtstag im Jahre 1982 enthüllt. Die lebenskluge, charakterstarke und unbeugsame Frau war seine Muse, seine Geliebte und – seit der Londoner Hochzeit am 4. Juli 1931, als es darauf ankam, ihr und den Kindern Giorgio und Lucia das Erbe zu sichern – seine Ehefrau, die ihn stimulierte und inspirierte, stärkte, versorgte, betreute und, wie er zugab, überhaupt erst »einen Mann aus ihm machte«. Sie war alles andere als eine »Klette« oder »Fessel« (so die Bedeutung ihres Mädchennamens).

Wie tief er in ihrer Schuld stand, verrät ein Brief von Joyce: »Lenke mich, meine Heilige, mein Engel, führe mich vorwärts. *Alles*, was edel und erhaben und tief und wahr und ergreifend ist in dem, was ich schreibe, kommt, glaube ich, von dir. O nimm mich auf in das Innerste deiner Seele, dann werde ich wahrhaftig der Dichter meines Volkes werden.« Nora Barnacle wurde ihm zum Vorbild für die archetypischen Frauengestalten in seinem Werk, für Gretta Conroy in »The Dead«, Molly Bloom in *Ulysses* und die mythische Anna Livia Plurabelle in *Finnegans Wake*. In der intensiven und dauerhaften Beziehung zu ihm, ja durch ihre bloße Präsenz erschloß sie ihm die weibliche Psyche.

Die erste Begegnung mit der großen Liebe seines Lebens fand in Dublin statt, an jenem 16. Juni 1904, der in die Achtzehn-Stunden-Handlung des *Ulysses* und als weltweit gefeierter »Bloomsday« in die Annalen der Literaturgeschichte eingegangen ist. Als Joyce in 60 Shelbourne Road wohnte, sah er eine hochgemute Schönheit mit kasta-

Nora Barnacle

nienbraunem Haar, »stolzem, schlenderndem und hüftenschwingenden Gang« die Nassau Street entlanggehen, faßte sich ein Herz und verabredete ein Rendezvous. Zu diesem Zeitpunkt arbeitete Nora Barnacle als Zimmermädchen in Finn's Hotel (1/2 Leinster Street). Wer sich heute vor dem vierstöckigen Backsteingebäude aufpflanzt, kann an der Giebelwand eben noch den alten Schriftzug entziffern. Die Zuneigung war beiderseitig, denn im Oktober desselben Jahres verließ das Paar für immer heimatlichen Boden, um nur noch besuchsweise zurückzukehren. Joyce empfand die Begegnung mit Nora stets als schicksalhaft und setzte ihr ein literarisches Denkmal, wie es monumentaler nicht hätte ausfallen können.

Pearse's Cottage, Rosmuck

Von der Landstraße, die über Spiddal und Costelloe nach Recess im Herzen der Gaeltacht von Connemara führt, biege man bei Screeb links ab nach Gortmore (An Gort Mór, das große Feld). Von dort aus sieht man schon von einem der unzähligen Seen das Haus herüberleuchten, das mit einem anderen irischsprachigen Autor in Verbindung gebracht werden muß – Pearse's Cottage, eine jener typischen alten Bauernkaten, einstöckig, dickwandig, weißgekalkt und stroh- oder riedgedeckt, die dem Touristen wie der Inbegriff irisch-ländlicher Idylle vorkommen, während die einheimische Bevölkerung, der langen Entbehrungen überdrüssig, sie im Laufe der sechziger, siebziger und achtziger Jahre mehr und mehr durch häßlichere, aber komfortablere Bungalows und Villen der Marke Eigenbau ersetzt hat. Von dem Felsen hinter dem Haus hat man einen herrlichen Blick auf Lough Eileabhruach, den auch das Dickicht aus Rhododendron und Fuchsien nicht verstellt. Die üppige Vegetation, ein dichter Teppich aus Farnen und Gräsern, kontrastiert aufs stärkste mit der Kargheit der beiden winzigen, durch eine Wohnküche getrennten Schlafkammern, in denen früher das herb duftende Torffeuer brannte.

In diesem unter Denkmalschutz stehenden Sommerhäuschen wohnte, lernte und schrieb, inspiriert von der umliegenden braunen Moor- und violetten Heidelandschaft, der Poet, Pädagoge, Politiker und Patriot PATRICK PEARSE (Pádraig Mac Piarais, 1879–1916). Man sollte diese Aussage präzisieren: Das Haus, das Pearse sich 1903 errichten ließ und in welchem er als einer der ersten irische Sprachkurse abhielt, wurde im Jahre 1922 aus Rache für seine führende Rolle beim Osteraufstand 1916 von Angehörigen der britischen Hilfstruppe der Black and Tans niedergebrannt. Was man heute vor sich sieht, ist ein auf den alten Grundmauern wiedererrichteter Neubau von 1924. Auch die nüchterne Einrichtung: Waschgelegenheit, Bett, Spiegel, Stühle, Schrank und Sekretär (daneben einige wenige Fotos und Dokumente), besteht aus Replikaten.

Geboren wurde Pearse in 27 Great Brunswick Street (heute Pearse Street, Marmorrelief mit den Profilen der Brüder Pearse) in Dublin als Sohn einer Irin und eines englischen Steinbildhauers – offenbar eine verhängnisvolle Konstellation: »Ich verstehe meine Rolle teilweise als Selbstaufopferung dafür, was das Volk meiner Mutter erlitten hat, und als Sühne dafür, was das Volk meines Vaters ihm angetan hat.« Nach dem Besuch der Schule der Christlichen Brüder in Westland Row schrieb sich Pearse am University College Dublin ein und erwarb 1901 den Bachelor of Arts und den Bachelor of Law. Dem Anwaltsberuf, diesem »übelsten aller Berufsstände«, kehrte er jedoch alsbald den Rücken und engagierte sich frühzeitig für Conradh na Gaeilge und das anfangs noch unpolitische Programm einer Wiederbelebung und Pflege der irischen Sprache und Kultur. So wurde er Sekretär des Publikationsausschusses und gab 1903–09 die Wochenzeitung *An Claidheamh Soluis* (»Das Schwert des Lichts«) heraus; eigene Artikel zeichnete er oft mit dem Pseudonym Colm Ó Conaire. Obwohl sich Conradh na Gaeilge erst 1915 zu militantem Nationalismus und Republikanismus bekannte, konnte Pearse schon zwei Jahre vorher schreiben: »Als die sieben Männer in O'Connell Street zusammentraten, um die Gälische Liga zu gründen, begannen sie [...] keine Revolte, sondern eine Revolution.«

Doch die journalistische und publizistische Tätigkeit allein befriedigte ihn nicht. Da er der festen Überzeugung war, ohne eine grundlegende Reform des Schulwesens sei die Stiftung einer neuen kulturellen Identität der Iren nicht zu bewerkstelligen, gründete er, angeregt von dem Bilingualismus Belgiens, wo er sich zu Studienzwecken aufgehalten hatte, 1908 kurzerhand eine zweisprachig geführte, experimentelle Modellschule, deren Leitung er bis zu seinem Tod innehatte: St. Enda's (irisch: Scoil Eanna) in Cullenswood House, Oakley Road, Ranelagh, benannt nach dem Heiligen des 5. Jahrhunderts, der auf der Aran-Insel Inishmore das erste irische Kloster gestiftet hatte. Zwei Jahre später zogen Lehrer und Schüler nach Rathfarnham am Rande der Dubliner Berge um, in den stattlichen Bau aus dem 18. Jahrhundert, der heute das gut bestückte Pearse Museum beherbergt. Ein fünfzig Morgen umfassender Park mit Teich und Wehr macht die ehemalige Eremitage an der Grange Road zu einem lohnenden Ausflugsziel.

Im Gegensatz zu der »Mordmaschine«, wie er das überkommene Schulsystem bezeichnete, bestand Pearses modern anmutende Erziehungsmethode in einem schülerzentrierten Unterricht, der darauf ausgerichtet war, individuelles Talent zu fördern und den Charakter zu formen (vgl. *The Story of a Success*, postum 1918). Sein pädagogisches (und politisches) Ideal allerdings war die Wiedergeburt einer in die Vergangenheit projizierten irischen Nation aus dem Geiste einer romantisch verklärten gälischen Zivilisation – anstelle der sklavischen Imitation englischer Bildungswerte die Besinnung auf irische Vorbildfiguren wie Columcille und Cuchulainn, christliche Heilige und heidnische Heroen.

Aber auch die Pädagogik genügte dem missionarischen Anspruch des Ungeduldigen nicht. 1912 gab Pearse im Alleingang die Zeitschriften *An Macaomh* (»Der Junge«) und *An Barr Buadh* (»Die Siegestrompete«) heraus und gründete Cumann na Saoirse (Gesellschaft für Freiheit). Ein Jahr später trat er der Irish Republican Brotherhood und den Irish Volunteers bei. Die radikale antiimperialistische Politik der völligen Lostrennung von England begründete er mit der Notwendigkeit symbolischer Aktionen und reinigender Blutopfer. In seinen politischen Schriften und Reden, die durchzogen sind von religiösen Begriffen wie Taufe, Kommunion und Wunder, verband er gälisches Siegespathos mit dem Ethos christlichen Märtyrertums. Seine Theorie der Selbstaufopferung zur Erneuerung von Nation und Zivilisation (literarisch verarbeitet in dem Theaterstück *The Singer*, 1915) erinnert an die Begeisterung vieler europäischer Schriftsteller über den Blutrausch des Ersten Weltkriegs.

Mit seiner berühmten Grabrede auf den Fenier Jeremiah O'Donovan Rossa (1831–1915) trug Pearse, ein begnadeter Orator, die Fackel der erfolglosen Aufstandsbewegungen von 1798, 1848 und 1867 weiter. Die flammende Ansprache enthält die drei wesentlichen Bausteine seiner kleinbürgerlichen Ideologie: Katholizismus, Keltizismus, Nationalismus. Noch heute beruft sich die Republikanische Bewegung, die das Projekt des irischen Nationalstaats für unabgeschlossen hält, solange der Norden der Insel im Vereinigten Königreich verbleibt, auf die rhetorisch wirkungsvollen Schlußworte von Pearse: »Das Leben entspringt dem Tode; und den Gräbern patriotischer Männer und Frauen entspringen lebendige Nationen. Die Verteidiger dieses Königreichs haben, heimlich und offen, gute Arbeit geleistet. Sie glauben eine Hälfte von uns gekauft und die andere eingeschüchtert zu haben. Sie glauben alles vorhergesehen zu haben, gegen alles Vorsorge getroffen zu haben; doch die Toren, die Toren, die Toren! – sie haben uns unsere toten Fenier gelassen, und solange Irland diese Gräber aufweist, wird Irland, unfrei, keinen Frieden geben« (»Ireland unfree shall never be at peace«).

Gegen den Widerstand von Militärstrategen in den eigenen Reihen bereitete Pearse, der mit seiner hohen Stirn und seinen bohrenden blauen Augen auf viele seiner Kameraden charismatisch gewirkt haben muß, sein revolutionäres Fanal vor. Als der Aufstand Ostern 1916 in Dublin losbrach – von Pearse mit einer österlichen Auferstehung gleichgesetzt –, bekleidete er den Rang eines Oberbefehlshabers der Freiwilligenverbände und Präsidenten der provisorischen Regierung der Irischen Republik. Nach nur sechs Tagen mußten die Rebellen vor der Übermacht der britischen Streitkräfte kapitulieren. Am Morgen des 3. Mai 1916 wurde Pearse zusammen mit fünfzehn weiteren Anführern, darunter die Dichter Thomas MacDonagh (1878–1916) aus Cloughjordan (Co. Tipperary) und Joseph Mary Plunkett (1887 bis 1916), im Zuchthaus von Kilmainhaim füsiliert. Heute beherbergt das Gefängnis zum Andenken an die zahlreichen politischen Häftlinge ein äußerst instruktiv eingerichtetes Museum, das einen das Gruseln lehren kann.

Lange als Verkörperung des selbstlosen Revolutionärs von reiner Gesinnung gefeiert, der seinen Idealismus mit dem eigenen Untergang büßte, wird Pearse heute eher angefeindet. Liberale kritisieren seine Auffassung von der kulturellen Überlegenheit der »Gälen«; Feministinnen werfen ihm vor, in Gedichten wie »The Mother« oder »Mise Éire« (»I am Ireland«, später von Seán Ó Riada vertont) die Frau in den Dienst einer patriarchalischen Idee gezwungen zu haben; Geschichtsrevisionisten stellen sein moralisches Recht zum bewaffneten Aufstand in Abrede, auch wenn Pearse sich erst durch das reaktionäre Bündnis der Tory-Regierung mit den widergesetzlich operierenden Unionisten unter Edward Carson und die Vorbereitung der Spaltung Irlands zum Handeln gedrängt sah. Eines scheint festzustehen: Ohne diese widerspruchsvolle Schlüsselfigur ist der Weg Irlands in die Unabhängigkeit nicht zu denken.

Die unterschiedlichen Aspekte des vielschichtigen und vielseitigen Mannes werden demnach von drei verschiedenen Baulichkeiten repräsentiert: der gewaltbereite Separatist vom Dubliner Hauptpostamt, dem entscheidenden Schauplatz der Rebellion; der progressive Schultheoretiker und -praktiker von St. Enda's; der Sprachenthusiast und Schriftsteller von dem isolierten Cottage zwischen Gortmore und Rosmuck. Hier vervollkommnete Pearse seine irischen Sprachkenntnisse, hier entstanden viele seiner Übersetzungen, Bühnenstücke, Kurzgeschichten, Essays und Gedichte auf englisch und irisch. Neben Ó Conaire war Pearse der erste, der mit seinen in einem modernen irischen Idiom abgefaßten Erzählbänden *Iosagan* (1907) und *An Mháthair* (1916) eine breite Leserschaft erreichte. Die »explosiven« Anfänge und die schlichte alltagssprachliche Diktion seiner Geschichten verdanken sich seiner Einsicht in die Notwendigkeit einer Anpassung der archaischen irischen Literatursprache an die Anforderungen der Moderne: »Eine lebendige moderne Literatur kann nicht auf der Volkssage aufbauen [...]. Keine Literatur kann Wurzeln schlagen, die nicht dem 20. Jahrhundert angehört.«

Demgegenüber ist seine mystisch-visionäre Lyrik von religiöser Solennität. Unterdrückte Homosexualität (»There is a fragrance in your kiss / That I have not found yet / In the kisses of women / Or in the honey of their bodies«), ein brennender Todestrieb (»And forever I shall not sleep / till I sleep in the grave«) und ein messianischer Drang zur Befreiung der Nation (»One man can free a people / As one man redeemed the world«) verbinden sich zu einer Lyrik von deklamatorischer Intensität, die sich ebenso befremdlich wie anrührend liest:

> And because I am of the people, I understand the people,
> I am sorrowful with their sorrow, I am hungry with their desire:
> My heart has been heavy with the grief of mothers,
> My eyes have been wet with the tears of children.
> I have yearned with old wistful men
> And laughed or cursed with young men;
> [...]
> And I say to my people's masters: Beware,
> Beware of the thing that is coming, beware of the risen people,
> Who shall take what ye would not give.

(»The Rebel«)

Von Rossaveal, Spiddal, Galway und Doolin (Co. Clare) verkehren Fährschiffe nach Inishmore (Inis Mór), Inishmaan (Inis Meáin) und Inisheer (Inis Oírr), den drei dünn besiedelten und oft durch eine stürmisch-rauhe See vom Festland abgeschnittenen ARAN ISLANDS (Áranna Naoimh, Lenden der Heiligen, oder Oileáin Árainn). Obwohl die Inseln, deren bläulicher Kalkstein geologisch die Fortsetzung des karstigen Burren in Co. Clare bildet, als Bastion urwüchsigen Keltentums gelten, stammen die meisten ihrer heutigen Bewohner in Wahrheit von Cromwellschen Siedlern ab. Dennoch haben sich Brauchtum und Tracht (aus Streichgarn gewebte Umhängetücher, bunte Wollgürtel, weiße Strickpullover, absatzlose Lederschuhe) hier länger als anderswo erhalten, und daß die Inseln zur irischsprachigen Gaeltacht zählen, versteht sich beinahe von selbst. Der in mühseliger Arbeit aus Sand und Seetang gewonnene Boden, handtuchgroße Kohl- und Kartoffelfelder fast ohne jeden Baum und Strauch, ist von einem dichten Geflecht aus Mauern überzogen, die als Eigentumsbegrenzung, Windschutz und Sammelstelle für die unzähligen verstreuten Steinbrocken dienen.

Dún Aengus, Aran Islands

Ein international geachteter Schriftsteller, den wir der größten der Aran Islands, dem »sturmumtosten Felsen« Inishmore, zu verdanken haben, ist Liam O'Flaherty (1896–1984). Sein Geburtshaus in Gort na gCapall, ein weißgetünchtes Cottage, dem von außen nicht anzusehen ist, daß ihm einer der bedeutendsten irischen Erzähler dieses Jahrhunderts entstammt, befindet sich unweit der mächtigen Klippenfeste Dún Aengus. Drei massive konzentrische Brustwehren aus trockengemauerten Steinen sowie »spanische Reiter« aus spitzen Steinen schützten die Ureinwohner, möglicherweise belgische Kelten, im Mythos Firbolgs geheißen, vor etwaigen Eindringlingen. Von der See her war kein Angriff zu befürchten; an dieser Stelle fallen die Felswände jäh ab, und die in einer Tiefe von neunzig Metern wogende Brandung peitscht erbarmungslos gegen das Gestein. Andere prähistorische Festungsanlagen dieser Art sind Dún Eochaill und Dún Eoghanachta auf Inishmore, Dún Conchúir und Dún Mothar auf Inishmaan sowie Dún Formna und Cathair na mBan auf Inisheer. Ihren Zweck erfüllten sie freilich nicht: Als im Jahre 483 der hl. Enda landete, um mit Genehmigung des christlichen Königs von Munster, Aengus, ein Kloster zu gründen, waren die Inseln unbewohnt.

Inzwischen längst zum Tummelplatz der Touristen geworden, hat sich Inishmore noch lange die Relikte einer geschlossenen Gentilgesellschaft, die Mystik eines auf dem Atlantik treibenden steinernen Floßes bewahren können. O'Flaherty wuchs in einer irischsprachigen Familie auf, und einige Kritiker merkten an, seine ersten englischsprachigen Veröffentlichungen ließen, ähnlich wie im Falle Joseph Conrads, erkennen, daß hier kein Muttersprachler am Werk sei.

Die von Fährnissen erfüllte Lebenswelt der Bauern und Fischer bildete auch für den späteren Weltmann O'Flaherty, der 1918–21 als Gelegenheitsarbeiter den amerikanischen Doppelkontinent bereiste, den unauslöschlichen Erfahrungshintergrund. Hier fand er den Existenzkampf einer kleinen, urtümlichen Gesellschaft gegen die Elementargewalt der Natur vorgezeichnet, dessen Heroismus und dessen Barbarei seine Anschauung von der Verfaßtheit des Menschen bestimmte; hier glaubte er den fundamentalen, nachgerade vorgeschichtlichen Primitivismus vorzufinden, der allen seinen Figuren, ob Dörflern oder Städtern, zu eigen ist und wie ihn auch der amerikanische Regisseur Robert Flaherty in seinem zum Kultfilm gewordenen Dokumentarbericht *Man of Aran* (1934) vorführte.

Was andernorts zum nostalgischen Gegenbild einer korrupten kapitalistischen Zivilisation stilisiert wurde, entfaltet sich in O'Flahertys Romanen in darwinistischem Szenario. Ob sie Perioden der irischen

Geschichte zum Vorwurf haben oder emotionsgeladene »Regionalromanzen« (Patrick F. Sheehan) sind, stets wurzeln sie in einer Lebensphilosophie, deren eigentlicher Held der Elan vital ist, eine frei flottierende Energie, die die männlichen Protagonisten umtreibt. Mit Ausnahme seines Meisterwerks *Famine* (1937) bezieht O'Flaherty Geschichte und Gesellschaft vor allem als farbenspendende Folie für eine Darstellung ein, deren Fokus meist die Mechanik des Charakters ist. Der Überlebenskampf der Dorfgemeinschaft verbindet sich mit dem insularen Dasein gesellschaftlicher Außenseiter zu einem exaltierten Existentialismus *avant le lettre*. In O'Flahertys letztem Roman *Insurrection* (1950) etwa geht es dem Autor um »*la hora de verdad*, den höchsten Augenblick der Leidenschaft, da das gesamte Leben sich in einer einzigen Geste zusammenfassen läßt, da die Seele bloßgelegt und ihre wahre Natur sichtbar wird«.

In seinem ersten veröffentlichten Roman, *Thy Neighbour's Wife* (1923), versucht O'Flaherty die Anatomie des patriotischen Intellektuellen der keltischen Renaissance zu ergründen, dem gemeines Volk und Natur ungeachtet aller verbalen Kapriolen gleichermaßen fremd bleiben. Der Prototyp des literarischen Nationalisten findet erst in der katastrophischen Konfrontation mit den Exzessen der Natur zu sich selbst – ein Modell spiritueller Regeneration, das O'Flaherty im autobiographischsten seiner Romane, *The Black Soul* (1924), wieder aufgreift. Der unter akuter Melancholie leidende Fergus O'Connor, wie O'Flaherty ein Opfer der Schützengrabenneurose, kehrt unerkannt aus dem Ersten Weltkrieg auf seine Heimatinsel Inverara (Inishmore) zurück und durchlebt ein Wechselbad der Gefühle und Leidenschaften: Die Objektwelt nimmt kosmische Dimensionen an, das Subjekt wird zum Aggregat widerstreitender Affekte. Zu Recht ernannte der irische Schriftsteller Æ den schwarzgalligen, aber ausdrucksintensiven Roman zum »elementarsten Text der modernen irischen Literatur«.

Ein derart eruptives, vulkanisches Werk aus der Feder eines Schriftstellers, der sich in Amerika vom katholischen Nationalisten zum radikalen Marxisten entwickelte und während des irischen Bürgerkriegs als Vorsitzender eines Arbeitslosensowjets die rote Fahne auf dem Dubliner Krankenhaus Rotunda hißte, ist mehr als erstaunlich. Noch erstaunlicher ist, daß sich auch in den vier Romanen, die nicht an der Inselperipherie, sondern in der irischen Kapitale spielen, unter dem dünnen Firnis eines sozialkritischen Realismus jener Atavismus wiederfindet, in dessen Zeichen gesellschaftliche Probleme und historische Phänomene auf die manichäische Entgegensetzung von Körper und Geist, Impulsivität und Rationalität verkürzt werden. Die sozialistische

Weltanschauung, zu der sich O'Flaherty bis zu seinem Besuch in der Sowjetunion im Jahre 1930 (vgl. *I Went to Russia*, 1931) bekannte, floß weder in die Politik noch in die Ästhetik seines Romanwerks ein. So läßt sich zwar *The Informer* (1925) als politischer Thriller des irischen Bürgerkriegs lesen, doch erweist die Behandlung des Titelhelden, daß es O'Flaherty eher um die Charakteranalyse einer traumatisierten Kreatur zu tun war als um eine Studie des Verrats im 20. Jahrhundert.

In O'Flahertys zweitem Dublin-Roman *Mr. Gilhooley* (1926) erdrosselt ein Ingenieur aus Eifersucht seine Freundin, in *The Assassin* (1928) hingegen gilt der Gewaltakt keiner Privatperson, sondern dem Repräsentanten eines repressiven Regimes. Bei dem konfusen Attentäter, der sich in die Kopfzeilen der Geschichte zu katapultieren versucht, handelt es sich um einen labilen, schizoiden Charakter, dem nicht an der Propaganda der Tat gelegen ist, sondern an der »wilden Ekstase« des mystischen Akts.

Erst mit dem Roman *The House of Gold* (1929) gelang O'Flaherty ein Werk, das seinen sozialkritischen Ambitionen gerecht wird und dessen naturalistische Gestaltung in ihrer Wirkung nicht durch eklektische Philosopheme beeinträchtigt wird. Wie das breitangelegte Gemälde von kleinstädtischem Kleinbürgertum, Bauernschaft, Intelligenz und Klerus zeigt, ist der Traum eines neuen Irland ausgeträumt. Die eben erst gewonnene politische Autonomie hat nichts als sozialen Konformismus erzeugt. Die im katholischen Konfessionsstaat virulente Prüderie behandelt O'Flaherty in einem Roman über ein vorsätzliches »Sittlichkeitsverbrechen«, *The Puritan* (1931), ironischerweise das erste von der Zensur verbotene irische Buch überhaupt. Ein junger Journalist, Mitglied einer Bürgerwehr zur moralischen Erneuerung der Gesellschaft, unternimmt einen Kreuzzug gegen das Laster und ermordet eine Prostituierte. Diese Studie eines religiösen Fanatikers bewegt sich im Gefolge Dostojewskischer Schuld-und-Sühne-Thematik.

Mit *Skerrett* (1932) wandte sich O'Flaherty erneut dem Konfliktstoff seiner Heimatregion zu: der unaufhaltsamen Modernisierung der abgeschiedenen Inselgemeinschaft Nara (Aran). Schwankte O'Flaherty hier noch zwischen melodramatischer Romantik und dokumentarisch untermauertem Realismus, so gelang ihm mit *Famine*, einem drei Generationen umspannenden epischen Historiengemälde, der »irische Nationalroman« (John Broderick) realistischen Zuschnitts. Dieser einzige größere Versuch der irischen Literatur, sich des Stoffs der traumatischen Hungersnot der Jahre 1845–49 zu bemächtigen, bietet ein großartiges Panorama der sozialen Realität Irlands im 19. Jahrhundert.

Zum ersten Mal in der Romankunst O'Flahertys tritt das persönliche Drama eines sozial entwurzelten, neurasthenischen Individuums hinter dem Porträt diametral entgegengesetzter Gesellschaftsklassen zurück. Was sich in den bisherigen Romanen als übermächtiges Einzelschicksal darbot, wird in der sorgfältig recherchierten Bauernsaga als ein historischer Fall sozialer und nationaler Unterdrückung enthüllt.

Neben seinen vierzehn Romanen verfaßte O'Flaherty an die hundertfünfzig Kurzgeschichten, meist über Bauern und deren Tiere. Geht die Existenz seiner Romanfiguren »über ein animalisches Niveau

Liam O'Flaherty

Bleistiftskizze von Gertrude Degenhardt

nicht hinaus« (William A. Armstrong), so erheben sich O'Flahertys Schmetterlinge, Ziegen, Pferde, Kühe, Gänse, Kormorane, Möwen oder Seehunde, deren Leben und Sterben sein modernes Bestiarium oft aus der Tierperspektive selbst schildert, auf die Höhe menschlicher Tragik. O'Flahertys Furor, sein aggressiver Pessimismus weicht, wenn er mit Pflanzen und Tieren kommuniziert, poetischer Sensibilität, das intellektuelle Klischee kontrollierter Deskription. Aber auch die quasi ungehemmten Romanstudien der inneren Antriebe eines Denunzianten, eines Terroristen, Attentäters, Puritaners oder Märtyrers sind aus der irischen Literatur des 20. Jahrhunderts ebensowenig wegzudenken wie seine Schilderungen irischen Landlebens im Umbruch. Sein eigenwilliger Zugriff auf psychologische und historische Sujets, die das Pathologische aus dem Verborgenen holen, haben O'Flaherty zahlreiche Auszeichnungen und einen wohlverdienten Platz in der Weltliteratur eingetragen. Der Autor starb in Dublin; seine Heimatinsel hatte er 1981 zum letzten Mal betreten.

O'Flaherty ist nicht der einzige Autor, der von den Aran Islands stammt. Pat Mullen (1886–?) aus Inishmore veröffentlichte den Roman *Hero Breed* (1938) sowie *Irish Tales* (1938), der mit Ehrungen überhäufte Máirtín Ó Direáin (1910–88) gilt als einer der herausragendsten Dichter irischer Sprache in diesem Jahrhundert. O'Flahertys Enkel, der Journalist Breandán Ó hEithir (1930–90), war ebenfalls schriftstellerisch tätig. Mit dem Bildungsroman *Lig Sinn i gCathú* (1976; dt. *Führe uns in Versuchung*) schrieb der sportbegeisterte Lehrersohn, der mit seiner deutschen Frau einige Jahre in Deutschland und später in Paris verbrachte, ein Werk, in dem die traditionsbeladene irische Sprache einem urbanen Spielort angeglichen wird. Auf Inisheer lebt Dara Ó Conaola (geb. 1945), »einer der letzten irischsprachigen Schriftsteller, die sich das Geheimnis des *seanchaí*, des traditionellen irischen Geschichtenerzählers, bewahrt haben« (Gabriel Rosenstock).

Fühlten sich schon die Einheimischen bewogen, zur Feder zu greifen, um wieviel mehr erst interessierte Besucher. Der Wahlire Tim Robinson schreibt: »Über ein Jahrhundert lang waren rousseausche Nostalgie und nationale Emotionen die wundertätigen Bestandteile eines Zauberspruchs, der sich mit dem Namen Aran-Inseln verband. Keltenjünger jeglicher Spielart machten eine Wallfahrt zu den Arans. Nach den Altertumsforschern kamen die Linguisten, Ethnologen und Folkloristen, dann die Schriftsteller und Poeten, die Filmemacher und Journalisten.« (Übers. von Rainer Schauer.) In dem jungen John Millington Synge (1871–1909) fanden die Aran Islands einen Fürsprecher, der zwar die überkommene Lebensweise von außen beobachtete, sie aber, anfänglich mit niederschmetterndem Echo, späterhin mit großem Erfolg, getreulich nach außen vermittelte und darüber zum ersten irischen Dramatiker im eigentlichen Sinne wurde. Anders als Oscar Wilde oder George Bernard Shaw schrieb Synge nicht mehr über englische Themen und für ein englisches Publikum, sondern ließ sich von Irland inspirieren; anders als Yeats mythologisierte er nicht, sondern bildete – außer in dem Fragment *Deirdre of the Sorrows* (postum 1910) – das ab, was er vorfand, wenn auch hochstilisiert und poetisiert.

Die Anregung, sich schreibend mit dem Leben der Inselbewohner zu befassen, ging auf ein Treffen mit W. B. Yeats im Jahre 1896 zurück. Yeats erinnert sich an die erste Begegnung mit dem möblierten Herrn in der Pariser Rue d'Arras: »Jemand, sein Name ist mir entfallen, erzählte mir, daß im obersten Stockwerk ein armer Ire wohne, und machte uns bald darauf bekannt. Synge war vor kurzem aus Italien gekommen und hatte den Bauern im Schwarzwald auf seiner Geige vorgespielt – sechs Monate auf Reisen mit fünfzig Pfund – und las jetzt französische Literatur und schrieb morbide, schwermütige Gedichte. Er sagte mir, daß er am Trinity College Gälisch gelernt hatte, und ich redete ihm zu, daß er auf die Aran-Inseln fahren und ein Leben entdecken sollte, das in der Literatur noch nie zum Ausdruck gekommen war, statt eines Lebens, in dem alles schon ausgedrückt war. Ich ahnte sein Genie nicht, aber ich spürte, daß er etwas brauchte, was ihn seiner Morbidität und Schwermut entriß. Vielleicht hätte ich jedem jungen irischen Schriftsteller, der Gälisch konnte, denselben Rat gegeben, denn ich war in diesem Sommer auf Inishmaan und Inishmore gewesen und war von dem Thema erfüllt. Meine Freunde und ich landeten dort mit einem Fischerboot und fanden eine Gruppe von Inselbewohnern, von denen sich einer erbot, uns zum Ältesten von Inishmaan zu bringen. Dieser Alte hatte, sehr langsam sprechend, lachenden Auges gesagt: ›Wenn einer etwas auf dem Gewissen hat, wir verstecken ihn. Es war einmal einer da, der hatte seinen Vater umgebracht, und ich habe ihm sechs Monate bei mir Obdach gegeben, bis er nach Amerika konnte.‹« (Übers. von Susanne Schaup.)

Die von dem Alten zum besten gegebene Anekdote bildete den Keim zu Synges Bühnenklassiker *The Playboy of the Western World* (1907), einer Tragikomödie, in der ein verträumter Sohn, anfangs als Held bewundert, schließlich als Prahlhans und Großmaul entlarvt, zweimal vergebens versucht, seinen patriarchalischen Vater zu töten. Doch vorerst studierte Synge, Arras mit Aran vertauschend, die Bräuche und Überlieferungen der Fischer und Bauern auf Inishmaan, pho-

John M. Synge

tographierte, vertiefte seine Irischkenntnisse, spielte den Bauern auf der Geige zum Tanz auf und sammelte Geschichten, die den Rohstoff für vier seiner Theaterstücke abgaben.

Von dem Kampf der Bauern mit den Naturgewalten war er ebenso fasziniert wie von ihrem heidnisch-mystischen Glauben an übernatürliche Kräfte, von der poetischen Diktion ihres kräftigen irischen Dialekts, den er in eine rhythmisch-klangvolle englische Bühnensprache überführte, und von der einsamen Landschaft, in der sie ihr karges Dasein fristeten. Die Eindrücke, die er während seines insgesamt viereinhalb Monate dauernden Aufenthalts gewann, hielt er in seinem anthropologisch unbestechlichen Prosawerk *The Aran Islands* (1907) fest. Teach Synge, ein aus drei Räumen bestehendes strohgedecktes Cottage, in dem Synge von 1898 bis 1902 als zahlender Sommergast von

Patrick MacDonagh untergebracht war, ist ebenso zu besichtigen wie Synge's Chair, ein Fels, von dem aus er Kormoranen und Krähen stundenlang zusah.

Erstes Resultat der Bemühungen um ein volksnahes poetisches Drama war, nach *The Shadow of the Glen* (1903), der auf Inishmaan spielende Einakter *Riders to the Sea*, mit dem 1904 das Abbey Theatre eröffnet wurde, eine Tragödie von elementarer Wucht und nachgerade antiker Intensität, »höchst ungeeignet für eine Darstellung auf der Bühne« (*The Irish Times*). Eine verwitwete Fischersfrau verliert kraft eines unerbittlichen Schicksals einen ihrer fünf Söhne nach dem anderen an die tributheischende See. Bertolt Brecht, bearbeitungsfreudig wie immer, verwendete Synges naturalistisches Drama, ins Gesellschaftliche gewendet, als literarische Vorlage für sein politisches Spanienstück *Die Gewehre der Frau Carrar* (1937).

Die Uraufführung von *The Playboy of the Western World* am 26. Januar 1907 im Abbey Theatre löste einen in der Geschichte des irischen Theaters beispiellosen Skandal aus. Die Empörung eines selbstgerechten puritanischen Publikums über die Zersetzung der öffentlichen Moral machte sich in tumultartigen Krawallen Luft, die nur mit Hilfe eines massiven Aufgebots königlicher Polizeikräfte unter Kontrolle gebracht werden konnten – mannhafte Beschwichtigungsversuche des Theaterdirektors Yeats verfingen nicht. Kontrovers war nicht nur die vermeintliche Verherrlichung eines Vatermords, sondern auch die verwendete Sprache. Aufgebrachte Theaterbesucher riefen »Schweinerei!«, »Bringt den Autor um!«, »Absetzen!«, hinderten die Schauspieler am Sprechen und wurden handgreiflich. Die Presse monierte die »Verunglimpfung der irischen Bauern und, schlimmer noch, der irischen Bauernmädchen«. Besonders angekreidet wurde dem Autor die Verwendung des Wortes *shift* (›Frauenunterhemd‹), ein Wort, das »eine sittsame Irin nicht einmal in der Intimität ihres Schlafzimmers flüstern« würde: »Was schert das mich, wenn du mir eine Herde von ausgesuchten Weibern bringst, und sie stehn im Hemd von der Haustür bis zum Morgenland.«

Synges Leben, das sich in dem Koordinatenkreuz Paris, Wicklow, Aran bewegte, begann in 2 Newton Villas an der Braemor Road im Dubliner Vorort Rathfarnham, Dublin 14 (Gedenktafel) und endete nach nur achtunddreißig Jahren im Elphis Nursing Home in 19 Mount Street Lower. Dort erlag Synge, immer schon von Asthma geplagt, der Hodgkinschen Krankheit, einer malignen Erkrankung der Lymphknoten. Der Mann, der auf Jahrzehnte die Entwicklung des irischen Dramas bestimmte, ruht auf dem Dubliner Friedhof Mount Jerome (Grab Nr. C 9488–38); die Grabinschrift lautet:

A silent sinner, nights and days,
No human heart to him drew nigh,
Alone he wound his wonted ways,
Alone and little loved did die.

Am Ende der landschaftlich unübertroffen schönen Küstenstrecke von Tully Cross nach Nordwesten liegt die Ortschaft Renvyle. Heutzutage findet in Renvyle House ein jeder Aufnahme, der den Übernachtungspreis des in den dreißiger Jahren vollständig restaurierten Hotels entrichten kann und sich nicht vor Gespenstern oder den eigens gedungenen Mördern der »Mystery Weekends« fürchtet. Als der schmucke Bau noch Oliver St. John Gogarty (1878–1957) gehörte, wurden nur erlauchte Gäste wie Æ, Yeats, Shaw, Moore, Lady Gregory, Augustus John oder Winston Churchill bewirtet, die sich von Gogartys ausgelassener Stimmung, seinem schlagfertigen Spott, seinem überschäumenden Witz (er »entströmte ihm wie frisches Wasser«) gut unterhalten wußten. 1833 schon war Maria Edgeworth dort gewesen und hatte die vormaligen Besitzer, die Blakes, aufgesucht. Falls wirklich heute noch des Nachts ein Geist umhertappen sollte, dürfte es sich um Athelstone Blake handeln, der mit vierzehn Jahren Selbstmord verübte.

»Mein Haus steht ebenfalls an einem See, aber zugleich steht es auch am Meer. Seerosen treffen sich mit Meeresalgen. Es ist, als würde in dem Märchenland Connemara am äußersten Rande Europas das Unvereinbare endlich zusammenfließen, als würden Süß und Bitter sich vermengen. Inseln und bergiges Festland hinter mir nehmen in letztendlicher Versöhnung an ihm teil, am Ende der Welt ...«, so beschreibt Gogarty den Standort seines 1917 erworbenen Hauses in seinen überaus lesenswerten Erinnerungen *As I Was Going Down Sackville Street* (1937), betitelt nach einer alten Ballade. Eine antisemitische Äußerung trug dem Memoirenschreiber einen Beleidigungsprozeß und eine Geldstrafe in Höhe von zweitausend Pfund ein, hatte er doch dem Antiquitätenhändler Henry Morris Sinclair unterstellt, von seinem Großvater nicht nur das Geldwuchergewerbe geerbt zu haben, sondern auch die Angewohnheit, sich an kleinen Mädchen zu vergreifen. Zeuge für den zu Recht indignierten Kläger war ein »degenerierter Pariser« mit Namen Samuel Beckett.

Der in 5 Rutland Square Dublin (heute Parnell Square; Gedenktafel) geborene katholische Arztsohn Gogarty studierte am Trinity College Dublin Medizin und gründete nach Eheschließung, Promotion und einem vorübergehenden Studienaufenthalt in Wien eine erfolgreiche Praxis als Hals-, Nasen- und Ohrenarzt. Sein viktorianisches Wohnhaus 25 Upper Ely Place in der Nähe von St. Stephen's Green, Dublin 2 – früher war die Sackgasse durch eine eigene Toreinfahrt abgetrennt – ist längst durch die nicht eben ansehnliche Kunstgalerie der Royal Hibernian Academy of Arts ersetzt. Trotz der starken Nachfrage nach seiner Kunstfertigkeit als Arzt widmete sich Gogarty, hierin ganz allkräftiger Renaissancemensch, vorzugsweise dem Sport (Schwimmen, Radrennen, Motorsport, Fliegen, Bogenschießen), der Literatur (Theaterstücke über die Dubliner Slums und die britische

Geburtshaus von Oliver St. John Gogarty, Parnell Square, Dublin

Mißregierung, Oden und Elegien im klassischen Stil wie »Leda and the Swan« und »Europa«), der Politik (Slumsanierung) und der Pflege seines Rufs als urbaner Konversationskünstler und stets zu Scherzen aufgelegter Witzbold, der in Irland wieder Schlangen einführen oder sich gegen seine etwaige Erhebung in den Ritterstand versichern lassen wollte. Immer wieder dachte er sich laszive oder maliziöse Limericks aus:

There is a young fellow named Joyce,
Possessed of a sweet tenor voice.
He goes to the kips
With a psalm on his lips
And biddeth the harlots rejoice.

There was a young man from St John's
Who wanted to bugger the swans.
»Oh, no!« said the porter,
»Oblige with my daughter;
The swans are reserved for the dons.«

Damit wurde der scharfzüngige Chirurg zum »Urheber all der Limericks, die es uns ermöglichen, in Dublin zu leben« (George Moore).

Dem eng mit ihm befreundeten Michael Collins gewährte Gogarty während des Unabhängigkeits- und Bürgerkrieges Unterschlupf. Arthur Griffith hätte ihn gern als ersten britischen Generalgouverneur des Irischen Freistaats gesehen. 1922 wurde er immerhin Mitglied des irischen Senats und auch der strengen staatlichen Filmzensurbehörde, der im Laufe der Jahre Tausende von Streifen zum Opfer fielen. Als Gegner Eamon de Valeras (»eine Kreuzung zwischen Leichnam und Kormoran«) wurde er zur Zielscheibe der IRA. Seine Villa in Renvyle mit der kostbaren Eichentäfelung wurde im Februar 1923 während des irischen Bürgerkriegs von Vertragsgegnern eingeäschert.

Mehr noch, Gogartys politische Tätigkeit hätte ihn um ein Haar das Leben gekostet: Am 23. Januar 1923 wurde er von einer republikanischen Einheit aus seiner Wohnung entführt und nach Islandbridge in ein verlassenes Haus am Liffey-Ufer geschafft. Yeats schildert seine dramatische Flucht: »Unter dem Vorwand einer menschlichen Regung gelangte er in den Garten, stürzte sich unter einem Hagel von Revolverkugeln in den eiskalten Dezemberfluß, dem er im Schwimmen zwei Schwäne versprach, falls er ihn in Sicherheit brächte. Ich war anwesend, als er sein Versprechen einlöste. Seine Poesie paßt zu dem Vorfall, ein fröhliches, stoisches – nein, ich halte das Wort nicht zurück –

heroisches Lied.« Am 24. März 1924 setzte Gogarty in Gegenwart von Yeats und William Cosgrave ein Paar »stiller, holder« Schwäne auf dem Fluß aus, deren Nachkommen heute noch auf dem Wasserspiegel entlanggleiten; ein weiteres Dankopfer war seine dritte Gedichtsammlung *An Offering of Swans* (1923).

Als das geistig kleinkarierte Regime des inzwischen an die Macht gekommenen de Valera seine Bücher verbot, kehrte Gogarty der Heimat den Rücken und wanderte 1937 zunächst nach London und zwei Jahre später nach New York aus, wo er sich ganz auf seine literarische Produktion konzentrierte und bis auf wenige Besuche in Irland bis zu seinem Lebensende wohnen blieb. Seine Druckwerke versah er mit der Aufschrift »Verkauf in Irland verboten«, was sich als Vergeltungsmaßnahme oder als bloße Tatsachenfeststellung lesen ließ. Freilich verloren seine Erzeugnisse, losgelöst vom Dubliner Asphalt, an Würze und Witz. Bis auf den heiteren Schelmenroman *Tumbling in the Hay* (1939) reichen seine Romane *Going Native* (1940), *Mad Grandeur* (1941) und *Mr Petunia* (1945) an seine autobiographische Schrift nicht heran.

Gogartys sterbliche Hülle wurde in Ballinakill Cemetery zwischen Moyard und Cleggan (Co. Galway) beigesetzt. Doch auch sein Geist lebt fort, wenn nicht in seinem Haus, so doch zwischen Buchdeckeln: Der klassisch gebildete Athlet, Raconteur und Écrivain, »einer der großen lyrischen Dichter unserer Epoche« (W. B. Yeats), hat die fragwürdige Ehre, unter fiktivem Namen den Roman *Ulysses* seines »gegnerischen Freundes« James Joyce zu eröffnen: »Stattlich und feist erschien Buck Mulligan am Treppenaustritt, ein Seifenbecken in Händen, auf dem gekreuzt ein Spiegel und ein Rasiermesser lagen.« (Übers. von Hans Wollschläger.) Und George Moore legte der Hauptfigur seines Romans *The Lake* (1905), einem katholischen Priester, den Namen Oliver Gogarty bei.

Co. Mayo

Als ihn im Londoner Exil die Nachricht vom Schicksal seines Vaterhauses ereilte, bemerkte er nur milde: »Irland ist kein Land für einen Gentleman.« Ein Gentleman war er gewiß, wenn auch einer von zänkisch-erregbarem Wesen, mit scharfer Zunge, spitzer Feder und einem

Hang zu Querelen, dem von Kindesbeinen an eingeimpft worden war, wie albern er von Natur aus sei. Die Rede ist von dem anglo-irischen Dramatiker und Romancier George Moore (1852–1933) – nicht zu verwechseln mit dem englischen Philosophen George Edward Moore (1873–1958), dem Autor der *Principia Ethica* – und von seinem Familiensitz Moore Hall am Ostufer des schönen, schilfreichen Lough Carra, des nach Lough Mask und Lough Conn drittgrößten Sees der Grafschaft.

Im Februar 1923, auf dem Höhepunkt des irischen Bürgerkriegs, fiel der großangelegte georgianische Bau mit der mächtigen Säulenhalle (Aufschrift: »*Fortis cadere, cedere non potest*«) einem Brandanschlag der Mayo-Brigade der IRA zum Opfer, nachdem das Gut schon im Agrarkrieg vor der Jahrhundertwende durch Pachtentzug in seiner Wirtschaftlichkeit bedroht gewesen war. Das von Moores Urgroßvater, einem vermögenden Weinhändler, Ende des 18. Jahrhunderts errichtete Gutshaus steht noch heute auf seinem sanft ansteigenden Hügel, wenngleich seines Daches beraubt und von einer Nadelbaumpflanzung verdeckt. Die strengen grauen Außenmauern sind völlig intakt, so daß auch schon an einen Wiederaufbau gedacht worden ist.

Zu dem ausgebrannten Haus gelangt man, indem man von Ballinrobe in Richtung Castlebar fährt und nach rechts zur Ballintubber Abbey hin abzweigt, einer Augustinerabtei, die seit 1216 trotz ihrer Unterdrückung durch Heinrich VIII. kontinuierlich aktiv ist – »die Abtei, die sich zu sterben weigerte«. Von dort aus sind es nur noch wenige Minuten bis zum bewaldeten Ufer des blaßgrünen, von Quellen gespeisten Sees, dessen Szenerie in Moores symbolhaftem Briefroman *The Lake* (1903) eine wichtige Rolle spielt. Die weißen Kalksteinablagerungen auf seinem Grund sind durch das kristallklare Wasser deutlich zu erkennen. Botanisch interessierte Besucher werden auf die unterschiedlichsten Orchideenarten stoßen.

In dieser stillen, schattigen Umgebung nahm George Moores Leben seinen Ausgang; hier wohnte er, bis ihn sein Vater 1861 auf das katholische St. Mary's College in Oscott bei Birmingham schickte, von wo er nach sechs Jahren »wegen Faulheit und allgemeiner Nichtswürdigkeit« relegiert wurde – eine Erfahrung, die ihn in seinem Antiklerikalismus bestärkte und ihn 1903 zur öffentlichen Abkehr vom Katholizismus, schließlich vom Christentum überhaupt bewog. Mit der Brandstiftung wollte die IRA womöglich nicht nur eine Aufteilung des Grund und Bodens von landbesitzenden Anhängern des Freistaats unter die armen Bauern erzwingen, sondern auch an einem Abtrünnigen Rache nehmen, der in seinem lyrischen Kurzroman einen Priester gegen das Zölibat und die Entzweiung von Körper und Geist wettern läßt und sich zu gotteslästerlichen Aussprüchen verstieg wie: »Nach und nach wird der Gemeindepfarrer so aussterben wie sein Vorfahre, der Druide.« 1964 überkam die IRA anscheinend Reue, denn eine Plakette vor der Familiengruft in Kiltoom besagt: »Familiengruft der Moores von Moore Hall. Diese katholische patriotische Familie wird geehrt wegen ihrer Hungerhilfe und ihrer Weigerung, Prinzipien gegen englisches Gold zu verschachern. Errichtet von der Ballyglass-Kompanie. Alte IRA 1964.«

In Sichtweite seiner Geburtsstätte ist Moore auch bestattet; denn nach seinem Tod in London wurde seine Asche nicht, wie es seinem Letzten Willen entsprochen hätte, über Hampstead Heath verstreut, sondern in einer Urne, die unter einem lose aufgeschichteten Steinhaufen liegt, auf Castle Island am Nordende des Sees beigesetzt, ganz im Einklang mit den zahlreichen keltischen Tumuli der Umgegend. Eine Gedenktafel trägt die Inschrift: »Seine Familie und seine Freunde gab er seiner Kunst zuliebe auf, doch da er seiner Kunst treu blieb, haben seine Familie und seine Freunde seine Asche für Irland zurückgewonnen. Vale.« In seiner Grabrede reflektierte der eng mit ihm befreundete Æ über sein Verhältnis zur heimatlichen Landschaft: »Falls seine Überreste Empfindungsvermögen besitzen, werden sie sich hier zu Hause fühlen, denn die Farben von Lough Carra blieben in seinem Gedächtnis haften, als viele andere Gefühle schon verklungen waren. Es ist möglich, daß die Liebe des Künstlers zu Erde, Stein, Wasser und Himmel ein Akt der Anbetung ist. Es ist möglich, daß die Gläubigkeit der Kunst ein akzeptabler Gottesdienst ist. Diese Anbetung, dieser Gottesdienst waren sein.«

1869 hatte der Vater, zum Abgeordneten in Westminster gewählt, die Familie nach London gerufen. George hatte er für eine Armeelaufbahn bestimmt, doch als er 1870 starb, rebellierte der Sohn gegen die familiären Verpflichtungen und begab sich, volljährig geworden, nach Paris, um Kunst zu studieren. In der Hauptstadt des 19. Jahrhunderts verkehrte er, »mit der Geduld einer Katze vor dem Mäuseloch«, mit den Vertretern der impressionistischen Malerei, mit Renoir, Pissarro, Degas, Manet und Monet. Als er indes die Grenzen seines Talents erkannte, ließ er sich von den französischen Realisten, besonders aber von Émile Zola, mit dem er ab 1881 in Briefwechsel stand, zur Schriftstellerei inspirieren. Es war George Moore, der dem englischsprachigen Roman Elemente des Naturalismus mit seiner Vorliebe für distanzierte und detaillierte Milieuschilderungen zuführte und die englischsprachige Welt mit dem Impressionismus bekannt machte.

Nach etlichen lyrischen und dramatischen Versuchen debütierte er mit *A Modern Lover* (1883), einem Roman über die Abenteuer eines bis zur Rücksichtslosigkeit ehrgeizigen jungen Künstlers, dem er den – mit zwanzig Auflagen innerhalb von zehn Jahren äußerst erfolgreichen – Roman *A Mummer's Wife* (1885), eine naturalistische Studie der Beziehungen innerhalb einer Theatertruppe, folgen ließ. Einem halb schockierten, halb begeisterten viktorianischen Publikum demonstrierte er von Anbeginn seine große Stärke, die überzeugende Darstellung von Frauenschicksalen.

Mitte der achtziger Jahre wandte er sich indes von Zola ab und nahm Einflüsse des englischen Ästhetizismus (Walter Pater) und des französischen Symbolismus (Édouard Dujardin) auf. *A Drama in Muslin* (1887) ist ein satirischer Gesellschaftsroman über das Leben des anglo-irischen Landadels, der sich während der Saison im Dubliner Shelbourne Hotel, einem veritablen Heiratsmarkt, vergnügte. *Esther Waters* (1894), wohl sein bedeutendster Roman, ist die bewegende Geschichte eines gläubigen Londoner Dienstmädchens mit unehelichem Kind, das gegen die Heuchelei einer sich in Wettleidenschaft verzehrenden Gesellschaft aufbegehrt. Statt der unbeteiligten Milieuschilderung des Naturalismus finden sich hier bereits psychologische Einfühlung und wertende Anteilnahme mit Hilfe des inneren Monologs.

1901 kehrte Moore, der englische, der europäische, der kosmopolitische Künstler, der zwischen Paris und London hin- und hergependelt war, auf Betreiben von W. B. Yeats und Edward Martyn (»Das Szepter der Intelligenz ist von London nach Dublin weitergereicht worden«) nach Irland zurück, um sich als erster Prosaschriftsteller der Irischen Literarischen Renaissance anzuschließen und das Irish Literary Theatre mitzubegründen. In Dublin ließ er sich in 4 Upper Ely Place (lorbeerbekränzte Gedenkplakette) nieder, wo er von seinen georgianischen Räumen aus nicht nur ungehinderte Sicht auf die aufgehängte Unterwäsche der Nonnen von Loreto Convent genoß, sondern auch, wie konnte es anders sein, sich mit sämtlichen Nachbarn anlegte, sei es, daß er seine Tür grellgrün anstrich, sei es, daß er nachts mit dem Spazierstock am Geländer entlangratschte.

Mit dem von der Gälischen Liga in Auftrag gegebenen Erzählband *The Untilled Field* (1903), der, zumal in irischer Übersetzung (*As an tUr gort*, 1902), als literarisches Modell nach dem Vorbild seines Freundes Iwan Turgenjew dienen sollte, avancierte Moore zum Vater der klassischen irischen Kurzgeschichte und zum Anreger für Joyces *Dubliners* (1914), auch wenn er selbst in Irland nie so populär war wie in England. Moores umfängliche, in exquisitem Konversationston verfaßte und äußerst amüsant zu lesende Autobiographie *Hail and Farewell* mit den Teilbänden *Ave, Salve* und *Vale* (1911–14) liefert gestochen scharfe, oft boshafte Porträts aller an der Bewegung beteiligten, aber auch der ihr fern stehenden Autoren: Joyce? »Nichts als ein Bettler.« Yeats? »Wie ein riesiger Regenschirm, den eine Gesellschaft nach dem Picknick zurückgelassen hat.« Yeats fühlte sich von den Anwürfen des auf ihn eifersüchtigen Schriftstellers so düpiert, daß er dichtete: »[...] all my priceless things / Are but a post the passing dogs defile.« War Moore für Yeats ein Hund, so für Oliver St. John Gogarty ein »ungeheurer Esel«.

1911 kehrte Moore für immer nach London zurück und steigerte seine literarische Produktion noch mit einer Fülle elegant und stilsicher geschriebener Prosawerke. Nach Gegenwartsromanen wie *Evelyn Innes* (1898) und *Sister Teresa* (1901) befaßte er sich nunmehr zunehmend mit antiken und mittelalterlichen Stoffen.

Für eingefleischte Dubliner ist die Grafschaft Mayo eines jener gottverlassenen Gebiete, in die Oliver Cromwell, der englische Lordprotektor, auf seinen Eroberungsfeldzügen im 17. Jahrhundert die eingeborenen Iren Leinsters und Munsters trieb – nach der vielsagenden Devise »Zur Hölle oder nach Connacht!« Wer später im Zuge der Landflucht den entgegengesetzten Weg nach Dublin nahm, war für immer als Landei abgestempelt, ungeschickt im Auftreten und schwerzüngig. Der der Landbevölkerung zugewiesene Spitzname *culchie* (Dubliner ihrerseits werden *jackeen* genannt) leitet sich von dem Dorf Kiltimagh (Coillte mach) her, das östlich von Castlebar liegt. Kiltimagh (beziehungsweise das nahe gelegene Killeadan) ist aber auch der Geburtsort eines Dichters, der wie kein anderer den Übergang von der gälisch- zur englischsprachigen irischen Kultur und Literatur bezeichnet, auch wenn es nur wenig konkrete Anhaltspunkte über sein Leben gibt und sich dafür um so mehr Legenden um sein Schaffen ranken.

Anthony Raftery (Antoine Ó Reachtabhra, um 1784 – um 1835) stand am Ende einer jahrtausendealten Tradition gälischer Poesie, die mit ihm zum Erliegen kam; zugleich aber stellt er, in englischer Übertragung, den Anfang einer enthusiastischen literarischen, sprachpflegerischen und volkskundlichen Erneuerungsbewegung dar, die eine Brücke zur Vergangenheit schlug und Irland eine ungeahnte kulturelle Blütezeit bescheren sollte. Der arme Bauernsohn, der wie Turlough O'Carolan früh an den Blattern erkrankte und daraufhin erblindete, hatte keine regelrechte Schulbildung genossen und war daher des Lesens und Schreibens ebenso unkundig wie die meisten seiner trotz alledem kunstliebenden und kunstverständigen Zuhörer. Die Lieder und Verse, welche er oft aus dem Stegreif komponierte und rezitierte, die zärtlichen wie die zotigen, wurden denn auch nicht niedergeschrieben, sondern gingen von Mund zu Mund.

Was Raftery nicht alles mit Gedichten bedachte: großzügige Gastgeber, geschickte Handwerker, ein tragisches Bootsunglück, den Ausgang einer Wahl, einen Busch, der zu ihm sprach, die Hinrichtung Anthony O'Dalys, eines Angehörigen des Geheimbundes der Whiteboys. Den Tod des Sackpfeifers Tomás Ó Dálaigh beklagte er mit den Worten: »Die schlanken Schwäne auf dem Wasser sind so schwarz wie die Früchte des Weißdorns, seit der Mann sich von uns gestohlen, der in den Fingerspitzen Frohsinn hatte.« Rafterys ehrgeizigstes Unternehmen war eine versifizierte Geschichte Irlands (*Seanchas na Sceiche*, »Geschichten vom Dornbusch«) – um so erstaunlicher, wenn man bedenkt, daß er sich bei seinen vorbereitenden Studien nicht auf gelehrte Bücher, sondern nur auf mündliche Quellen stützen konnte.

Da es in Connacht, anders als etwa in Munster, keine Lehrer und Kopisten gab, die etwelche Manuskripte hätten erstellen und weitergeben können, sind viele irischsprachige Verse für immer verlorengegangen; selbst die Namen der Dichter sind nicht alle überliefert. Raftery hingegen, eine Parallelgestalt zu dem volkstümlichen schottischen Lyriker Robert Burns (1759–96), war beim Volk so beliebt, daß seine Hervorbringungen in Gegenden wie Connemara über Generationen hinweg im kollektiven Gedächtnis bewahrt wurden, oft bis auf den heutigen Tag. Lag es an Tobar na Cuimhne, einer heiligen Quelle, die etwas weiter nördlich in Lisnemonaghy entspringt? Sie soll dem Gedächtnis aufhelfen ...

Erst Douglas Hyde (1860–1949), die treibende Kraft der Irischen Literarischen Renaissance, gab die auf vielen Umwegen zusammengetragenen Schätze, mit einem Kommentar versehen, im Rahmen seiner *Songs of Connacht* heraus (*Abhráin atá Leaghtha ar an Reachtúire*; engl. *Songs Ascribed to Raftery*, 1903); andere Übersetzer waren Lady Gregory und Frank O'Connor. Was Hyde auf Rafterys Spuren lenkte, war die zufällige Begegnung mit einem Bettler in Blackrock (Co. Dublin), der ihn auf Sterbehaus und Grab des Dichters in Killeeneen acht Kilometer südwestlich von Craughwell (Co. Galway) verwies. Das Friedhofstor trägt die Aufschrift »Reilig na Bhfilí / Cemetery of the Poets«.

Fährt man von Kiltimagh aus etwa zwei Kilometer in Richtung Bohola, so gelangt man zu dem Weiler Killeadan (»the village where everything pleases / Of berries and all sorts of fruit there's no lack«).

Hier findet jedes Jahr ein Folk Festival zu Ehren des Dichters statt, der – blind, wie er war – die Landschaft Mayos wie kein anderer besang (vgl. etwa »The County of Mayo«). Von Rafterys Geburtshaus hat sich leider nur noch die Kaminplatte erhalten. Dafür ist auf einem Feld eine jener Wehranlagen der Bronzezeit zu besichtigen, die der Legende zufolge bevorzugter Aufenthaltsort der Feen ist. »Blind Raftery« (so auch der Titel eines Romans von Donn Byrne) hatte seine künstlerische Laufbahn in jungen Jahren als Fiedler begonnen. Als er eines Nachts an dem erhöht gelegenen Ringwall vorüberkam, baten ihn die tanzlustigen Geisterwesen, für sie zu musizieren. Am nächsten Morgen hatte er einen Wunsch frei: die Gabe des Gesangs oder der Musik; statt dessen erbat er sich poetischen Genius. In Jerry Walsh's Hotel in Kiltimagh hält ein Gemälde die Szene fest.

Nahebei steht Killeadan House, ehedem Sitz seines Mäzens Frank Taafe, von dem es heißt, er habe Raftery zu einem Leben am Bettelstab verdammt. Als nämlich dem Gastgeber eines Abends der Wein ausging, soll sich der blinde Dichter auf das beste Pferd seines Gönners geworfen haben und in gestrecktem Galopp davongeritten sein, um Nachschub herbeizuschaffen. Dabei brach sich das Tier das Genick, und Raftery nahm Reißaus, um dem Zorn des Besitzers zu entgehen. Es gibt ein aufschlußreiches Selbstporträt des blinden Dichters, der wie viele seiner Zeitgenossen, vom Land vertriebene Pächter, Bettler, Vagabunden, Kesselflicker, Söldner, Hausierer und fliegende Händler, eine nomadische Existenz führte. Zu Fuß zog er bettelnd durch Mayo und Galway und trug seine spielerischen Verse gegen ein geringes Almosen auf Jahrmärkten oder in Gaststuben vor – der letzte gälische Poet vor der »Großen Hungersnot«, die, zusammen mit der die englische Sprache favorisierenden Emanzipationsbewegung Daniel O'Connells, das irischsprachige Publikum stark dezimieren sollte. Als er auf einer Hochzeit zum Tanz aufspielte, hörte er einen der Gäste fragen: »Wer ist der Alte da?« und antwortete ebenso stolz wie schmerzlich: »Mise Rafteri an file«:

Raftery bin ich, der Dichter,
voller Hoffnung und Liebe;
meine Augen sind ohne Licht,
meine Sanftmut ist ohne Bitternis.

Ich wandere westwärts
beim Lichte meines Herzens,
schwach und müde,
bis an das Ende meines Weges.

Siehe, hier stehe ich
mit dem Gesicht gegen eine Mauer
und mache Musik
vor leeren Taschen.

(Übers. von Hans Trausil)

Unter den irischen Städten steht WESTPORT (Cathair na Mart, steinernes Fort der Rinder) einzig da. Der 3700 Einwohner zählende Ort an den Ufern des Carrowbeg entstand Ende des 18. Jahrhunderts nach Plänen des englischen Architekten James Wyatt (1746–1813), der Häuser und Straßen – wie die großzügig angelegte Hauptstraße The Mall, eine irische Unter den Linden – nach georgianischen Vorstellungen am Reißbrett entwarf. Ein Besuch der reizvoll an Clew Bay gelegenen Markt- und Hafenstadt wäre unvollständig ohne eine Besichtigung von Westport House, dem im Besitz von Lord Altamont befindlichen Herrensitz am Westende der Stadt. Während der Sommermonate hat das Publikum Zutritt zu den eleganten Sälen mit ihren Intarsien und Mosaiken, Silber- und Kristallglassammlungen und der Geige J. M. Synges. In dem imposanten Prachtbau, 1730 von dem Hugenotten Richard Cassels (Castle, um 1690–1751) aus Kassel erbaut und 1778 von James Wyatt erweitert, hielt sich im Jahre 1800 der spätere »Opiumesser« und »schwarze Romantiker« Thomas de Quincey (1785 bis 1859) auf.

Die hübsche Pfarrei von Holy Trinity Church war von 1892 bis 1913 die Wirkungsstätte des anglikanischen Geistlichen James Owen Hannay, besser bekannt unter seinem Künstlernamen GEORGE A. BIRMINGHAM (1865–1950). Der aus Belfast (75 University Road) gebürtige Romancier, mit fast sieben Dutzend Titeln wohl der produktivste aller irischen Romanschriftsteller, hatte im englischen Haileybury ein Internat besucht und am Trinity College Dublin Theologie studiert, bevor er 1888 die heiligen Weihen empfing und, nach kurzer Dienstzeit als Kurat in Delgany (Co. Wicklow), hierher versetzt wurde. In Westport begann er seine schriftstellerische Laufbahn zunächst mit religionsgeschichtlichen Untersuchungen wie *The Spirit and Origin of Christian Monasticism* (1903) und *The Wisdom of the Desert* (1904), die er, wie später mehrere autobiographische Schriften, unter seinem bürgerlichen Namen veröffentlichte.

Doch schon ein Jahr später brachte er mit *The Seething Pot* (1905) den ersten seiner satirischen und humoristischen Romane heraus, die ihm das Epithet einbrachten, einer »der beiden komischsten Autoren

Westport House, Mayo

der edwardianischen Ära« (Graham Greene) zu sein. In kurzen Abständen folgten *The Northern Iron* (1907), *Benedict Kavanagh* (1907) – ein Plädoyer für religiöse Toleranz und eine Apologie der Gälischen Liga, welcher der mit Douglas Hyde befreundete Birmingham beigetreten war –, *Spanish Gold* (1908) und viele, viele andere mehr, die oft in unmittelbarer Nachbarschaft von Westport spielen und von hier ihr Lokalkolorit beziehen. Der hohe Ausstoß an Büchern ließ bis zu seinem Lebensende nicht nach.

In Großbritannien genoß der Autor größere Popularität als in Irland, wo er sich mit dem jovialen Gebaren des englisch erzogenen Anglo-Iren und einer Pose leicht belustigter Äquidistanz in beiden politischen Lagern gleichermaßen unbeliebt machte. Dabei war er in seinen politischen Romanen peinlichst darauf bedacht, ein ausgewogenes und unparteiisches Bild der zeitgenössischen Verhältnisse zu zeichnen. Offensichtlich mißlang es ihm mehr als einmal, seine Leser zu seiner »Philosophie des Absurden« (P. J. Kavanagh) zu bekehren. Daß er seine Sozialkritik satirisch zuspitzte, ist indes den Bizarrerien irischer Politik selbst zu verdanken.

The Red Hand of Ulster (1912) war für die nordirischen Unionisten, was *Up the Rebels!* (1919) für die südirischen Nationalisten: eine Verhöhnung ihrer vermeintlich legitimen Bestrebungen. Der noch immer hochaktuelle Roman untersucht die paradoxe Logik der Ulster-Loyalisten, die – bis heute – bereit sind, zur Erhaltung der politischen Union mit der britischen Krone gegen dieselbe mit Waffengewalt vorzugehen. Diese Art des umgestülpten Sezessionismus nimmt Birmingham aufs Korn, indem er die erbitterten Gegner irischer Selbstverwaltung (*Home Rule*) aufbegehren und eine eigene Regierung errichten läßt. Was sind die Drohungen heutiger Politiker, einseitig die Unabhängigkeit auszurufen, anderes? Die Gestalt Babberleys könnte ein Konterfei Ian Paisleys sein: »Babberley ist der furchterregendste aller unionistischen Redner. Würde man seine Ansprachen vertonen, dürfte das Orchester notwendigerweise nur aus Kornetten, Trompeten und Pauken bestehen. Niemand könnte den Geist von Babberleys Redekunst auf Streichinstrumenten ausdrücken. Flöten wären lächerlich.« *Up the Rebels!* wiederum karikiert mit subtiler Ironie die operettenhaften Züge nationalirischen Rebellentums. Zugleich beweist Birmingham Einsicht in den Klassencharakter des religiösen und politischen Gegensatzes zwischen Katholiken und Protestanten, Nationalisten und Unionisten.

Hatte es schon nach der Publikation von *The Seething Pot* in Westport tumultartige Szenen gegeben, weil sich der katholische Pfarrer von dem Porträt eines Klerikers düpiert fühlte, so sollte es nach der örtlichen Inszenierung der in London mit Erfolg uraufgeführten Farce *General John Regan* (1913) noch ärger kommen. Das Stück handelt von der Errichtung eines Denkmals für einen nichtexistenten irischen Helden durch die leichtgläubigen Bewohner der Stadt. Empörte Kleinbürger besetzten die Bühne des Octagon Theatre und schlugen einen Schauspieler nieder, sie randalierten vor dem Theater und verbrannten symbolisch den »Bigotten von Westport«. Mit ihren Krawallen stellten sie die berüchtigten Ausschreitungen um J. M. Synges Skandalstück *The Playboy of the Western World* (1907) durchaus in den Schatten. Als Pfarrer wurde der geschmähte Autor boykottiert. Daraufhin trat er eine ausgedehnte Vortragstournee durch die Vereinigten Staaten an, um nie wieder zurückzukehren.

Nach Beginn des Ersten Weltkriegs meldete sich Birmingham als Feldkaplan der britischen Armee an die französische Front. 1918–20 diente er in einer kleinen Gemeinde in Co. Kildare und als Hauskaplan des irischen Vizekönigs, um gleich nach der Unabhängigkeit 1922 an die britische Botschaft in Budapest überzuwechseln. 1924 übernahm er eine Pfründe in Mells (Somerset), zehn Jahre später zog er nach London. Über jeden dieser Lebensabschnitte legte er literarisch Rechenschaft ab: *Connacht to Chicago* (1914), *A Padre in France* (1918), *A Wayfarer in Hungary* (1925), *Pleasant Places* (1934).

Wer in Westport weilt, sollte nicht vergessen, Croagh Patrick, den heiligen Berg Irlands, zu besteigen. Rund 750 Meter hoch ragt der kegelförmige Berg auf, von seinem Gipfel erlebt man ein einzigartiges Panorama von Land, Küste und Meer. In der Tiefe liegt spiegelglatt Clew Bay mit ihren 365 Inseln, für jeden Tag des Jahres eine. Im Jahre 441 soll St. Patrick, der Schutzpatron der Insel, vierzig Tage und Nächte hier gefastet und mit inbrünstigem Gebet und heftigem Trommelschlag Schlangen und anderes giftiges Getier ins Meer getrieben haben. Religiöse Legende und zoologische Wirklichkeit fügen sich gefällig zusammen; denn tatsächlich ist die Insel infolge des frühzeitigen Abbruchs der Landverbindung zwischen Irland und England frei von Reptilien und Amphibien jeder Art mit Ausnahme der harmlosen Eidechse und des Wassermolchs. Jedes Jahr am letzten Sonntag im Juli brechen Pilger und Ausflügler zu Zehntausenden auf, um in einer nicht abreißenden Menschenkette himmelwärts zu klettern und so dem Berg und dem Propheten die Ehre zu erweisen.

Begeisterungsfähigen englischen Autoren, die Irland bereisten oder gar zu ihrem Domizil machten, hat der heilige Berg viel gegeben. So schrieb der Romancier William Makepeace Thackeray (1811–63), berühmt für *Vanity Fair* (1847), in *The Irish Sketch-Book* (2 Bde., 1843): »Von einer Anhöhe hatte ich nicht nur eine schöne Aussicht, sondern die wunderschönste Aussicht, die ich überhaupt je in der Welt genossen habe. Ein Wunder an Schönheit ... die Bucht, und der Dunst, der sich zur See hin ergießt, und darin hundert Inseln, waren in Gold und Purpur und Karmesinrot gekleidet, und der ganze bewölkte Westen stand in Flammen. Wunderbar, wundervoll!«

Und T. H. White (1906–64), exzentrischer Autor der phantastischen arthurischen Romantetralogie *The Once and Future King* (1958) und des burlesken »Überlebensromans« *The Elephant and the Kangaroo* (1948), erfuhr eine mystische Anwandlung: »Wie wir uns so seltsam im Rund drehten, die dreihundertfünfundsechzig Inseln des Meerbusens wie Spielzeug zu unseren Füßen und Clare Island ein Guckkasten und dahinter die Insel der Weißen Kuh – Corslieve fünfzig Meilen nach Norden und Achill eine Schulter andeutend und ringsumher die allumfassende See –, da konnten wir nicht umhin, den tragischen Unflat der Menschheit Gott zur Begutachtung vorzulegen – nicht aus Verachtung für sie oder in der Erwartung, irgend etwas für sie tun zu können – ohne Fürsprache, Sarkasmus oder Verwirrung des Geistes.«

Das moralische Gewissen der Bundesrepublik Deutschland schlug lange Jahre in Irland. Denn ACHILL ISLAND (Acaill, lat. *aquila* ›Adler‹), mit seinen 4000 Einwohnern und 142 Quadratkilometern die größte, dank einer beweglichen Brücke über den schmalen Sund auch die zugänglichste der irischen Inseln, war viele Sommermonate hindurch die Wahlheimat des deutschen Schriftstellers HEINRICH BÖLL (1917–85). Als dieser 1954 zum ersten Mal nach Achill gelangte, hatte er bereits fünf Bücher veröffentlicht und genoß einiges Ansehen, aber noch war »der gute Mensch von Köln« nicht der international anerkannte Autor, der seine beträchtlichen Finanzmittel bereitwillig mit notleidenden und verfolgten Kollegen teilte, noch war er nicht der »Balzac der Zweiten Republik«, der Nobelpreisträger.

Im kahlen, kargen Mayo, einem der ärmsten und menschenleersten Landstriche Irlands, suchte Böll Zuflucht vor dem wirtschaftlichen Aufschwung und den spirituellen Nöten Nachkriegsdeutschlands. Hier fand er Natur statt Gesellschaft, Gemeinsinn statt Eigensucht, überwältigende Frömmigkeit statt abgeklärtem Zynismus – ein perfektes Gegenbild zu der stickigen Dumpfheit der Bundesrepublik Deutschland, wie er sie in seinen sozialkritischen Romanen und Erzählungen geißelte. Ein Gegenbild freilich, das er mit seinen subjektiven Impressionen einer zeitlosen irischen Idylle der Armut selbst erschuf.

Der Belfaster Lyriker Louis MacNeice (1907–63), der wie Böll seine Sommerferien regelmäßig auf Achill verbrachte, und zwar mit seinem Vater, einem anglikanischen Bischof, hat die hervorstechendsten physischen Merkmale der Insel in Terzinen eingefangen (»The Strand«):

My father. Who for all his responsibly compiled
Account books of a devout, precise routine
Kept something in him solitary and wild,
So loved the western sea and no tree's green
Fulfilled him like these contours of Slievemore,
Menaun and Croaghaun and the bogs between.

Die Insel ist in der Tat einsam, wild und wüst; beherrscht wird sie von den genannten Bergmassiven, von bis zu 240 Meter hohen, steil abfallenden Klippen, baumloser Heide, rostfarbenem Moor, weiten Buchten und brandendem Meer. Die zerklüftete Küste wirke »wie der abgelegene Winkel eines riesigen Kontinents, der für immer unter den Wogen versunken ist«, schrieb 1838 der englische Verleger Edward Newman. Aber die farbliche Monotonie, an sich schon durchaus reizvoll, wird von »Fuchsien hoch wie Kirschbäume« (Erich Loest) wettgemacht und von den Rhododendronbüschen, deren blühendes Rot im Frühsommer die Zufahrtsstraße zur Insel säumt. Die auf Achill herrschenden Lichtverhältnisse haben Generationen von Malern angezogen, denn »zuzeiten wird die ganze Insel – Land und See und Himmel – von einem unnatürlich hellen Glanz überflutet, für den es keine Worte gibt« (H. V. Morton). Die verstreut lebenden Bewohner ernähren sich nicht vom Ackerbau, sondern von Fremdenverkehr, Schafzucht und Fischfang (Hai- und Thunfisch; bis vor kurzem wurden die Haie bei einem jährlichen Kräftemessen der Männer von Achill noch mit der Harpune gejagt).

Wenn freilich ein Sturm düstere Regenwolken vor sich hertreibt und die Brecher des Atlantischen Ozeans gegen die Küste peitschen, verfliegt der Zauber der Insel rasch. Böll selbst erklärte zu Recht: »Der Regen ist hier absolut, großartig und erschreckend.« Das Zitat ist seinem *Irischen Tagebuch* (1957) entnommen, einem stilistisch durchgefeilten, teilweise fiktiven, von erzählerischen Miniaturen durchsetzten Reisebericht, der mittlerweile dreifache Millionenauflage erreicht haben dürfte. »Kein literarisches Werk hat das Bild der Deutschen von den Iren als den liebenswerten, kinderreichen, katholischen Käuzen nachhaltiger geprägt als das *Irische Tagebuch* [...]« (Elsemarie Maletzke).

Auch wenn Böll zur Vorsicht mahnte: »Es gibt dieses Irland: wer aber hinfährt und es nicht findet, hat keine Ersatzansprüche an den Autor«, so reisen doch selbst heute noch, nahezu vierzig Jahre später, Scharen deutscher Touristen mit Bölls in Buchdeckel gebundener Liebeserklärung unter dem Arm in der Erwartung an, in Irland eine unverfälschte Existenzweise vorzufinden, die sie freilich, wenn es sie denn jemals gab, selbst zerstören helfen, im Guten wie im Schlechten. Oder sprechen die Iren, die im Fernsehen *Dallas* oder *Neighbours* sehen, immer noch so: »›Das war einmal wieder ein netter Bursche‹, sagte der Taxichauffeur, der uns zum Bahnhof fuhr, ›ein reizender Kerl.‹ ›Wer?‹ fragte ich. ›Dieser Tag‹, sagte er, ›war das nicht ein Prachtbürschchen?‹«

In dem Dörfchen Keel, wo er sich zunächst niedergelassen hatte, schrieb Böll die eindringliche Liebesgeschichte *Das Brot der frühen Jahre* (1955), die sich in christlich gefärbter Symbolik des Gegensatzes zwischen materiellem Wohlstand und moralischer Integrität annimmt. 1958 stieß er am Ortseingang von Dugort, einer 1834 gegründeten protestantischen Siedlung mit eigenem Missionshotel und eigener Missionszeitung, heute wichtigster Badeort der Insel, auf ein winziges

Cottage. Schuppen und Garage ließ er zu drei kleinen Zimmern ausbauen und mit dem Haupthaus verbinden, so daß man heute vor einem hufeisenförmigen Komplex steht. Hier entstanden weitere Werke; die kurze »Anekdote zur Senkung der Arbeitsmoral« (1963) etwa atmet irischen Geist. Auch als Übersetzer trat Böll für Irland ein: Brendan Behan, Eilis Dillon, Flann O'Brien, Tomás O'Crohan (Tomás Ó Criomhthain) und George Bernard Shaw sind von ihm eingedeutscht worden, meist gemeinschaftlich mit seiner Frau Annemarie.

Lange hieß es, Böll habe das Cottage in den siebziger Jahren verkauft und »seiner« Insel – der Insel Achill wie der Insel Irland – aus Enttäuschung über die zunehmende Kommerzialisierung und das gewandelte Selbstbild der Iren den Rücken gekehrt. Dem ist nicht so: Wer neugierig um das neu renovierte Haus herumstreicht, in der Hoffnung, einen Blick auf die spartanische Einrichtung zu erhaschen, wird vielleicht auf eine Tasse Tee oder einen Schluck Whiskey hereingebeten; denn wie schon das Böll-Haus Langenbroich in der Nordeifel hat Sohn René das weißgetünchte Gebäude 1992 einem irischen Trägerverein sowie der Heinrich-Böll-Stiftung als Domizil für irische und internationale Schriftsteller und bildende Künstler zur Verfügung gestellt. Stipendien entheben je zwei erfolgreiche Bewerber aller finanziellen Sorgen und ermöglichen ihnen auf der Insel einen kreativen Arbeitsaufenthalt fernab vom Literaturbetrieb. Mitinitiator war der irische Dichter, Verleger und Gründer der Lyrikervereinigung Poetry Ireland John F. Deane, der selbst auf Achill Island geboren ist.

Ganz in der Nähe haben die menschlichen Tragödien des gebeutelten irischen Volkes unübersehbar ihre Spuren hinterlassen: Slievemore, das gespenstische »Skelett« eines seit der »Großen Hungersnot« 1845 bis 1849 verlassenen Dorfes an den Hängen des 672 Meter hohen gleichnamigen Berges, Cillín na Leanbh, ein halbversunkener Friedhof mit den Gräbern ungetaufter Kinder am Badestrand von Dugort, oder Corrymore House, Wohnsitz jenes berüchtigten Gutsverwalters Captain Charles Boycott, der in der breitangelegten Kampagne für eine Bodenreform um 1880 in jeder Hinsicht gesellschaftlich »boykottiert« wurde.

Bei Cloghmore ragt als ein Stumpen die Ruine eines Bergfrieds von Grace O'Malley (Gráinne Ní Mháille, Granuaile, 1530–1603) auf. Die listenreiche Amazone (Wahlspruch: »Terra marique potens«) schwang sich nach dem Tode ihres Vaters zur Herrscherin über die westliche Inselwelt auf und machte von ihrem Stammsitz Clare Island aus mit ihren Galeeren die Küstengewässer unsicher, sei es aus Patriotismus oder zur Selbstbereicherung, aus Freude an der Freibeuterei. Als irische Piratenkönigin trat sie, so die Überlieferung, bei einer Audienz im September 1593 der britischen Monarchin Elisabeth I. als Ebenbürtige gegenüber und lehnte es – anders als später ihr Sohn – stolz ab, einen britischen Adelstitel anzunehmen. Ihre Großtaten sind ins irische Liedgut eingegangen, William O'Brien (1852–1928) widmete ihr den historischen Roman *Queen of Men*, der Komponist Shaun Davey die Suite *Granuaile* für Sopran, Orchester und – Dudelsack. In der Gemeinde Louisburgh, von wo es eine Fährverbindung nach Clare Island gibt, ist inzwischen ein kleines Granuaile-Museum eingerichtet worden, ein abgesteckter Wanderweg auf ihren Spuren soll folgen.

Co. Sligo

Wie die Hinweisschilder einer 150 Kilometer langen Litera-Tour bezeugen, ist die Grafschaft Sligo (Sligeach, Shelly-Fluß) in erster Linie als »Yeats Country« zu definieren, dies in literarischer wie in genealogischer Hinsicht. Ortsnamen wie Rosses Point, Lissadell, The Salley Gardens, Hawk's Well, Innisfree, Dooney Rock, Knocknarea oder Drumcliffe bezeichnen geographische Fixpunkte der lyrischen und dramatischen Imagination des Dichters WILLIAM BUTLER YEATS (1865–1939), dieses geistigen Repräsentanten Irlands, der wie kein anderer Schriftsteller des 19. und 20. Jahrhunderts für eine Rückbesinnung auf die heroisch-keltische Tradition des vorchristlichen Irland bei gleichzeitigem Eintreten für die literarische Moderne steht. Der angloirische Poet und Dramatiker, ältester Sohn des Juristen und Porträtmalers John B. Yeats und der Reederstochter Susan Pollexfen sowie Bruder des Impressionisten Jack B. Yeats, war die beherrschende Figur in der Irischen Renaissance und gilt als bedeutendster irischer Lyriker englischer Zunge, wenn nicht gar als bedeutendster englischsprachiger Lyriker dieses Jahrhunderts überhaupt.

Präraffaelitische und symbolistische Einflüsse, Fin-de-siècle-Ästhetizismus, Theosophie, Spiritismus, orientalische Mystik und irische Volksüberlieferung verschmolz Yeats, in Sprache, Kleidung und Auftreten jeder Zoll ein aristokratischer Dichter, zu einer idealistischen Weltanschauung der zyklischen Wiederkehr (vgl. *A Vision*, 1925) und zu einem bei aller Vielgestaltigkeit einheitlichen Werk »hoher Geisteshaltung«. Zunehmend, spätestens mit *Responsibilities*

(1914), absorbierte er aber auch das politische Geschehen, übersetzte es in Lyrik und half es zugleich mitzugestalten. Überhaupt gab es neben dem weichen, visionären Dichter den Mann der Tat, dessen praktisches Wirken als Theaterdirektor (1904–41) und Senator (1922–28) viel zum politischen und intellektuellen Leben des Irischen Freistaats beitrug. »It is myself that I remake«, beschrieb er sowohl sein handwerkliches Verfahren ständiger Überarbeitung wie sein biographisches Projekt der Selbsterschaffung und Selbsterneuerung, das es ihm erlaubte, bis ins hohe und höchste Alter schöpferisch tätig zu sein, ohne sich wiederholen zu müssen.

Ob Yeats, der den Tod im französischen Roquebrune-Cap Martin bei Nizza fand, wirklich in dem kleinen Dörfchen DRUMCLIFFE an der N 15 nach Ballyshannon begraben liegt, war in jüngster Zeit erneut umstritten. Jedenfalls steht hier, im Schatten des mächtigen Tafelbergs Ben Bulben, der schlichte Grabstein mit der wohl berühmtesten, weil enigmatischsten Grabinschrift Irlands, vom Dichter in seinem Gedicht »Under Ben Bulben« selbst verfügt:

Under bare Ben Bulben's head
In Drumcliff churchyard Yeats is laid.
An ancestor was rector there
Long years ago, a church stands near,
By the road an ancient cross.
No marble, no conventional phrase;
On limestone quarried near the spot
By his command these words are cut:
Cast a cold eye
On life, on death.
Horseman, pass by!

Yeats' Letztem Willen entsprechend, wurde sein Leichnam 1948 auf einem Schiff der irischen Marine nach Irland überführt und auf dem kleinen protestantischen Friedhof der Gemeinde beigesetzt, in der sein Urgroßvater von 1811 bis 1846 Pfarrer gewesen war. Ein keltisches Hochkreuz und der Stumpf eines Rundturms stellen einen Rahmen bereit, der zum rückwärtsgewandten Aspekt seines künstlerischen Programms (»eine Nationalliteratur, die Irland in der Erinnerung schön macht«) durchaus paßt.

Yeats wurde in »Georgeville«, 5 Sandymount Avenue, Sandymount, Dublin 4, geboren (am Haus befindet sich eine Gedenktafel, in Sandymount Green steht eine von Albert Power geschaffene Büste),

William Butler Yeats

verlebte seine Kindheit und Jugend jedoch größtenteils in London, wo sein Vater ein Atelier besaß. Allerdings verbrachte er, wie sich seinen *Autobiographies* (1930) entnehmen läßt, die Schulferien so oft bei seinen Verwandten in Sligo und Umgebung, dem »Wunschland seines Herzens« (vgl. den Dramentitel *The Land of Heart's Desire*, 1894), daß ihn dessen Landschaft, Leute und Legenden mehr als alles andere prägten. Bevor er sich der Literatur zuwandte, hatte Yeats, dem väterlichen Vorbild folgend, mit einer künstlerischen Laufbahn geliebäugelt und an der Metropolitan School of Arts Dublin und der Royal Hibernian Academy Malerei studiert.

Doch die Begegnung mit dem Fenier John O'Leary 1886 führte zu einer Neuorientierung; von nun an wurden ihm irische Geschichte,

Benbulben Mountain

Mythologie, Folklore und Literatur, wenn auch oft nur aus dritter Hand empfangen, zum Springquell einer in allen Gattungen bewanderten Dichtkunst, die die heldische Vergangenheit ebenso idealisierte wie die bäuerliche Gegenwart – indirekt eine Kritik des kapitalistischen Krämergeistes. Das Versepos *The Wanderings of Oisin* (1889), das Versdrama *The Countess Cathleen* (1892) über die Landung der französischen Interventionstruppen in Killala (Co. Mayo), das erst sieben Jahre nach seiner Drucklegung uraufgeführt wurde, sowie die Folkloresammlung *Irish Fairy Tales* (1892) markieren seine Anstrengungen, das irische Theater und die irische Lyrik von Grund auf zu revolutionieren. Mit dem Titel seiner Prosasammlung *The Celtic Twilight* (1893) gab er der nationalromantischen Bewegung und Periode ihren Namen.

Im Januar 1889 lernte Yeats die englische Offizierstochter Maud Gonne kennen, die ihn mit ihrer exquisiten Schönheit, charismatischen Persönlichkeit und ihrem symbolträchtigen Einsatz für die nationale und demokratische Selbstbestimmung des irischen Volkes zu einigen seiner bewegendsten Liebesgedichte und zu der Ausarbeitung eines mythischen Idealbilds von Irland anregte. Wirklich zu politisieren vermochte sie ihn freilich nicht (»bound neither to Cause nor State«),

Grabstein von W. B. Yeats

auch wenn er das Zeitgeschehen mit seiner Lyrik hellsichtig kommentierte, Ostern 1916 etwa mit den vielzitierten Worten: »All changed, changed utterly: / A terrible beauty is born.«

Das sich über Jahrzehnte hinziehende, zwischen unerwiderter Liebe und fragiler Freundschaft schwankende Verhältnis von Yeats zu Maud Gonne geht in seiner historischen Bedeutung über eine folgenlose Romanze zwischen zwei Privatindividuen weit hinaus – zu repräsentativ sind der Dichterfürst und die politische Agitatorin, der »Celtic Revivalist« und die militante Republikanerin, der Schriftsteller und die Oratorin, als daß man über Yeats' »Qualen unerfüllten Werbens« (vier abschlägig beschiedene Heiratsanträge und eine sich in Träumen vollziehende »spirituelle Ehe« ihrer »Astralleiber«) hinweggehen könnte. Im näheren Umfeld Maud Gonnes, »Irlands Jeanne d'Arc«, finden wir den Osteraufständischen John MacBride, den Friedens- und Leninpreisträger Seán MacBride, den Romancier Francis Stuart (*The White Hare*, 1936), der ihre uneheliche Tochter Iseult heiratete, nachdem auch diese Yeats' Hand ausgeschlagen hatte, und Brendan Behans Mutter Kathleen, die der Freiheitskämpferin den Haushalt führte.

Was der sensible Lyriker und die Dubliner Gesellschaftsdame, eine Parallelgestalt zur rebellischen Gräfin Constance Markievicz, miteinander gemein hatten, war ihr Interesse am Magischen, Esoterischen und Okkulten, das von Yeats (Spitzname »Willie the Spooks«) zu einer Privatreligion ausgebaut wurde. Aus diesen obskuren Quellen speiste sich, zumindest teilweise, der kulturelle Nationalismus des einen wie der politische Patriotismus der anderen. Ihre letztlich divergierenden Lebenspläne, die Schaffung einer irischen Nationalliteratur beziehungsweise die Gewinnung des unabhängigen Nationalstaats durch die gewaltsame Erhebung, schossen sie auf Umlaufbahnen, die sich nur gelegentlich berühren oder kreuzen konnten, etwa in dem Drama *Cathleen Ni Houlihan* (1902), das Yeats für Maud Gonne, die Schauspielerin, schrieb. Das Stück, in dem Maud Gonne das um seine Befreiung kämpfende Irland verkörperte (»eine junge Maid, mit dem Gang einer Königin«), fand in der nationalistischen Bewegung einen solchen Widerhall, daß Yeats sich eine gewisse Verantwortung an dem nachfolgenden Geschehen, dem Osteraufstand 1916, zuschrieb:

I lie awake night after night
And never get the answers right
Did that play of mine send out
Certain men the English shot?

Von anderer Art war die lebenslange Freundschaft mit Lady Gregory, der er 1896 begegnete und mit der er 1899 das Irish Literary Theatre und 1904 das von der Teebaronin Annie Horniman finanzierte Abbey Theatre gründete.

Die malerische Szenerie Sligos besang Yeats in vielen seiner Lieder; wenn sich je Ort und Wort verschwistert haben, dann hier. Mit Yeatsschen Versen im Kopf oder in der Hand läßt sie sich gewissermaßen vergeistigen. So gab ihm der gleichnamige Landstrich um Ballysodare das wunderschöne, zum Volkslied gewordene »Down by the Salley Gardens« ein:

Down by the salley gardens my love and I did meet;
She passed the salley gardens with little snow-white feet.
She bid me take love easy, as the leaves grow on the tree;
But I, being young and foolish, with her would not agree.

In a field by the river my love and I did stand,
And on my leaning shoulder she laid her snow-white hand.
She bid me take life easy, as the grass grows on the weirs;
But I was young and foolish, and now am full of tears.

Vom Südostufer des Lough Gill aus ist das Inselchen Innisfree zu sehen, das Yeats – in einem romantischen Hang zur Selbstisolation – in einem frühen, wohl seinem bekanntesten Gedicht zum Zufluchtsort vor den Nachstellungen des Londoner Großstadtlebens auserkor:

I will arise and go now, and go to Innisfree,
And a small cabin build there, of clay and wattles made:
Nine bean-rows will I have there, a hive for the honey-bee,
And live alone in the bee-loud glade.

And I shall have some peace there, for peace comes dropping slow,
Dropping from the veils of the morning to where the cricket sings;
There midnight's all a glimmer, and noon a purple glow,
And evening full of the linnet's wings.

I will arise and go now, for always night and day
I hear lake water lapping with low sounds by the shore;
While I stand on the roadway, or on the pavements grey,
I hear it in the deep heart's core.

Die Stadt Sligo selbst, nach den Worten ihres Bürgermeisters ein »primary Yeats centre of excellence in Ireland«, verfügt mit Sligo County Museum and Arts Gallery in Stephen Street über ein Museum, das den Yeats-Brüdern alle Ehre erweist. Der Maler ist mit zahlreichen Bildern und Illustrationen vertreten, der Dichter mit Erstausgaben, Manuskripten, Briefen und Photos. Das Yeats Memorial Building an der Hyde Bridge beherbergt eine Yeats-Bibliothek und veranstaltet die jährliche Sommeruniversität, die älteste der Insel. Auf der anderen Seite der Brücke steht seit 1989 eine Bronzestatue des Dichters. Die höchste Ehrung aber war Yeats 1923 mit der Verleihung des Nobelpreises für Literatur zuteil geworden; die Medaille ist im Museum ausgestellt.

Yeats' intellektueller Snobismus führte ihn eine Zeitlang in gefährliche Nähe zu den faschistischen Regimes Mussolinis, Francos und Hitlers, was Louis MacNeice zu der Bemerkung veranlaßte: »In Yeats schlummerte ein angehender Faschist.« Selbst ein prophetisches Gedicht wie »The Second Coming« (1920) läßt sich – und darin gleicht es Oswald Spenglers orakelhaftem Gerede vom Untergang des Abendlands – ebensogut als Heraufbeschwörung eines notwendigen Durchgangsstadiums lesen wie als beschwörende Warnung vor dem Auseinanderbrechen der zivilen Gesellschaft:

W. B. Yeats-Statue, Sligo

Things fall apart; the centre cannot hold;
Mere anarchy is loosed upon the world,
The blood-dimmed tide is loosed, and everywhere
The ceremony of innocence is drowned;
The best lack all conviction, while the worst
Are full of passionate intensity.

The light of evening, Lissadell,
Great windows open to the south,
Two girls in silk kimonos, both
Beautiful, one a gazelle.
But a raving autumn shears
Blossom from the summer's wreath;
The older is condemned to death,
Pardoned, drags out lonely years
Conspiring among the ignorant.
I know not what the younger dreams –
Some vague Utopia – and she seems,
When withered old and skeleton-gaunt,
An image of such politics.
Many a time I think to seek
One or the other out and speak
Of that old Georgian mansion, mix
Pictures of the mind, recall
That table and the talk of youth,
Two girls in silk kimonos, both
Beautiful, one a gazelle.

Dear shadows, now you know it all,
All the folly of a fight
With a common wrong or right.
The innocent and the beautiful
Have no enemy but time;
[...].

In seinem berühmten Gedicht »In Memory of Eva Gore-Booth and Con Markiewicz« aus dem Jahre 1927 zeichnet W. B. Yeats, seit seinem ersten Besuch 1895 häufiger Gast und enger Freund des Hauses Lissadell, ein Bild schwesterlichen Doppellebens, zu dem er, der bürgerliche Poet, der sich von »aristokratischer Eleganz« und noblem Zeremoniell gern blenden ließ, sich nicht aufzuschwingen vermochte.

Yeats hatte nur Unschuld und Jugend, Schönheit und Anmut vor Augen und konnte oder wollte den Radikalisierungsprozeß der attraktiven Schwestern, die beide gegen ihren Stand aufbegehrten und auf ihre Weise Klassenverrat begingen, nicht nachvollziehen. Gegen ihren selbst- und furchtlosen Einsatz, gegen die »vage Utopie« der einen und die »Verschwörungen« der anderen, setzte er seine nostalgischen Erinnerungen an die einstmals festgelegte Frauenrolle: feminine Reize, Bewirtung, Bälle, Ausritte.

EVA GORE-BOOTH (1870–1926) und Gräfin CONSTANCE MARKIEVICZ geb. Gore-Booth (1868–1927) wurden beide in Lissadell House bei CARNEY am Nordufer von Drumcliffe Bay geboren. Im Sommer kann der imposante neoklassizistische Kalksteinbau aus den dreißiger Jahren des 19. Jahrhunderts, der seine nüchterne Strenge durch eine weiträumige Anlage wettmacht, ebenso besichtigt werden wie der dazugehörige Park. Die Räumlichkeiten enthalten Evas Manuskripte, Porzellan, Wand- und Ölgemälde, darunter solche des Dichtermalers Æ und ein Doppelporträt der beiden Geschwister von Sarah Purser, sowie Erinnerungsstücke von den Polarexpeditionen des Vaters, Sir

Lissadell House

Henry Gore-Booth (1843–1900). Ben Bulben und Knocknarea, dessen weithin sichtbare brustwarzenförmige Erhöhung das Grab der legendären kriegerischen Queen Maeve (Maedhbh) von Connacht beherbergen soll (»cairn-heaped grassy hill / Where passionate Maeve is stony-still«), bilden die landschaftliche Kulisse.

Eva Gore-Booth war das dritte Kind einer gebildeten anglo-irischen Grundbesitzerfamilie. Von verhaltenerem Temperament als ihre ältere Schwester, zog sie, die Sozialistin, Feministin und Pazifistin, dem bewaffneten Kampf und aufsehenerregenden Fanalen geduldige Aufklärungs- und Erziehungsarbeit zur Verbesserung der Lebens- und Arbeitsbedingungen ausgebeuteter Frauen vor. In Manchester, wo sie dreißig Jahre lang lebte, organisierte sie Fabrikarbeiterinnen und trat für das Wahlrecht und die Gleichstellung der Frau ein. 1914–16 war sie Sekretärin des Women's Textile and Other Workers' Representative Committee, gab *The Women's Labour News* heraus und war Mitglied des Women's Peace Crusade.

Trotz einer schwächlichen Konstitution fand sie neben ihrer politischen Tätigkeit genügend Zeit und Energie, von der Irischen Literarischen Renaissance beeinflußte, in Gehalt und Gestalt jedoch eher konventionelle Verse (darunter das hübsche »The Little Waves of Breffny«) und Versdramen zu verfassen, in erster Linie Lesedramen wie *The Death of Fionavar* (1916) und *Unseen Kings* (1904) über den irischen Nationalhelden Cuchulainn. Die von ihrer Freundin Esther Roper postum herausgegebene Werkausgabe (*Poems of Eva Gore-Booth*, 1929) umfaßt immerhin 650 Seiten.

Constance Markievicz, eine der markantesten Frauengestalten, die Irland hervorgebracht hat, griff als militante Kämpferin für Freiheit, Gleichheit, Schwesterlichkeit ebenso aktiv in das politische Geschehen ihres Landes ein wie ihre Geschlechtsgenossinnen Maud Gonne und Hannah Sheehy-Skeffington und ist von einer selbstgefälligen Männergesellschaft ebenso lange an den Rand der Geschichte abgedrängt worden. Sie studierte zunächst Kunst in London und Paris, wo sie ihren späteren Gatten, den polnischen Grafen Casimir de Markievicz, kennenlernte. Aber schon 1896 hatte sie die Sligoer Gesellschaft zur Durchsetzung des Frauenwahlrechts aufgebaut.

1909 begründete sie die republikanische Pfadfindertruppe Fianna Éireann, die noch heute Jugendorganisation der IRA ist. Während des langwierigen Dubliner Arbeitskampfes 1913 betrieb sie eine Suppenküche und speiste die Armen. In Soldatenuniform und mit der Waffe in der Hand nahm sie am Osteraufstand 1916 teil, wurde dafür von den Briten zum Tode verurteilt und »einzig und allein aufgrund ihres Geschlechts« verschont. Dank einer Generalamnestie wurde sie bereits ein Jahr später aus der lebenslänglichen Haft entlassen. Doch später sollte sie noch vier weitere Male inhaftiert werden (vgl. *Prison Letters of the Countess Markievicz*, postum 1934).

»Madame«, wie sie von aller Welt genannt wurde, errang nicht nur als erste Frau ein Mandat in der »Mutter der Parlamente« in Westminster (1918), sondern wurde auch zum ersten weiblichen Arbeitsminister der Welt (1919) gewählt – von der revolutionären separatistischen Abgeordnetenversammlung Dáil Éireann. Als erste Ministerin Europas mußte sie, Mitglied einer illegalen Regierung, in der klassischen Situation einer Doppelherrschaft hinnehmen, daß ihr Dubliner Zimmer innerhalb eines einzigen Monats 188mal durchsucht wurde. Gegenüber der vorherrschenden Glorifizierung von Haupt- und Staatsaktionen vertrat sie einen ausgesprochen modernen Politikbegriff: »Wir sollen versprechen, nicht über Politik zu reden. Heutzutage ist alles im Leben Politik. Das Geldwesen, die Wirtschaft, die Erziehung, selbst das in England immer so populäre Thema der Scheidung, all das hat mit Politik zu tun. Ich kann mein Geld nicht anlegen, kann keine Kleider kaufen, ohne daß Politik ins Spiel käme ...«. (Übers. von Frederik Hetmann.)

Constances Versuche, durch Bravourstücke oder Samaritertum, durch Exotik und Exzentrik aus den Konventionen ihres zum Untergang verurteilten Lebenskreises auszubrechen, sind vielzählig, ihr turbulenter Weg von der burschikosen Gutsherrntochter und eleganten Gesellschaftsdame zur selbstbewußten Frauenrechtlerin und Insurgentin einzigartig. Sie löste sich von ihrem Geburtsland England, von ihrer Klasse, dem Landadel, sowie von ihrer Konfession, dem Protestantismus, und vereinigte statt dessen in sich die Anliegen der nationalen Befreiungsbewegung, der sozialistischen Arbeiterbewegung und der feministischen Suffragettenbewegung.

Während sie, wie sie selber sagte, in Malerei und Schauspielerei, Ehe und Mutterschaft nur dilettierte, erfuhr sie ihre wahre Berufung auf einem Gebiet, das bis dahin den Männern vorbehalten war: dem der Politik, dazu noch einer besonderen Art von Politik: »Man muß rebellieren. Man darf nie aufhören zu rebellieren. Ich will mich einfach auf die Seite derer schlagen, die rebellieren.« (Übers. von Frederik Hetmann.) Die Rebellin war eine Frau, die Großmut und Menschlichkeit mit großem Mut und unbedingter Zielstrebigkeit verband. In seinem mitfühlenden, aber männlich herablassenden Gedicht »On a Political Prisoner« nennt Yeats sie »blind and leader of the blind«; in »Easter 1916« findet er für sie nur noch abschätzige Worte:

That woman's days were spent
In ignorant good-will,
Her nights in argument
Until her voice grew shrill.
What voice more sweet than hers
When, young and beautiful,
She rode to harriers?

Die österlichen Kampfaktionen waren der Augenblick, da die Gräfin als Leutnant der Irischen Bürgerarmee (ihre Aufnahme veranlaßte den gehässigen Sean O'Casey zum Bruch mit Jim Larkin) dem militärischen Höhepunkt ihres politischen Engagements zusteuerte. Die ausgezeichnete Schützin war stellvertretende Befehlshaberin der Aufständischen im St. Stephen's Green und soll vier britische Soldaten erschossen haben. Auch nach der Niederlage der republikanischen Seite im irischen Bürgerkrieg 1922/23 blieb sie politisch aktiv, agitierte, propagierte, organisierte bis zur Erschöpfung. Ihr Vermögen hatte sie den Armen vermacht und besaß am Ende nicht einmal eine eigene Wohnung. Als die »irische Jeanne d'Arc« starb, gaben ihr hunderttausend Menschen das letzte Geleit zum Dubliner Friedhof Glasnevin.

Aus welchen Beweggründen fand die kapriziöse »Con« zur Aufgabe ihres Lebens: War es Rebellion aus Ennui? Rebellion als Selbstzweck? Oder gar Rebellion als die einzige Möglichkeit, als Mann agieren zu können? Der Männer wußte sie sich zu erwehren: Als sich in Lissadell ein Tischnachbar an ihrem Schenkel zu schaffen machte, ergriff sie seine Hand, hielt sie in die Höhe und rief aus: »Seht mal, was ich in meinem Schoß gefunden habe.« Schon die Neunzehnjährige notierte in ihrem Tagebuch: »[...] als Frau verlange ich das Recht, daß die Natur mir etwas gibt, wofür ich leben, wofür ich sterben kann.«

Co. Roscommon

An der N 5 in Tulsk stehen Hinweisschilder auf das Geburtshaus des anglo-irischen Dichterkomponisten Percy French (1854–1920) in Cloonyquin. In der Erwartung, einen stattlichen Landsitz vorzufinden, fährt man mitten durch sattes, baumbestandenes Weideland ein Gewirr irischer *boreens* (›Sträßchen‹) entlang. Statt auf ein Haus stößt man jedoch auf eine Art Schrein, in grauen Granit eingefaßt, und nur die stummen Mauern im Hintergrund lassen vermuten, daß hier einst ein mit Leben erfülltes Gebäude stand. Eine Steinbüste im Halbrelief zeigt einen streng dreinblickenden alten Herrn, der den Betrachter auffordert: »Remember me is all I ask, and yet / If the remembrance prove a task – forget!« Dem 1984 errichteten Denkmal hat offenbar auch einiges Hornvieh seine Aufwartung gemacht.

Percy French-Gedenkstein, Cloonyquin

William Percy French, Sohn aus begütertem Landadel, drittes von neun Kindern des höchsten Verwaltungsbeamten der Grafschaft Roscommon, wuchs in Derby auf und besuchte die Schulen Kirk Langley, Windermere College und Foyle College Derry. Wie so viele seiner anglo-irischen Schriftstellerkollegen studierte er am Trinity College Dublin; freilich wählte er nach philologischen Studien das prosaischere Fach der Ingenieurswissenschaften. 1877 veröffentlichte der ewige Student, der eingestand, seine Vorliebe »für das Banjo, für Rasentennis und Aquarellmalerei anstelle von Chemie, Geologie und der Lehre von den Spannungszuständen« habe seine Lernfortschritte beträchtlich erschwert, anonym seine komische Ballade »Abdallah Bulbul Ameer« über den russisch-türkischen Krieg. Als in England ein Raubdruck erschien, war das Lied alsbald in aller Munde, ohne daß sein Autor auch nur einen Penny daran verdient hätte.

Nach dem Studienabschluß (1881) und zwei einsamen Jahren in Derry fand French eine Anstellung als Entwässerungsingenieur für die Grafschaft Cavan im Solde des Dubliner Bauamts; indes hatte er auf seinen Inspektionsfahrten per Rad und Pferdewagen hinreichend Gelegenheit, gefällige Verse zu ersinnen und satirische Prosaskizzen zu entwerfen. Als ihm 1889 aus Einsparungsgründen gekündigt wurde, betätigte er sich hauptberuflich als Herausgeber des neuen humoristischen Journals *The Jarvey*, einer irischen Nachahmung des englischen Wochenblatts *Punch*, die jedoch bereits zwei Jahre später einging; danach verfaßte er Libretti für Musicals von William Houston Collisson (*The Knight of the Road*, später *The Irish Girl*, 1891; *Strongbow*, 1892; *Midsummer Madness*, 1893) und gestaltete – anfangs in Gemeinschaft mit dem bedeutenden irischen Maler William Orpen (1878–1931) – Varietéabende mit eigenen Songs, Stories und Sketches, die nach seinem Tode in Ausgaben wie *Chronicles and Poems, Racquety Rhymes, Prose, Poems and Parodies, More Poems and Parodies* gesammelt wurden. Mit seinen landesweiten Tourneen, die keine Stadt ausließen, hatte er in Kürze so großen Erfolg, daß er sie nach England und Schottland ausdehnen konnte und 1906 ganz nach London umsiedelte. In England starb er auch und wurde auf dem Friedhof von Formby, fünfzehn Kilometer von Liverpool, beigesetzt.

Dem Buch *The First Lord Liftinant and Other Tales* (1890) ist die folgende bezeichnende Passage entnommen: »›Essex‹, sprach Königin Elisabeth, wie die zwei im Hinterzimmer von Buckingham Palace beim Frühstück saßen, ›Essex, mein Held, ich habe eine Aufgabe, die sich bestimmt gut für Euch eignet. Wißt Ihr, wo Irland liegt?‹ Sagt seine Lordschaft: ›Von Geogiraffie verstehe ich nichts, aber den von Euch genannten Ort kenne ich. Bevölkerung: drei Millionen; Ausfuhr: Emigranten.‹«

Frenchs bekanntes Lied »The West Clare Railway« mit dem Refrain »Are ye right there, Michael, are ye right?« ist eine bissige Satire auf die notorisch unpünktliche Schmalspurbahn, die er erfolgreich auf Schadenersatz verklagte, nachdem eine Betriebsstörung ein geplantes Konzert verhindert hatte. Die Direktoren der angegriffenen Eisenbahngesellschaft zahlten es ihm heim, indem sie ihn wegen Verleumdung vor den Kadi brachten. Viele seiner sentimentalen oder amüsanten Songs wie »Gortnamona«, »Come Back, Paddy Reilly, to Ballyjamesduff«, »The Mountains o' Mourne«, »Phil the Fluter's Ball«, »Eileen Oge« oder »Slattery's Mounted Fut« sind zum festen Bestandteil des irischen Volksliedrepertoires geworden. Das in den fünfziger Jahren entstandene Musical *The Golden Years* basiert denn auch auf dem Leben und den Liedern des William Percy French, der von sich sagte: »Ich wurde als Bub geboren und bin stets einer geblieben.«

Die eigentliche Spezialität dieses vielseitig begabten Kleinkünstlers waren jedoch seine eigenen Bühnenauftritte als professioneller Entertainer: Während er rezitierte und deklamierte, warf der Mann mit dem gewaltigen Schnauzbart in rasender Geschwindigkeit Kohle- oder Kreidezeichnungen aufs Papier, die der Illustration seines Vortrags dienten – so wurde er sein eigener »Filmprojektor«. Seine nach Tausenden zählenden Aquarelle lichtdurchfluteter irischer Wolken- und Wasserlandschaften, einige davon für den englischen König Eduard VII. angefertigt, verdienen größere Anerkennung. In einem Museumsraum des Bangor Heritage Centre (Co. Down) sind von Zeit zu Zeit Gemälde, Fotos und Manuskripte zu besichtigen. In Dublin erinnern an ihn eine Gedenktafel an seinem Haus 35 Mespil Road am Grand Canal und eine Sitzbank auf der gegenüberliegenden Seite des Kanals. Aus Frenchs Heimatort Cloonyquin stammt auch der Lustspielautor Arthur Murphy (1727–1805), dessen beste satirische Leistungen – *The Way to Keep Him* (1761), *All in the Wrong* (1761) und *Know Your Own Mind* (1777) – sich mit denen Oliver Goldsmiths messen können. Und wer schon in der Gegend weilt, sollte unter keinen Umständen das großzügig gestaltete Famine Museum im nahen Strokestown auslassen, mit dem seit 1994 an die Hungerkatastrophe des 19. Jahrhunderts erinnert wird.

Auf dem einsamen kleinen Friedhof von Tibohine Church in Portahard bei Frenchpark, einem gleichfalls an der N 5 gelegenen Weiler, ruht neben fünf Familienangehörigen der erste Präsident Irlands, Douglas Hyde (Dubhghlas de hÍde, 1860–1949). Geboren wurde er im nahen Castlerea. In dem blumengeschmückten protestantischen Kirchlein aus dem Jahre 1740, nach langen Jahren des Verfalls sorgfältig restauriert und weißgetüncht, befindet sich heute eine informativ eingerichtete Gedenkstätte, oder wie die irischen Fremdenverkehrsplaner es mit Vorliebe nennen, ein »Auslegungszentrum«, das 1988 eröffnete Dr. Douglas Hyde Interpretative Centre mit Bildtafeln, Büchervitrinen, Familienstammbaum und Videofilm. Der Friedhof enthält einen Naturlehrpfad, bei dem, einer Anregung von Robert Graves in *The White Goddess* (1948) folgend, ein kompliziertes keltisches Kalender-Alphabet-System (irische Ogham-Schrift und lateinische Lettern) auf heilige Bäume und Sträucher bezogen wird.

Auf Douglas Hydes Grabstein ist, in Lateinisch und Irisch, die Aufschrift »Justorum animae in manu dei sunt« eingemeißelt, und zu den Gerechten läßt sich dieser Mann wahrlich zählen. Dank seinem heiteren Gemüt und seiner geselligen Natur machte sich der walroßbärtige Gelehrte, der, wie Yeats pikiert anmerkte, nach bäurischer Art Tabak schnupfte und Poteen trank, niemanden zum Feind. Für ihn, den verdienstvollen und hochgeachteten Schriftsteller, sprachen sich sämtliche im irischen Parlament vertretenen Parteien einmütig aus, als es 1937, nach Verabschiedung der neuen irischen Verfassung, darum ging, einen geeigneten Kandidaten in das höchste Amt des Staates zu berufen, eines Staates, der zwar noch nicht dem Namen, aber doch der Sache nach eine Republik war. Dáil Éireann rief einen Mann aus dem Ruhestand nach Dublin zurück, der, obwohl von Natur aus unpolitisch veranlagt, durch seine literarische, wissenschaftliche und kulturpolitische Tätigkeit wesentlich dazu beigetragen hatte, daß Irland seine Unabhängigkeit erringen konnte. Als der Achtundsiebzigjährige mit seinem ebenfalls schon etwas ältlichen Fahrzeug in die Hauptstadt eilte, um dem Ruf Folge zu leisten, verursachte er in seiner Aufregung einen Verkehrsstau und wurde von einem uniformierten Friedenshüter angeherrscht: »Immer diese alten Deppen vom Lande, die den ganzen Stadtverkehr lahmlegen!«

Der Zufall wollte es, daß der erste der bisher sieben Präsidenten von Irland (1938–45) an einem Ort geboren und beerdigt wurde, dem große historische und mythische Bedeutung zukommt. Nur neun Kilometer weiter südöstlich erhebt sich der Hügel Rathcroghan, einst Sitz der Könige von Connacht; in vor- und frühchristlicher Zeit wurden hier auch die Könige von Tara gekrönt. Hier soll die legendäre Queen Maeve, von der das spannendste, umfänglichste und älteste Epos der Iren, *Táin Bó Cuailgne* (*Der Rinderraub von Cooley*), berichtet, ihren verheerenden Feldzug gegen die Provinz Ulster ausgeheckt haben. Als nämlich Maeve mit ihrem Gemahl Ailill im Ehebett lag, verglich sie – in dem berühmten »Gespräch auf dem Kopfkissen« – ihre Besitztümer mit den seinen und fand, daß sie in allem gleichgestellt waren. Nur eines hatte Ailill der Königin voraus: er besaß einen wunderbaren, mit magischen Eigenschaften begabten Stier. Niedergeschlagen beschloß sie, sich das einzige ebenbürtige Tier zu verschaffen, das es zu der Zeit in Irland gab: auf der Halbinsel Cooley in der Grafschaft Louth. Als

Douglas Hyde Centre

alle ihre Schmeicheleien, Versprechungen und Drohungen nichts fruchteten, überzog sie den Nordosten der Insel mit Krieg.

Am Ende standen die beiden Bullen selbst – der braune von Cooley und der weißhörnige von Connacht – einander gegenüber: »Lange stießen sie sich mit den Hörnern, ohne daß der eine über den andern zu obsiegen vermochte. So sank die Nacht über die Männer von Erinn. Doch noch im tiefsten Dunkel hörten sie das Getöse der kämpfenden Stiere. Ganz Erinn durchjagten sie hetzend in jener Nacht. Am Morgen sahen sie den Dond von Westen her gegen Cruachan kommen, und er trug den Findbennach von Ai auf den Spitzen seiner Hörner.« Der siegreiche Stier stürmt nach Osten, verstreut nach und nach die Körperteile seines toten Gegners und schenkt auf diese Weise einzelnen Gegenden ihren Namen. »Mit fliegenden Flanken drehte der Dond dem Hügel den Rücken zu und schaute mit großen Augen über die Trift von Cualnge, und sein Herz brach ihm in der breiten Brust, daß es sich anhörte, als zerspränge eine Nuß unter dem Hammer.« (Übers. von Martin Löpelmann.)

So endet ein Abenteuer von homerischer Größe aus dem Ulster-Zyklus, in dem die Heldengestalt des Cuchulainn eine entscheidende Rolle spielt, wie so viele Kriege mit dem Tode derjenigen, um die es gegangen war, und Rathcroghan lag verwüstet. Eine Viertelmeile weiter südlich wiederum stößt man auf das Gehege Roilig-na-Ríogh (Grablege der Könige), wo Conn von den Hundert Schlachten seinen Frieden gefunden hat und die drei Königinnen der prähistorischen Tuatha-de-Danann bestattet sind, nach denen die Insel je und je benannt wurde: Éire, Fodhla und Banba. Auch der letzte heidnische König Irlands, Dáithí, liegt nicht weit davon begraben.

Douglas Hyde, Sohn des anglikanischen Pfarrers von Tibohine und Präbendars von Elphin (möglicherweise auch die Geburtsstadt Oliver Goldsmiths), entstammte einem anglo-irischen Geschlecht aus der Zeit der Cromwellschen Besiedlung Irlands (Castle Hyde auf dem Nordufer des Blackwater bei Fermoy war der Stammsitz der Hauptlinie). Damit war er ein typischer Vertreter der Protestant Ascendancy, der auch seinem Stand entsprechend auf ein Dubliner Internat geschickt wurde. Doch nach nur zwei Wochen erkrankte er an den Masern, kehrte nach Hause zurück und genoß seine Erziehung fortan im Elternhaus und unter den irischsprechenden Bauern der Umgebung. Bereits mit vierzehn Jahren führte er ein zweisprachiges Tagebuch, in dem er Lieder und Geschichten, die er gehört hatte, eintrug. 1880 schrieb er sich am Trinity College Dublin ein (dort die Douglas Hyde Gallery mit Bronzebüste), wo er Theologie und Jura studierte; als er 1888 promovierte, umfaßte seine Privatbibliothek fast alle im Druck erhältlichen gälischen Gedichtbände. 1890/91 war Hyde für ein Jahr Professor für moderne Sprachen an der New Brunswick State University in Kanada.

Inzwischen hatte er unter dem Pseudonym »An Craoibhín Aoibhinn« (»Hübsches Zweiglein«) – von da an bedienten sich viele irischsprachige Schriftsteller indianisch klingender Künstlernamen – in verschiedenen Zeitschriften Lyrik im Stile von Thomas Davis veröffentlicht (vereint in *Úlla den Chraobh*, »Äpfel vom Baum«, 1901). 1889 und 1890 waren, mit genauen Quellenangaben versehen, die ersten Bücher mit Volkserzählungen, *Leabhar Scéalaigheachta* (»Buch der Erzählungen«) und *Beside the Fire*, erschienen. Doch noch einflußreicher waren seine Beiträge zur mündlich überlieferten anonymen Poesie Connachts, die er in den Bergen und Tälern westlich des Shannon sammelte und auf irisch und in eigener englischer Übertragung herausgab: *Love Songs of Connacht* (1893), *Songs Ascribed to Raftery* (1903) und *Religious Songs of Connacht* (2 Bde., 1906) – Marksteine in der Aufarbeitung des verschütteten kulturellen Erbes. Zu den Liedern zum Lobpreis der Frauen zählt auch das bekannte »Fair Una«:

> O Una, O maiden, O friend, and O golden tooth,
> O little mouth of honey that never uttered injustice,
> I had rather be beside her on a couch, ever kissing her,
> Than be sitting in heaven in the chair of the Trinity.

Im Schatten einer Klosterruine auf Trinity Island im Lough Key bei Boyle befinden sich die Gräber von Tomás Costello und Úna Bhán Nic Dhiarmada, den irischen Pendants zu Romeo und Julia oder Hero und Leander. Erst im Tode fanden sie zueinander, indem die Baumkronen über ihren Gebeinen miteinander verwuchsen.

Mit seinen zweisprachigen Editionen machte Hyde nicht nur die autochthone gälische Folklore einem englischsprachigen Publikum zugänglich, sondern bereicherte zugleich die englische Sprache um ein frisch und kräftig wirkendes romantisches Idiom, das auf die gesamte Produktion der Irischen Renaissance abfärben sollte und Dichtern wie Yeats und Synge eine spezifisch hiberno-englische Literatursprache an die Hand gab. Darüber hinaus verfaßte er eine auf gälische Denkmäler beschränkte Literaturgeschichte von den Anfängen bis zur Gegenwart, kommentierte Ausgaben mittelalterlicher irischer Texte sowie mehrere Einakter, darunter *Casadh an tSúgáin* (1901; engl. *The Twisting of the Rope*), das erste irischsprachige Theaterstück.

Am 25. November 1892 hielt Hyde in Leinster Hall seine berühmt gewordene Antrittsrede als erster Präsident der Irish National Literary Society über »Die Notwendigkeit der Deanglisierung Irlands«. Darin äußerte er seine Betroffenheit darüber, daß »die Nation, die einst, wie jedermann zugibt, eine der klassisch gebildetsten und kultiviertesten Nationen in Europa war, dies nun mit am wenigsten ist; wie eines der lesefreudigsten und literarischsten Völker nun zu einem der am wenigsten lernbegierigen und am meisten unliterarischen geworden ist, [...] während dieses Jahrhunderts vom richtigen Weg abwich und aufhörte, irisch zu sein, ohne englisch zu werden.«

In seiner Rede analysierte Hyde die widersprüchlichen Motive, die noch heute dazu beitragen, daß Iren es »feierlich zu einer Gefühlsangelegenheit erheben, das Land zu hassen, das sie mit jeder Handbewegung nicht schnell genug nachahmen können« – England. Gegen die kulturelle Assimilation führte er an, »daß es unsere gälische Vergangenheit ist, die wirklich im Grunde des irischen Herzens ruht. [...] Aber innerhalb der letzten neunzig Jahre haben wir mit einer beispiellosen Leichtfertigkeit unser Geburtsrecht bewußt verschleudert und uns selbst anglisiert.« (Übers. von Volker Bartsch.) Der Verfall der Sprache spiegele sich unter anderem im Verfall der irischen Familien-, Vor- und Ortsnamen.

Was die irische Sprache zugrunde gerichtet hatte, das war – neben der Hungerkatastrophe der vierziger Jahre und dem Massenexodus irischsprachiger Bauern – vor allem die Einrichtung eines Schulsystems durch die katholische Kirche und der politische Aufstieg Daniel O'Connells. Als Unterrichtsfach und Verständigungsmittel war Irisch untersagt, und die Schulkinder bekamen ein Kerbholz umgehängt, auf das zwecks Bestrafung durch die Eltern jeder Rückfall ins Irische vermerkt wurde. Auch die Massenversammlungen der Volksbewegungen für katholische Emanzipation und Aufhebung der Union mit Großbritannien wurden auf englisch abgehalten. So konnte Hyde ausrufen: »Was die Streitaxt des Dänen, das Schwert des Normannen, die Ränke des Angelsachsen nicht leisteten, das haben wir selbst zuwege gebracht.«

Folgerichtig gründete er am 31. Juli 1893 zusammen mit den Katholiken Eoin MacNeill und Eugene O'Crowney die Gälische Liga (Conradh na Gaeilge), eine landesweite überparteiliche und überkonfessionelle Vereinigung zur Erhaltung, Erneuerung und Verbreitung der irischen Sprache, Literatur und Kultur, der er bis zu ihrer Jahreshauptversammlung 1915 vorstand, auf der ein freies, gälischsprachiges Irland, »frei von ausländischen Einflüssen«, befürwortet wurde. Örtliche Zweigstellen in Irland, England, Schottland und den USA organisierten (und organisieren bis heute) Sprachunterricht, kulturelle Vorträge, Volksmusik, Theater und Tanz; »Fahrradlehrer«, das irische Gegenstück zu den chinesischen Barfußärzten, schwärmten aus, um das Evangelium der Sprachpflege zu verbreiten und die Sagen, Legenden, Märchen und Lieder aufzuzeichnen, die ohne ihr Tun spurlos untergangen wären.

Der Einfluß des zunächst unpolitischen Verbandes auf das weitere Schicksal Irlands ist nicht zu überschätzen, gab es doch vielfältige personelle Verbindungen zur Irish Republican Brotherhood, zu den Akteuren des Osteraufstands und den Unterzeichnern der Unabhängigkeitserklärung 1916. Die Liga lieferte die intellektuellen Impulse für das nationalistische Fieber, das Irland schüttelte. Lucy Cometina Kurtz, die Tochter eines deutschen Chemikers, mit der sich Hyde im gleichen Jahr 1893 vermählt hatte, klagte alsbald: »Ich habe keinen Mann geheiratet, sondern eine Sache.« Ein Jahr später gehörte Hyde, zusammen mit W. B. Yeats, Lady Gregory, Edward Martyn und den

Schauspielerbrüdern William und Frank Fay zu den Gründern des Abbey Theatre, das aus der Irish National Theatre Society hervorging. Daß es in erster Linie Anglo-Iren aus dem Westen Irlands waren, die sich daranmachten, den reichen Schatz gälischer Epik und Folklore zu heben, ist nicht weiter verwunderlich: Die Gaeltacht war im großen und ganzen auf die Küstengebiete der Grafschaften Donegal, Mayo, Galway und Kerry zusammengeschmolzen, und der protestantische Landadel war die herrschende Bildungsschicht.

1909 wurde Hyde zum ersten Professor für modernes Irisch am University College Dublin berufen, ein Lehrstuhl, den er bis 1932 innehatte. Während dieser Zeit lebte er in Earlsfort Place (heute Adelaide Road). Der Dichter Austin Clarke (1896–1974) erzählt von seinem Lehrer: »Als uns der künftige Präsident von Éire *Casadh an tSúgáin* vorführte, spielte er, in seiner Aufregung vom Podium herab- und wieder hinaufspringend, die Rollen sämtlicher Personen, und wie er gegen Ende des Stücks ein imaginäres Strohseil entrollte, fand er sich draußen vor dem Hörsaal wieder.« Nach seiner Pensionierung zog sich Hyde in ein Haus eineinhalb Kilometer westlich von Tibohine zurück, dessen Kauf ihm durch eine öffentliche Spendenaktion ermöglicht worden war (inzwischen ist Ratra House abgerissen). Als seine Amtszeit im Dubliner Präsidentenpalais (Aras an Uachtaráin) abgelaufen war, bezog er im Phoenix Park The Little Lodge, heute Hauptquartier der irischen Zivilverteidigung; die Räumlichkeiten dort zählen zu Winston Churchills frühesten Kindheitserinnerungen.

Douglas Hydes Verdienst und Vermächtnis ist unübersehbar, und doch konnte er sich mit keinem seiner Anliegen nachhaltig durchsetzen. Statt daß die Verwendung des Irischen im Alltagsleben zugenommen hätte, ist die Zahl der Irischsprechenden von einer halben Million auf zehntausend geschrumpft; statt eines »Gaelic Revival« kam es zu einem »Irish Literary Revival«, in dem nahezu alle epochemachenden Werke nicht in der alten Volkssprache, sondern in der Sprache der Kolonisatoren und der Oberschicht abgefaßt waren; statt die Spaltung der politischen Lager zu überwinden, wurde Irisch zum Erkennungsmerkmal eines katholischen Nationalismus; und schließlich mußte der gälische Dichter Hyde dem überlegenen anglo-irischen Poeten Yeats das Feld überlassen. Doch gilt auch umgekehrt: »Er sollte eine große Volksbewegung schaffen, die in ihren praktischen Ergebnissen viel bedeutender war als jede Bewegung, die ich hätte schaffen können, ganz gleich mit wieviel Glück« (W. B. Yeats). Sein Konterfei schmückt die neue Fünfzig-Pfund-Note.

In Alderford House bei Ballyfarnan, dem Familiensitz seiner vornehmsten Mäzene, der McDermott Roes, hatte der blinde Wanderharfner, Komponist und Dichter Turlough O'Carolan (Toirdhealbhach Ó Cearbhalláin, 1670–1738) eine feste Basis für sein Vagantentum, bevor er, mit fünfzig Jahren, jene Frau heiratete, der er nach nur dreizehnjährigem Zusammenleben auf dem Bauernhof in Mohill (Co. Leitrim) seinen einzigen englischsprachigen Gesang widmen sollte, die schmerzliche Totenklage »Lament for Mary Maguire«. Nach Alderford House kehrte er, als übermäßiger Alkoholgenuß seine Gesundheit zerrüttet hatte, zurück, um sich zum Sterben niederzulegen. Kurz vor seinem Ableben nahm O'Carolan noch einmal seine Harfe zur Hand und komponierte sein letztes Stück, das herzzerreißende »Farewell to Music«. Als er, der Repräsentant der untergehenden gälischen Stammeskultur, für immer die blinden Augen schloß, war sein späterer Verehrer Oliver Goldsmith, Vertreter der aufstrebenden englischsprachigen Literatur der Insel, eben zehn Jahre alt. Viele Legenden ranken sich um jenen letzten Mohikaner. So wurde unter anderem behauptet, die Melodie der amerikanischen Nationalhymne »The Star-spangled Banner« stamme nicht von John Stafford Smith (1750–1836), sondern gehe in Wahrheit auf O'Carolan zurück.

Die Nachricht von O'Carolans Hinscheiden lockte eine zahlreiche Trauergemeinde an, die nach altem Brauch abgehaltene Totenwache währte volle vier Tage, und zur Beisetzung kamen zehn Harfenspieler und mehr als sechzig katholische Geistliche. Das Instrument des Meisters freilich wurde von Dienern später verbrannt. Seine letzte Ruhestätte fand der rastlose Wanderer auf dem alten Friedhof von Kilronan Abbey vier Kilometer südöstlich von Ballyfarnan. Dort liegt er in der Familiengruft seiner Wohltäter an der Nordseite der aus dem Jahre 1339 stammenden Kirchenruine begraben. So groß war die Verehrung für ihn, daß sein Leichnam im Jahre 1750 exhumiert und sein Schädel in einer Nische zur Schau gestellt wurde, wo man ihm Blumen und andere Gaben darbrachte und ihn als Trinkgefäß für Heilzwecke mißbrauchte. Am Ende wurde er indes von dort entwendet und soll in einer Belfaster Freimaurerloge als Briefbeschwerer gedient haben!

Die auf englisch und irisch verfaßte Grabinschrift lautet übersetzt: »In dankbarem Gedenken an Turlough O'Carolan / Harfenist, Komponist, Poet, Sänger / Unser großer Trost in unserer großen Not / 1670–1738«. Auf einem weiteren Grabstein aus dem Jahre 1978 greift ein Jüngling mit lockigem Haar in die Saiten seiner keltischen Harfe. Der steil ansteigende, verwilderte Kirchhof am Nordufer des Lough Meelagh hat einen ganz eigenen Reiz; der von Waldung eingerahmte

See blitzt in der Sonne auf, und die asphaltierte Straße verwandelt sich: Statt vorüberbrausender Autos gewahrt man plötzlich einen blinden Mann, der, die Harfe über den Rücken geschlungen, hoch zu Pferde seines Weges zieht. Reitet er nach Keadue? Die einen Kilometer weiter östlich gelegene Ortschaft, 1993 zur »adrettesten Stadt« Irlands gewählt, hat Turlough O'Carolan einen Park mit Gedenkstein geweiht und veranstaltet alljährlich ein einwöchiges O'Carolan Harp and Traditional Irish Music Festival.

Turlough O'Carolan

Sähen doch nur alle irischen Dörfer so schmuck aus, die Häuser frisch getüncht, die Straßen mit Bäumen bestückt, die Blumenrabatten leuchtend bunt! Schon 1937 hatte der irische Archäologe, Botaniker und Geologe Robert Lloyd Praeger geklagt: »Wie viele [Dörfer] sehen wir besonders in der Zentralebene, die etwa aus dem folgenden bestehen – zehn öffentlichen Häusern [Pubs], zehn Privathäusern und zehn ungedeckten Häusern, als Abwechslung nur ein kahles Mauerstück und zwei zerzauste Bäume? Die traurigen Ruinen in unseren Dörfern sind ihr deprimierendstes Merkmal. Ich wünschte, wir hätten eine Organisation von Abbruchkolonnen – Desperados, die über ein Dorf herfallen, die Ruinen dem Erdboden gleichmachen und ein paar gewöhnliche blühende Sträucher pflanzen – Flieder, Goldregen, Fuchsien und Rosen –, um die Blöße zu verdecken, bis die Grundstücke für einen nützlichen Zweck gebraucht werden.«

Ulster

Co. Donegal

Ballyshannon, ein Marktflecken und Seehafen an der N 15 von Sligo nach Donegal, seiner Gründungsurkunde aus dem Jahre 1611 zufolge die älteste bewohnte *town* Irlands, ist der Heimatort des Dichters William Allingham (1824–89). Der Name der Stadtgründung aus der Zeit der »Bepflanzung« Ulsters mit schottischen Siedlern ist ein aufschlußreiches Beispiel für die Verballhornung irischer Ortsnamen durch eine gewaltsame Anglisierung, hat er doch weder mit dem irischen Wort *baile* (›Stadt‹) etwas zu tun noch mit dem breiten Strom des Shannon, der gute dreißig Kilometer weiter südöstlich entspringt; vielmehr handelt es sich um eine Korruption von Belashanny, seinerseits eine phonetische Transliteration des irischen Béal Átha Seanaigh (Mündung von Seanachs Furt).

Mit der einheimischen, dem Boden gewissermaßen eingewurzelten Sprache, die getreulich jede Spur landschaftlicher Konturen oder mythischer Großtaten verzeichnete, physische Merkmale mit metaphysischen Aspekten verband, kam den Iren auch die genauere Kenntnis einer vieldimensionierten Topographie abhanden. Seanach war ein Kämpe des 5. Jahrhunderts, der an dem strategischen Übergang über den Fluß Erne von Conall Gulban, Sohn Nialls von den Neun Geiseln, Urgroßvater des hl. Columcille und König von Tara und Cenél Conaill, erschlagen wurde. Von ebendiesem Conall bezieht die historische Provinz Donegal (Dún na nGall, Festung des Fremden) ihre alte gälische Bezeichnung Tír Chonaill (Land Conalls).

Aber die mythologischen und geschichtlichen Zusammenhänge sind noch verzweigter. Die örtliche Legende will es, daß bei dem Wasserfall von Assaroe in der Nähe der Brücke, die heute, mit einer Gedenktafel versehen, nach William Allingham, dem »Barden von Belashanny«, benannt ist, unter Partholan von Skythien 1500 v. Chr. die erste Besiedlung Irlands überhaupt erfolgte. Im Winter schnellen sich Tausende

Lachse flußaufwärts den Wasserfall hinauf, um in einer spektakulären Wanderung an ihre angestammten Laichplätze zu gelangen – kein Wunder, daß der silbrige Lachs in der irischen Mythologie als Fisch des Wissens und der Weisheit gilt. Assaroe (Eas Ruaidh) wiederum ist nach dem Feuergott Áed Rúad benannt, der seinen Sitz auf der nahe gelegenen Hügelkuppe Síd Áeda, heute Mullaghnashee (Feenhügel), einnahm. Als er, Narcissus gleich, im Wasser sein Spiegelbild bewunderte, ertrank er – wie tröstlich, daß ehedem auch Götter sterblich waren!

Auf Mullaghnashee, wo ebenso der königliche Palast Conalls gestanden haben soll, ist neben vielen seiner Familienangehörigen auch William Allingham beigesetzt, oder vielmehr die Urne mit seiner Asche, die, seinem Letzten Willen folgend (»Be these the sights and sounds around my grave«), nach der Londoner Feuerbestattung aus England überführt wurde. Es ist der kleine Friedhof St. Anne's der Gemeinde Killbarron in der Diözese Raphoe, und an den englischen Namen der hier Beerdigten läßt sich ablesen, daß wir auf einem protestantischen Gottesacker stehen. Auf dem gegenüberliegenden Grab lagert, wie ein vor der Zeit auferstandener Leichnam, eine Frau. Hat sie sich nur – wie sie versichert, »for a wee break« – zur Rast gebettet, oder ist sie die *sidhe* (engl. *shee*), von der der lebhafte irische Geisterglaube an eine »Anderwelt« weiß – die Fee, die sich vom Berg herabschleicht, ein hübsches Kindlein an sich reißt und an seiner Stelle einen verschrumpelten Wechselbalg zurückläßt? W. B. Yeats hat darüber ein berühmtes Gedicht geschrieben, das am Glencar Waterfall (Co. Leitrim) spielt, »The Stolen Child«.

Das muntere Feenvölkchen ist der mythische Restbestand der Tuatha-de-Danann, eines prähistorischen Volksstammes, der von den Milesiern oder Skoten (Schotten) besiegt und in gebirgige Gegenden vertrieben wurde. In der Folklore über feenreiche Ringwälle, Berge, Seen und Bäume vermengen sich vorchristlicher Animismus und das kollektive Gedächtnis an die frühesten Bewohner der Insel, die den keltischen Einwanderern weichen mußten. Allingham widmete den elfenähnlichen Gestalten seine wohl bekanntesten Kinderverse, »The Fairies« (1849):

Up the airy mountain,
Down the rushy glen
We daren't go a-hunting
For fear of little men.
Wee folk, good folk
Trooping altogether,
Green jacket, red cap
And white owl's feather.

Allingham kam in The Mall zur Welt, wo noch heute (mit Gedenkplakette) sein Geburtshaus steht (»ein kleines Haus, das westlichste in einer Zeile von dreien, in einer Straße, die zum Hafen führt«). Er war der Sohn eines vermögenden anglo-irischen Kaufmanns, Reeders und Bankiers, der den Vierzehnjährigen nach dem Besuch der Wray's School in Church Lane und eines Internats in Killeshandra (Co. Cavan) zwang, in der ihm unterstehenden Provincial Bank zu arbeiten. Vor dem Bankgebäude, heute eine Filiale der Allied Irish Bank, wurde 1971 eine von Vincent Breen geschaffene Büste aufgestellt. Wenn Allingham in den Straßen der Stadt umherspazierte, lauschte er Dienstmädchen und Straßensängern Balladen und Bänkellieder ab; was ihm entging, ergänzte er, was sich in seinen Ohren grob ausnahm, verfeinerte er. Die so entstandenen artifiziellen Volksweisen ließ er in Dublin drucken und für einen halben Penny auf Jahrmärkten als anonyme Einblattdrucke wieder unter die Leute bringen; gesammelt erschienen sie in *The Ballad Book* (1864).

Um der väterlichen Aufsicht zu entrinnen und sich besser seinen literarischen Ambitionen widmen zu können, trat Allingham 1846 in den Zolldienst ein – eine Tätigkeit, die er bis 1870 ausübte und die ihn zuerst nach Killybegs (Co. Donegal) und 1863 schließlich nach Lymington (Hampshire) führte. Seiner Geburtsstadt setzte er ein Denkmal mit den Versen von »The Winding Banks of Erne«: »Adieu to Belashanny! where I was bred and born; / Go where I may, I'll think of you, as sure as night and morn« – eines von so vielen Abschiedsgedichten irischer Emigranten, daß sie zur Parodie geradezu einladen.

In England machte ihn der einflußreiche Journalist und Essayist Leigh Hunt (1784–1859), Herausgeber des *London Journal*, für das Allingham schrieb, mit den Schriftstellern Robert Browning (1812–89) und Thomas Carlyle (1795–1881) sowie mit dem Maler und Dichter Dante Gabriel Rossetti (1828–82), dem herausragenden Mitglied der Londoner Künstlergruppe der Präraffaeliten, bekannt. Die Gedichtbände *Day and Night Songs* (1854) und *Flower Pieces and Other Poems* (1888) wurden von Rossetti illustriert. 1874–79 war Allingham Herausgeber von *Fraser's Magazine*. Als er sich 1887 in Witley (Surrey) niederließ, schloß er Freundschaft mit George Eliot (1819–80) und mit seinem großen Dichtervorbild Alfred Lord Tennyson (1809–92).

Die gesellschaftlichen und literarischen Kreise, in denen er Umgang pflegte, entfremdeten ihn mehr und mehr dem von irischen Nationalisten beschworenen »nationalen Leben«, und seine *Irish Songs and Poems* (1887) sentimentalisierte er für den viktorianischen Zeitgeschmack. Seinem Tagebuch (*Diary*, postum 1907) vertraute er an: »Ich liebe Irland: wenn es doch nur nicht katholisch wäre! Aber wäre es dann noch Irland?« So trug er bei aller politischen Enthaltsamkeit durchaus zur kulturellen Selbstbesinnung Irlands bei, verengte jedoch das Irlandbild auf den Aspekt unverfälschten Charmes und wilder Urwüchsigkeit. Damit teilte er das Schicksal vieler Zeitgenossen, die sich zwischen den zwei Welten der Britischen Inseln bewegten: ihrer irischen Themen wegen nicht in den englischen Literaturkanon aufgenommen zu werden, mit dem Umzug und der Orientierung nach London aber poetisch »dünnblütiger« (W. B. Yeats) geworden zu sein.

Die für viele irische Autoren der Zeit nicht untypische Hinwendung zum kosmopolitischen London bewog Yeats, der Allingham viel verdankte und seine Lyrik im übrigen pries, zu dem kritischen Kommentar: »Was für ein trauriges Geschäft dieser Nicht-Nationalismus doch gewesen ist! Er hat Lever und Lover ihre Seichtigkeit beschert und beschert einem Teil der Dubliner Gesellschaft noch immer ihren Zynismus. Lever und Lover und Allingham hat er gleichermaßen ihres wahren Publikums beraubt. In Irland üben viele weniger begabte Schriftsteller als sie mehr Einfluß aus. Eine politische Doktrin ward von ihnen gar nicht verlangt, lediglich Nationalismus. Sie wollten das Volk einfach nicht ernst nehmen – diese Autoren der Ascendancy – und mußten sich ihr Publikum in England suchen. Für Lever und Lover wurde Irland nur mehr zum Immobiliengeschäft und für Allingham zur halb ernsten Erinnerung.«

Zwischen 1850 und 1887 veröffentlichte Allingham ein gutes Dutzend Gedichtsammlungen. Sein ehrgeizigstes literarisches Projekt aber war ohne Zweifel *Laurence Bloomfield in Ireland. A Modern Poem in Twelve Chapters* (1864), ein außergewöhnlicher Roman in Versform, veröffentlicht zu einer Zeit, da die irische Romankunst – nach William Carleton und vor George Moore – in ihren drei Ausformungen »Big House Novel«, historischer und regionaler Roman stagnierte. In mehr als 5000 gereimten Verszeilen nahm sich Allingham des Klassenkonflikts zwischen wohlhabenden englischen Gutsherren und irischen Pachtbauern an. Zu den eindringlichsten Szenen des präzise die Misere des Landlebens schildernden monumentalen Gedichts gehört das siebente Kapitel »Tenants at Will« über die Zwangsräumungen verschuldeter Pächter, deren Folge die zahlreichen verfallenen Cottages sind, die noch heute dem Besucher der Insel ins Auge stechen: »Mere shattered walls, and doors with useless latch / And firesides buried under fallen thatch.«

Der reimende »Big House«-Roman mit dem Anliegen einer umfassenden Landreform und eines besseren Verständnisses zwischen

England und Irland trug Allingham eine Pension auf der britischen Zivilliste ein und wurde weithin rezipiert, unter anderem von I. S. Turgenjew, der bekundete, jetzt erst Irland verstanden zu haben. Während der Debatten des britischen Unterhauses über die irische Agrarfrage las William Gladstone daraus vor. In seinen Romanzen und Historien hingegen, in denen das politische Element und die aufklärerische Absicht fehlen, erlag Allingham seinem Hang zur Verniedlichung.

Von Ballyshannon geht es über Donegal Town nach GLENTIES (Na Gleanntaí, die Glens), so genannt, weil das hübsche, knapp eintausend Einwohner zählende Dorf landschaftlich sehr reizvoll am Ausgang zweier Täler, den südwestlichen Ausläufern des wilden Hochlands von Donegal, gelegen ist. Der Zusammenfluß von River Owena und River Stracashel hat die Ortschaft zu einem beliebten Angelzentrum werden lassen. Rings von Wald umgeben – in Donegal sehr selten –, verdankt sie ihren bescheidenen Wohlstand aber vor allem der Herstellung von Tweed, Handschuhen, Strick- und Wirkwaren. Was heute dank Klein- und Heimindustrie einen vergleichsweise blühenden Eindruck macht, litt in nicht allzu ferner Vergangenheit, als die Menschen allein von ihren handtuchgroßen mageren Feldern leben mußten, bittere Armut.

Wanderer können die abwechslungsreiche Gegend einschließlich des acht Kilometer weiter nordöstlich gelegenen Aghla Mountain bequem zu Fuß erschließen. Mit dem langgestreckten, schmalen Bergsee Lough Finn, auf den man vom Gipfel hinabblickt, verbindet sich eine traurige Legende: Der keltische Krieger Fergoman wurde am See von einem Keiler angefallen, dessen Ferkel er getötet hatte, und rief, von Hauern durchbohrt, um Hilfe. Seine Schwester Finna – nach ihr ist der See benannt – hörte das Echo seiner Stimme von den Felsen auf dem gegenüberliegenden Ufer widerhallen und schwamm hinüber, um ihm beizustehen. Da vernahm sie seine Stimme von der anderen Seite und durchschwamm erneut den See. So ging es lange fort, bis Fergomans ersterbende Schreie sie mit solchem Kummer erfüllten, daß sie mitten im See ertrank.

Jedes Jahr im August treffen die Teilnehmer der Patrick MacGill International Summer School in Glenties ein. PATRICK MACGILL (1889 bis 1963), Erntehelfer, Schienenleger, Füsilier und Autor von siebenundzwanzig Büchern, wurde in einem der beiden Täler von Glenties geboren, in einer armseligen Bauernkate, die noch heute zu besichtigen ist. Als dem ältesten von elf Kindern eines armen Pachtbauern war es ihm nicht in die Wiege gelegt, daß er Dichter und Romanschriftsteller, mehr noch: der Sänger Donegals, werden würde. MacGill ging bereits mit zehn Jahren von der Schule ab (das Gebäude der Volksschule Mullanmore steht ebenfalls noch) und arbeitete auf dem väterlichen Feld. Schon der Zwölfjährige mußte seine Haut zu Markte tragen; als Mietling verdingte er sich zum Preis von fünf Pfund und zehn Schilling für jeweils sechs Monate bei protestantischen Großbauern in Mid-Ulster, die auf dem »Sklavenmarkt« von Strabane (Co. Tyrone) nach kräftig gebauten Knechten Ausschau hielten. Zwei Jahre später schiffte er sich im Hafen von Derry nach Schottland ein, zogen doch traditionell zur Erntezeit ganze Familien mit Sack und Pack von Donegal nach Schottland, wo sie, in primitiven Hütten untergebracht, alkoholisiert und brutalisiert, als Kartoffelleser (*tattie-howkers*) arbeiteten.

Schon in seinem ersten Roman mit dem bezeichnenden Titel *The Children of the Dead End* (1914) und dessen Gegenstück *The Rat Pit* (1915) geht MacGill mit den unsäglichen Arbeits- und Wohnbedingungen der Migranten ins Gericht, aber auch mit ihrer Unwissenheit, die das negative Image des betrunkenen Paddy in Großbritannien verstärken half. Aus der Perspektive der jeweiligen Hauptperson erzählt, zeichnen die beiden parallelen Episodenromane die sich kreuzenden Lebenswege Dermod Flynns und Norah Ryans nach. Thematisch beschränkte sich MacGill jedoch nicht auf das Los der Kolonnen von Kartoffelsammlern und Streckenarbeitern, sondern kehrte in früher viel gelesenen sozialanklägerischen Romanen wie *Glenmornan* (1919) oder *The Glen of Carra* (1934) immer wieder nach Donegal zurück, zu der unter dem dreifachen Druck von Gutsherren, Krämern und Priestern leidenden Landbevölkerung. Sein unermüdlicher Einsatz für die Unterprivilegierten trug ihm eine ironisch gemeinte, aber treffende Bezeichnung ein: »Presseagent des menschlichen Underdog, den er in seinen Büchern in den Rang eines Übermenschen erhebt.« So ist sein Romanschaffen denn auch weniger dem romantischen Nationalismus der Irischen Literarischen Renaissance als vielmehr einem enragierten und engagierten Zolaschen Naturalismus verpflichtet.

Begonnen hatte der Autodidakt anders. Noch während er, einer von zahllosen irischen Gleisarbeitern, an der kaledonischen Eisenbahn Glasgow – Greenock mitbaute, veröffentlichte er unter dem Titel *Gleanings from a Navvy's Scrapbook* (1911) auf eigene Kosten einen Band mit überwiegend blumig-sentimentalen Versen, von dem er im Verkauf von Tür zu Tür achttausend Stück abgesetzt haben soll. Weitere Gedichte erschienen in den Sammlungen *Songs of a Navvy* (1911) und *Songs of the Dead End* (1912), die beim Publikum ebenfalls starken Anklang fanden. In stark rhythmisierten Langzeilen schildert er hier das Leben der ungelernten Hilfsarbeiter im Straßen- und Schienenbau, daher sein Beiname »The Navvy Poet«, der Arbeiterdichter (»wenn auch ein Schriftsteller unter Hilfsarbeitern, so doch unter Schriftstellern nur ein Hilfsarbeiter«). Viele seiner Gedichte wurden auf Versammlungen, etwa denen seiner eigenen Social Democratic Federation, rezitiert – MacGill avancierte zur »Stimme der Sprachlosen«.

1912 zog MacGill nach London, wo er vorübergehend als Redakteur für den *Daily Express* tätig war; sein erster Auftrag bestand darin, seinen großen Landsmann George Bernard Shaw zu interviewen, der ihm die Gegenfrage stellte, weshalb er die ehrliche Arbeit eines Kolonnenarbeiters aufgegeben habe, um den Beruf eines Jounalisten zu ergreifen. 1913 arbeitete MacGill in der königlichen Bibliothek der Kapelle von Windsor Castle. Im Ersten Weltkrieg diente er als Schütze bei den London Irish Rifles – eine Erfahrung, über die er, weniger erfolgreich, in *The Amateur Army* (1915), *The Great Push. An Episode of the Great War* (1916), *The Red Horizon* (1916), *The Brown Brethren* (1917), *Soldier Songs* (1917) und *The Diggers. The Australians in France* (1919) berichtete. Nach Aufführung seines zweiten Theaterstücks *Suspense* 1930 in London ging MacGill mit seiner Frau, der Schriftstellerin Margot Gibbons, und seinen drei Töchtern nach Amerika, von wo er nicht mehr zurückkehren sollte. Als er 1963 in Miami starb, war er in Irland fast ganz in Vergessenheit geraten oder wurde wegen seines Antiklerikalismus angefeindet. Gegenwärtige Adresse: St. Patrick's Cemetery, Fall River, Massachusetts, USA. Die Grabinschrift: »The old life fails but the new life comes.«

Weiter nördlich von Glenties liegt The Rosses (Na Rosa, Vorgebirge), eine 240 Quadratkilometer große, mit Tausenden von Felsbrocken und kleinen Seen übersäte Heide- und Moorlandschaft, die sich von Gweebarra Bridge bis Crolly Bridge erstreckt. Wasser und Wind, Granit und Torf sind die bestimmenden Merkmale dieses kargen, in seiner Strenge jedoch überwältigend schönen Landstrichs. 1849 schrieb Thomas Carlyle: »Noch nie, in keiner Gegend, bin ich zweiundzwanzig Meilen einer so düsteren, trostlosen Straße gefahren, gelaufen oder geritten.« Die Atlantikküste ist zerklüftet und zerrissen wie nirgends sonst in Irland; zahllose hingetupfte Inselchen sind ihr vorgelagert. Größtes Eiland ist die Insel Arranmore, auf der Red Hugh O'Donnell of Tyrconnell, der gälische Stammesfürst mit dem englischen Grafentitel, vor seiner Flucht auf den Kontinent vier kostbare Perlen verbarg (heute in Londoner Privatbesitz). Im Hintergrund der Wildnis ragt steil der weißglitzernde Quarzitkegel des Errigal auf, mit 752 Metern die höchste Erhebung Donegals und in seiner ebenmäßigen Majestät nur noch Irlands heiligem Berg Croagh Patrick vergleichbar. Das ganze Gebiet gehört zur Donegal Gaeltacht, wo die Menschen heute noch im täglichen Umgang ihr kehliges und doch so musikalisches Irisch sprechen.

Günstiger Ausgangspunkt für touristische Unternehmungen ist das tausend Seelen zählende Fischerdorf DUNGLOE (An Clochán Liath, die grauen Trittsteine), bekannt durch das Volkslied »Mary from Dungloe« und im August Austragungsort des gleichnamigen Festivals. Aber Dungloe ist auch der Geburtsort des Revolutionärs und Romanciers PEADAR O'DONNELL (1893–1986). Wie Liam O'Flaherty, Frank O'Connor oder Sean O'Faolain tat dieser sich, mit Schwert und Feder kämpfend, in einer radikalen Doppelrolle als Gegner der englischen Kolonialherrschaft und der irischen Krämerrepublik hervor, die nach der Erringung der Unabhängigkeit entstand; doch im Gegensatz zu ihnen, die sich mehr und mehr nach Dublin und London hin orientierten, blieb er den Menschen seiner Heimatregion sowohl in seinem schriftstellerischen Schaffen als auch in seinem politischen Wirken sehr viel enger verbunden.

Am meisten lag ihm die Wohlfahrt der armen Tagelöhner und Kleinbauern am Herzen, ob sie nun von englischen Gutsherren oder von der neuen Mittelklasse des Irischen Freistaats pauperisiert wurden: »Diese heruntergekommenen Inseln, diese Berggegenden waren, sehr einschneidend, *mein* Irland. [...] Aber die Nation, die sie dazu benutzt hatte, um die britische Herrschaft abzuschütteln, hatte ihnen den Rücken gekehrt und sie, Haus um Haus, dem schmerzlichen Untergang überlassen.« Wer heute mit der Fähre von Burtonport, dem Fischereihafen mit der größten Lachsanlandung der Britischen Inseln, die fünf Kilometer zur Steilküste von Arranmore zurücklegt und von dort aus mit einem Fischerboot weitertuckert, wird die Inseln Inishkeeragh, Rutland, Easter Island oder Inishfree verloren und verlassen vorfinden, die Häuser fensterlose Steinhülsen; einzig Arranmore hat einen Aufschwung erlebt.

O'Donnell, fünftes von neun Kindern eines Kleinbauern und Dar renbetreibers in Meenmore, ließ sich 1911–13 am St. Patrick's College Drumcondra, Dublin, zum Lehrer ausbilden. Nach seiner Rückkehr unterrichtete er als Dorfschullehrer auf Inishfree, in Deryhenny und auf Arranmore. Das materielle Elend der dahinsiechenden Subsistenzwirtschaft insbesondere der Inselgemeinden war nicht zu übersehen. Da die Bewohner von Fischfang und Ackerbau allein nicht überleben konnten, waren auch sie gezwungen, sich als Saisonarbeiter in Schottland anzudienen. Als sich O'Donnell 1916 einem solchen Exodus anschloß und in der schottischen Grafschaft Ayrshire (heute Strathclyde) Gelegenheit hatte, ihre verheerenden Arbeitsbedingungen am eigenen Leib kennenzulernen, fand er unter dem Einfluß sozialistischer Agitatoren zu einer neuen Berufung – als Gewerkschafter: »Mit schlafenden Männern und Frauen, Jungen und Mädchen, Familiengruppen rings um mich herum, entflammte meine Phantasie, und in diesen Menschen, die mir so nahe waren wie mein eigener Atem, erblickte ich Überreste der Iren aus der Geschichte, die sich heldenmütig an ihre Heimstätten in Irland klammerten. Wie immer man es nennen will, meine Anhänglichkeit, meine Loyalität, meine Obsession mit diesem großen und achtbaren Teil des irischen Volks – den Lohnabhängigen – hatte ihre Wurzeln in dieser Erfahrung und wurde später angereichert durch die Tätigkeit als Organisator der Gewerkschaftsbewegung.« 1918 gab er seinen Lehrberuf auf und wurde hauptamtlicher Funktionär der von James Connolly gegründeten irischen Transportarbeitergewerkschaft, in deren Auftrag er besonders im Norden viel herumreiste.

In seinem bekanntesten Roman *Islanders* (1928) setzte O'Donnell den Fischern und Farmern, die sich dem Sog der Emigration aufs Festland, zur Saisonarbeit auf den Kartoffel- und Rübenfeldern Schottlands, ins industrielle England und schließlich nach Amerika entgegenstemmen (»hinaus in die Welt oder tiefer ins Moor«), ein bleibendes Denkmal. Mit kräftigen Farbstrichen zeichnet er gleich eingangs die harsche Lebenswelt des abgelegenen irischen Nordwestens: »Müde breitete sich die Dämmerung über die Berge im Osten und kroch über die dunstige Ödnis. Eine leichte Brise ließ die Ebbe frösteln. Lockere, körperlose Wolken gaben einen Nieselregen frei. Inniscara Island erschauerte im kaltlippigen Atlantik, gleichgültig gegen ein Morgengrauen, das kein Leben brachte.« Die Einbindung eines »klimatischen Fatalismus« (Vincent Buckley), der Land und Meer vornehmlich als Schauplatz elementarer Naturkräfte betrachtet, in radikale Gesellschaftskritik ist ein Spezifikum des irischen Realismus, bei O'Flaherty wie bei O'Donnell.

Doch noch war es nicht soweit. Denn 1919 trat O'Donnell auch in die Irish Volunteers (später in IRA umbenannt) ein. Er nahm, ab 1920 »hauptberuflich«, am Unabhängigkeitskrieg (dem ersten Guerillakrieg der neueren Militärgeschichte) teil, befehligte die Zweite Brigade der nordirischen Division der IRA und wurde zweimal verwundet. Im nachfolgenden Bruderkrieg zwischen Befürwortern und Gegnern des Anglo-Irischen Vertrages, mit dem die Teilung des Landes und der Verbleib im British Commonwealth besiegelt wurde, schlug er sich auf die Seite der republikanischen Freischärler Eamon de Valeras und gehörte der obersten Führung der IRA an. In der Schlacht um den Dubliner Justizpalast Four Courts Ende Juni 1922, bei der James Gandons georgianischer Kuppelbau durch Kanonenbeschuß schwer beschädigt wurde, geriet O'Donnell in Gefangenschaft und wurde vom Irischen Freistaat wegen Hochverrats zum Tode verurteilt. Einundvierzig Tage lang protestierte er gegen das Urteil, das glücklicherweise nicht umgehend vollstreckt wurde, mit einem Hungerstreik – der traditionellen indo-keltischen Erzwingungstaktik, von dem Corker Oberbürgermeister Terence McSwiney eben erst erfolglos und mit tödlichem Ausgang gegen die Briten praktiziert.

In der Haft, dieser klassischen Lehranstalt politischer Gefangener, fand er die notwendige Muße, sich an seinem ersten Roman *Storm. A Story of the Irish War* (1925) zu versuchen, darauf folgte *Islanders.* Im März 1924 gelang O'Donnell die Flucht aus der Anstalt Harepark Camp in The Curragh (Co. Kildare), und allein schon der Titel seiner Gefängnismemoiren *The Gates Flew Open* (1932) – eine Bereicherung der irischen Gefängnisliteratur (vgl. etwa John Mitchels *Jail Journal*, Brendan Behans *Borstal Boy*, Bobby Sands' *One Day in My Life* oder Gerry Adams' *Cage Eleven*) – verrät etwas von der Erleichterung, die er verspürte. Freilich fand er sich schon drei Jahre später wieder hinter Gittern; zu energisch hatte »der größte Agitator seiner Generation« (J. Bowyer Bell) seine Kampagne zivilen Ungehorsams gegen die hohen Entschädigungszahlungen betrieben, die die Bauern an die englischen Landlords abführen sollten. Nach seiner Entlassung reiste er nach Südfrankreich, wo er ebenfalls für eine gerechtere Verteilung des Grundbesitzes eintrat (1930 brachte er es zum Präsidenten des Europäischen Bauernkongresses in Berlin).

Wie seine Tätigkeit als Chefredakteur des illegalen IRA-Organs *An tÓglach* (1924–26) und der republikanischen Wochenzeitung *An Phoblacht* (1926–34) zeigt, war er einer der wenigen Aktivisten, die es verstanden, die in Irland lange getrennt verlaufenden Bewegungen für nationale und für soziale Befreiung wenigstens ansatzweise zusammenzuführen. Was in Deutschland nicht zuletzt aufgrund der verbrecherischen Politik der NSDAP einen höchst fatalen Beigeschmack hat: die Verbindung von Nationalismus und Sozialismus, war in Irland vonnöten, wenn »the men of no property« die Früchte eines unabhängigen Staates nicht den besitzenden Klassen überlassen wollten, wenn sie die Stagnation einer politisch autoritären, religiös bigotten und moralisch korrupten Gesellschaft überwinden wollten, die ihre überschüssigen Landeskinder nach wie vor in die Emigration trieb und ihre kritischen Intellektuellen vor die Alternative Dissidententum oder Exil stellte. Gelungen ist das politische Kunststück bis heute nicht: die irische Linke ist meist antinational eingestellt, den Nationalisten bis hin zu vielen Republikanern fehlt zum konsequenten Antiimperialismus das Verständnis für die soziale Frage.

Da die kleinbürgerliche IRA O'Donnell auf seinem linksradikalen Kurs nicht folgen wollte und ihn aus ihren Reihen verstieß, gründete er 1934 mit Frank Ryan und George Gilmore in Athlone den Republikanischen Kongreß, eine lose Vereinigung von sozialistischen Abtrünnigen der Republikanischen Bewegung. Als er davon erfuhr, daß ihn die IRA in Abwesenheit vor ein Kriegsgericht gestellt hatte, bemerkte er trocken, daß sie dann ja auch die verhängte Strafe in Abwesenheit vollstrecken könne. O'Donnells zahlreiche politische und journalistische Aktivitäten, so etwa seine Unterstützung für die spanische Republik (vgl. *Salud! An Irishman in Spain*, 1937) und die Mit-, später die alleinige Herausgabe des angesehenen Dubliner Literaturmagazins *The Bell* (1940–48, 1950–54), das mit der beachtlichen Auflage von 3000 Stück gegen nationales Philistertum, katholisch-konservativen Puritanismus und staatliche Buchzensur Front machte, beeinträchtigten seine literarische Produktion, die er allerdings ohnehin als zweitrangig ansah, auch wenn sie »aus der Erfahrung zusammengebraut« war. Nach den dialogreichen regionalen Bauernromanen *Adrigoole* (1929) über den irischen Bürgerkrieg, *The Knife* (1930) über die sozialen Konflikte zwischen Katholiken und Protestanten im Lagan Valley und *On the Edge of the Stream* (1934) über ein Kesseltreiben gegen einen Genossenschaftler legte er sein nächstes Erzählwerk *The Big Windows*, das intime Porträt einer bäuerlichen Gemeinschaft, erst 1955 vor – in einem abgeschiedenen, zurückgebliebenen Tal werden mit der Ankunft einer resoluten Braut von einer der Inseln die Fenster aufgestoßen zu einer neuen Welt. Seine zweibändige Autobiographie setzte O'Donnell mit *There Will Be Another Day* (1963) fort.

O'Donnell war Mitbegründer der 1932 von W. B. Yeats und G. B. Shaw ins Leben gerufenen Irish Academy of Letters, von 1958 bis 1964 deren ehrenamtlicher Sekretär und später ihr Präsident. Im Sommer 1985, noch zu Lebzeiten des Zweiundneunzigjährigen, wurde ihm zu Ehren in Donegal eine Sommerschule abgehalten; wie er sagte, war ihm dabei zumute, als sei er bei seinem eigenen Leichenbegängnis zu Gast. Aber er war kein Fossil, eher Urgestein. Gestorben ist er erst im Jahr darauf in Dublin, wo er in 176 Drumcondra Road Upper, einem stattlichen Backstein-Doppelhaus, das Freunden und Genossen stets offenstand, gewohnt hatte. Beigesetzt wurde er nicht in The Rosses, sondern neben seiner 1969 verstorbenen Frau Lile O'Donel in Kinconduff bei Swinford (Co. Mayo).

Aus Donegal stammt auch der hl. Adamnán (um 624–704), Sohn eines gewissen Rónán, ein Kirchenmann, Gelehrter und Chronist, der sich vor allem mit seiner überaus lesenswerten *Vita Sancti Columbae* (vermutlich nach 679) einen Platz in der irischen Literatur erschrieben hat. Adamnán wurde höchstwahrscheinlich in dem vom hl. Finian gegründeten Kloster Clonard (Co. Meath) ausgebildet. Unter Abt Seghine in die klösterliche Gemeinschaft der Hebriden-Insel Iona (Iova, Hy, Aiouna) aufgenommen, wurde er 679 zum neunten Abt dieses außerordentlich erfolgreichen Missionszentrums, Wiege der schottischen Christenheit und Mittelpunkt der keltischen Kirche, gewählt. Im Jahre 696 besuchte er König Aldfrith von Northumbrien, der auf Iona studiert hatte, und ließ sich von ihm in der heiß umstrittenen Frage des Osterdatums für die römische Auffassung gewinnen. Die irische Kirche hielt nämlich noch immer an dem Brauch fest, Ostern am Tage des jüdischen Passah-Festes zu feiern (die Praxis des Quartodeziman). Wie zum Zeichen seiner Bekehrung ließ sich Adamnán auch die Tonsur schneiden, nachdem er seine Haare bis dahin nach Art der Druiden getragen hatte. Seine eigenen Konfratres konnte er indessen nicht überzeugen und scheint sich aus Enttäuschung in der Folgezeit vermehrt irischen Angelegenheiten zugewandt zu haben, vor allem der Stiftung irischer Kirchen und Klöster. So leitet sich etwa der Name der Ortschaft Skreen (Co. Sligo) von dem irischen Scrín Adhamhnáin her, dem Schrein Adamnáns, der ein kostbares Reliquiengeschenk barg. Östlich der mittelalterlichen Kirchenruine entspringt eine heilige Quelle, die ebenfalls Adamnáns Namen trägt.

Nach dem Leben der hl. Brigid von Cogitosus und dem Leben des hl. Patrick von Muirchú ist Adamnáns Lebensbeschreibung des hl. Columcille (Columba der Ältere, 521–597) die dritte bedeutende irische Heiligenvita, die aus der zweiten Hälfte des 7. Jahrhunderts überliefert ist, ein herausragendes Beispiel frühmittelalterlicher Hagio- und Historiographie. Legendäres vermengt sich hier mit einer nüchternen Darstellung der Inseltopographie und des Alltags der irischen Frühkirche sowie mit einem glaubwürdigen Charakterporträt des Heiligen, der Adamnáns Landsmann, Amtsvorgänger und weitläufiger Vorfahre aus dem königlichen Geschlecht der nördlichen Uí Néill war (Adamnáns Urgroßvater war Columcilles Cousin). Columcille (Taube der Kirche), mit eigentlichem Namen Crimthann, stammte aus der Gegend um Lough Gartan. Vier Kilometer westlich von Churchhill auf dem Westufer des Sees markieren eine Steinplatte und ein modernes keltisches Kreuz nahebei den genauen Geburtsort. Das Columcille Heritage Centre führt in das Leben und Wirken des Heiligen ein. Das dem rührigen Apostel Irlands und Schottlands gewidmete Preisgedicht *Amra Choluimb Chille* aus der Feder des damals ranghöchsten gälischen Poeten Dallán Forgaill (um 540–596) ist das älteste noch erhaltene Gedicht auf altirisch.

Bei seiner in die drei Teile »Prophezeiungen«, »Wunder« und »Visionen« gegliederten Biographie konnte Adamnán auf eine frühere – nicht mehr erhaltene – Vita aus der Feder des vormaligen Abts Cuimíne Ailbe zurückgreifen. Die auf hiberno-lateinisch abgefaßte Lebensbeschreibung verwendet die damals gültigen Bezeichnungen für Irland: Ebernia, Evernia, Hibernia und Scotia; darüber hinaus lassen sich ihr viele Namen entnehmen, die uns Aufschluß über das archaische Altirisch des 4. bis 7. Jahrhunderts geben. Von Adamnán erfahren wir nicht nur etwas über den alles beherrschenden Stellenwert von Rindern in einer Viehzüchtergesellschaft, sondern auch über die Entstehung des irischen Urheberrechts im 6. Jahrhundert! Denn weshalb verließ der hl. Columcille im Mai 563 seine Heimatinsel, um von Bunbeg aus nach dem Vorbild Christi mit zwölf Gefährten in See zu stechen?

Der Überlieferung zufolge stattete er im Jahre 561 seinem Lehrer Finian von Moville einen Besuch ab. Dieser zeigte ihm voller Stolz einen kostbaren Psalter. Ohne seine Einwilligung einzuholen, lieh der bücherbegeisterte Columcille das Manuskript aus, um es über Nacht heimlich zu kopieren. Erbost über diesen Mißbrauch seiner Gastfreundschaft, forderte Finian die Herausgabe der Abschrift. Als Columba sich weigerte, wurde die Angelegenheit vor den König Diarmaid Mac Cerbhaill gebracht, der seine Rechtsberater konsultierte. Diese machten den Grundsatz geltend, wonach ein Kalb dem Besitzer der Mutterkuh gehöre. So fällte Diarmaid am Ende den denkwürdigen Schiedsspruch: »Jeder Kuh ihr Kälbchen und jedem Buch sein Büchelchen.« Auf diese Weise wurde das Urheberrecht erstmals gesetzlich verankert.

Columcille freilich wollte sich dem Urteil nicht beugen, sondern sandte gegen den König die Streitmacht seiner Verwandten ins Feld – die »Schlacht der Bücher« bei Cuildrevne (Cúl Dreimhne) bei Drumcliffe (Co. Sligo) kostete dreitausend Mann das Leben. 561 von einer Synode in Tailtiu (Teltown, Co. Meath) exkommuniziert, ging Columcille daraufhin ins schottische (piktische) Exil. Freilich war dieses in Wahrheit längst eine irische (skotische) Kolonie: das Territorium Dálriada, das vielfältige Verbindungen mit dem irischen Stammland pflegte. Insofern entsprang die Besiedlung des sturmgepeitschten Iona nicht dem Missionseifer eines geborenen Heidenbekehrers, sondern war eine typische *peregrinatio Christi* – die Verbannung als Variante asketischer

Selbstkasteiung. Allerdings sollen auf Columcille bis zu dreihundert Klostergründungen zurückgehen, darunter Derry und Durrow.

Ein weiteres Werk Adamnáns ist *De locis sanctis*, ein anschaulicher Bericht über die Pilgerreise des fränkischen Bischofs Arculf ins Heilige Land. Arculf war auf der Rückfahrt in einen Sturm geraten und vor der schottischen Westküste schiffbrüchig geworden. Auf Iona wurde er gastlich aufgenommen und konnte dem wissensdurstigen Adamnán die heiligen Stätten Palästinas in allen Einzelheiten schildern. Mag auch der Reisebericht aus zweiter Hand sein, so zählt er doch zu den frühesten abendländischen Quellen über die Bewohner und Landschaften des Ostmittelmeerraums. Über Aldfrith gelangte er in die Hände des großen englischen Benediktiners Beda Venerabilis, der sie seiner *Historia ecclesiastica gentis Anglorum* (731) einverleibte und ein Buch gleichen Titels verfaßte.

Daß Adamnán auch ein ausgezeichneter Jurist war, bezeugt eine große Kirchenversammlung in Tara (Co. Meath). Auf der im Jahre 697 abgehaltenen Synode gelang es Adamnán, das »Gesetz der Unschuldigen« durchzusetzen, eine unter dem Namen *Cáin Adamnáin* bekanntgewordene frühe Landkriegsordnung, die Leib und Leben der Zivilbevölkerung, insbesondere von Frauen, Kindern und Geistlichen, schützen sollte. Hier sind denn auch das »Rath of the Synod«, eine Ringwallanlage, und »Adamnáns Kreuz«, ein verwitterter heidnischer Bildstein mit einer sitzenden Gestalt, zu besichtigen.

Co. Derry

Derry (Doire, Eichenhain), die auf einer Anhöhe gelegene Hafenstadt am Mündungstrichter des Foyle, an deren kolonialer Namensvariante Londonderry sich die politisch konfessionelle Spaltung der Bevölkerung ablesen läßt, ist, wenn auch eher zufällig, Geburtsort des anglo-irischen Lustspielautors George Farquhar (1677 oder 1678 bis 1707): Farquhars Mutter, Gattin des anglikanischen Präbendars von Raphoe, hatte sich aus dem westlich der Stadt in Co. Donegal gelegenen Pfarrhaus in die Mauern der Stadt begeben, um für ihre Niederkunft in Shipquay Street »besseren medizinischen Beistand« in Anspruch zu nehmen. Farquhars Kindheit ist ebensowenig erforscht wie sein genaues Geburtsdatum, aber mit sieben oder acht Jahren wurde

Derry City

der Knabe in ein Internat gegeben – in die Free Grammar School of Londonderry (in Schoolhouse Lane an der Society Street gegenüber der Apprentice Boys' Hall).

Die mehr als acht Monate dauernde Belagerung der hervorragend befestigten protestantischen Stadt durch die Truppen des abgesetzten katholischen Königs Jakob II., deren Aufhebung 1689 nach hunderttägiger Blockade noch heute von Loyalisten mit großen Aufmärschen gefeiert wird (»No surrender!«), setzte Farquhars Erziehung vorerst ein Ende, und sein Vater verlor alle seine Habe, als jakobitische Söldner im Anschluß an ihre Niederlage das Pfarrhaus brandschatzten. Es heißt, daraufhin habe sich der dreizehnjährige Farquhar dem Troß Wilhelms von Oranien angeschlossen und 1690 in der Schlacht an der Boyne mitgefochten. 1691 wurde die Schule wiedereröffnet. Später kam Farquhar, wie andere Angehörige des protestantischen Establishments, wie Jonathan Swift, George Berkeley und William Congreve, an das Royal Kilkenny College.

Im Juli 1694 wurde er als armer Stipendiat am Trinity College Dublin aufgenommen, aber bereits im folgenden Jahr von der Universität relegiert, angeblich weil er Christus respektlos einen »Mann, zum Gehängtwerden geboren« genannt hatte. In Wahrheit hatte er wohl eher seine Studien vernachlässigt. Die Schauspielkarriere, die Farquhar danach an dem 1660 in Dublin eröffneten Smock Alley Theatre in West Essex Street einschlug, fand ein ebenso jähes Ende wie seine Ausbildung: In einer Duellszene in John Drydens *The Indian Emperour* (1665) versäumte er, ein stumpfes Schwert zur Hand zu nehmen, und fügte einem Mitspieler schwerste Verletzungen zu. Da schwor er der Bühne für immer ab – jedenfalls als Mime. Denn mit Hilfe einer Zuwendung von zehn Guineen konnte ihn sein Kollege Robert Wilks dazu überreden, sich wie William Wycherley, William Congreve und John Vanbrugh als Lustspielautor zu versuchen.

So ging Farquhar, seinen Erstling *Love and a Bottle* im Gepäck, 1697 nach London, um sein Glück als Stückeschreiber zu machen. Im darauffolgenden Jahr wurde die Komödie im Drury Lane Theatre aufgeführt. Anders als seinem zweiten Bühnenwerk, *The Constant Couple or a Trip to the Jubilee* (1699), war dessen Fortsetzung *Sir Harry Wildair* (1701) und den Lustspielen *The Inconstant* (1702), *The Twin Rivals* (1702) oder *The Stage-Coach* (1703) kein sonderlicher Erfolg beschieden. Als dem notorischen Schürzenjäger 1703 auch die Heirat mit einer Witwe keine angemessene Mitgift einbrachte, verdingte er sich 1704 in einem Infanterieregiment des Earl of Orrery. 1705 betätigte er sich in Lichfield (Staffordshire) und Shrewsbury (Shropshire) als Werbeoffizier für die Armee des Herzogs von Marlborough, die im Spanischen Erbfolgekrieg in Holland eingesetzt wurde. Die beiden letzten Lebensjahre verbrachte er, bedrängt von Schulden, in großer Not und Armut in London, wo er, erst dreißigjährig, starb. Sein Grab befindet sich in St. Martin's-in-the-Fields am Trafalgar Square.

Auf seine einschlägigen Erfahrungen in den beiden Provinzstädten der englischen Midlands gehen Farquhars bekannteste Lustspiele zurück: *The Recruiting Officer* (1706) und *The Beaux' Stratagem* (1707), das der bereits ans Krankenbett gefesselte Autor, wiederum von zwanzig Guineen seines Freundes Wilks verlockt, innerhalb von sechs Wochen zu Papier brachte. Die beiden geistreichen Stücke markieren die Entwicklung von der frivolen Sittenkomödie (*comedy of manners*) der Restaurationsperiode, die sich mit Liebe und Ehe unter dem einzig entscheidenden Gesichtspunkt finanzieller Potenz und gesellschaftlichen Status befaßte, zum halb empfindsamen, halb satirischen Drama der bürgerlichen Aufklärung. Wie so viele seiner irischen Zeitgenossen, insonderheit Richard Brinsley Sheridan, belebte Farquhar das zeitgenössische englische Drama mit seiner frischen Sprache, mit eloquenten Dialogen und einprägsamen Charakteren. Indem er dem gewandelten Geschmack einer Gesellschaft Rechnung trug, die bei aller

Bereitschaft zur Zerstreuung ihre Moral- und Tugendideale in aufklärerischem Geist gegen die Derbheiten und Ausschweifungen des Adels setzte, gelang es ihm, auf heitere Weise Fragen wie Eheschließung und Ehescheidung, die Anwerbung von Rekruten und die Werbung um Frauen zu verhandeln.

Deutschen Theaterbesuchern dürfte Farquhars Name noch am ehesten durch Bertolt Brechts, Elisabeth Hauptmanns und Benno Bessons freie Bearbeitung von *The Recruiting Officer* unter dem Titel *Pauken und Trompeten* bekannt sein. Die Musik zu dem 1955 vom Berliner Ensemble mit großem Erfolg als Antikriegsstück gegen die Remilitarisierung der Bundesrepublik uraufgeführten Stück stammt von dem DDR-Komponisten Rudolf Wagner-Régeny. Aber auch *The Beaux' Stratagem*, von dem 1949/50 in London 532 Vorstellungen gegeben wurden, ist allein in diesem Jahrhundert mehrere Male ins Deutsche übersetzt worden, wovon Titel wie *Die Glücksritter, Galante Listen, Liebes-Schlachten-Lenker, Zwei Stutzer schlagen zu* zeugen.

Ein weniger bekannter, aber durchaus nicht geringerer Sohn der Stadt, in derselben Straße geboren, ist der anglo-irische Erzähler und Essayist Joyce Cary (1888–1957), mit vollem Namen Arthur Joyce Lunel Cary. Seine Wiege stand im ersten Geschoß des Bankgebäudes in Shipquay Street. Wie Farquhar war er ein Produkt der protestantischen Kultur Ulsters, und wie bei jenem ist seine Kindheit in Derry und Donegal kaum in sein literarisches Werk eingeflossen. Lediglich *A House of Children* (1941) beschwört die irischen Kindheitstage und setzt mit einer Art Proust-Effekt ein: »Vor einigen Tagen sah ich in einer Stadt im Inland durch ein geöffnetes Fenster einen Fuchsienzweig, der steif in der Brise schwankte; und sofort roch ich das Salzige der Brise und hatte das Bild eines hellen Vorhangs vor Augen, der sich nach drinnen bauscht, und hinter dem Vorhang meilenweit blendendes Sonnenlicht auf gekräuseltem Wasser.«

Woran sich der Autor hier erinnert, ist die wilde Gebirgshalbinsel Inishowen (mit landschaftlich schöner Rundstrecke »Inis Eoghain 100«), wo die Familie Cary seit der Herrschaft Elisabeths I. über beträchtlichen Grundbesitz verfügte. Die Küstenstraße am Westrand des Meerbusens Lough Foyle führt uns nach Whitecastle, zweieinhalb Kilometer hinter Quigley's Point, zu einem Landhaus mit bemalter Haustür, das ebenso wie Redcastle und Castle Cary über Generationen hinweg der Familie gehörte, bis ihr Stern im Sinken war. In seinem einzigen in Irland angesiedelten Roman *Castle Corner* (1935) legt Cary Rechenschaft über Landbesitz und Auswanderung auf Inishowen

(»Annish«) ab und begegnet seinen Landsleuten und den Angehörigen seiner Klasse mit ebensoviel Sympathie wie Spott. Vielleicht ist es der Ire in ihm, der schrieb: »Die Wirtshäuser wissen eine Menge; beinahe soviel wie die Kirchen. Sie haben Tradition.«

Doch der frühe Schulbesuch in Tunbridge Wells (Kent) und Bristol (Avon), das durch ein Erbteil ermöglichte Studium der Malerei in Edinburgh und Paris sowie das Jurastudium am Trinity College Oxford ließen Cary eher zum englischen Schriftsteller werden. Was in seinem schöpferischen Bewußtsein die Kindheitserinnerungen vollends überlagerte, war die prägende Erfahrung seines Afrikaaufenthalts von 1913 bis 1920 im Dienste der britischen Kolonialbehörden in Nigeria. Als Cary 1920 nach einer Verwundung im Kamerunfeldzug tropenuntauglich wurde und seine Entlassung erwirkte, kehrte er denn auch nicht nach Irland, sondern an seinen Studienort Oxford zurück, wo er bis zu seinem Tod lebte und auch bestattet wurde (Wolvercote Cemetery).

Auffällig ist, daß der Autor, seinem ganzen Temperament nach ein traditionsbewußter Romancier mit unverhohlener Liebe zu gerundeten Figuren und sicherem Instinkt für zeitliche Abläufe, zehn Jahre brauchte, bis er, inzwischen vierundvierzigjährig, nach mehreren Umarbeitungen sein Romandebüt *Aissa Saved* (1932) vollenden konnte, dann aber alle zwei Jahre einen neuen Titel vorstellte. Wie der Erstling, der von der Bekehrung eines schwarzen Mädchens durch Missionare handelt, geht das gesamte Frühwerk – *An American Visitor* (1933), *The African Witch* (1936) und *Mister Johnson* (1939) – auf sein Afrika-Erlebnis zurück. Carys Afrikaromane sind erfindungsreiche, feinfühlige und dabei humoristische Studien über den kulturellen Konflikt in kolonialen Gesellschaften, die Klischees aufzusprengen suchen und um Verständnis und Toleranz für das Fremde werben.

Die Hinwendung zu einem englischen Umfeld erfolgte mit *Charley Is My Darling* (1940), einem Roman über Slumkinder. Was Cary indes den Ruf eines überaus originellen Romanarchitekten eintrug, waren seine beiden komplexen Romanzyklen über Kunst und Politik, die sich, triptychonartig, wie zur Illustration seiner These, »daß wir allein sind in unseren Welten«, durch multiperspektivisches Erzählen auszeichnen. Das in der Trilogie *Herself Surprised* (1941), *To Be A Pilgrim* (1942), *The Horse's Mouth* (1944) festgehaltene Geschehen wird jeweils aus der subjektiven Sicht eines der drei Protagonisten, einer Haushälterin, eines Landadeligen und eines Malers, erzählt, hinter denen der Autor gänzlich zurücktritt. In dem Porträt des Künstlers haben die Pariser Monate ihren Niederschlag gefunden, als Cary den

Impressionismus studierte. Die komplizierte Anlage ermöglicht ein kritisches Panorama der englischen Gesellschaft in einer an Dickens erinnernden Breite. Wie John Galsworthy vor ihm, führt Cary die »englische Geschichte der letzten sechzig Jahre, durch englische Augen betrachtet«, und ihre Weiterungen für außerhalb aller Konventionen lebende Figuren vor.

In seiner zweiten Trilogie *Prisoner of Grace* (1952), *Except the Lord* (1953) und *Not Honour More* (1955) befaßt sich der Chronist Cary mit dem Zusammenhang von Politik und Privatleben am Vorabend des Ersten Weltkriegs und untersucht anhand des fiktiven Premierministers Chester Nimmo Phänomene wie politische Karriere und Korruption. Von einer dritten Trilogie, die der bereits gelähmte Autor zur religiösen Sphäre plante, konnte nur noch das Romanfragment *The Captive and the Free* (postum 1959) über die Tätigkeit eines Wunderheilers erscheinen. Als Schriftsteller war Cary ein englischer Moralist, dem sich jedes vorschnelle moralische Urteil von selbst verbot, am ehesten zu vergleichen mit Joseph Conrad und George Eliot, auch wenn zur Erklärung seiner souveränen Verwendung des inneren Monologs immer wieder der Ire James Joyce bemüht wird.

Co. Tyrone

»Auf seinen Seiten, und nur auf seinen, müssen künftige Geschlechter nach dem getreuesten und facettenreichsten, wenn auch bei weitem noch nicht vollständigen Bild derjenigen suchen, die in Bälde aus diesem geplagten Land, aus den Annalen der Geschichte und aus dem Gedächtnis der Menschheit für immer verschwunden sein werden.« So schrieb der Kritiker des *Edinburgh Review* über einen Erzähler des 19. Jahrhunderts, der in seinen Geschichten und Romanen wie kein anderer die Lebensweise der irischen Bauernschaft, ihre Sitten und Gebräuche, ihre Hoffnungen und ihre Verzweiflung schilderte. Die Rede ist von William Carleton (1794–1869), dem »Walter Scott Irlands«, dessen intime Kenntnis des bäuerlichen Milieus ihm half, die Schrecken des Pachtsystems und der Strafgesetze bloßzulegen und die vor und während der »Großen Hungersnot« in allen Gesellschaftsschichten herrschende moralische Verkommenheit aufzudecken, ohne

William Carleton
Gemälde von John Slattery

deswegen in todernste Mutlosigkeit zu versinken. Geboren wurde das jüngste von vierzehn Kindern eines mittellosen katholischen Pachtbauern in dem Weiler PROLUSK (Prillisk) vier Kilometer nordwestlich von Clogher, dem ältesten, der Überlieferung zufolge noch von St. Patrick gegründeten Bischofssitz Irlands.

Carletons blendend weißgestrichenes Geburtshaus, in hübscher Umgebung gelegen, hat sich erhalten und ist mit einer Gedenktafel versehen. Sein Biograph Benedict Kiely beschreibt die Landschaft von Tyrone (Tír Eóghhain, Owens Land), das im Osten von Lough Neagh, im Norden von den Sperrin Mountains begrenzt wird, wie folgt: »Es ist kein bergiges Land. Es ist kein flaches Land. Die geteerten Straßen, die die Städtchen miteinander verbinden, steigen regelmäßig an und fallen ebenso regelmäßig wieder ab, über runde, fruchtbare Hügel, die bis zur Höhe bebaut sind und von einem Netz tiefer, flüsternder Hecken zusammengehalten werden.«

Die Eltern, mit ursprünglichem Namen Ó Cearbhalláin, sprachen zu Hause noch Irisch. Sie wußten Geschichten zu erzählen und Lieder zu singen und versorgten Carleton mit einem reichhaltigen Repertoire an Legenden und Anekdoten; sein Vater konnte ganze Bücher des Alten und des Neuen Testaments auswendig hersagen. Da es einen geregelten Grundschulunterricht noch nicht gab, besuchte der junge Carleton die sogenannten Heckenschulen umherziehender Autodidakten. Als nach dem Tod des Vaters im Jahre 1809 der Hof aufgegeben werden mußte, sollte der wissensdurstige junge Mann Priester werden, und so lernte er 1814–16 in Glasslough (Co. Monaghan) Griechisch und Latein. 1813 hatte er sich vorübergehend der Ribbon Society angeschlossen, einem militanten katholischen Geheimbund, dessen Mitglieder im Kampf gegen das Pachtsystem protestantische Gutsherren überfielen und zum Zeichen ihrer Gesinnung grüne Bänder (*ribbons*) trugen.

Seine Erlebnisse auf einer Wallfahrt nach St. Patrick's Purgatory auf Lough Derg (Co. Donegal) im Jahre 1817 brachten Carleton jedoch von dem Vorhaben einer Kirchenlaufbahn ab. Ohnehin hatte eine Zigeunerin geweissagt: »Aus dem wird niemals ein Priester werden; dafür hat er die Mädchen zu gern. Aber wenn er erwachsen ist, wird er nach Dublin gehen und ein bedeutender Mann werden.« Nach einem Jahr süßen Nichtstuns, in dem er in der Tat den Mädchen nachstellte, das Tanzbein schwang, Sport trieb und mit Vorliebe in Alain-René Lesages *L'Histoire de Gil Blas de Santillane* (1715–35) schmökerte, verließ er Tyrone und schlug sich als Wanderlehrer in Co. Louth und Co. Dublin durch.

Mit vierundzwanzig Jahren traf Carleton, zwei Schilling neun Pence und seine zerlesene Ausgabe von *Gil Blas* in der Tasche, in Dublin ein, wo er, bis auf kurze Abstecher nach Mullingar und Carlow, den Rest seines Lebens zubringen sollte – »ein lärmender Riese von einem Mann, der sich von Ulster nach Dublin durchsoff und -hurte« (William Trevor) und auf seiner Fußwanderung all den frommen Pilgern, entwurzelten Landstreichern und obdachlosen Bauern begegnete, die auch in seinen Erzählungen in Erscheinung treten. In Dublin verlegte er sich zunächst aufs Betteln und erledigte Gelegenheitsarbeiten, ehe er eine Anstellung als Hauslehrer bei einem Evangelisten fand, in dessen Nichte er sich heftig verliebte. Nachdem er seine Braut Jane Anderson 1822 zum Altar geführt hatte, trat er zum Protestantismus über und wandelte sich in einer radikalen Kehrtwendung zum Gegner der katholischen Kirche und der katholischen Emanzipation.

1827 geriet er unter den Einfluß des protestantischen Geistlichen Caesar Otway (1768–1842), Gründer und Herausgeber des antikatholischen Magazins *The Christian Examiner*, der ihn beauftragte, Traktate über »papistische Greuel« und »römischen Aberglauben« beizusteuern. Carletons erste Publikation in dem religiösen Organ war ein Bericht über seine Pilgerfahrt nach Lough Derg: »Die Schilderung dieser Bußübung [...] stellte nicht nur mein literarisches Debüt dar, sondern war auch das Mittel, das mich bis heute daran hindert, ein liebenswürdiger, kräftig gebauter Gemeindepfarrer zu werden; ja, sie war der Grund, der den Gesamtverlauf meines weiteren Lebens geändert hat.«

Zwar gehorchten Carletons ungeschminkte Darstellungen des irischen Landlebens zunächst einem propagandistischen Zweck, doch verhinderte seine Liebe zu den alteingesessenen Iren seiner Klasse eine völlige Indienstnahme seiner satirischen Feder. Carletons auch in anderen Zeitschriften veröffentlichte Prosa fand begeisterte Zustimmung und begründete seinen Ruf als humoristischer Realist. 1830 und 1833 faßte er seine lebensnahen Beiträge in den fünf Bänden *Traits and Stories of the Irish Peasantry* zusammen. Im Vorwort formulierte er sein literarisches Credo: »Ich habe mich bemüht, ein umfassendes Bild vom Leben des einfachen irischen Volkes zu entwerfen, das auf einen Blick alle die starken Seiten seines Charakters erfaßt – Liebe, Leiden, Aberglauben, Frömmigkeit, Vergnügungen, Entgleisungen und Tugenden, und ich kann mit tiefem Ernst sagen, daß ich sie wahrheitsgetreu gezeichnet habe und ohne Zugeständnisse an irgendeine Glaubensrichtung oder Parteiung.« (Übers. von Helmut Findeisen.)

So erfährt der Leser auf treffsichere und unterhaltsame Weise von der eid-, fluch- und segensgesättigten Sprache der Iren, von sozialen Phänomenen wie »pigs in the parlour«, Brautschau, Totenwache und rituellen Keilereien: »Bei dem Kampf politischer Parteien brütet sozusagen eine Ahnung tödlicher Gefahr über der Menge; die Atmosphäre ist gleichsam mit Furcht geladen. Dem Racheausbruch geht eine stickige, beklemmende, schwefelgelbe Finsternis voraus, die einem, wenn auch weniger gefahr- und todbringend, noch schrecklicher vorkommt als der Zusammenstoß selbst. Der grimmige Blick der verfeindeten Parteien, die bleichen Wangen, die gerunzelten Stirnen, das Zähneknirschen und die tödlichen Blitze, die aus ihren flammenden Augen zukken – mit all dem kann ein einfacher Sippenkampf nicht aufwarten. [...] Bei einem Sippenkampf geht es ganz anders zu. Hier fühlt sich der Ire zu Hause. Alles ist Gesang, Tanz, gute Laune, Sympathie. Die Wangen glühen vor Freude, was vielleicht auch davon herrührt, daß man nicht gegen Bajonette und geladene Karabiner zu kämpfen braucht. Man fühlt sich jedenfalls ganz daheim, die Augen funkeln nur so vor Vergnügen, man wirft vor Ausgelassenheit den Hut in die Luft und springt zwei Fuß hoch wie ein Hanswurst. Und mit wieviel Geschick weiß man den Knüppel zu schwingen!« (Übers. von Gustav Kirchner, Waltraut Reinhard und Marlies Juhnke.)

Carleton hatte ein scharfes Gehör für den eigentümlichen Tonfall seiner Schelme, Scholaren, Fiedler, Tanzmeister und Kuppler, der seinem Erzählstil das spezifische Kolorit verleiht: »Ein halbes Jahrhundert bevor Synge in Wicklow sein Ohr auf die Dielen preßte, um der Aussprache eines Dienstmädchens zu lauschen, hatte Carleton jede Wendung und jede Nuance irischer Sprechweise eingefangen« (Thomas Flanagan). Er war der einzige, der das gälische Substrat im englischen Dialog der Bauern authentisch wiedergeben und kraft sprachlicher Charakterisierung eine Galerie von Porträts zusammenstellen konnte, die dem Stereotyp des einfältigen »Bühneniren« widersprachen und die Intensität Breughelscher Genrebilder besitzen. Indem er die Fenster der Bauernkaten von innen aufstieß, artikulierte Carleton für den zufällig vorbeikommenden Leser die Gedanken und Empfindungen seiner Landsleute, die sie selbst nicht zu artikulieren vermochten.

Die in erster Linie für irische Verlage und ein irisches Publikum bestimmten Geschichten waren fast immer unmittelbar aus dem Leben gegriffen. So sah Carleton 1819 auf seiner Wanderung durch Co. Louth »wie eine schwarze Frucht« einen katholischen »Ribbonman« am Galgen hängen, der einige seiner Glaubensgenossen mit der Mistgabel aufgespießt hatte, weil sie sich weigerten, seiner Geheimgesellschaft beizutreten. Auf der gruseligen Episode beruhte die düstere, gewaltgeladene Erzählung *Wildgoose Lodge.*

Auf *Traits and Stories* folgten die ebenso positiv aufgenommenen *Tales of Ireland* (1834). Obwohl Carletons Talent eher im Erzählen lustiger Geschichten als in der Komposition komplexer Romane lag, schrieb er in der Folgezeit immer mehr weitschweifig-inkohärente, wenn auch atmosphärisch dichte und thematisch interessante Romane, in denen er vor allem die Agrarfrage – in England lebende Bodenbesitzer, Zwangsräumungen, Hungerkatastrophen, Auswanderung und spontanen Widerstand – behandelte, z. B. *Fardorougha the Miser* (1839), *Rody the Rover or The Ribbon Man* (1845) oder *The Emigrants of Aghadarra* (1847). Daß spätere Werke, ob zeitgeschichtliche Romane wie *The Tithe Proctor* (1849), »Big House«-Romane wie *The Squanders of Castle Squander* (1852), Liebesromane wie *Willy Reilly and His Dear Colleen Bawn* (1855) oder Schauerromane wie *The Evil Eye* (1860), vollends an Qualität verloren, mag zum einen an der Armut gelegen haben, unter der Carleton zeitlebens litt, zum anderen aber auch an einer Wankelmütigkeit, die ihn dazu veranlaßte, seine Hervorbringungen den unterschiedlichsten politischen Lagern anzudienen: Unionisten und Nationalisten, Konservativen und Jungen Irländern. Seine kommerzielle Skrupellosigkeit trug ihm mehrfach den Vorwurf des Opportunismus und des Renegatentums ein.

Als Carleton – »eine der größten Kuriositäten der europäischen Literatur, ein Schriftsteller ohne Vorläufer und ohne Nachfolger« (Anthony Cronin) – 1869 in Dublin an Zungenkrebs starb, war eine Epoche der irischen Literatur, die mit Maria Edgeworth eingesetzt hatte, an ihr Ende gelangt. Erst die Irische Renaissance leitete eine Neubeurteilung seines Œuvres ein; W. B. Yeats, der unermüdlich nach literarischen Vaterfiguren fahndete, bezeichnete Carleton als den Schöpfer der »modernen irischen Literatur«, der mit seinem Werk eine »Alltagsgeschichte des Volkes« verfaßt habe. Das mit einem Obelisken versehene Grab des Schriftstellers befindet sich auf dem Friedhof Mount Jerome, Harold's Cross, Dublin (Grab Nr. C 3754–130).

Co. Monaghan

Mit Patrick Kavanagh (1904–67) hat Co. Monaghan – nicht zuletzt infolge der Nähe zur nordirischen Grenze eine der isoliertesten Grafschaften der Republik ohne Industrie, Fremdenverkehr und Infrastruktur – einen Dichter hervorgebracht, der in seinem lyrischen und erzählerischen Werk anschaulich die pastorale Szenerie, aber auch die drückende Armut dieser Grafschaft, materielles und psychisches Elend schildert. Monaghan (Muineachán, kleine Hügel) besteht aus einer Vielzahl niedriger Höcker und wirrer Straßen, die Felder sind oft nur handtuchgroß, der Boden mager und moorig. Hier kann man Natur nicht besingen, ohne zugleich die Landschaft als Fronstatt sich plagender Menschen zu porträtieren. So ruft Kavanagh denn auch aus: »O stony grey soil of Monaghan« oder »Oh the grip, oh the grip of irregular fields«.

Geboren wurde er in Inniskeen (Inis Caoin, reizende Insel), elf Kilometer nördlich von Carrickmacross, und hier liegt er auch begraben. In seinem Gedicht »Shancoduff« fängt er die Atmosphäre der hügeligen Gegend um sein Geburtshaus im Ortsteil Mucker ein:

Meine schwarzen Hügel sahen nie die Sonne aufgehen,
Ewig blicken sie nordwärts nach Armagh.
Lots Frau wäre nicht Salz, wäre sie so wenig
neugierig gewesen wie meine schwarzen Hügel,
Die zufrieden sind, wenn die Dämmerung
Die Kapelle von Glassdrummond weißtüncht.

Meine Hügel horten die blanken Taler des März,
Während die Sonne jede Tasche durchsucht.
Sie sind meine Alpen und ich erklomm das Matterhorn
Mit einem Bündel Heu für drei frierende Kälber
Im Feld unter dem Großen Fort von Rocksavage.

Der Graupelwind streichelt die Binsenbärte von Shancoduff;
Während die Kuhtreiber Zuflucht suchen
Im Wäldchen von Featherna, schauen sie hinauf
Und sagen: »Wem gehören diese hungrigen Hügel?
Verlassen selbst von Ralle und Schnepfe?
Einem Dichter? Bei Gott, der muß arm sein!«
Ich hörs, und bricht mir nicht fast das Herz?

(Übers. von Eva und Eoin Bourke, Friedrich Dannenbauer)

An Shancoduff Farm, das zweistöckige Bauernhaus, welches das ursprüngliche, strohgedeckte Cottage ersetzte, klopfte des öfteren der seit 1902 in Großbritannien exilierte Bolschewik und enge Kampfgefährte Lenins, Maxim Maximowitsch Litwinow (1876–1951), an, um aus seiner bauchigen Reisetasche Kämme, Schmuck oder Heiligenbildchen feilzubieten – 1930 stieg der Hausierer zum Volkskommissar für Auswärtige Angelegenheiten der Sowjetunion auf und trat bis zu seinem Rücktritt 1939 konsequent für ein System der kollektiven Sicherheit in Europa und eine Anti-Hitler-Koalition mit den Westmächten ein.

Im Alter von dreizehn Jahren brach Kavanagh den Besuch der Schule in Kednaminsha ab und arbeitete wie sein Vater, der Kleinbauer und Dorfschuster James Kavanagh, auf dem Hof und in der Werkstatt. Auch heute gibt es in Irland etliche »Bauern-Dichter«, die Landwirt und Schriftsteller in einem sind: etwa Peter Fallon und Cathal Ó Searcaigh. Bereits das erste veröffentlichte Gedicht des vierundzwanzigjährigen Kavanagh, »Address To An Old Wooden Gate«, in dem der Ruin von Land und Leuten an einem konkreten Gegenstand festgemacht wird, sorgte für Spannungen zwischen dem Autor und der ländlichen Gemeinschaft, für und über die er schrieb. Zeit seines Lebens sah Kavanagh sich als Außenseiter (»From Carrickmacross to Crossmaglen / You'll meet more rogues than honest men«), blieb aber in einer Art Haßliebe an seine Heimat gekettet.

Umgekehrt söhnten sich die Dorfbewohner erst nach seinem Tode mit ihm aus, als sie ihm zu Ehren Hinweisschilder auf Geburtshaus und Grabstätte errichteten und damit begannen, die Region als »Kavanagh Country« zu bezeichnen, in dem sich literarische Lokaltermine vornehmen lassen. So stößt, wer sich aus Tallanstown nähert, gleich am Ortseingang auf St. Mary's Church, einen Kirchenbau, der 1993/94 auf örtliche Initiative liebevoll restauriert und zum Patrick Kavanagh Rural & Literary Resource Centre, einer Art literarischem Heimatmuseum, umgestaltet wurde. Unter der weitgespannten hölzernen Decke, die sich wie eine Reihe umgedrehter Fischerboote ausnimmt, sind auch Bildtafeln zu Kavanaghs Leben und Werk aufgestellt. Durch überraschend kunstvoll gestaltete Buntglasfenster fällt das Licht ein.

Auf dem Friedhof hinter der Kirche befindet sich Kavanaghs Grab. Der schlichte Grabstein trägt die Inschrift:

For we must record
love's mystery
without claptrap.
Snatch out of time
the passionate
transitory.

Er ist mit einer kreisrunden Öffnung versehen, die, wie ein Hoffnungszeichen, den Blick auf den blauen Himmel über der Friedhofsmauer freigibt. Neben dem Dichter ruht seine Frau Katherine Moloney, eine Verlagsangestellte, die er erst wenige Monate vor seinem Tod geheiratet hatte.

Als der einflußreiche Schriftsteller Æ 1929 in seiner Zeitung *The Irish Statesman* Gedichte von Kavanagh veröffentlichte, zog der junge Mann in dreitägiger Fußwanderung von Inniskeen nach Dublin, um seinem Förderer seine Aufwartung zu machen. Sein Entschluß, Dichter zu werden, stand fest. Sechs Jahre später konnte er seine erste Sammlung publizieren: *The Ploughman and Other Poems* (1936), gefolgt von dem lebensprallen autobiographischen Roman *The Green Fool* (1938), über den Frank O'Connor schrieb: »Das ist der Roman, den jeder irische Schriftsteller, der kein Schurke oder Trottel ist, zu schreiben verdammt ist, wenn ihm die Leere und die Greuel des Lebens in Irland bewußt werden.« Nicht jeder Kollege dachte so großzügig. Oliver St. John Gogarty verklagte den jungen Dichter wegen Verleumdung, hatte der doch geschrieben: »Gogartys weißgewandetes Dienstmädchen verwechselte ich mit seiner Frau – oder seiner Mätresse. Ich erwartete von jedem Dichter, daß er eine Zweitfrau in Reserve hätte.« Der kurze Nachsatz war dem Richter einhundert Pfund Schmerzensgeld und ein Auslieferungsverbot wert.

Im folgenden Jahr siedelte Kavanagh nach Dublin um. Der bäurische Autodidakt, der das von vielen zeitgenössischen Schriftstellern gewählte Exil verschmähte, schlug sich als Rezensent, Filmkritiker, Klatschkolumnist, Diarist und Leitartikler für Zeitungen und Zeit-

Patrick Kavanagh

schriften wie *The Bell, Envoy, The Dublin Magazine* und *The Standard* durch und bewegte sich bald in literarischen Kreisen. Seine hager aufgeschossene Gestalt, sein ungezügeltes Temperament, sein oft anmaßendes Betragen, seine peripatetische Lebensweise, seine legendäre Trinkfestigkeit ließen ihn bald zu einer stadtbekannten, bisweilen unfreiwillig komischen Figur werden. So sehr gefiel er sich in der Pose des archetypischen Landmenschen, daß man ihm nachsagte, er habe sich die Schuhe mit Kuhdung beschmiert, um seine Herkunft herauszustreichen. Für viele war er der Inbegriff des verkannten Genies und der gescheiterten Existenz.

Heute wird Kavanagh neben Austin Clarke und Thomas Kinsella als originellster Dichter zwischen W. B. Yeats und Seamus Heaney gerühmt. Seine kräftigen Verse voll rhythmischer Verve, die in jedem natürlichen und gesellschaftlichen Phänomen die spirituelle Dimension aufspüren, ebenso wie seine satirischen Gedichte über die Prätentionen städtischer Betriebsamkeit gehören zum festen Bestand irischer Poesie. Eines seiner bedeutendsten Werke ist das epische Langgedicht *The Great Hunger* (1942), wie er später selbstkritisch urteilte, »eine soziologische Lüge, eine öffentliche Lüge« über Mühsal und Öde des Landlebens, deren realistischer Gestus in völligem Kontrast zu den idyllisch-romantisierenden Darstellungen insbesondere der Dichter der keltischen Renaissance steht:

Clay is the word and clay is the flesh
Where the potato-gatherers like mechanized scarecrows move
Along the side-fall of the hill – Maguire and his men.
If we watch them an hour is there anything we can prove
Of life as it is broken-backed over the Book
Of Death?

Von Tom MacIntyre für die Bühne bearbeitet, hat das einprägsame Werk ein breites Publikum erreicht. Der große Hunger des Bauern Patrick Maguire nach Land, nach Leben, nach sexueller Erfüllung, dem sich Mutter Kirche, die eigene (Über-)Mutter und Mutter Erde, der harsche Boden selbst, entgegenstellen, wird zur Chiffre frustrierter Existenz überhaupt. Das klassische Pendant in Prosa ist Kavanaghs pikaresker Entwicklungsroman *Tarry Flynn* (1948), dessen Titelheld dem Rat seines Onkels folgt: »Ein Land wie dieses läßt sich am besten aus einer Entfernung von nicht weniger als dreihundert Meilen lieben.«

Unter dem Titel *Kavanagh's Weekly* brachte der mißtrauische und oft mißgünstige Autor 1952 zusammen mit seinem Bruder ein eigenes literarisch-politisches Journal heraus, in dem er alles und jeden angriff. Den Vertrieb besorgte er selbst – mit dem Fahrrad. Da er sich Mitarbeiterhonorare nicht leisten konnte, schrieb er fast sämtliche Artikel, einschließlich der Leserbriefe, selbst. Die vielen remittierten Exemplare verfeuerte er im Kamin seiner Wohnung in 62 Pembroke Road, wo er von 1946 bis 1958 lebte. Das Unternehmen war entsprechend kurzlebig: ganze dreizehn Ausgaben erschienen.

Verbittert über die drückende Armut, der er im »maliziösen Dublin« ausgesetzt war und die ihn vorher und nachher zu ständigem Wohnungswechsel zwang, wurde Kavanagh immer verletzlicher und zanksüchtiger, und als die Dubliner Wochenzeitung *The Leader* im Oktober 1952 ein nicht sehr schmeichelhaftes Autorenprofil von ihm veröffentlichte, strengte er, kaum von einem Besuch in London zurückgekehrt, mit untrüglichem Sinn für literarisches Martyrium einen Prozeß wegen Ehrverletzung an, der ihn finanziell und gesundheitlich völlig ruinierte. 1954 wurde bei dem stark gealterten und entkräfteten Mann Lungenkrebs diagnostiziert; aber die notwendig gewordene Operation überstand er. Seine Genesung, die er dem wenige Schritte von seiner Behausung entfernten Grand Canal zuschrieb, empfand er als »Erlösung« und »Wiedergeburt«, und die satirischen Gedichte der Zeitspanne 1944–52 wichen den lyrischen Sonetten des Spätwerks, die den Reiz des Gewöhnlichen und Gewohnten, die Fülle alltäglichen Lebens feiern (*Come Dance with Kitty Stobling*, 1960).

Ein paar Meter von Baggot Street Bridge entfernt stehen zwei mit Eichenholzplanken zu einer Sitzbank verbundene Marmorplatten, die ihm am 17. März 1968, dem Festtag seines Namenspatrons und Nationalheiligen, von Freunden errichtet wurden. Kavanagh hatte sich auf eine dem Andenken einer gewissen Mrs. Dermot O'Brien gewidmete Bank ein Verslein gemacht, mit dem er sich zugleich sein eigenes Epitaph schrieb. Das Sonett beschwört aufs genaueste die Atmosphäre dieses bei allem Verkehrslärm lauschigen Winkels und liest sich in deutscher Übertragung wie folgt:

O gedenke mein, wo Wasser fließt,
Kanalwasser am liebsten, so leise
Und grünlich im Herzen des Sommers. Bruder,
Gedenke mein auf diese, hübsche Weise.
Wo bei einer Schleusenkammer niagarisch tost
Der Wasserfall dem, der im ungeheuren Schweigen
Eines Julitages sitzt. Niemand dichtet Prosa,
Dem sich solch parnaß'sche Inseln zeigen.

Bedauernd zieht und mit gebeugtem Haupt ein Schwan,
Aus Brückenaugen blickt ein wundersamer Lichterstrahl –
Und siehe! aus Athy und andern unbekannten
Städten Mythen bringend, naht ein Kahn.
O gedenke mein mit keinem Heldenmal
– eine Sitzbank am Kanal begrüße den Passanten.

Gegenüber sitzt, in Bronze gegossen, Kavanagh selbst – kein Mensch aus Fleisch und Blut, aber doch mehr als ein Geist:

If ever you go to Dublin town
In a hundred years or so,
Inquire for me in Baggot Street
And what I was like to know.

On Pembroke Road look out for my ghost,
Dishevelled with shoes untied,
Playing through railings with little children
Whose children have long since died.

Jedes Jahr im November findet in Carrickmacross und Inniskeen Kavanagh's Yearly statt, ein Literaturfestival mit Lesungen, Vorträgen, Touren und Theaterstücken, das vom Tyrone Guthrie Centre in Annaghmakerrig bei Newbliss ausgerichtet wird. Sir Tyrone Guthrie (1900–71), Theaterdirektor, Regisseur und Fernsehproduzent, vermachte seinen gesamten Besitz dem Staat unter der Bedingung, daß sein vierhundert Morgen umfassendes Anwesen in eine Begegnungsstätte für bildende Künstler, Komponisten und Schriftsteller umgewandelt würde. Heute sind in Haupthaus, Ateliers und Werkstätten durchgängig Dutzende von Künstlern zu Gast, denen der Komfort und die Abgeschiedenheit des Gutes an einem wunderschönen See eine ungestörte Arbeitsatmosphäre beschert.

Co. Armagh

Name: Russell. Vorname: George William. Geburtstag: 10. April 1867. Geburtsort: William Street, Lurgan (An Lorgain, der lange Streifen Land). Bekenntnis: protestantisch. Wohnort: 1878–1933 Dublin, 1933–35 Bournemouth. Äußeres Erscheinungsbild: dichter dunkler Haarschopf, schmales Gesicht, stechender Blick hinter kleiner Klemmbrille, brennende Pfeife im Mundwinkel, hochgereckter schwarzer Rauschebart, schmächtige Figur, fliegende Mantelschöße, da stets in Eile. Künstlername: Æ. Todestag: 17. Juli 1935. Sterbeort: Bournemouth. Letzte Ruhestätte: Mount Jerome Cemetery, Harold's Cross, Dublin (Grab Nr. A 76–401–11217). Grabinschrift: »I moved among men and places, and in living I learned the truth at last. I know I am spirit, and that I went forth in old time from the self-ancestral to labours yet unaccomplished.« So weit die knappen biographischen Daten des einzigen Literaten von Rang, den die Grafschaft Armagh, das 445 von Irlands Nationalheiligem St. Patrick selbst gestiftete Erzbistum, hervorgebracht hat. Der anglo-irische Dichter, Maler, Journalist und Agronom Æ war der »Renaissancemensch« der Irischen Renaissance (Gemälde von ihm sind im Armagh County Museum in Armagh ausgestellt).

Aber Æ entlief seiner Geburtsstadt schon im Alter von elf Jahren, und der geistige Abstand zwischen der 21 000 Einwohner zählenden tüchtigen, aber geistig trägen Siedlerstadt Lurgan, seit der Entwicklung des Leinendamasts Ende des 17. Jahrhunderts eines der Zentren der nordirischen Leinenwebindustrie, und dem Mystiker und Esoteriker mit dem ausgeprägten Faible für Feen und andere Geisterwesen hätte nicht größer sein können: »Ich bin der Vorsehung nie hinreichend dankbar dafür gewesen, daß sie mir die Gnade erwiesen hat, mich aus Ulster zu entfernen.« In Dublin besuchte Æ die Rathmines School und studierte in seiner Freizeit an der Metropolitan School of Art, wo er 1886 den jungen W. B. Yeats kennenlernte, Malerei. Yeats lenkte sein lebhaftes Interesse für das Okkulte auf die Lehre der Helena Petrowna Blavatsky (1831–91), Mitbegründerin der Theosophischen Gesellschaft, von der sich später die Anthroposophen um Rudolf Steiner abspalteten. Eine Weltanschauung, die mystischer Schau und göttlicher Erleuchtung einen wichtigen Platz einräumte, mußte dem Naturell des visionär veranlagten Künstlers entgegenkommen.

Statt jedoch eine Laufbahn als Kunstmaler einzuschlagen, arbeitete Æ als Angestellter eines eleganten Tuchhändlers und wandte sich der

Literatur, insonderheit der Lyrik, zu, auch wenn er weiterhin symbolische Landschaften mit durchgeistigten Feengestalten auf die Leinwand warf, die er oft für nur zwei Pfund verkaufte (einige davon befinden sich in der Nationalgalerie). Als träumerisch-intuitiver Poet, von Yeats anfangs für seine »delikaten und subtilen« lyrischen Gebilde bewundert, übte Æ, etwa mit Gedichten wie »On Behalf of Some Irishmen Not Followers of Tradition«, gewaltigen Einfluß aus, wohingegen seine Verse heute eher als schwacher Abglanz der Dichtungen seines Freundes gelten. Nicht umsonst karikierte er die eigene wolkige Vagheit mit der Zeile »Child, there are mists in my mind«. Dennoch trug ihm seine Doppelbegabung den Ehrennamen eines irischen William Blake ein.

Ab 1888 frequentierte Æ Veranstaltungen der Theosophischen Gesellschaft, drei Jahre danach wurde er Mitglied einer theosophischen Wohngemeinschaft, die in 3 Upper Ely Place, dem Sitz der Gesellschaft, einem zölibatären Lebenswandel anhing: »Die sieben Jahre, die ich dort gewohnt habe, sind die glücklichsten meines Lebens. Welch ein Glück, in eine Gemeinschaft mit sechs oder sieben anderen hineingezogen zu werden, alle, wie ich meine, weiser und stärker, als ich damals war.« 1898 folgte die Heirat mit dem englischen Medium Violet North, die er in der Kommune kennengelernt hatte.

Aber neben seiner asketisch-meditativen Seite besaß Æ durchaus auch praktisches Geschick, das ihn vielseitig verwendbar machte. 1898 stellte ihn Sir Horace Plunkett in seiner Irish Agricultural Organization Society als Organisator ein, der nach dem Vorbild der Raiffeisenbanken im Westen der Insel landwirtschaftliche Kreditgenossenschaften ins Leben rufen und die Agrarreform vorantreiben sollte: »Zur Zeit bin ich bar jeder Mystik und kenne mich bei den Eierpreisen besser aus als in dem, was hinter dem Schleier vor sich geht.« In seinen dreibändigen Memoiren *Hail and Farewell. Ave, Salve, Vale* (1911–14) schildert George Moore sein Wirken wie folgt: »Und er radelte durch Irland, predigte von Dorf zu Dorf die Doktrin des Genossenschaftswesens und der Molkereiwirtschaft, gewann der Bewegung Freunde durch die persönliche Anziehungskraft, die er ausübt, wo immer er sich befindet. Sobald er in einem Dorf ankam, wurden aller Herzen etwas wärmer, etwas freundlicher; das Gefühl der Isolation und der Einsamkeit, das alle Menschen empfinden, taute ein wenig auf; ein jeder muß sich glücklicher gefühlt haben an dem Abend, wenn der freundliche Mann ein Podium bestieg, seine langen Haare zurückwarf und zu ihnen zu sprechen begann, ihnen klugen Rat und das Gefühl gab, daß er sie liebte und daß sie seiner Liebe nicht unwürdig waren.«

1904–23 hatte Æ die Leitung der Wochenschrift *The Irish Homestead* inne, 1923–30 die des Nachfolgeblatts *The Irish Statesman*. Doch wenn die Gedenkplakette an seiner Arbeitsstätte Plunkett House, 84 Merrion Square, Dublin 2, noch heute Hauptquartier der irischen Genossenschaftsbewegung, Æ zu Recht als »co-operator« feiert, dann nicht nur wegen seiner Übernahme des Selbsthilfegedankens, die ihn auch dazu veranlaßte, politische Traktate wie *Co-operation and Nationality* (1912) und *The National Being* (1916) zu verfassen, sondern wegen seines unermüdlichen Einsatzes für die Zunftgenossenschaft der Dichter. Eine hübsche Karikatur zeigt die Dichter Æ und W. B. Yeats, wie sie vor der Hausnummer 83, ohne einander wahrzunehmen, aneinander vorüberlaufen, der eine mit gesenktem Haupt, der andere mit dem Kopf in den Wolken. Von 1922 bis 1928 hatte Yeats, damals Mitglied des irischen Senats, die Nr. 82 (Gedenktafel) bezogen, wo er jeden Montag Gäste lud.

Denn für zahllose jüngere Autoren wie James Stephens und Padraic Colum oder auch James Joyce und Frank O'Connor war Æ ein großzügiger Anreger von einnehmendem Wesen und segensreichem Einfluß, der ihnen in seinen Journalen willkommene Publikationsmöglichkeiten bot. Zwischen Jahrhundertwende und Staatsgründung dienten sein Innenstadtbüro und seine Wohnungen, vorzüglich sein Salon in dem bescheidenen braunroten Ziegelbau 17 Rathgar Avenue (Gedenktafel), in dem er allsonntäglich literarische Soirées – oder waren es Séancen? – abhielt, als Anlaufstellen für zahllose Literaten, die künstlerische, intellektuelle und politische Fragen debattierten. Auf diese Weise wurde Æ zu einer prominenten, ja zentralen Figur der Irischen Renaissance und geradezu als Seher und Heiliger verehrt.

In *Ulysses* setzte James Joyce, der dank Russell die ersten Erzählungen aus *Dubliners* unterbringen konnte, seinem Gönner ein Denkmal mit den vokalischen Ausrufen »A. E. I. O. U.« und rätselte im übrigen über Herkunft und Bedeutung des ungewöhnlichen Pseudonyms: »A.E.: was bedeutet das eigentlich? Initialen vielleicht. Albert Edward, Arthur Edmund, Alphonsus Eb El Esquire.« (Übers. von Hans Wollschläger.) In Wahrheit ist das Kürzel die Verstümmelung des bereits früher gewählten Künstlernamens Æon, dessen genaue Schreibung einem Schriftsetzer solche Schwierigkeiten bereitete, daß er die beiden Endbuchstaben kurzerhand ausließ. Æon bedeutet nicht nur Äon, Zeitalter, Ewigkeit, sondern war auch der Name, den die Gnostiker den verschiedenen Emanationen des höchsten Wesens beigelegt hatten.

Neben seinem einzigen Bühnenwerk, dem lyrischen Drama *Deirdre* (1902), das im April 1902 zusammen mit Yeats' nationalistischem Stück *Cathleen Ni Houlihan* von der Irish National Theatre Society, dem Vorläufer des Abbey Theatre, uraufgeführt wurde, veröffentlichte Æ zahlreiche Gedichtbände, in denen er heidnische keltische Mythologie und ostasiatische Mystik verband, darunter *Homeward. Songs by the Way* (1894), *The Earth Breath* (1897), *The Divine Vision* (1904) und *Voices of the Stones* (1925). Außerdem schrieb er die beiden futuristischen Fantasy-Erzählungen *The Interpreters* (1922) und *The Avatars* (1933).

Nach dem Tod seiner Frau verließ er, betrübt über die Verengung, die sein romantisch-idyllisches Ideal einer »Keltendämmerung« erfahren hatte, 1933 Irland und ließ sich in London nieder. Er, der »Irland in den Herzen erschaffen« wollte und Nationalismus »weniger als politische Bewegung denn als spirituelle Kraft« gegen die Malaise einer kosmopolitischen Moderne verstand, zeigte sich enttäuscht von der »halbverrückten Gälentümelei, die rings um ihn zunahm«. Die Hermetische Gesellschaft, die er wiedergegründet hatte – hier wurde sie soziale Wirklichkeit: klaustrophobisch, klerikal, intolerant. Während in Dublins Merrion Square eine Bronzebüste von Jerome Connor (1895) den Dichter ehrt, hat sich das prosaischere Lurgan zu einem solchen Schritt bisher noch nicht bereitgefunden.

Co. Down

Hinweisschilder auf ein »Brontë Country« erwartet der erstaunte Literaturliebhaber nicht in Irland, sondern in England, wo das Städtchen Haworth (West Yorkshire) mit der Gedenkstätte für die drei berühmten Schwestern Anne, Charlotte und Emily an Bedeutung und Trubel nur noch dem Geburts- und Sterbeort Shakespeares, Stratford-upon-Avon, nachsteht. Aber wir haben uns nicht versehen: Auch in der Grafschaft Down (berühmte Losung im gälischen Fußball: »Up Down!« – »Hoch die Mannschaft von Down«!) ergibt die literarische Spurensuche Bezüge zu den Brontës. Aus Emdale bei Ballynaskeagh acht Kilometer nordwestlich von Rathfriland an der Landstraße nach Banbridge stammt Patrick Brontë (1777–1861), der Vater der drei bemerkenswerten Romanschriftstellerinnen, und verständlicherweise will die Region am Ruhm seiner Töchter teilhaben, solange der ihr nur Touristen beschert; daher »The Brontë Homeland Drive«, daher die Schrifttafel an dem verfallenen Cottage, in welchem Patrick Brontë in die denkbar ärmlichsten Verhältnisse hineingeboren wurde, daher das Brontë Homeland Heritage Interpretative Centre in DRUMBALLYRONEY. Sein Vater Hugh, Besitzer einer Haferdarre, hatte eine Katholikin geheiratet – in diesem Landstrich ein ungewöhnlicher Schritt, der Patrick den Spitznamen »Pat der Papist« eintrug.

Brontë begann seine berufliche Laufbahn als Handlanger eines Hufschmieds und Weber, doch der lesewütige Autodidakt erregte die Aufmerksamkeit eines presbyterianischen Geistlichen, der ihn zum Schulmeister ausbilden ließ. Freilich wurde seine Schule in Drumballyroney bald geschlossen, als nämlich der gutaussehende junge Mann dabei ertappt wurde, wie er eines der älteren Mädchen auf die Lippen küßte. 1802 reiste er nach Cambridge, um an der Universität protestantische Theologie zu studieren. Wie Patricks eigentlicher Familienname lautete – ob Branty, Brunty, Prunty oder Pronteaigh –, ist nicht mehr ganz ersichtlich; die unterwegs angenommene Buchstabierweise verrät womöglich ein Bemühen, seine irische Herkunft abzuschütteln; jedenfalls ist sie dem Adelstitel eines Herzogs von Brontë nachempfunden, den König Ferdinand IV. von Neapel dem siegreichen britischen Admiral Lord Nelson kurz zuvor verliehen hatte.

Nach seiner Weihe zum Geistlichen der Church of England 1806 wurde Brontë zunächst nach Essex und Shropshire und schließlich nach Yorkshire berufen, wo er 1820 die Pfründe von Haworth übernahm, die er bis zu seinem Tode innehatte. Der Ort liegt am Rande jener wild-düsteren Moorlandschaft, die dem heimatlichen Granitmassiv der Mourne Mountains gar nicht so unähnlich ist. Brontës Frau Maria, geb. Branwell, schenkte ihm einen Sohn und fünf Töchter, von denen drei das bedeutendste Familiengespann der englischen Literaturgeschichte ausmachen: Charlotte (Pseudonym: Currer Bell, 1816–55) mit den Romanen *Jane Eyre* (1847), *Shirley* (1849), *Villette* (1853) und *The Professor* (postum 1857), Anne (Pseudonym: Acton Bell, 1820 bis 1849) mit *Agnes Grey* (1847) und *The Tenant of Wildfell Hall* (1848) sowie Emily Jane (Pseudonym: Ellis Bell, 1818–48) mit dem packenden Psychodrama dämonischer Leidenschaft und elementarer Naturgewalten, *Wuthering Heights* (1847). Alle drei brachten 1846 einen Gedichtband heraus, von dem sage und schreibe zwei Exemplare verkauft wurden.

Der exzentrische Vater, von vielen nur als der griesgrämige Haustyrann gesehen, der seine Kinder einengte, einsperrte und von der Gesellschaft abschloß, schrieb selber Lyrik – *Cottage Poems* (1811), *The Rural Minstrel* (1813) und *The Maid of Killarney* (1818) – und dürfte seinen Töchtern, die sich schon in zartem Alter an phantastischen Geschichten über die mythischen Königreiche Glasstown, Gondal und Angria versuchten, die literarische Ader vererbt haben. Viktorianische Herzensergießungen von den Töchtern eines eingewanderten irischen Bauernsohns! *The Quarterly Review* bedachte denn auch die Autorin des streckenweise melodramatischen Entwicklungsromans *Jane Eyre*, dessen empfindsame und intelligente Titelheldin mit Witz und Leidenschaft nach Liebe, Selbstverwirklichung und Gleichberechtigung strebt, mit den folgenden Worten: »Wer auch immer es sei, es handelt sich um eine Person, die, bei großer Geisteskraft, eine völlige Unkenntnis gesellschaftlicher Gepflogenheiten mit großer Derbheit im Geschmack und einer heidnischen Religionsauffassung verbindet.« Als die Kunde von der ablehnenden Besprechung zu Patricks Bruder Hugh nach Irland drang, soll er sich, bewaffnet mit einem traditionellen irischen Eichenholzknüppel (*shillelagh*, benannt nach einem der größten Eichenwälder Irlands in Co. Wicklow), auf den Weg nach London gemacht haben, um den Rezensenten zu verprügeln.

Charlotte, das dritte und letzte überlebende Kind, war auch das einzige, das in die Heimat des Vaters zurückkehrte. Nachdem sie im Juni 1854, schon in fortgeschrittenem Alter, endlich von ihm die Erlaubnis erwirkt hatte, dem zweijährigen Werben seines Hilfsgeistlichen Arthur Bell Nicholls stattzugeben – die Namensgleichheit, Bell, ist rein zufällig –, reiste sie mit ihrem aus Irland stammenden Bräutigam in die Flitterwochen nach Banagher (Co. Offaly), Kilkee (Co. Clare) und Killarney (Co. Kerry). »Mein Mann ist kein Poet oder poetischer Mensch – und einer meiner großen Zweifel vor der Ehe betraf unsere Geistesverwandtheit in geschmacklichen Dingen und dergleichen«, bekannte die ungestüme Dichterin in einem Brief. Neun Monate später starb sie. Im inzwischen abgerissenen Cuba House am Stadtrand von Banagher, wo der Reverend in der Obhut eines Onkels aufgewachsen war, fand sich das einzige überlieferte Gruppenbildnis der drei Schwestern, von der Hand ihres Bruders Branwell – drei sittsam gekleidete, unschuldig, ja einfältig dreinblickende junge Damen der Gesellschaft, denen man nicht ansieht, welche gewaltigen Einbildungskräfte in ihrem Busen schlummerten.

Co. Antrim

Samuel Ferguson (1810–86) ist zwar in Antrim weder geboren noch gestorben, doch ruht seine sterbliche Hülle auf dem alten Friedhof St. John's in Donegore, viereinhalb Kilometer östlich der Stadt Antrim. Auf den nahe gelegenen Donegore Hill mit seiner Erdwallanlage zogen sich nach der Entscheidungsschlacht von Antrim die Aufständischen des Jahres 1798 zurück. Das an einem Steilhang befindliche Grab des Dichters, Übersetzers, Altertumskundlers und Schrift-Gelehrten (er erforschte das keltische Ogham-Alphabet) ist, wie so oft in Irland, mit weißen Kieseln bestreut und von Ketten eingezäunt.

In Belfasts High Street (Nr. 23) geboren, entstammte Ferguson, wie bereits sein Name anzeigt, einer schottischen Familie, die dem unionistischen Establishment angehörte. Nach dem Studium am Trinity College Dublin (B. A. 1826, M. A. 1832) praktizierte er, das jüngste von sechs Kindern, in der »zweiten Stadt des British Empire« 1838–67 als Anwalt. 1848 heiratete der erfolgreiche Advokat Mary Catherine Guinness, ein Mitglied der Brauereidynastie, und führte nach dem Motto »ein einfaches Leben und erhabene Gedanken« in 20 North Great George's Street (Gedenktafel), einer Prachtstraße des 18. Jahrhunderts, einen vielbesuchten literarischen Salon. 1859 wurde er zum Kronanwalt berufen, 1864 empfing er die Ehrendoktorwürde. Drei Jahre später zum Deputy Keeper of the Public Records of Ireland ernannt, wurde er 1878 für seine Verdienste in dieser Stellung zum Ritter geschlagen (»Sir Samuel Ferguson«). Eine weitere Ehrung erfuhr er, als ihm die Präsidentschaft der Royal Irish Academy angetragen wurde.

Ferguson begann seine schriftstellerische Laufbahn mit Beiträgen für das *Ulster Magazine*, das schottische *Blackwood's Magazine* und das *Dublin University Magazine*, mit Gedichten und Geschichten wie »The Forging of the Anchor« über den industriellen Fortschritt, »Father Tom and the Pope, or a Night in the Vatican«, eine humoristische Invektive gegen das katholische Schulwesen, oder »The Fairy Thorn«. Obwohl von Haus aus ein überzeugter Anhänger der politischen Union mit Großbritannien, der zunächst Satiren und Polemiken gegen die nationalistische Sache verfaßt hatte, geriet er alsbald in den Bann des jungen Dichters Thomas Davis (vgl. »Lament for the Death of Thomas Davis«). Dieser stützte seine nationaldemokratische Politik auf eine künstlerische Vision des alten gälischen Irland und druckte in seiner einflußreichen Zeitschrift *The Nation* Gedichte, Balladen und Lieder ab, die die Konfession in den Hintergrund und die Nation (»Gentlemen, you have a country«) in den Vordergrund rücken sollten. 1848 gründete Ferguson die Protestant Repeal Association und unterstützte das Junge Irland, dessen unbeholfener Aufstandsversuch in einem Fiasko endete. Nach der Niederlage wandte er sich von der Politik ab und widmete sich, soweit seine Anwaltskanzlei ihm Zeit ließ, der Erforschung der indigenen Literatur und Mythologie – eine kulturelle Strategie der Aneignung vergangener Kulturprodukte als Ansatzpunkt für eine Union von Protestanten und Katholiken, Anglo-Iren und Iren.

Erste Frucht seiner Bemühungen um eine Wiederentdeckung der faszinierenden, aber vielfach verschütteten irischen Vergangenheit – Sprache, Schrift, Literatur, Annalen, Mythen, Musik, Baudenkmäler – war die Sammlung *Lays of the Western Gael* (1865), in der er die mythischen Gestalten und Begebenheiten künstlerisch ansprechend in eigenen, leicht verständlichen Versen wiederauferstehen ließ und irischsprachige Lieder und Gedichte in ein mitunter etwas gestelzt wirkendes Englisch übersetzte. Mit dem heroischen Versepos *Congal. A Poem in Five Books* (1872) über eine Schlacht des 7. Jahrhunderts führte er seine Versuche fort, es folgten *Poems* (1880) und *The Forging of the Anchor* (1883).

Padraic Colum sagte von ihm: »Er hat sich die Mühe gemacht, Irisch zu erlernen, und als er die Worte irischer Folklore passend zu der Musik, zu der sie gesungen wurden, übertrug, schuf er ein Halbdutzend Gedichte, das eine rassische Eigenart besitzt.« Mit dem unsäglichen Begriff »rassisch« ist hier die kulturelle Besonderheit der Kelten gegenüber den Angelsachsen gemeint, das Nationalbewußtsein eines geknebelten Volkes, das eines Ursprungsmythos bedurfte. Allgemein gilt, daß viele intellektuelle Wortführer der Unabhängigkeitsbewegung von Patrick Pearse bis Daniel Corkery den historisch gewachsenen nationalen Minderwertigkeitskomplex der Iren mit der Behauptung »rassischer« Superiorität zu kompensieren trachteten und einen objektiv antiimperialistischen Kampf mit chauvinistischer Rhetorik kompromittierten. Dies nur en passant.

Zusammen mit Standish O'Grady machte Ferguson mit seiner sachverständigen Sammler- und Kärrnertätigkeit die Irische Literarische Renaissance der nachfolgenden Generation allererst möglich. W. B. Yeats nannte ihn denn auch dankbar, obschon übertreibend, den »größten Dichter, den Irland hervorgebracht hat«, »verzehrt von einem fesselnden Ziel, von dem Ziel, eine irische Schule der Dichtkunst zu schaffen«. Mit diesen Worten beabsichtigte Yeats, der eigenen Sendung eingedenk, wohl eher eine Selbstbeschreibung. Auch wenn Ferguson robuster dichtete als etwa Thomas Moore, so blieb er doch geschmacklich immer noch entschärfenden viktorianischen Konventionen verhaftet.

Wohl das berühmteste seiner Gedichte, jedem irischen Schulkind geläufig, ist »The Burial of King Cormac«. Der einäugige irische König Cormac Mac Art von Rosnaree am Fluß Boyne, der zwei Jahrhunderte vor der Ankunft des hl. Patrick seinen monotheistischen Glauben verkündete, wehrt sich dagegen, sich mit druidischem Ritual bei seinen Ahnen in Newgrange (Brúgh na Bóinne) auf dem gegenüberliegenden Ufer bestatten zu lassen:

Spread not the beds of Brugh for me
When restless death-bed's use is done;
But bury me at Rosnaree,
And face me to the rising sun.

For all the Kings who lie in Brugh
Put trust in gods of wood and stone;
And 'twas at Ross that first I knew
One, Unseen, who is God alone.

In dem Gedicht greift Ferguson eine jener von Mönchen festgehaltenen Sagen auf, die in dem durchsichtigen Versuch entstanden waren, die christliche Lehre identitätsstiftend mit der mythischen Überlieferung zu verknüpfen.

Gegen Ende seines Lebens wohnte Ferguson in Strand Lodge, Claremont Road, Howth (Co. Dublin) mit Blick auf Ireland's Eye (eine Verballhornung des altnordischen ø). Howth ist reich an archäologischen Schätzen, Legenden und Lokalgeschichte, für die sich Ferguson in Gedichten wie »Aideen's Grave« und »The Cromlech on Howth« begeistern konnte. Aideen's Grab heißt ein prähistorischer Dolmen auf dem weitläufigen, waldbestandenen Gelände von Howth Castle, einem prunkvollen Herrenhaus aus dem Jahre 1564. Zur Zeit der vielfarbigen Rhododendron- und Azaleenblüte im Frühsommer ist die um 1850 entstandene wildwüchsige Gartenanlage um die windgeschützten Hänge des Muck Rock besonders besuchenswert. Die keltische Sage bringt das unter der Wucht des Decksteins eingestürzte Monument »zwischen Klippe and Woge« mit jener Aideen in Verbindung, die aus Gram über den Tod ihres Gatten Oscar, Sohn Oisíns (Ossians) und Enkel Fionn Mac Cumhaills (Finn McCools), starb. Der Cromlech, so die gälische Bezeichnung für ein derartiges Megalithgrab, steht in Shelmartin auf Howth und soll die fürstliche Grablege König Crimthans sein.

Ferguson, der in Howth starb, hat häufig anthologisierte Gedichte wie »Dark Head«, »Cashel of Munster«, »A Bard's Vision«, »The Hymn of the Fisherman«, »Mesgedra's Wife«, »Bold Hearts«, »The Coolun«, »The Tain Quest« und »A Wide Prospect« hinterlassen. 1887 gab seine Witwe, die unter dem Titel *Ferguson in the Ireland of His Day* (2 Bde., 1896) auch seine Biographie verfaßte, die Prosasammlung *Hibernian Nights' Entertainments* heraus, das die bedeutendste aller keltischen Liebesgeschichten enthält: *Deirdre of the Sorrows* (ein 1880 bereits als Einakter bearbeiteter Stoff). Im gleichen Jahr erschien Fergusons bedeutendstes wissenschaftliches Werk, *Ogham Inscriptions in Ireland, Wales and Scotland*, eine bahnbrechende Untersuchung der spezifisch irischen, ursprünglich aus zwanzig verschiedenen Strichen bestehenden Buchstabenschrift, die in frühchristlicher Zeit einige wenige Jahrhunderte lang neben dem lateinischen Alphabet existierte. Das umständliche Zeichensystem eignete sich nur zu kurzen Inschriften auf Grab-, Gedenk- oder Grenzsteinen. So sind die etwa 360 erhaltenen Mitteilungen vom Muster »Caginati maqi Vobaraci« ([Stein] des Caginatus, Sohn des Vobaracus) fast ganz auf Stelen beschränkt, an deren scharfen Kanten die Striche sich einkerben ließen.

Carrickfergus (Carraig Fhearghusa, Fergus' Fels), die 18000 Einwohner zählende Industriestadt am Nordufer des Meerbusens Belfast Lough, hat eine bewegte Geschichte hinter sich. Im 12. Jahrhundert war sie die wichtigste Festung der normannischen Eroberer, im 17. Jahrhundert die größte Stadt Ulsters. Hier ging am 14. Juni 1690 Wilhelm III. von Oranien an Land, um im Auftrag des englischen Parlaments die Versuche des Katholiken Jakob II. zu vereiteln, sich von Irland aus seines englischen Thrones zu bemächtigen. 1778 kam es vor den Toren der Stadt gar zu einem Seegefecht des amerikanischen Unabhängigkeitskrieges, als Paul Jones eine Fregatte der britischen Flotte versenkte.

Carrickfergus Castle, die auf einer kleinen Basalthalbinsel gelegene, 1177 von John de Courcy erbaute Normannenburg, war bis zum Jahre 1928 ununterbrochen britische Garnison; das vollkommen intakte Bauwerk verkörpert wie kein anderes die vielzitierten siebenhundertfünfzig Jahre britischer Herrschaft in Irland. Inzwischen ist die mächtige Feste längst zur Besichtigung freigegeben. In ihren dicken Wällen diente auch der Vater des in West Yorkshire geborenen englischen Dramatikers William Congreve (1670–1729). Der Offizierssohn, der sich zum Meister der englischen Restaurationskomödie entwickeln sollte, gelangte als Vierjähriger nach Irland, wo sein

Carrickfergus Castle

Vater, ein Leutnant der Infanterie, zunächst vier Jahre in Youghal (Co. Cork) stationiert war, ehe er 1678–81 nach Carrickfergus versetzt wurde. Die Stadt, noch heute fast ausschließlich von Abkömmlingen schottischer und englischer Siedler bewohnt, »wimmelte von englischen Matrosen, rauhbeinigen und leutseligen Gesellen« (William Congreve).

Während des Studiums am Trinity College Dublin (1685–88) erneuerte William Congreve seine Freundschaft mit Jonathan Swift, den er bereits auf dem Kilkenny College schätzengelernt hatte. Weithin bekannt für seine Geselligkeit, ließ er Weinrechnungen auflaufen, die sechsmal so hoch waren wie die seines Kommilitonen Swift. Lebenslange Kameradschaft verband ihn später auch mit Joseph Addison, John Dryden, Alexander Pope und Richard Steele, mit denen er im Londoner Kit-Cat Club regelmäßig zusammenkam. Nach seiner Rückkehr aus Irland 1689 ließ er sich zunächst in Stretton Hall (Staffordshire), dem Familiensitz der Congreves, nieder. Das Studium der Rechte, das er zwei Jahre darauf in Londons Middle Temple aufnahm, und die anschließende Juristenlaufbahn vernachlässigte er indes schon bald zugunsten des Theaters. Abgesehen von dem frühen, unter dem Pseudonym »Cleophil« veröffentlichten Roman *Incognita or Love and Duty Reconciled* (1691) stellte Congreve seine literarische Tätigkeit denn auch ganz auf die Bühne ab.

Neben der Tragödie *The Mourning Bride* (1697), über die Samuel Johnson urteilte, daß »Congreve eine einzige Passage hat, die schöner ist als irgendeine, die man bei Shakespeare finden kann« (übers. von Jutta Schlösser), schrieb er die Lustspiele *The Old Bachelor* (1693), *The Double-Dealer* (1693), *Love for Love* (1695) und *The Way of the World* (1700). Es sind vor allem diese vier Werke, mit denen er seine älteren Zeitgenossen John Dryden (1631–1700), George Etherege (um 1635–92) und William Wycherley (1640–1716) übertrumpfte. Besonders die beiden letztgenannten Werke gelten als Glanzstücke der englischen Sittenkomödie der Restaurationszeit (benannt nach der Restauration des Hauses Stuart unter Karl II. 1660), die das Leben des Hofadels anhand von Kabale und Liebe, frivolen Heiratsintrigen und komplizierten Ehemanövern vorführt. Die Baugesetze der Restaurationskomödie, die von fröhlicher Zweideutigkeit in Partnerwahl und Paarbildung lebt, wurden von Congreve beträchtlich verfeinert. Turbulente Handlung, differenzierte Charakterzeichnung, geschliffene Dialoge, sprühender Witz und subtile Ironie sind seine Markenzeichen. Seine Maxime: »Ein geistreicher Kopf sollte nicht ehrlicher sein als eine Frau treu.«

Schon als Congreve 1698 wegen angeblicher Verherrlichung des Lasters von dem puritanischen Geistlichen Jeremy Collier angegriffen wurde, sah er sich gezwungen, seine Art der Komödie gegen die aufkommenden bürgerlichen Moralvorstellungen zu verteidigen (vgl. seine Replik *Amendment of Mr Collier's False and Imperfect Citations*). Als aber auch die Premiere von *The Way of the World* eher kühl aufgenommen wurde, gab er das Stückeschreiben auf. Schließlich hatte er schon seinen Bühnenerstling lediglich begonnen, »um sich während der langsamen Genesung von einem Anfall von Krankheit zu amüsieren«. Fortan führte er, eben dreißig, ein Leben in Müßiggang, zu dessen Finanzierung er nach 1704 aus mehreren Sinekuren, bequemen Hofämtern wie Regierungskommissar für Weinkonzessionen, Zollprüfer und Sekretär für Jamaika, ein ausreichendes Einkommen bezog. Ob er in London das Volkslied »I Wish I Was in Carrickfergus« sang? 1706 trat er auch die Leitung des Haymarket Theatre ab, das er gemeinsam mit dem Dramatiker John Vanbrugh (1646–1726) ins Leben gerufen hatte.

Congreve blieb unverheiratet, hatte aber – mit stillschweigender Duldung ihres Mannes – eine langjährige Affäre mit der jungen Gräfin von Marlborough, die ihm 1723 eine Tochter schenkte und, als er gicht- und kataraktgeplagt in London starb, an seinem Grab im südlichen Seitenschiff von Westminster Abbey aus Dankbarkeit für »das Glück, das sie in der aufrichtigen Freundschaft eines so achtbaren und lauteren Mannes genoß«, ein Denkmal errichtete. Angeblich ließ sie sich auch einen nickenden elfenbeinernen Automaten nach seinem Ebenbild anfertigen, mit dem sie ihrer beider intimen Gespräche fortführte. In Irland hat man Congreve gegrollt, hatte er doch trotz einer in Irland verbrachten Kindheit und Jugend wiederholt zu dem Stereotyp des bezechten »Bühnen-Iren« gegriffen; doch seine Wirkung auf die Gesellschaftskomödie eines Wilde oder Shaw ist unbestritten.

Obwohl wie die Schriftsteller William Drennan, Samuel Ferguson, George A. Birmingham, Forrest Reid, C. S. Lewis und W. R. Rodgers in der rührigen Industriestadt Belfast geboren (»I was born in Belfast between the mountain and the gantries / To the hooting of lost sirens and the clang of trams«), verlebte der herausragende nordirische Lyriker der ersten Jahrhunderthälfte, Louis MacNeice (1907–63), den überwiegenden Teil seiner bedrückenden Kindheit ebenfalls in Carrickfergus. Belfast, in seinem Charakter (»devout, profane and hard«) und in seiner an den politischen Wandmalereien erkennbaren Aufspaltung in katholische und protestantische Wohnviertel von südirischen Ballungszentren deutlich unterschieden, ist mit seinen insgesamt 550000 Einwohnern die zweitgrößte urbane Siedlung der Insel, war jedoch als jüngste Stadtgründung Irlands (1842) bis ins 17. Jahrhundert relativ bedeutungslos und wurde überschattet von der Hafenstadt Carrickfergus. Das streckenweise unsichtbar unter dem Pflasterstrand verlaufende Flüßchen Farset, das in der Nähe des Custom House in den bekannteren Lagan mündet, hat Belfast seinen Namen gegeben; Beal Feirsde bedeutet »Mündung des Farset«. An seinen Ufern entstanden die ersten strohgedeckten Hütten, am Lagan River wiederum die protestantischen Schiffswerften und Leinenwebereien, die Belfasts Ruf begründet haben.

Ein Jahr nach MacNeices Geburt war sein Vater, ein wohl eher puritanisch-unnahbarer anglikanischer Geistlicher, der später zum Bischof von Down, Connor und Dromore aufstieg, Pfarrer von St. Nicholas' in Sichtweite von Carrickfergus Castle geworden, und so konnte MacNeice in seinem autobiographischen Bekenntnisgedicht »Carrickfergus« fortfahren:

Thence to smoky Carrick in County Antrim
Where the bottle-neck harbour collects the mud which jams

The little boats beneath the Norman castle,
The pier shining with lumps of crystal salt;
The Scotch Quarter was a line of residential houses
But the Irish Quarter was a slum for the blind and halt.

I was the rector's son, born to the anglican order,
Banned for ever from the candles of the Irish poor;
The Chichesters knelt in marble at the end of a transept
With ruffs about their necks, their portion sure.

Das Pfarrhaus unmittelbar hinter der Kirche steht nicht mehr; es mußte einem Obdachlosenasyl weichen, das aber immerhin MacNeices Namen trägt (MacNeice Fold) und mit einer Gedenktafel versehen ist.

Als seine Mutter in eine Heilanstalt eingewiesen wurde, kam MacNeice auf das Internat Marlborough in Dorset und mußte Irland Lebewohl sagen. Sein Gedicht »Valediction« nimmt gleichfalls Abschied von einem Land, dessen vielfältige und widersprüchliche Bestandteile sich dem Reisenden auch heute noch zu einem verwirrenden Gesamtbild aus Idylle und Ignoranz, Charme und Bigotterie zusammenfügen:

Therefore I resign, good-bye the chequered and the quiet hills
The gaudily-striped Atlantic, the linen-mills
That swallow the shawled file, the black moore where half
A turf-stack stands like a ruined cenotaph;
Good-bye your hens running in and out the white house
Your absent-minded goats along the road, your black cows
Your greyhounds and your hunters beautifully bred
Your drums and your dolled-up Virgins and your ignorant dead.

1926–30 studierte MacNeice am Merton College Oxford Klassische Philologie und geriet in den Bannkreis der linksbürgerlichen Oxforder Gruppe um W. H. Auden, Stephen Spender und Cecil Day-Lewis, einer Schriftstellergeneration, die bald den – politischen – Ton in der englischen Lyrik angeben sollte. Über ihre politischen Sympathien und persönlichen Vorbehalte sah sich ausgerechnet die Geistesaristokratin Virginia Woolf in ihrem Essay »The Leaning Tower« (1940) zu folgendem Urteil veranlaßt: »Und so, in der Falle der Bildung, gefesselt von ihrem Kapital, blieben sie oben auf ihrem schiefen

Turm sitzen, und ihr Geisteszustand, wie wir ihn in ihren Gedichten, Theaterstücken und Romanen gespiegelt sehen, ist voll von Zwiespalt und Erbitterung, von Verwirrung und Kompromissen.«

Als Humanist im doppelten Wortsinn – 1930–36 war er Dozent für Klassische Philologie in Birmingham, 1936–40 in London – neigte MacNeice selbst in sehr viel geringerem Maße dem Kommunismus zu als seine englischen Mitstreiter. Ohnedies betrachtete er sich in erster Linie als irischen Dichter, der sich mit der Engstirnigkeit seiner Landsleute in Ulster (»Frömmler, Sadisten, Medizinmänner, Geistesschwache«) herumzuschlagen hatte und sich besonders zu Landschaft und Mythologie des »Wilden Westens« der Insel hingezogen fühlte, auch wenn er sich Irland ebensowenig zugehörig fühlte wie England. Doch vertrat er einen konsequenten Antifaschismus und bereiste 1939, gegen Ende des spanischen Bürgerkriegs, das republikanische Spanien (»And I remember Spain / At Easter ripe as an egg for revolt and ruin«), wo er sich vorher bereits mit dem Kunsthistoriker und späteren Meisterspion Anthony Blunt aufgehalten hatte.

MacNeices erster Gedichtband *Blind Fireworks* (1929), in dem er sich einer sinnlich-bildhaften, rhythmischen Verssprache bedient, läutete ein umfangreiches lyrisches Werk ein, zu dem auch der ins Deutsche übertragene Band *Astrology* (1964) zählt. Das aus vierundzwanzig Cantos bestehende virtuose Langgedicht *Autumn Journal* (1939) ist eine aufrichtige Summa seines Lebens, die seinen intellektuellen Werdegang nachzeichnet und Reflexionen über die Krise der europäischen Politik mit Kindheitserinnerungen und privaten Konfessionen verknüpft, ohne zu einem »endgültigen« oder »ausgewogenen« Urteil zu gelangen. 1941–61 war MacNeice als Produzent bei der BBC tätig, für die er zahlreiche Hörspiele und Features verfaßte. Daneben veröffentlichte er Theaterstücke, Drehbücher, Reiseschilderungen und Literaturkritik und übersetzte unter anderem Goethes *Faust* und den *Agamemnon* des Aischylos ins Englische.

Der Dichter, der in seiner Wahlheimat London einer Lungenentzündung erlag, ist gegenüber den Stätten seiner Kindheit auf der Ards Peninsula begraben: auf dem Friedhof von Christ Church in dem Küstenort Carrowdore. Die Urne mit seiner Asche, neben das Grab seiner Mutter gebettet, trägt die bezeichnende Inschrift: »This man with a shy smile who left behind something intact« – das Vermächtnis seiner Verse.

Im Nordosten der Grafschaft Antrim gibt es, was es schlechterdings nicht geben dürfte, die Grabstätte keines Menschen, sondern einer mythischen Gestalt: Ossian. Als historische Figur wie als vermeintlicher Autor fand er Eingang in die Weltliteratur. Wendet man sich von dem Küstenort Cushendall aus die B 92 entlang in nordwestlicher Richtung nach Cushendun, so zweigt nach etwa drei Kilometern eine schmale Landstraße in das Tal GLENAAN ab, die nach weiteren eineinhalb Kilometern zu »Ossian's Grave«, einem Hünengrab der prähistorischen Megalithkultur, führt.

Der gälische Heros Ossian (irisch Oisín), wie sein Vater Finn und sein Sohn Oscar eine zentrale Figur des irischen Sagenkreises um Finn McCool (Fionn Mac Cumhaill) und dessen Miliz der Fianna Éireann, wurde durch den schottischen Dichter JAMES MACPHERSON (1736 bis 1796), der ihn zu einem blinden Sänger vermenschlichte, »den Irländern abstahl und in einen Schotten verwandelte« (Friedrich Engels), in ganz Europa bekannt. Macpherson, aus Ruthven (Invernesshire) stammender Sohn eines Kleinbauern, sollte ursprünglich Pastor werden, trat jedoch nach dem Studium in Aberdeen und Edinburgh eine Hofmeisterstelle an und wandte sich der Literatur zu. Nach dem Mißerfolg seines heroischen Poems in sechs Gesängen *The Highlander* (1758) ließ er sich, von Kind auf mit der mündlichen Überlieferung schottisch-gälischer Sagen und Balladen vertraut, von einem Schriftstellerkollegen zur Übertragung seines ersten gälischen Gedichts anregen. Bald darauf brachte er eine ganze Sammlung derartiger Verse heraus, *Fragments of Ancient Poetry, Collected in the Highlands of Scotland and Translated from the Gaelic or Erse Language* (1760).

Die Begeisterung, mit der diese Fragmente aufgenommen wurden, veranlaßte Macpherson, in englischer Übersetzung zwei weitere Sammlungen herauszugeben, die er – und allein darin bestand seine berüchtigte, 1895 von L. Ch. Stern endgültig nachgewiesene Fälschung – im streng philologischen Sinne der Feder des gälischen Kriegers und Barden Ossian, einer genialischen Gestalt von nachgerade homerischer Statur aus der zweiten Hälfte des 3. Jahrhunderts, zuschrieb: *Fingal. An Ancient Epic Poem* (1762) in sechs Bänden und *Temora* (1763) in acht Bänden, zusammengefaßt unter dem Titel *The Works of Ossian, the Son of Fingal* (1765). Mit der Hinwendung zum Volksschaffen, mit der Beschwörung einer heroischen Vergangenheit rührte Macpherson an einen Zentralnerv seiner Zeit, die sich in der Literatur vom Höfischen zu lösen suchte. Indem er voller Schwermut Liebe, Leid, Kampf, Tod und Einsamkeit besang und eine Landschaft poetisierte, die bis dahin noch gar nicht ins Blickfeld gerückt war: die düstere Szenerie nebelverhangener Hochmoore und sturmgepeitschter Küstenstriche, fand er zu neuen Gegenständen und Schauplätzen. Seine stark rhythmisierte Prosa brach mit der klassizistischen Regelpoetik.

Macphersons in zahllose Sprachen übertragene lyrisch-epische Gesänge erregten weithin Aufsehen und übten trotz des früh erhobenen Vorwurfs des Betrugs nachhaltige Wirkung aus, lenkten sie doch das Interesse auf die versunkene Welt archaischer Gesellschaften – eine Rückbesinnung, ohne die etwa die Irische Renaissance undenkbar gewesen wäre. So setzte sich die 1853 gegründete Ossianic Society die Auswertung und Publikation klassischer irischsprachiger Manuskripte zum Ziel. Samuel Johnson (1709–84) freilich, der einen großangelegten literarischen Schwindel, ja »ein nationales schottisches Lügenkomplott« witterte, forderte die Herausgabe der Originalmanuskripte, was Macpherson indigniert und unter Androhung von Prügeln verweigerte. Anstatt die kongeniale Dichtung, eine meisterliche Nachahmung gälischer Volkspoesie, anzuerkennen, bezog Johnson in der heftigen Kontroverse um die Wahrheit und Echtheit der vorgestellten Preis-, Kampf- und Klagelieder die kleinliche Position eines Manuskriptfuchsers: »Aber soweit wir feststellen können, ist die gälische Sprache erst sehr spät zu religiösen Zwecken aufgezeichnet worden. Eine Nation, die nicht schreiben kann, oder eine Sprache, die nie aufgezeichnet wurde, hat keine Manuskripte. [...] Wäre es wirklich ein altes Werk gewesen, ein echtes Beispiel, wie die Menschen damals dachten, dann wäre es eine erstrangige Rarität. Als modernes Werk ist es nichts.« (Übers. von Jutta Schlösser.)

Genau hierin jedoch irrte Johnson; über der Frage der Authentizität vergaß er die künstlerische Wahrheit und Gefühlsechtheit der zum Teil tatsächlich auf Motiven und Stimmungen irischer und schottischer Sagen und Balladen beruhenden Texte. Immerhin hatte sich Macpherson bei seiner Vermengung heterogener Idiome auch auf den irischen »Finn-Zyklus« (mitunter »Ossianischer Zyklus« genannt, da Fragmente aus dem 8. oder 9. sowie Poesie und Prosa aus dem 12. Jahrhundert bewußtem Ossian zugeschrieben werden) und den »Ulster-Zyklus« gestützt, auf verbürgte Quellen also, die er unter anderem mit homerischen und biblischen Stilelementen zu einer eigenständigen Weltschmerzlyrik verschmolz.

Macphersons Bardendichtung wurde zum Vorläufer der romantischen Bewegung und ihrerseits so oft nachgeahmt, daß sie endlich zur literarischen Mode und Manier verkam. Napoleon, zu dessen Lieblingslektüre Ossian zählte, führte auf seinen Feldzügen stets eine Ausgabe mit. Das 18. Jahrhundert, statt in dürrer Aufklärung und glattem

Klassizismus zu enden, wurde zum »ossianischen Jahrhundert« erklärt. In Deutschland beförderten die Fälschungen den Geniekult und avancierten zum Wegbereiter der Empfindsamkeit (Klopstock), der Anakreontik (Göttinger Hain) und des Sturm und Drang (Herder und Goethe). In Goethes *Leiden des jungen Werther* (1774) fällt der berühmte Satz: »Ossian hat in meinem Herzen den Homer verdrängt. Welch eine Welt, in die der Herrliche mich führt! Zu wandern über die Heide, umsaust vom Sturmwinde, der in dampfenden Nebeln die Geister der Väter im dämmernden Lichte des Mondes hinführt. Zu hören vom Gebirge her, im Gebrülle des Waldstroms, halb verwehtes Ächzen der Geister aus ihren Höhlen, und die Wehklagen des zu Tode sich jammernden Mädchens, um die vier moosbedeckten, grasbewachsenen Steine des Edelgefallnen, ihres Geliebten.«

Johann Gottfried Herder (1744–1803) zeigte sich von der wilden Urspünglichkeit Ossians bezaubert und nahm etliche Verse »nach den von Macpherson gegebenen Proben des Originals aus der ›Temora‹« in seine berühmte Sammlung *Volkslieder* (1778/79, 2 Bde., 1807 u. d. T. *Stimmen der Völker in Liedern*) auf, so etwa »Darthulas Grabesgesang«:

Mädchen von Kola, du schläfst!
Um dich schweigen die blauen Ströme Selmas!
Sie trauren um dich, den letzten Zweig
von Thrutils Stamm!

Wenn erstehst du wieder in deiner Schöne?
Schönste der Mädchen in Erin!
Du schläfst im Grabe langen Schlaf,
dein Morgenrot ist ferne!

In dem »Auszug aus einem Briefwechsel über Ossian und die Lieder alter Völker« (1773) pries Herder Macphersons »Ausströmung der Leidenschaft und der Empfindung« und schwärmte, »daß Ossians Gedichte Lieder, Lieder des Volkes, Lieder eines ungebildeten sinnlichen Volkes sind, die sich so lange im Munde der väterlichen Tradition haben fortsingen können«. Daß Herder ausgerechnet eine Fälschung zum Beweis für den entscheidenden Anteil der Volkspoesie bei der Entwicklung der Nationalliteraturen nahm, ändert nichts an der Bedeutung seiner historisch-genetischen Betrachtungsweise für die Erforschung der Literaturdenkmäler und an seiner neuen Ästhetik, derzufolge Dichtung um so wirkungsvoller war, je »lebendiger, freier, sinnlicher, lyrisch handelnder« und volkstümlicher sie ist.

Der Urheber all dessen liegt im englischen Dichterpantheon, in Westminster Abbey, begraben. Sein legendäres Double aber, trotz anderslautender Ansprüche des schottischen Tals Sma' Glen in Tayside, ruht in Nordirland – ein Akt ausgleichender Gerechtigkeit, selbst wenn ein verfälschender Name verwendet wird und das Grabmal gut zwei-, dreitausend Jahre älter ist, als Oisín-Ossian sein könnte ... Der aus Belfast gebürtige sozialistische »Planter Poet« John Hewitt (1907–87) wählte für sich denn auch ein Grab in unmittelbarer Nähe, eine Art Bienenkorbhütte. Seine Hommage für Ossian liest sich wie folgt:

Ossian lies
beneath this landmark on the hill
asleep till Fionn and Oscar rise
to summon his old bardic skill
in hosting their last enterprise.

Von Irland nach Schottland ist es nur ein Katzensprung, ein Steinwurf, ein Eselsschrei; ganze zwanzig Kilometer trennen das irische Festland von der schottischen Halbinsel Kintyre. Im Nordkanal, östlich der geologischen Felsenformation Giant's Causeway, jenem sagenhaften Versuch eines schottischen Riesen, sich mittels sechseckiger Basaltsäulen einen Fluchtweg nach Schottland zu bauen, liegt Rathlin Island (von Ptolemäus Rikina genannt), eine von Millionen Meeresvögeln und nur hundert Menschen bewohnte kniestrumpfförmige Insel aus Klippen, Heide, Marsch und Tümpeln, durch einen zehn Kilometer breiten Sund von Ballycastle getrennt. Rathlin war die erste Gegend Irlands, die von marodierenden Wikingern heimgesucht wurde (795). Als Robert Bruce im Jahre 1306 gezwungen war, in der nach ihm benannten Höhle Zuflucht zu suchen, schöpfte er beim Anblick einer rastlosen Spinne frische Kraft und warf sich, von ihrer Ausdauer ermutigt, erneut in die Schlacht, um die Unabhängigkeit Schottlands zu sichern. 1617 wurde ein Streit um die Zugehörigkeit der Insel zu Irland oder Schottland mit dem sachdienlichen Hinweis entschieden, daß es auf ihr, wie auf dem gesamten irischen Festland, keinerlei Schlangen gebe. Der Italiener Guglielmo Marconi, Erfinder der drahtlosen Telegraphie, erprobte 1898 die erste Funkverbindung »über Wasser«.

Obwohl in Carrickmacross (Co. Monaghan) geboren, verlebte der »Doyen der Kurzgeschichte in Ulster«, der Bauernsohn Michael McLaverty (1907–92), auf Rathlin Island einen Großteil seiner Kindheit. Auch in seinen meist zwischen den beiden Weltkriegen spielenden Romanen und Erzählungen fand er immer wieder dorthin zurück – für ihn ist die namenlose »Insel« Schauplatz und Thema zugleich. Nach dem Besuch des St. Malachy's College und einem Mathematik- und Physikstudium an der Queen's University Belfast, das er 1933 mit dem Master of Science abschloß, wurde McLaverty Schullehrer und war ab 1957 Leiter einer Sekundarschule in der Falls Road, Belfast – ein Beruf, dem er trotz eines guten Dutzends Buchveröffentlichungen bis zur Pensionierung treu blieb.

Mit seinen drei Bänden Kurzgeschichten, gesammelt in *Collected Short Stories* (1978), hat sich McLaverty den Ruf eines souveränen Erzählers in der realistischen Tradition George Moores erworben. Texte wie »Pigeons«, »The Game Cock«, »Six Weeks On And Two Ashore« oder »The Wild Duck's Nest« zeugen von großer Vertrautheit mit den Konturen der Landschaft und mit regionalen und lokalen Gebräuchen, von Einfühlungsvermögen in die Lebensweise armer Katholiken, ob auf den Äckern der Grafschaft Down oder in den Arbeitersiedlungen Belfasts. Alle verraten sie eine Sehnsucht nach dem überkommenen Leben auf dem Lande, frei von den Anfechtungen der Großstadt. Der Erzählstil ist bedächtig, verhalten, ungekünstelt, aber immer präzise, auch dann, wenn Staunen, Leidenschaft oder Verzweiflung augenblicksweise in den Alltag einbrechen.

Aber auch als Romanautor hat sich McLaverty hervorgetan. In seinem Erstling *Call My Brother Back* (1939) behandelt er die Emigration verarmter Inselbewohner in die Industrieviertel Belfasts. An die Stelle des Überlebenskampfes mit den Naturmächten treten Ausbeutung und Entfremdung in der Großstadt. Dementsprechend gliedert sich der Roman kontrastierend in die beiden Teile »Die Insel« und »Die Stadt«. Grundthema ist, wie auch der Titel des zweiten Romans *Lost Fields* (1941) anzeigt, der Verlust des eigenen Grund und Bodens, die Entvölkerung ganzer Landstriche, die Umwandlung von Bauern in Industriearbeiter und der Konflikt zwischen Stadt und Land. Belfast, das Zentrum der Leinenwebereien und des Schiffbaus, eignete sich mehr als jede andere irische Stadt dazu, die gesellschaftlichen Auswirkungen der Industrialisierung zu demonstrieren, und kein anderer Schriftsteller seiner Generation hat Belfast so akkurat geschildert wie McLaverty.

Daß das Landleben indes keine ungetrübte Idylle war, zeigen die Romane *In This Thy Day* (1945) und *Truth in the Night* (1951). Die Übermacht der Vergangenheit über die Gegenwart, der Gemeinschaft über das Individuum, der Alten über die Jungen, Besitzansprüche und eingewurzeltes Mißtrauen gegen »Zugereiste« werfen ihre Schatten auf die Inselexistenz. Dabei hat McLaverty weniger aktuelle politische Belange, etwa konfessionelle Streitigkeiten, im Auge als die psychische Entwicklung seiner Figuren, zumal das Heranwachsen Jugendlicher.

Anhang

Bio-bibliographische Hinweise

ADAMNÁN

Geb. um 624 Co. Donegal, gest. 23. 9. 704 Iona (Schottland). Irischer Chronist. Ausbildung in Clonard (Co. Meath). Aufnahme in das vom hl. Columcille gestiftete Kloster auf Iona, seit 679 Abt. 696 Besuch bei König Aldfrith von Northumbrien und Konversion zum römischen Osterdatum. Gründung irischer Kirchen und Klöster. Hauptwerke: *Vita Sancti Columbae* (vermutl. nach 679), *De locis sanctis.*

Æ (d. i. George Russell)

Geb. 10. 4. 1867 Lurgan (Co. Armagh), gest. 17. 7. 1935 Bournemouth (Dorset). Anglo-irischer Dichter, Künstler, Journalist und Agronom. Studium der Malerei an der Metropolitan School of Art, Dublin. 1887–98 Arbeit in einem Textilgeschäft. 1891–97 Mitglied einer theosophischen Kommune, 1898 Heirat mit einem englischen Medium. Ab 1898 Angestellter der Irish Agricultural Organisation Society (vgl. *Co-operation and Nationality*, 1912). 1904–23 Herausgeber der Wochenschrift *The Irish Homestead*, 1923-30 des *Irish Statesman.* Neben dem lyrischen Drama *Deirdre* (1902) Veröffentlichung zahlreicher Gedichtbände, darunter *Homeward* (1894), *The Earth Breath* (1897), *The Divine Vision* (1904) und *Voices of the Stones* (1925), sowie der Fantasy-Erzählungen *The Interpreters* (1922) und *The Avatars* (1933).

WILLIAM ALLINGHAM

Geb. 19. 3. 1824 Ballyshannon (Co. Donegal), gest. 18. 11. 1889 Hampstead, London. Anglo-irischer Lyriker. Nach achtjähriger Anstellung in der väterlichen Bank 1846 Zollbeamter. 1870 Umzug nach Chelsea in die Nähe seines Freundes Thomas Carlyle und Arbeit für *Fraser's Magazine*, dessen Leitung er 1874–79 innehatte. Zu seinen Gedichtbänden zählen *Poems* (1850), *Day and Night Songs* (1854), *Fifty Modern Poems* (1865), *Evil May Day* (1882), *Blackberries* (1884), *Irish Songs and Poems* (1887) und *Flower Pieces* (1888) sowie der Versroman *Laurence Bloomfield in Ireland* (1864).

John Banim (Pseudonym: Abel O'Hara)

Geb. 3.4.1798 Kilkenny, gest. 13.8.1842 ebd. Irischer Lyriker, Dramatiker und Romancier. Studierte 1813–18 an der Dubliner Kunstakademie Zeichnen. Nach der Inszenierung der Verstragödie *Damon and Pythias* (1821) am Covent Garden Umzug nach London und journalistische Tätigkeit. Schrieb mit seinem Bruder Michael *Tales by the O'Hara Family* (1825–27), darin *Cahoore of the Bill-Hook* (dt. *Der Zwerg*), *The Nowlans* (dt. *Das Haus Nowlan*) und *Peter of the Castle* (dt. *Peter aus der alten Burg*), sowie weitere Romane. Allein verfaßte er *The Boyne Water* (1826), *The Anglo-Irish of the XIXth Century* (1828), *The Denounced* (1830) und *The Smuggler* (1831). Eine Rückenmarkstuberkulose zwang ihn 1835 zur Rückkehr nach Kilkenny.

Michael Banim (Pseudonym: Barnes O'Hara)

Geb. 5.8.1796 Kilkenny, gest. 30.8.1874 Booterstown (Co. Dublin). Irischer Romanschriftsteller. Mußte sein Jurastudium abbrechen und die Leitung des väterlichen Geschäfts übernehmen. Ab 1841 einige Jahre Postmeister von Kilkenny. Schrieb mit seinem Bruder John *Tales by the O'Hara Family* (1825 bis 1827), *Father Connell* (1842) u. a. Allein verfaßte er die Romane *The Croppy* (1830), *The Ghost-Hunter and His Family* (1833; dt. *Der Geisterjäger*), *The Mayor of Windgap* (1835), *Clough Fionn* (1852) und *The Town of the Cascades* (1864).

Samuel Beckett

Geb. 13.4.(5.)1906 Foxrock (Co. Dublin), gest. 22.12.1989 Paris. Auf englisch und französisch schreibender anglo-irischer Romancier und Dramatiker des Absurden. 1920–23 Besuch der Portora Royal School Enniskillen, 1923–27 Romanistikstudium am Trinity College. 1927/28 Unterricht am Campbell College Belfast, 1928–30 Englischlektor an der École Normale Supérieure Paris, 1931/32 Französischdozent am Trinity College. 1932–37 Reisen und Aufenthalte in Europa, 1937 Niederlassung in Paris, dort zeitweise Sekretär von James Joyce. Betätigung in der Résistance und Flucht vor der Gestapo nach Vichy-Frankreich. 1945 Tätigkeit für das Irische Rote Kreuz. 1969 Nobelpreis für Literatur. Romane: *Murphy* (1938), *Watt* (1944), *Molloy* (1951), *Malone meurt* (1951; dt. *Malone stirbt*), *L'innommable* (1953; dt. *Der Namenlose*), *Comment c'est* (1961; dt. *Wie es ist*), *Mercier et Camier* (1970; dt. *Mercier und Camier*), *Dream of Fair to Middling Women* (postum 1992; dt. *Traum von mehr bis minder schönen Frauen*). Dramatische Werke: *En attendant Godot* (1952; dt. *Warten auf Godot*), *Fin de partie* (1957; dt. *Endspiel*), *Krapp's Last Tape* (1958; dt. *Das letzte Band*), *Happy Days* (1961; dt. *Glückliche Tage*), *Play* (1963; dt. *Spiel*) u. a. Lyrik: *Whoroscope* (1930), *Echo's Bones* (1935). Erzählende Prosa

u. a.: *More Pricks than Kicks* (1934; dt. *Mehr Prügel als Flügel), L'expulsé* (1946), *Nouvelles et textes pour rien* (1955), *Premier amour* (1970), *Company* (1980), *Mal vu mal dit* (1981), *Worstward Ho* (1983), *Stirrings Still* (1989).

Brendan Behan (Breandán Ó Beacháin)

Geb. 9. 2. 1923 Dublin, gest. 20. 3. 1964 ebd. Irischer Bühnenautor und Erzähler. Wuchs in einem Arbeiterviertel auf. Ab 1939 Mitglied der IRA. Wegen Sprengstoffbesitzes 1940/41 Inhaftierung in einer Jugendverwahranstalt in Suffolk (vgl. *Borstal Boy*, 1958). In Irland 1942 Verurteilung zu vierzehn Jahren Freiheitsentzug wegen Mordversuchs, nach der vorzeitigen Entlassung 1946 Arbeit als Anstreicher und Seemann. 1948–50 Aufenthalt in Paris, danach freier Schriftsteller. Theaterstücke: *The Quare Fellow* (1956; dt. *Der Spaßvogel*), *The Hostage* (1958; dt. *Die Geisel*), *Richard's Cork Leg* (postum 1973; dt. *Richards Korkbein*). Weitere Titel u. a.: *Brendan Behan's Island* (1962), *Hold Your Hour and Have Another* (1963), postum: *The Scarperer* (1964; dt. *Der Spanner*), *Brendan Behan's New York* (1964), *Confessions of an Irish Rebel* (1965; dt. *Bekenntnisse eines irischen Rebellen*), *After the Wake* (1981; dt. *Mrs. Murphys letzte Züge* und *Das gleiche noch mal!*).

George Berkeley

Geb. 12. 3. 1685 Dysart Castle b. Thomastown (Co. Kilkenny), gest. 14. 1. 1753 Oxford. Anglo-irischer Philosoph und Theologe. Hauptvertreter des subjektiven Idealismus. Nach dem Studium am Trinity College 1710 Ordination zum anglikanischen Geistlichen. 1724 Dekan in Derry, 1734 Bischof der Diözese Cloyne (Co. Cork). Zwischen 1713 und 1721 ausgedehnte Reisen durch England, Frankreich und Italien, 1728–31 Aufenthalt auf Rhode Island. Theoretische Schriften u. a.: *An Essay towards a New Theory of Vision* (1709; dt. *Versuch über eine neue Theorie des Sehens*), *A Treatise Concerning the Principles of Human Knowledge* (1710; dt. *Abhandlung über die Prinzipien der menschlichen Erkenntnis*), *Three Dialogues between Hylas and Philonous* (1713; dt. *Drei Dialoge zwischen Hylas und Philonous*).

George A. Birmingham (d. i. Canon James Owen Hannay)

Geb. 16. 7. 1865 Belfast, gest. 2. 2. 1950 London. Anglo-irischer Romanschriftsteller. Theologiestudium am Trinity College. Dienst in Delgany (Co. Wicklow) und Westport (Co. Mayo). Im Ersten Weltkrieg Feldkaplan der britischen Armee in Frankreich, danach Tätigkeit in Co. Kildare, Budapest, Mells (Somerset) und London. Veröffentlichte unter eigenem Namen theologische und autobiographische Schriften. Mehr als 80 satirische und humoristische Romane, darunter *The Seething Pot* (1905), *Hyazinth* (1906), *Benedict Kavanagh* (1907), *Spanish Gold* (1908), *The Search Party* (1909), *Lalage's Lovers* (1911), *The Red Hand of Ulster* (1912), *The Adventures of Dr. Whitty* (1913), *General John Regan* (1913; auch als Bühnenstück), *Up the Rebels!* (1919), *The Grand Duchess* (1924), *The Major's Candlesticks* (1929), *Millicent's Corner* (1935), *Appeasement* (1939).

Heinrich Böll

Geb. 21. 12. 1917 Köln, gest. 16. 7. 1985 Kreuzau-Langenbroich. Deutscher Erzähler, Hörspielautor, Essayist und Übersetzer. Linkskatholischer Moralist und Humanist. Nach abgebrochener Buchhändlerlehre, Kriegsdienst und Germanistikstudium ab 1951 freier Schriftsteller. Aufenthalte in Italien, Irland (vgl. *Irisches Tagebuch*, 1957), der Sowjetunion und den USA. 1964 Gastdozent für Poetik an der Universität Frankfurt am Main. 1971–74 Präsident des Internationalen PEN, 1972 Nobelpreis für Literatur. Zahlreiche Bände mit Kurzgeschichten und Aufsätzen. Romane und größere Erzählungen: *Der Zug war pünktlich* (1949), *Wo warst du, Adam?* (1951), *Und sagte kein einziges Wort* (1953), *Haus ohne Hüter* (1954), *Das Brot der frühen Jahre* (1955), *Billard um halb zehn* (1959), *Ansichten eines Clowns* (1963), *Entfernung von der Truppe* 1964), *Ende einer Dienstfahrt* (1966), *Gruppenbild mit Dame* (1971), *Die verlorene Ehre der Katharina Blum* (1974), *Fürsorgliche Belagerung* (1979), *Frauen vor Flußlandschaft* (1985), *Der Engel schwieg* (postum 1992).

Dion Boucicault

(d. i. Dionysius Lardner Boursiquot; Pseudonym: Lee Moreton)

Geb. 27. 12. 1820 oder 1822 Dublin, gest. 18. 9. 1890 New York. Anglo-irischer Bühnenschriftsteller, Schauspieler, Regisseur und Theaterdirektor. 1827 Umzug nach London. 1834 Bauingenieurlehrling, ab 1838 Wanderschauspieler. Mehrjähriger Aufenthalt in Frankreich. 1853 Umzug nach New York. Zu seinen mehr als 140 Bühnenwerken zählen *London Assurance* (1841; dt. *Im englischen Stil*), *The Irish Heiress* (1842), *Old Heads and Young Hearts* (1844), *A Lover by Proxy* (1845), *The School for Scheming* (1847), *The Corsican Brothers* (1848), *The Poor of New York* (1857), *Jessie Brown* (1858), *The Octoroon* (1859), *The Colleen Bawn* (1860), *Arragh-na-Pogue* (1864), *Rip Van Winkle* (1865), *After Dark* (1868), *Formosa* (1869) und *The Shaughraun* (1874).

Elizabeth Bowen

Geb. 7.6.1899 Dublin, gest. 22.2.1973 London. Anglo-irische Erzählerin und Romanschriftstellerin. Kindheit in Dublin und Bowenscourt (Co. Cork), Besuch eines Internats in Kent und Studium am Trinity College. 1918 Umzug nach London, wo sie im Bloomsbury-Kreis verkehrte. Ab 1923 Niederlassung in Oxford, ab 1935 wieder in London. 1952 Rückkehr nach Bowenscourt. Nach dem Verkauf des Anwesens 1959 abermaliger Umzug nach Oxford und Kent. Neben essayistischen und autobiographischen Büchern zehn Romane, darunter *The Last September* (1929), *To the North* (1932; dt. *Gen Norden*), *The House in Paris* (1935; dt. *Das Haus in Paris*), *The Death of the Heart* (1938; dt. *Der Tod des Herzens*), *A World of Love* (1955; dt. *Eine Welt der Liebe*), *The Little Girls* (1964; dt. *Die kleinen Mädchen*), *Eva Trout or Changing Scenes* (1968; dt. *Seine einzige Tochter*). Erzählbände: *Encounters* (1923), *Ann Lee's and Other Stories* (1926), *Joining Charles* (1929; dt. *Ein Abschied*), *The Cat Jumps* (1934), *Look at All Those Roses* (1941), *The Demon Lover* (1945; dt. *Der dämonische Liebhaber), A Day in the Dark* (1965).

Patrick Brontë
(d. i. Patrick Branty, Brunty, Prunty oder Pronteaigh)

Geb. 17.3.1777 Emdale b. Ballynaskeagh (Co. Down), gest. 7. 6.1861 Haworth (West Yorkshire). Irischer Lyriker, Vater der drei englischen Romanschriftstellerinnen Anne, Charlotte und Emily Brontë. Zunächst Handlanger eines Hufschmieds, Weber und Schulmeister, nach dem 1802 begonnenen Theologiestudium in Cambridge 1820–61 Pfarrer in Haworth. Lyriksammlungen: *Cottage Poems* (1811), *The Rural Minstrel* (1813) und *The Maid of Killarney* (1818).

Edmund Burke

Geb. 12.1.1729 Dublin, gest. 9.7.1797 Beaconsfield (Buckinghamshire). Irischer Politiker, Publizist und Pamphletist mit bedeutender Breitenwirkung auf den europäischen Konservatismus. 1741–44 Besuch der Quäkerschule Ballitore (Co. Kildare), 1744–48 Jurastudium am Trinity College, ab 1750 in Middle Temple, London. 1758–88 Herausgeber des *Annual Register*, 1761/62 Privatsekretär des irischen Chief Secretary, 1764 Gründungsmitglied des Literarischen Klubs in Soho, 1765 Privatsekretär des britischen Premierministers, 1766–94 Abgeordneter im britischen Unterhaus für Wendover, Bristol und Malton, 1782/83 Kriegszahlmeister. Philosophische und politische Schriften u. a.: *A Vindication of Natural Society* (1756), *A Philosophical Enquiry into the Origin of Our Ideas of the Sublime and the Beautiful* (1757; dt. *Philosophische Untersuchungen über den Ursprung unserer Begriffe vom Schönen und Erhabenen*),

Articles against Warren Hastings (1786), *Reflections on the Revolution in France and on the Proceedings in Certain Societies in London Relative to that Event* (1790; dt. *Betrachtungen über die Französische Revolution*).

William Carleton

Geb. 20.2.1794 Prolusk (Prillisk) b. Clogher (Co. Tyrone), gest. 30.1.1869 Dublin. Irischer Erzähler. Besuchte nur Heckenschulen und ließ seinen Wunsch, katholischer Priester zu werden, nach einer Pilgerfahrt zum Lough Derg fallen. Heiratete in Dublin eine Protestantin, konvertierte und verfaßte für das antikatholische Blatt *The Christian Examiner* Skizzen aus dem irischen Landleben, mit denen er großen Erfolg hatte. Zahlreiche Erzählungen und Romane, darunter *Traits and Stories of the Irish Peasantry* (5 Bde., 1830–33; dt. *Familienschlacht in Knockimdowney. Erzählungen aus dem irischen Landleben), Tales of Ireland* (1834), *Fardorougha the Miser* (1839), *Valentine McClutchy, the Irish Agent* (1845), *Rody the Rover or The Ribbon Man* (1845), *Parra Sastha* (1845), *The Black Prophet. A Tale of the Irish Famine* (1847; dt. *Der schwarze Prophet. Aus den Zeiten irischer Hungersnot*), *The Emigrants of Aghadarra* (1847), *The Tithe Proctor* (1849), *The Squanders of Castle Squander* (1852), *Willy Reilly and His Dear Colleen Bawn* (1855), *The Evil Eye* (1860), *Redmond Count O'Hanlon, the Irish Rapparee* (1862).

Joyce Cary

Geb. 7.12.1888 Derry, gest. 29.3.1957 Oxford. Anglo-irischer Romancier. Kindheit in Derry (vgl. *A House of Children*, 1941), Schulbesuch in Tunbridge Wells und Bristol, 1904 Studium der Malerei in Edinburgh und Paris, 1909–12 Jurastudium in Oxford. 1912/13 Sanitätsdienst während der Balkankriege, anschließend Eintritt in den nigerianischen Kolonialdienst. 1915/16 Teilnahme am Kamerunfeldzug. 1920 als dienstuntauglich entlassen und Rückkehr nach Oxford, wo er bis zu seinem Tod lebte. 1943 und 1946 Reisen nach Ostafrika und Indien, 1949–55 Vortragsreisen in den USA. Romane u.a.: *Aissa Saved* (1932; dt. *Aissa gerettet*), *The African Witch* (1936; dt. *Ein schwarzer Prinz*), *Mister Johnson* (1939; dt. *Mister Johnson*), *Charley Is My Darling* (1940; dt. *Vielgeliebter Charley*), *Herself Surprised* (1941; dt. *Frau Mondays Verwandlungen*), *To Be A Pilgrim* (1942; dt. *Im Schatten des Lebens*), *The Horse's Mouth* (1944; dt. *Des Pudels Kern*), *Prisoner of Grace* (1952; dt. *Auf Gnade und Ungnade*), *Except the Lord* (1953; dt. *Chester Nimmo*), *Not Honour More* (1955; dt. *Spiel ohne Ehre*).

Erskine Childers

Geb. 25.6.1870 London, gest. 24.11.1922 Dublin. Anglo-irischer Romanautor, Militärhistoriker und -theoretiker. Schulbesuch in Haileybury und Cambridge, Studium am Trinity College. 1895–1910 Schreiber im britischen Unterhaus. Im Burenkrieg verwundet. Juli 1914 Waffenschmuggel von Deutschland nach Howth. 1914–18 im Geheimdienst der britischen Marine. 1917 Leitung des Sekretariats der Irish Convention. Teilnahme an der Versailler Friedenskonferenz. 1919–21 in der revolutionären Gegenregierung für Öffentlichkeitsarbeit verantwortlich und Herausgeber der Zeitung *Poblacht na h-Éireann*. 1921 Chefsekretär der irischen Delegation bei den Londoner Friedensverhandlungen. Während des Bürgerkriegs auf seiten der republikanischen Freischärler, im November 1922 wegen Waffenbesitzes verhaftet und hingerichtet. Bekannt für seinen Spionagethriller *The Riddle of the Sands* (1903; dt. *Das Rätsel der Sandbank*).

Padraic Colum (d. i. Patrick Colum)

Geb. 8.12.1881 Longford, gest. 11.1.1972 Enfield (Connecticut). Irischer Erzähler, Dichter, Dramatiker, Kritiker, Essayist und Folklorist. Trat dem neugegründeten Abbey Theatre bei und schloß sich der Irischen Literarischen Renaissance an. 1914 Emigration in die USA, 1930–33 Aufenthalt in Paris und Nizza. Autor von 61 Büchern, darunter die Schauspiele *Broken Soil* (1903), *The Land* (1905), *The Fiddler's House* (1907), *Thomas Muskerry* (1910), der Roman *The Flying Swans* (1957; dt. *Ziehende Schwäne*) und Nacherzählungen klassischer Mythen und Legenden: *The King of Ireland's Son* (1916; dt. *Der Königssohn von Irland*), *The Frenzied Prince* (1943; dt. *Prinz Suivné. Heldensagen aus dem alten Irland*). Lyrikbände u. a.: *Wild Earth* (1907) und *Irish Elegies* (1958).

William Congreve (Pseudonym: Cleophil)

Geb. 24.1.1670 Bardsey b. Leeds (West Yorkshire), gest. 19.1.1729 London. Englischer Dramatiker. Der Offizierssohn kam als Vierjähriger nach Irland, wo er Kilkenny College und Trinity College besuchte. Nach der Rückkehr nach England 1691 kurzfristig Aufnahme eines Jurastudiums in London. Freundschaft mit Jonathan Swift, Richard Steele, John Dryden und Alexander Pope. Lebte nach 1704 von mehreren Sinekuren. Außer dem frühen Roman *Incognita or Love and Duty Reconciled* (1691; dt. *Incognita oder die Versöhnung von Liebe und Pflicht*) und der Tragödie *The Mourning Bride* (1697; dt. *Die trauernde Braut*) die Lustspiele *The Old Bachelor* (1693; dt. *Der alte Junggeselle*), *The Double-Dealer* (1693; dt. *Der Arglistige*), *Love for Love* (1695; dt. *Liebe für Liebe*) und *The Way of the World* (1700; dt. *Der Lauf der Welt*).

Daniel Corkery

Geb. 14. 2. 1878 Cork, gest. 31. 12. 1964 Passage West (Co. Cork). Irischer Gelehrter, Bühnenautor und Erzähler. Nach Ausbildung in Cork und Dublin Schullehrer und Schulrat in Cork. 1908 Mitbegründer der Cork Dramatic Society. 1931–47 Professor für Englische Literatur am University College Cork. 1951–54 Mitglied des irischen Senats, 1952–56 des irischen Arts Council. Auf den Roman *The Threshold of Quiet* (1917) folgten die Erzählbände *A Munster Twilight* (1916), *The Hounds of Banba* (1920), *The Stormy Hills* (1929), *Earth out of Earth* (1939) und *The Wager* (1950). Theaterstücke: *The Labour Leader* (1919), *The Yellow Bittern* (1920), *Resurrection* (1924), *Fohnam the Sculptor* (postum 1973). Kritische Studien: *The Hidden Ireland. A Study of Gaelic Munster in the Eighteenth Century* (1925), *Synge and Anglo-Irish Literature* (1931), *The Fortunes of the Irish Language* (1954).

Thomas Crofton Croker

Geb. 15. 1. 1798 Cork, gest. 8. 8. 1854 Brompton, London. Irischer Märchensammler und Folklorist. 1813–18 Lehrling in einem Corker Handelshaus, 1818–50 Beamter der britischen Admiralität in London. 1830 Heirat mit Marianne Nicholson, die 1832 unter seinem Namen die humoristischen Romane *The Adventures of Barney Mahoney* und *My Village Versus Our Village* veröffentlichte. Ab 1827 Mitglied der Society of Antiquaries, Mitbegründer der Camden Society (1839), der Percy Society (1840) und der British Archaeological Association (1843). Auf unzähligen Streifzügen durch den Süden Irlands sammelte er als erster irische Märchen und Sagen: *Researches in the South of Ireland* (1824), *Fairy Legends and Traditions of the South of Ireland* (2 Bde., 1825–28; dt. *Irische Elfenmärchen*), *Legends of the Lakes or Sayings and Doings at Killarney* (1829).

Cecil Day-Lewis (Pseudonym: Nicholas Blake)

Geb. 27. 4. 1904 Ballintubbert (Co. Laois), gest. 22. 5. 1972 Hadley Common (Hertfordshire). Anglo-irischer Lyriker und Romancier. 1923–27 Studium am Wadham College Oxford und Anschluß an den Kreis um W. H. Auden und Stephen Spender. Danach Englischlehrer in Oxford, Helensburgh und Cheltenham. Ab 1935 freier Schriftsteller und Mitglied der Kommunistischen Partei (bis 1939). 1951–55 Professor für Poetik in Oxford. 1968 als Nachfolger von John Masefield zum Poeta laureatus ernannt. Gedichtbände u. a.: *Beechen Vigil* (1925), *Transitional Poem* (1929), *From Feathers to Iron* (1931), *The Magnetic Mountain* (1933), *A Time to Dance* (1935), *Ouvertures to Death* (1938), *Pegasus* (1957), *The Gate* (1962), *Requiem for the Living* (1964), *The Whispering Roots* (1970). Außerdem die Romane *The Friendly Tree* (1936), *Starting Point* (1937) und *Child of Misfortune* (1939) sowie die Autobiographie *The Buried Day* (1960). Unter seinem Pseudonym veröffentlichte er rund 20 Kriminalromane, darunter *A Question of Proof* (1935), *The Beast Must Die* (1938; dt. *Mein Verbrechen*), *The Whisper in the Gloom* (1954), *The Private Wound* (1958) und *Tangled Web* (1965).

Maria Edgeworth

Geb. 1.1.1767 oder 1768 Black Bourton (Oxfordshire), gest. 22.5.1849 Edgeworthstown (Co. Longford). Anglo-irische Romanschriftstellerin, Essayistin und Kinderbuchautorin. Erstes von zweiundzwanzig Kindern (aus vier Ehen) des Pädagogen und Erfinders Richard Lovell Edgeworth. Übernahm nach dem Tod des Vaters 1817 die Leitung des Landguts in Edgeworthstown. Nach *Letters for Literary Ladies* (1795) veröffentlichte sie *The Parent's Assistant or Stories for Children* (1796, 1800), *Early Lessons* (1801) und *Moral Tales for Young People* (1801) sowie gemeinsam mit ihrem Vater *Essays on Practical Education* (1798) und *Essay on Irish Bulls* (1802). Auf den Roman *Castle Rackrent* (1800; dt. *Schloß Rackrent oder Meine hochgeborene Herrschaft*) folgten *Belinda* (1801), *The Modern Griselda* (1805), *Leonora* (1806), *Ennui* (1809), *The Absentee* (1812; dt. *Der Lord außer Landes*), *Patronage* (1814), *Harrington* (1817), *Ormond* (1817) und *Helen* (1834).

George Farquhar

Geb. 1677 oder 1678 Derry, gest. 29.4.1707 London. Anglo-irischer Dramatiker. Der Sohn eines anglikanischen Geistlichen studierte 1694/95 am Trinity College, bevor er am Smock Alley Theatre Schauspieler wurde. 1697 ging er nach London, wo er mit wechselndem Erfolg Lustspiele schrieb: *Love and a Bottle* (1698), *The Constant Couple or a Trip to the Jubilee* (1699; dt. *Der Ring*), *Sir Harry Wildair* (1701), *The Inconstant* (1702), *The Twin Rivals* (1702), *The Stage-Coach* (1703). 1704 diente er als Leutnant in Holland, 1705 als Werbeoffizier in Shropshire. Seine besten und bekanntesten Stücke, *The Recruiting Officer* (1706; dt. *Der Werbeoffizier*) und *The Beaux' Stratagem* (1707, dt. *Liebes-Schlachten-Lenker* bzw. *Zwei Stutzer schlagen zu*), weisen den Weg zum Drama der englischen Aufklärung.

Michael Farrell

Geb. 19.9.1899 Carlow, gest. Juni 1962 Dublin. Irischer Journalist und Romanautor. Nach zweimaligem Anlauf zum Medizinstudium am University College und Trinity College sowie Wanderungen durch Frankreich und Tätigkeit als Schiffsinspektor im Belgisch-Kongo jahrzehntelange Arbeit an dem historischen Roman *Thy Tears Might Cease* (postum 1963) und Anstellung bei Raidió Éireann als Drehbuchautor, Produzent und Moderator.

Samuel Ferguson

Geb. 10.3.1810 Belfast, gest. 9.8.1886 Howth (Co. Dublin). Irischer Dichter und Gelehrter, »Vater der Irischen Literarischen Renaissance«. Nach einem Studium am Trinity College 1838–67 Tätigkeit als Rechtsanwalt. 1867 Deputy Keeper of Public Records of Ireland, 1878 für seine Verdienste in den Ritterstand erhoben. 1881–86 Präsident der Royal Irish Academy. Von Haus aus Unionist, gründete er die Protestant Repeal Association und setzte sich für das Junge Irland von Thomas Davis ein. Werke u.a.: *Lays of the Western Gael* (1865), *Congal. A Poem in Five Books* (1872), *Poems* (1880), *The Forging of the Anchor* (1883), *Hibernian Nights' Entertainment* (postum 1887), *Ogham Inscriptions in Ireland, Wales, and Scotland* (postum 1887).

Percy French

Geb. 1.5.1854 Cloonyquin b. Tulsk (Co. Roscommon), gest. 24.1.1920 Formby (Lancashire). Anglo-irischer Humorist, Librettist, Komponist, Aquarellmaler und Entertainer. 1872–81 Studium am Trinity College, danach sechsjährige Tätigkeit als Entwässerungsingenieur in Co. Cavan. 1889–91 Herausgeber der humoristischen Zeitschrift *The Jarvey*. Satirische Prosastücke finden sich in *The First Lord Liftinant and Other Tales* (1890).

Oliver St. John Gogarty

Geb. 17.8.1878 Dublin, gest. 22.9.1957 New York. Anglo-irischer Chirurg, Schriftsteller und Politiker, bekannt für geistreiche Erzählkunst und Sportlichkeit. Nach dem Besuch mehrerer Internate in Irland und England Medizinstudium am Trinity College, in Oxford und Wien. 1922–36 Mitglied des irischen Senats. 1937 Emigration nach London, 1939 nach New York. Gedichtbände u.a.: *An Offering of Swans* (1923), *Wild Apples* (1928), *Others to Adorn* (1938), *Elbow Room* (1939), *Perennial* (1946). Hervorzuheben sind der Roman *Tumbling in the Hay* (1939) sowie die Autobiographien *As I Was Going Down Sackville Street* (1937) und *Rolling Down the Lea* (1950).

Oliver Goldsmith

Geb. 10. 11. 1728 vermutlich Pallas (Co. Longford), gest. 4. 4. 1774 London. Anglo-irischer Dichter, Lustspielautor, Romancier, Essayist, Historiker, Biograph und Journalist. Der Sohn eines anglikanischen Landpfarrers wuchs in Lissoy (Co. Westmeath) auf, studierte Theologie am Trinity College (1745–49) sowie Medizin in Edinburgh (1752–54) und Leiden (1754/55). 1755/56 Wanderung durch Frankreich, Deutschland, die Schweiz und Italien. Anschließend Tätigkeit als Apothekengehilfe, Arzt, Lehrer und Journalist in London, wo er dem Kreis um Samuel Johnson und Edmund Burke beitrat. Werke u. a.: *An Enquiry into the Present State of Polite Learning in Europe* (1759), *The Citizen of the World or Letters from a Chinese Philosopher, Residing in London, to His Friends in the East* (1762; dt. *Der Weltbürger oder Briefe eines in London weilenden chinesischen Philosophen an seine Freunde im fernen Osten*), *The Traveller or A Prospect of Society* (1764; dt. *Der Reisende*), *The Vicar of Wakefield* (1766; dt. *Der Landprediger von Wakefield*), *The Good-Natured Man* (1768; dt. *Der Universalfreund*), *The Deserted Village* (1770; dt. *Das entvölkerte Dorf*), *She Stoops to Conquer; or, The Mistakes of a Night* (1773; dt. *Irrtümer einer Nacht* bzw. *Eine Nacht der Täuschungen*).

Eva Gore-Booth

Geb. 22. 5. 1870 Lissadell House b. Carney (Co. Sligo), gest. 30. 6. 1926 Manchester. Anglo-irische Dichterin. War dreißig Jahre lang als Sozialarbeiterin und Frauenrechtlerin in Manchester tätig. Lyrik und Lesedramen in *Poems of Eva Gore-Booth* (postum 1929).

Alfred Perceval Graves

Geb. 22. 7. 1846 Dublin, gest. 27. 12. 1931 Harlech (Gwynedd). Anglo-irischer Balladendichter. Der Sohn des anglikanischen Bischofs von Limerick wurde nach dem Studium am Trinity College Beamter des britischen Innenministeriums und Schulrat und trat mit humoristischen Versen und Balladen hervor. Veröffentlichungen u. a.: *Songs of Killarney* (1873), *Irish Songs and Ballads* (1880), *Father O'Flynn* (1889), *The Postbag. A Lesson in Irish* (1902), *An Irish Fairy Book* (1909), *Songs of the Gael* (1925), *Irish Doric in Song and Story* (1926) sowie die Autobiographie *To Return to all That* (1930).

Isabella Augusta Gregory
(geb. Persse; Lady Gregory)

Geb. 15. 3. 1852 Roxborough House b. Loughrea (Co. Galway), gest. 22. 5. 1932 Coole Park b. Gort (Co. Galway). Anglo-irische Folkloristin, Dramatikerin und Übersetzerin. 1880 Heirat mit Sir William Gregory, dessen Anwesen Coole sie nach seinem Tod 1892 und der ersten Begegnung mit W. B. Yeats 1896 zum geselligen Mittelpunkt der Irischen Literarischen Renaissance machte. 1904–28 Ko-Direktorin des von ihr mitbegründeten Abbey Theatre. Schauspiele u. a.: *The Rising of the Moon* (1904; dt. *Nun steigt für uns der Mond*), *The Gaol-Gate* (1906; dt. *Das Gefängnistor*), *The Workhouse Ward* (1909; dt. *Das Armenhaus*), *Irish Folk History Plays* (2 Bde., 1912), *New Comedies* (1913), *The Golden Apple* (1916), *The Image* (1922), *Three Wonder Plays* (1923), *Three Last Plays* (1928). Mythen und Volksdichtung: *Cuchulain of Muirthemne* (1902), *Poets and Dreamers* (1903), *Gods and Fighting Men* (1904), *A Book of Saints and Wonders* (1906), *The Kiltartan History Book* (1909), *The Kiltartan Wonder Book* (1910), *The Kiltartan Poetry Book* (1918), *Visions and Beliefs in the West of Ireland* (2 Bde., 1920).

Douglas Hyde
(Dubhghlas de hÍde; Pseudonym: An Craoibhín Aoibhinn)

Geb. 17. 1. 1860 Castlerea (Co. Roscommon), gest. 12. 7. 1949 Dublin. Irischer Dichter, Folklorist, Übersetzer, Gelehrter und Staatsmann. 1880–88 Theologie- und Jurastudium am Trinity College. 1890/91 Professor für moderne Sprachen an der New Brunswick State University. 1892 Antrittsvorlesung als Präsident der National Literary Society über »The Necessity for De-Anglicising Ireland«. 1893 Mitbegründer und (bis 1915) erster Präsident der Gälischen Liga, 1904 Mitbegründer des Abbey Theatre. 1909–32 erster Lehrstuhlinhaber für modernes Irisch am University College Dublin. 1925/26 Mitglied des irischen Senats, 1938–45 erster Präsident Irlands. Werke u. a.: *Leabhar Scéalaigheachta* (1889), *Beside the Fire. A Collection of Irish Gaelic Folk Stories* (1890), *Love Songs of Connacht* (1893), *The Story of Early Gaelic Literature* (1895), *A Literary History of Ireland from the Earliest Times to the Present Day* (1899), *Songs Ascribed to Raftery* (1903), *Religious Songs of Connacht* (2 Bde., 1906), *Legends of Saints and Sinners* (1916) sowie mehrere Einakter, darunter *Casadh an tSúgáin* (1901).

Johannes Scotus Eriugena

Geb. um 810 Irland, gest. 877 Frankreich oder England. Irischer Theologe und Philosoph. Nach der Ausbildung in irischen Klöstern seit etwa 850 Leiter der Hofschule Karls des Kahlen, später Vorsteher der von König Alfred gestifteten

Oxforder Akademie. Wurde mit seinen Hauptwerken *De praedestinatione* und *De divisione naturae* (862–66) zum bedeutendsten Denker des Frühmittelalters zwischen dem hl. Augustinus und dem Scholastiker Anselm von Canterbury. 1225 Verurteilung seiner Lehre durch Papst Honorius III.

James Joyce

Geb. 2.2.1882 Dublin, gest. 13.1.1941 Zürich. Einer der Großmeister des modernen Romans im 20. Jahrhundert. 1888–91 und 1893–98 Besuch der Jesuitenkollegs Clongowes Wood College Clane (Co. Kildare) und Belvedere College Dublin. 1898–1902 Fremdsprachenstudium am University College Dublin und erste Schreibversuche (Übersetzungen, Kritiken, Gedichte und »Epiphanien«). 1902 Aufbruch nach Paris, seit Oktober 1904 endgültiges »Exil« auf dem Kontinent: 1905–15 Triest, 1915–18 Zürich, 1920–39 Paris, 1939–41 Zürich. Nach anfänglichem Englischunterricht an einer Sprachschule in Triest freier Schriftsteller. Seit 1917 schweres Augenleiden und periodisches Erblinden. 1931 Heirat mit seiner langjährigen Lebensgefährtin Nora Barnacle. Werke: *Chamber Music* (1907; dt. *Kammermusik*), *Gas from a Burner* (1912), *Dubliners* (1914; dt. *Dubliner*), *A Portrait of the Artist as a Young Man* (1916; dt. *Ein Porträt des Künstlers als junger Mann*), *Exiles* (1918; dt. *Verbannte*), *Ulysses* (1922; dt. *Ulysses*), *Pomes Penyeach* (1927; dt. *Am Strand von Fontana*), *Finnegans Wake* (1939; dt. *Finnegans Wehg*), *Stephen Hero* (postum 1944; dt. *Stephen der Held*), *The Critical Writings* (postum 1959), *The Cat and the Devil* (postum 1965; dt. *Die Katze und der Teufel*), *Giacomo Joyce* (postum 1968).

Patrick Kavanagh

Geb. 21.10.1904 Iniskeen (Co. Monaghan), gest. 30.11.1967 Dublin. Bedeutendster irischer Lyriker zwischen W. B. Yeats und Seamus Heaney. Ging mit dreizehn Jahren von der Schule ab und arbeitete als Schuster und Bauer. Nach Veröffentlichung des Gedichtbands *The Ploughman* (1936) und der Autobiographie *The Green Fool* (1938) Umzug nach Dublin, Arbeit als Rezensent und Kolumnist. Gemeinsam mit seinem Bruder Herausgeber von *Kavanagh's Weekly*. Weitere Titel u. a.: *The Great Hunger* (1942), *A Soul for Sale* (1947), *Tarry Flynn* (Roman, 1948), *Come Dance with Kitty Stobling* (1960), *Lough Derg* (postum 1978).

Charles J. Kickham

Geb. 9.5.1828 Cnoicín a' Ghabha (heute Mocklershill) b. Mullinahone (Co. Tipperary), gest. 22.8.1882 Blackrock (Co. Dublin). Irischer Lyriker und Romanschriftsteller. Wegen Teilnahme an der revolutionären Bewegung der Fenier

1865 zu vierzehn Jahren Haft verurteilt, von denen er vier verbüßte. Romane u. a.: *Sally Cavanagh or The Untenanted Graves* (1869) und *Knocknagow or The Homes of Tipperary* (1879).

T. E. Lawrence

Geb. 15. 8. 1888 Tremadog (Gwynned), gest. 19. 5. 1935 bei einem Motorradunfall zwischen Clouds Hill und Bovington Camp (Dorset). Englischer Archäologe, Soldat, Agent und Schriftsteller. Der uneheliche Sohn des Anglo-Iren Thomas Robert Tighe Chapman und der Gouvernante Sarah Dunner wurde noch zu Lebzeiten zur Legende: Als »Lawrence von Arabien« nahm er im britischen Auftrag am Freiheitskampf der Araber gegen die osmanische Herrschaft teil, den er in *The Seven Pillars of Wisdom* (Privatdruck 1926, postum 1935; dt. *Die sieben Säulen der Weisheit*) schildert. Ab 1907 Studium der Geschichte, Orientalistik und Archäologie in Oxford, 1909 Expedition nach Syrien, 1919 Fellow am All Souls' College Oxford, 1922/23 unter dem Pseudonym John Hume Ross Flieger bei der RAF, 1923–26 als T. E. Shaw im Panzerkorps, 1926–35 wieder bei der RAF. Weitere Werke: *Revolt in the Desert* (1927), *Crusader Castles* (postum 1936), *The Mint* (Privatdruck 1936, postum 1955).

Francis Ledwidge

Geb. 19. 8. 1887 Slane (Co. Meath), gest. 31. 7. 1917 Boesinghe (Belgien). Irischer Lyriker. Nach Teilnahme an Feldzügen der britischen Armee in der Türkei, Griechenland und Serbien sowie Lazarettaufenthalten in Ägypten und in Manchester fiel er in der dritten Schlacht um Ypern. Gefördert von Lord Dunsany, erlebte Ledwidge noch die Veröffentlichung seiner beiden Gedichtbände *Songs of the Field* (1915) und *Songs of Peace* (1917). Postum erschien *Last Songs* (1918).

Joseph Sheridan Le Fanu

Geb. 28. 8. 1814 Dublin, gest. 7. 2. 1873 Dublin. Anglo-irischer Romancier und Erzähler. 1833-37 Jurastudium am Trinity College. Ab 1839 Journalist und freier Schriftsteller. Gründer des *Dublin Evening Mail* und 1861–69 Herausgeber des *Dublin University Magazine*. Romane: *The Cock and Anchor* (1845), *The Fortunes of Torlogh O'Brien* (1847), *The House by the Churchyard* (1863; dt. *Das Haus beim Kirchhof*), *Uncle Silas. A Tale of Bartram-Haugh* (1864; dt. *Onkel Silas oder Das verhängnisvolle Erbe*), *Wylder's Hand* (1864), *Guy Deverell* (1865), *All in the Dark* (1866), *The Tenants of Malory* (1867), *Haunted Lives* (1868), *A Lost Name* (1868), *The Wyvern Mystery* (1869), *Checkmate*

(1871), *The Rose and Key* (1871), *The Room in the Dragon Volant* (1872), *Morley Court* (1873), *Willing to Die* (1873). Erzählungen u. a.: *Ghost Stories and Tales of Mystery* (1851), *In a Glass Darkly* (1872).

Patrick MacGill

Geb. 25. 12. 1889 Glenties (Co. Donegal), gest. 23. 11. 1963 Miami (Florida). Irischer Lyriker und Romancier. Ging mit vierzehn Jahren als Erntehelfer nach Schottland. Später Journalist und Bibliothekar. Im Ersten Weltkrieg Schütze bei den London Irish Rifles. Kriegsromane: *The Amateur Army* (1915), *The Great Push. An Episode of the Great War* (1916), *The Red Horizon* (1916), *The Brown Brethren* (1917) und *The Diggers* (1919). Die sozialkritischen Romane *The Children of the Dead End* (1914) und *The Rat Pit* (1915) geben Auskunft über irische Arbeitsmigranten. Weitere Romane u. a.: *Lanty Hanlon* (1922), *The Glen of Carra* (1934) und *Helen Spenser* (1937). Gedichtbände: *Gleanings from a Navvy's Scrapbook* (1911), *Songs of a Navvy* (1911), *Songs of the Dead End* (1912) und *Soldier Songs* (1917).

Walter Macken

Geb. 3. 5. 1915 Galway, gest. 22. 4. 1967 ebd. Irischer Schauspieler, Dramatiker und Romancier. Wirkte als Darsteller, Regisseur, Direktor und Autor am irischsprachigen Theater An Taibhdhearc na Gaillimhe und am Abbey Theatre. Daneben Bühnenrollen in London und New York und Filmrollen. Romantrilogie: *Seek the Fair Land* (1959; dt. *Sie sollen uns nicht haben*), *The Silent People* (1962; dt. *Irland schweigt*) und *The Scorching Wind* (1964). Weitere Romane u. a.: *Quench the Moon* (1948), *Rain on the Wind* (1950; dt. *Frisch weht der Wind*), *The Bogman* (1952; dt. *Cahal*), *Sunset on the Window Panes* (1954; dt. *Wer Augen hat zu sehen*). Erzählbände: *The Green Hills* (1956), *God Made Sunday* (1962; dt. *Gott schuf den Sonntag*), *The Coll Doll* (postum 1969). Theaterstücke: *Mungo's Mansions* (1946), *Vacant Possession* (1948), *Home is the Hero* (1952), *Twilight of a Warrior* (1955), *The Voices of Doolin* (1960). Kinderbücher: *Island of the Great Yellow Ox* (1966; dt. *Auf der Spur des goldenen Ochsen*), *The Flight of the Doves* (postum 1968; dt. *Dreißig Minuten Vorsprung*).

Brinsley MacNamara (d. i. John Weldon)

Geb. 6. 9. 1890 Ballinacor, Hiskinstown, b. Delvin (Co. Westmeath), gest. 4. 2. 1963 Dublin. Irischer Romancier und Dramatiker. Löste mit seinem ersten Roman *The Valley of the Squinting Windows* (1918) einen Skandal aus. 1919 produzierte das Abbey Theatre *The Rebellion in Ballycullion*, es folgten die Bühnenstücke *The Land for the People* (1920), *The Glorious Uncertainty*

(1923), *Look at the Heffernans!* (1926), *The Master* (1928), *Margaret Gillan* (1933), *The Grand House in the City* (1936), *The Three Thimbles* (1941) und *Marks and Mabel* (1945). Weitere Romane: *The Clanking of Chains* (1920), *The Irishman* (1920), *The Mirror in the Dusk* (1921), *The Various Lives of Marcus Igoe* (1929), *Return to Ebentheever* (1930), *Michael Caravan* (1946). Erzählbände: *The Smiling Faces* (1929) und *Some Curious People* (1945), *The Whole Story of the X.Y.Z.* (Novelle, 1951).

Louis MacNeice

Geb. 12. 9. 1907 Belfast, gest. 3. 9. 1963 London. Irischer Lyriker. 1926–30 Studium am Merton College Oxford, 1930–36 Dozent für Klassische Philologie in Birmingham, 1936–40 in London, 1940/41 USA-Aufenthalt, 1941–61 Produzent bei der BBC. Neben Reisebüchern (*Letters from Iceland*, 1937), Literaturkritik (*The Poetry of W. B. Yeats*, 1941), Hörspielen (*The Dark Tower*, 1946), dem Roman *Roundabout Way* (1932) und der unvollendeten Autobiographie *The Strings Are False* (postum 1965) u. a. die folgenden Gedichtbände: *Blind Fireworks* (1929), *Autumn Journal* (1939), *Holes in the Sky* (1947), *Autumn Sequel* (1954), *Visitations* (1957), *Astrology* (1964; dt. *Astrologie*).

James Macpherson

Geb. 27. 10. 1736 Ruthven (Invernesshire), gest. 17. 2. 1796 Belville (Invernesshire). Schottischer Dichter. Studium in Aberdeen und Edinburgh. Nach dem Mißerfolg seines Heldengedichts *The Highlander* (1758) brachte der Hauslehrer *Fragments of Ancient Poetry, Collected in the Highlands of Scotland and Translated from the Gaelic or Erse Language* (1760; dt. *Bruchstücke alter Dichtung, im schottischen Hochland gesammelt und aus dem Gälischen oder Ersischen übersetzt*) und, angeblich in seiner Eigenschaft als englischer Übersetzer des gälischen Barden Ossian, die Sammlungen *Fingal. An Ancient Epic Poem* (1762; dt. *Fingal, ein Heldengedicht*) und *Temora. An Ancient Epic Poem* (1763) heraus. Seine zum Teil auf irischen Sagen und Balladen beruhenden Ossian-Dichtungen übten trotz des früh erhobenen Vorwurfs der Fälschung in ganz Europa beispiellose Wirkung aus.

James Clarence Mangan

Geb. 1. 5. 1803 Dublin, gest. 20. 6. 1849 ebd. Irischer Dichter und Übersetzer. Der Sohn eines verarmten Krämers lebte in elenden Verhältnissen. Anstellung in einer Anwaltskanzlei und in der Bibliothek von Trinity College, ab 1838 Kopist im irischen Landvermessungsamt. Zu Lebzeiten erschien lediglich seine *Anthologia Germanica* (2 Bde., 1845). Postum: *The Poets and Poetry of Munster* (1849), *Poems* (1903), *The Prose Writings* (1904), *Autobiography* (1968).

CONSTANCE MARKIEVICZ (geb. Gore-Booth)

Geb. 4. 2. 1868 London, gest. 15. 7. 1927 Dublin. Irische Revolutionärin. 1896 Gründung der Gesellschaft zur Durchsetzung des Frauenwahlrechts in Sligo. Studium der Malerei in London und Paris. 1900 Heirat mit dem polnischen Grafen Casimir de Markievicz. 1908 Mitglied von Inghínidhe na hÉireann (»Töchter Erins«) und Sinn Féin (»Wir selbst«). 1909 Gründung der republikanischen Pfadfinderorganisation Fianna Éireann. Beteiligte sich 1913 als Suppenköchin am Dubliner Arbeitskampf, 1916 als Leutnant der Irischen Bürgerarmee am Osteraufstand. Umwandlung der Todesstrafe in lebenslängliche Haft, 1917 amnestiert. 1918 erste Abgeordnete im britischen Parlament, 1919 erster weiblicher Arbeitsminister der Welt. Im Bürgerkrieg auf seiten der Republikaner. Veröffentlichung: *Prison Letters of the Countess Markievicz* (postum 1934).

VIOLET MARTIN (Pseudonym: Martin Ross)

Geb. 11. 6. 1862 Ross House, Moycullen b. Oughterard (Co. Galway), gest. 21.12.1915 Cork an den Spätfolgen eines siebzehn Jahre zuvor erlittenen Jagdunfalls. Anglo-irische Reise- und Romanschriftstellerin. Nach der ersten Begegnung mit ihrer Cousine Edith Œnone Somerville 1886 Beginn einer fruchtbaren literarischen Partnerschaft unter dem Signum »Somerville and Ross«. Gemeinsam verfaßte Romane und Erzählungen: *An Irish Cousin* (1889), *Naboth's Vineyard* (1891), *The Real Charlotte* (1894; dt. *Die wahre Charlotte*), *The Silver Fox* (1897), *Some Experiences of an Irish R. M.* (1899), *Further Experiences of an Irish R. M.* (1908), *Dan Russel the Fox* (1911), *The Story of the Discontented Little Elephant* (1912), *In Mr. Knox's Country* (1915). Daneben Reisebücher.

CHARLES ROBERT MATURIN (Pseudonym: Dennis Jasper Murphy)

Geb. 25. 9. 1782 Dublin, gest. 30. 10. 1824 ebd. Irischer Romancier und Dramatiker hugenottischer Abstammung. Wurde mit *Melmoth the Wanderer* (1820; dt. *Melmoth der Wanderer*) zum Begründer des irischen Schauerromans. 1798 bis 1800 Studium der Klassischen Philologie am Trinity College, anschließend Empfang der heiligen Weihen. 1804 anglikanischer Kurat in Loughrea (Co. Galway), 1805–24 an St. Peter's Church, Dublin. Romane: *The Family of Montorio or The Fatal Revenge* (1807), *The Wild Irish Boy* (1808), *The Milesian Chief* (1812), *Women or Pour et Contre* (1818), *The Albigenses* (1824). Bühnenstücke: *Bertram or The Castle of St Aldobrand* (1816; dt. *Bertram oder Die Burg von Sanct Aldobrand*), *Manuel* (1817), *Fredolfo* (1819).

Michael McLaverty

Geb. 6. 7. 1907 Carrickmacross (Co. Monaghan), gest. 20. 3. 1992 Co. Down. Irischer Kurzgeschichten- und Romanautor. Kindheit auf Rathlin Island (Co. Antrim). Studium an der Queen's University Belfast. Mathematiklehrer und Schulleiter in Belfast. Romane: *Call My Brother Back* (1939), *Lost Fields* (1941), *In This Thy Day* (1945; dt. *Zu ihren Lebzeiten*), *The Three Brothers* (1948), *Truth in the Night* (1951), *School for Hope* (1954), *The Choice* (1958), *The Brightening Day* (1965). Erzählungen: *The White Mare* (1943), *The Game Cock* (1947), *The Road to the Shore* (1976).

Brian Merriman (Brian Mac Giolla Meidhre)

Geb. um 1749 Ennistymon oder Clondegad (Co. Clare), gest. 27. 7. 1805 Limerick. Irischer Dichter. Hinterließ als einziges Werk das burleske gälische Versepos *Cúirt an Mheon-Óiche* (1800; dt. *Das Mitternachtsgericht*), eine kunstvoll gearbeitete Satire auf die sexuellen Gepflogenheiten der Zeit.

George Moore

Geb. 24. 2. 1852 Moore Hall b. Ballyglass (Co. Mayo), gest. 21. 1. 1933 London. Anglo-irischer Romanschriftsteller. 1861 Oscott College Birmingham, 1869 Umzug der Familie nach London. 1873–80 in Paris, 1880–1901 in London, 1901–11 in Dublin, 1911–33 wieder in London. Begann seine literarische Produktion mit Lyrik (*Flowers of Passion*, 1878, *Pagan Poems*, 1881) und Theaterstücken (*Martin Luther*, 1879). Romane u. a.: *A Modern Lover* (1883), *A Mummer's Wife* (1885), *A Drama in Muslin* (1887; dt. *Ein Drama in Musselin*), *A Mere Accident* (1887), *Esther Waters* (1894; dt. *Esther Waters*), *Evelyn Innes* (1898) und *Sister Teresa* (1901; dt. *Irdische und himmlische Liebe*), *The Lake* (1905), *The Brook Kerith* (1916), *Héloïse and Abélard* (1921), *The Pastoral Loves of Daphnis and Chloë* (1924), *Aphrodite in Aulis* (1930). Erzählungen u. a.: *Celibates* (1895) und *The Untilled Field* (1903; dt. *Stadt und Land*). Autobiographisches: *Reminiscences of the Impressionist Painters* (1906; dt. *Erinnerungen an die Impressionisten*), *Memories of My Dead Life* (1906; dt. *Aus toten Tagen*), *Hail and Farewell* (3 Bde., 1911–14).

Thomas Moore (Pseudonym: Thomas Little)

Geb. 28. 5. 1779 Dublin, gest. 25. 2. 1852 Sloperton Cottage b. Devizes (Wiltshire). Anglo-irischer Lyriker, Komponist und Biograph. Jura-Studium am Trinity College und am Middle Temple in London. Erlangte mit dem ersten Band (1808) seiner zehnbändigen *Irish Melodies* (1808–34; dt. *Irische Melodien*) frühen Ruhm als »irischer Nationaldichter«. Verfaßte Übersetzungen, Gedichte, religiöse Lieder, Versromanzen (*Lalla Rookh*, 1817) und Satiren, eine vierbändige Geschichte Irlands sowie Biographien von Byron, Sheridan und Lord Edward Fitzgerald.

Flann O'Brien
(d. i. Brian O'Nolan oder Brian Ó Nualláin; Pseudonym: Myles na gCopaleen)

Geb. 5. 10. 1911 Strabane (Co. Tyrone), gest. 1. 4. 1966 Dublin. Irischer Romancier, Dramatiker und Kolumnist. 1929–32 Studium der Irischen, Englischen und Deutschen Philologie am University College Dublin, 1933/34 Deutschlandaufenthalt. 1935 Eintritt in den Staatsdienst, 1937 Privatsekretär des Ministers für Kommunalverwaltung. 1940–66 satirische Kolumne in der *Irish Times*. Romane: *At Swim-Two-Birds* (1939; dt. *In Schwimmen-Zwei-Vögel*), *An Béal Bocht* (1941; dt. *Das Barmen. Eine arge Geschichte vom harten Leben* bzw. *Irischer Lebenslauf*), *The Hard Life* (1961; dt. *Das harte Leben*), *The Dalkey Archive* (1964; dt. *Aus Dalkeys Archiven*), *The Third Policeman* (postum 1967; dt. *Der dritte Polizist*). Bühnenstücke: *Thirst* (1943), *Faustus Kelly* (1943), *The Insect Play* (1943). Außerdem *The Best of Myles* (postum 1968; dt. *Trost und Rat. Geschichten und Gedanken*), *The Various Lives of Keats and Chapman and The Brother* (1976) u. a.

Kate O'Brien

Geb. 3. 12. 1897 Limerick, gest. 13. 8. 1974 Faversham (Kent). Irische Romanschriftstellerin. Nach dem Studium am University College Dublin Journalistin und Gouvernante in Bilbao. Lebte in London, in Roundstone (Co. Galway) und ab 1965 in Boughton b. Faversham. Romane u. a.: *Without My Cloak* (1931; dt. *Das Haus am Fluß*), *The Anteroom* (1934; dt. *An der Schwelle der Ewigkeit*), *Mary Lavelle* (1936), *The Land of Spices* (1941; dt. *Der gläserne Turm*), *The Last of Summer* (1943; dt. *Letzte Sommertage*), *That Lady* (1946; dt. *Jene Dame*). Außerdem die Schauspiele *Distinguished Villa* (1926), *The Bridge* (1927) und *That Lady* (1949) sowie Reisebücher.

Turlough O'Carolan (Toirdhealbhach Ó Cearbhalláin)

Geb. 1670 Nobber (Co. Meath), gest. 25. 3. 1738 Alderford (Co. Roscommon). Irischer Dichter, Komponist, Sänger und Harfenist, »der letzte der großen irischen Barden«. Gefördert von den MacDermott Roes, nahm der mit achtzehn Jahren erblindete O'Carolan nach gründlicher Ausbildung in Irisch, Englisch und Musik 1692 eine Karriere als Wanderharfner auf. Von seinem umfangreichen irischsprachigen Liedschaffen haben sich nur 213 Weisen erhalten.

Sean O'Casey (d. i. John Casey)

Geb. 30.3.1880 Dublin, gest. 18.9.1964 Torquay (Devon). Irischer Dramatiker. 1901–26 Tätigkeit als Hilfsarbeiter. 1911 Eintritt in Jim Larkins Transportarbeitergewerkschaft, 1914 Erster Sekretär der Bürgerwehr von James Connolly. Freundschaft mit Yeats und Lady Gregory. Nach heftigen Protesten gegen sein drittes Bühnenstück am Abbey Theatre Emigration nach London. 1938 Umzug nach Totnes (Devon), 1954 nach Torquay. Dramen u. a.: *The Shadow of a Gunman* (1923; dt. *Der Schatten eines Rebellen*), *Juno and the Paycock* (1924; dt. *Juno und der Pfau*), *The Plough and the Stars* (1926; dt. *Der Pflug und die Sterne*), *The Silver Tassie* (1928; dt. *Der Preispokal*), *The Star Turns Red* (1940; dt. *Der Stern wird rot*), *Purple Dust* (1945; dt. *Purpurstaub*), *Cock-a-Doodle Dandy* (1949; dt. *Kikeriki*), *The Bishop's Bonfire* (1955; dt. *Ein Freudenfeuer für den Bischof*). Sechsbändige Autobiographie: *I Knock at the Door* (1939; dt. *Ich klopfe an*), *Pictures in the Hallway* (1942; dt. *Bilder in der Vorhalle*), *Drums under the Window* (1945; dt. *Trommeln unter den Fenstern*), *Inishfallen, Fare Thee Well* (1949; dt. *Irland, leb wohl!*), *Rose and Crown* (1952; dt. *Rose und Krone*), *Sunset and Evening Star* (1954; dt. *Dämmerung und Abendstern*).

Pádraic Ó Conaire

Geb. 20.2.1882 Galway, gest. 6.10.1928 Dublin. Irischsprachiger Erzähler und Essayist. Nach der Kindheit in Connemara auf See, bis 1914 in London im britischen Staatsdienst. Anschließend unstetes Wanderleben im Westen Irlands. Mit Erzählbänden wie *Tír na nIongantas* (1913), *An Sgoláire Bocht* (1913), *An Chéad Chloch* (1914), *Seacht mBuaidh an Éirighe Amach* (1918), *Béal an Uaignis* (1921), *Síol Éabha* (1922) und *Beagnach Fíor* (1927), mit den Romanen *Deoraidheacht* (1910) und *Brian Óg* (1926), der Essaysammlung *An Crann Géagach* (1919) und dem Bühnenstück *Bairbre Ruadh* (1908) wurde er zum ersten modernen Prosaschriftsteller in irischer Sprache.

Frank O'Connor (d. i. Michael O'Donovan)

Geb. 17.9.1903 Cork, gest. 10.3.1966 Dublin. Irischer Erzähler, Kritiker und Übersetzer gälischer Lyrik. 1918 Eintritt in die IRA, 1923 Internierung durch Freistaatler. 1924–28 Bibliothekar in Sligo, Wicklow und Cork, 1928–38 in Dublin. 1935–39 Ko-Direktor des Abbey Theatre. 1940 Mitbegründer der Zeitschrift *The Bell*. 1951–61 Gastprofessuren in den USA. Erzählungen: *Guests of the Nation* (1931), *Bones of Contention* (1936), *Crab Apple Jelly* (1944), *The Common Chord* (1947), *Traveller's Samples* (1951), *Domestic Relations* (1957), *My Oedipus Complex* (1963), dt. *Gesammelte Erzählungen*. Romane: *The Saint and Mary Kate* (1932; dt. *Die Reise nach Dublin*), *Dutch In-*

terior (1940). Bühnenwerke: *In the Train* (1937), *The Invincibles* (1937), *Moses' Rock* (1938), *Time's Pocket* (1938), *The Statue's Daughter* (1941). Kritische Studien u. a.: *Towards an Appreciation of Literature* (1945), *The Mirror in the Roadway. A Study of the Modern Novel* (1957), *The Lonely Voice. A Study of the Short Story* (1963). Autobiographien: *An Only Child* (1961), *My Father's Son* (1968).

Tomás Ó Criomhthain (Tomás O'Crohan, Thomas O'Criffan)

Geb. 1856 auf Great Blasket (Co. Kerry), gest. 1937 ebd. Seine unter dem Titel *An tOileánach* (1929; dt. *Die Boote fahren nicht mehr aus*) veröffentlichte Lebensgeschichte wurde zum Klassiker. Außerdem *Allagar na hInise* (1928) und *Seanchas ón Oiléan Thiar* (postum 1956).

Peadar O'Donnell

Geb. 22.2.1893 Meenmore b. Dungloe (Co. Donegal), gest. 13.5.1986 Dublin. Irischer Romanschriftsteller, Journalist und Revolutionär, »der größte Agitator seiner Generation«. 1913–18 Lehrer, 1918–20 Gewerkschaftsfunktionär. 1919 Eintritt in die IRA, im anschließenden Bürgerkrieg auf seiten der republikanischen Vertragsgegner. 1921–34 in der Führungsspitze der IRA, 1934 Mitbegründer der sozialistischen Splittergruppe Republikanischer Kongreß. Herausgeber der Zeitungen und Zeitschriften *An tÓglach* (1924–26), *An Phoblacht* (1926–34), *Republican Congress* (1934) und *The Bell* (1946–54). Zu seinen Romanen zählen: *Storm. A Story of the Irish War* (1925), *Islanders* (1928; dt. *Die Inselleute von Inniscara*), *Adrigoole* (1929), *The Knife* (1930), *On the Edge of the Stream* (1934), *The Big Windows* (1955; dt. *Die großen Fenster*) und *Proud Island* (1975). Autobiographien: *The Gates Flew Open* (1932), *Salud! An Irishman in Spain* (1937) und *There Will Be Another Day* (1963).

Sean O'Faolain (Seán Ó Faoláin, d. i. John Whelan)

Geb. 22.2.1900 Cork, gest. 21.4.1991 Dún Laoghaire (Co. Dublin). Irischer Erzähler und Biograph. 1918 Einschreibung am University College Cork und Eintritt in die IRA, im Bürgerkrieg Bombenbastler und vorübergehend Leiter der Propagandaabteilung. 1926–29 in Harvard. Englischlehrer in Boston, London und Middlesex. 1933 Rückkehr nach Irland. 1940 Gründer und bis 1946 Herausgeber der Monatsschrift *The Bell.* 1953 Direktor des Arts Council. Erzählungen: *Midsummer Night Madness* (1932), *A Purse of Coppers* (1937), *Teresa* (1947), *The Man Who Invented Sin* (1948), *I Remember! I Remember!* (1961), *The Heat of the Sun* (1966), *The Talking Trees* (1971), *Foreign Affairs* (1976). Romane: *A Nest of Simple Folk* (1934; dt. *Ein Nest voll kleiner Leute*),

Bird Alone (1936; dt. *Der Einzelgänger*) und *Come Back to Erin* (1940; dt. *Komm heim nach Irland*), *And Again?* (1979). Biographien: *Constance Markievicz* (1934), *King of the Beggars* (1938), *De Valera* (1939), *The Great O'Neill* (1942), *Newman's Way* (1952). Daneben Reisebücher und die Studien *The Irish* (1948), *The Short Story* (1948), *The Vanishing Hero* (1956).

Liam O'Flaherty

Geb. 28. 8. 1896 in Gort na gCapall auf Inis Mór (Co. Galway), gest. 7. 9. 1984 Dublin. Irischer Erzähler. Studium am University College Dublin. 1915–18 Fronteinsatz, 1918–21 ausgedehnte Reisen durch Nord- und Südamerika und Gelegenheitsarbeit, 1921 Mitbegründer der KP Irlands und Angehöriger der IRA, 1922 Flucht nach London und Beginn der schriftstellerischen Tätigkeit. 1932 Gründungsmitglied der Irish Academy of Letters. 1935–52 Wohnsitz in der Karibik, in Südamerika und in den USA. Schrieb vierzehn Romane, darunter *Thy Neighbour's Wife* (1923), *The Black Soul* (1924; dt. *Die dunkle Seele*), *The Informer* (1925; dt. *Der Denunziant*), *Mr. Gilhooley* (1926; dt. *Herr Gilhooley*), *The Assassin* (1928; dt. *Der Mörder*), *The House of Gold* (1929; dt. *Verdammtes Gold*), *Skerrett* (1932; dt. *Skerrett*), *Famine* (1937; dt. *Zornige grüne Insel*), *Land* (1946) und *Insurrection* (1950), zahlreiche Erzählbände sowie die Autobiographien *Two Years* (1930), *I Went to Russia* (1931; dt. *Ich ging nach Rußland*) und *Shame the Devil* (1934).

Muiris Ó Súilleabháin (Maurice O'Sullivan)

Geb. 19. 2. 1904 Great Blasket (Co. Kerry), gest. 25. 6. 1950 Salthill b. Galway (Badeunfall). Wuchs nach dem Tod seiner Mutter 1904 zunächst auf dem Festland auf, bis er 1911 zurückkehrte. Ab 1927 Polizist und Stationierung in Connemara. Nach dem Erfolg der Autobiographie *Fiche Blian ag Fás* (1933; dt. *Inselheimat*) schied er aus dem Polizeidienst aus.

Patrick Pearse
(Pádraig Mac Piarais; Pseudonym: Colm Ó Conaire)

Geb. 10. 11. 1879 Dublin, gest. 3. 5. 1916 ebd. Irischer Journalist, Erzieher und Schriftsteller, der kulturellen und politischen Nationalismus miteinander verband. Nach dem Philologiestudium am University College Dublin und der Ausbildung zum Rechtsanwalt 1903–09 Herausgeber der Wochenzeitung der Gälischen Liga. 1908–16 Leiter des zweisprachigen Schulversuchs St. Enda's in Ranelagh bzw. Rathfarnham (Co. Dublin). 1913 Eintritt in die Irish Republican Brotherhood. Beim kurzlebigen Dubliner Osteraufstand 1916 Oberkommandierender der Freiwilligenverbände und Präsident der provisorischen Regierung der Republik. Hinrichtung durch ein britisches Erschießungskommando im Gefängnis von Kilmainham. Schrieb acht Bühnenstücke, darunter *The Singer* (1915), Gedichte, Kurzgeschichten und Essays auf englisch und irisch: *Iosagan* (1907), *Suantraidhe agus Goltraidhe* (»Lieder von Schlaf und Schmerz«, 1914), *An Mháthair* (1916), *Plays, Stories, Poems* (postum 1958).

Anthony Raftery (Antoine Ó Reachtabhra)

Geb. um 1784 Killeadan b. Kiltimagh (Co. Mayo), gest. um 1835 Killora b. Craughwell (Co. Galway). Irischer Fiedler und Dichter. Früh erblindet, durchwanderte er als »Blind Raftery« den Westen Irlands und rezitierte vor armen Bauern seine irischsprachigen Lieder und Verse, die meist nur in mündlicher Überlieferung existierten, bis sie von Douglas Hyde gesammelt und ins Englische übersetzt wurden (*Abhráin atá Leagtha ar an Reachtúire*; engl. *Songs Ascribed to Raftery*, 1903). Auf W. B. Yeats, Lady Gregory und die gesamte Irische Literarische Renaissance haben sie starken Einfluß ausgeübt.

Walter Raleigh (Ralegh)

Geb. um 1552 Hayes Barton b. Budleigh Salterton (Devonshire), gest. 29. 10. 1618 London (hingerichtet). Englischer Abenteurer, Seefahrer, Historiker und Dichter. Besuch des Oriel College Oxford und der Rechtsschule Middle Temple. Aufstieg zum Höfling und Günstling Elisabeths I. 1580 mitverantwortlich für das Massaker an der spanischen Garnison in Smerwick (Co. Kerry). 1584 geadelt, 1586 Empfänger von 42 000 Morgen konfiszierten Lands um Youghal (Co. Cork) und 1589 Lismore Castle (Co. Waterford). In den neunziger Jahren Entdeckungsreisen an den Orinoko, nach Cadiz und zu den Azoren. 1603–16 Inhaftierung durch Jakob I. wegen eines angeblichen Komplotts. Nach erfolgloser Beutefahrt an den Orinoko 1618 Vollstreckung des 1603 verhängten Todesurteils. Verfasser des Reiseberichts *Discovery of Guiana* (1597), einer umfassenden *History of the World* (1614) und von vierzig Gedichten.

Rudolf Erich Raspe

Getauft am 28. 3. 1737 Hannover, gest. Ende 1794 Muckross (Co. Killarney). Deutscher Geologe, Mineraloge, Übersetzer und Schriftsteller. 1760–67 Bibliothekar in Hannover, 1767–75 Professor der Altertümer in Kassel und Kustos des landgräflichen Münzkabinetts. Wegen Unterschlagung Flucht nach England. Nach Vortäuschung von Mineralfunden in Schottland 1793 erneute Flucht nach Killarney, dort Direktor des Kupferbergwerks von Muckross. Verfasser von *Baron Munchausen's Narrative of His Marvellous Travels and Campaigns in Russia* (1785), der Vorlage für das von Gottfried August Bürger ins Deutsche übersetzte und erweiterte Volksbuch.

Peig Sayers

Geb. 1873 Dunquin (Co. Kerry), gest. 1958 Ventry (Co. Kerry). »Königin der Geschichtenerzähler«. Nach ihrer Heirat mit Pádraig Ó Gaoithín siedelte sie auf Great Blasket, wo sie für ihre Erzählkunst berühmt wurde. Werke: *Peig* (1936; dt. *So irisch wie ich. Eine Fischersfrau erzählt ihr Leben*) und *Machtnamh Sean-Mhná* (1939; engl. *An Old Woman's Reflections*).

Sedulius Scotus

Geb. um 820, gest. um 880. Irischer Mönch und Lyriker. Gründete gegen 848 in Lüttich ein irisches Kultur- und Bildungszentrum, wo er sich der Abschrift lateinischer und griechischer Manuskripte widmete. Verfaßte außer einem Fürstenspiegel für den fränkischen König Lothar II. und einem Leben der hl. Brigid in Hexametern mehr als achtzig meist mittellateinische Gedichte.

George Bernard Shaw

Geb. 26. 7. 1856 Dublin, gest. 2. 11. 1950 Ayot St. Lawrence (Hertfordshire). Anglo-irischer Dramatiker und Kritiker. Nach kurzem Schulbesuch und langen Galeriebesuchen Tätigkeit als Angestellter in einem Dubliner Maklerbüro. 1876 Emigration nach London, 1884 Eintritt in die Fabian Society, 1906 Umzug nach Ayot St. Lawrence, 1925 Nobelpreis für Literatur, 1932 mit Yeats Gründung der Irish Academy of Letters und Reise nach Südafrika, 1933 Vortragsreise durch die USA, 1946 Ehrenbürger Dublins. Dramen u. a.: *Widower's Houses* (1892; dt. *Die Häuser des Herrn Sartorius*), *The Philanderer* (1893; dt. *Der Liebhaber*), *Mrs Warren's Profession* (1893; dt. *Frau Warrens Gewerbe*), *Arms and the Man* (1894; dt. *Helden*), *Candida* (1895; dt. *Candida*), *The Devil's Disciple* (1898; dt. *Der Teufelsschüler*), *Caesar and Cleopatra* (1901; dt. *Caesar und Cleopatra*), *Man and Superman* (1903; dt. *Mensch und Übermensch*), *John Bull's Other Island* (1904; dt. *John Bulls andere Insel*), *Major Barbara* (1905; dt. *Major Barbara*), *The Doctor's Dilemma* (1906; dt. *Der Arzt am Scheideweg*), *Androcles and the Lion* (1912; dt. *Androklus und der Löwe*), *Pygmalion* (1913; dt. *Pygmalion*), *Heartbreak House* (1920; dt. *Haus Herzenstod*), *Back to Methuselah* (1921; dt. *Zurück zu Methusalem*), *Saint Joan* (1923; dt. *Die heilige Johanna*), *The Apple Cart* (1929; dt. *Der Kaiser von Amerika*). Romane: *Cashel Byron's Profession* (1886; dt. *Cashel Byrons Beruf*), *Love among the Artists* (1900; dt. *Künstlerliebe*), *The Irrational Knot* (1905; dt. *Die törichte Heirat*), *Immaturity* (1930; dt. *Unreif*), *An Unsocial Socialist* (1932; dt. *Der Amateursozialist*). Kritische Schriften u. a.: *The Quintessence of Ibsenism* (1891; dt. *Ein Ibsenbrevier*), *The Perfect Wagnerite* (1898; dt. *Ein Wagnerbrevier*), *Dramatic Opinions and Essays* (2 Bde., 1906/07), *The Intelligent Woman's Guide to Socialism and Capitalism* (1928), *Essays in Fabian Socialism* (1932), *Music in London* (3 Bde., 1932), *The Adventures of the Black Girl in Her Search for God* (1932).

RICHARD BRINSLEY SHERIDAN

Geb. 30.10.1751 Dublin, gest. 7.7.1816 London. Anglo-irischer Lustspielautor und politischer Redner. Besuch von Whyte's Academy Dublin, 1762–68 von Harrow on the Hill. 1776–1809 Leitung des Drury Lane Theatre London. 1780–1812 Parlamentsabgeordneter in Westminster, mehrere Ministerposten. Werke: *The Rivals* (1775; dt. *Die Nebenbuhler*), *St. Patrick's Day* (1775; dt. *Der St. Patricks-Tag*), *The Duenna* (1775; dt. *Liebeslist*), *The Trip to Scarborough* (1777; dt. *Ein Ausflug nach Scarborough* bzw. *Kommst du mir so, komm ich dir so*), *The School for Scandal* (1777; dt. *Die Lästerschule*), *The Critic* (1779; dt. *Der Kritiker*).

EDITH ŒNONE SOMERVILLE

Geb. 2.5.1858 Korfu, gest. 8.10.1949 Castletownshend (Co. Cork). Angloirische Jagd-, Reise- und Romanschriftstellerin. Kam 1859 nach Castletownshend, wo sie, bis auf Studienaufenthalte in London und Paris, ihr gesamtes Leben verbrachte. Nach der ersten Begegnung mit ihrer Cousine Violet Martin (»Martin Ross«) 1886 Beginn einer fruchtbaren literarischen Partnerschaft unter dem Signum »Somerville and Ross«. Gemeinsam verfaßte Romane und Erzählungen: *An Irish Cousin* (1889), *Naboth's Vineyard* (1891), *The Real Charlotte* (1894; dt. *Die wahre Charlotte*), *The Silver Fox* (1897), *Some Experiences of an Irish R. M.* (1899), *Further Experiences of an Irish R. M.* (1908), *Dan Russel the Fox* (1911), *The Story of the Discontented Little Elephant* (1912), *In Mr. Knox's Country* (1915). Nach Martins Tod allein, aber immer noch unter Doppelnamen verfaßte Romane: *Mount Music* (1919), *An Enthusiast* (1921), *The Big House of Inver* (1925), *French Leave* (1928), *Sarah's Youth* (1932). Daneben Jagd- und Reisebücher sowie biographische und autobiographische Schriften.

EDMUND SPENSER (Pseudonym: Immerito)

Geb. um 1522 London, gest. 16.1.1599 ebd. Englischer Lyriker und Epiker, neben Shakespeare bedeutendster Renaissancedichter. Nach dem Studium in Cambridge Anstellung als Sekretär des Grafen Leicester und Beteiligung an dem Literatenzirkel Aeropagus. 1580 als Sekretär des Lord Deputy Grey nach Irland. 1594 Heirat mit Elizabeth Boyle. 1598 nach dem Brand von Kilcolman Castle (Co. Cork) Flucht nach England. Werke: *The Shepheardes Calender*

(1579), *Astrophel* (1586), *Complaints, Containing Sundrie Small Poems of the Worlds Vanitie* (1591), *Colin Clouts Come Home Again* (1595), *Amoretti* (1595; dt. *Sonette*), *Epithalamion* (1595), *Prothalamion* (1596), *Foure Hymnes* (1596), *A Veue of the Present State of Ireland* (postum 1633). Sein meistgerühmtes Werk ist das allegorisch-mythologische Versepos *The Fairie Queene* (1590–96; dt. *Die Feenkönigin*).

James Stephens

Geb. 9. 2. 1880 oder 2. 2. 1882 Dublin, gest. 26. 12. 1950 London. Irischer Lyriker und Erzähler. 1886–96 Besuch einer Besserungsanstalt, 1896–1912 Büroangestellter in Dubliner Anwaltskanzleien, 1913–15 Aufenthalt in Paris, 1915–25 Archivar der irischen Nationalgalerie, 1916 Augenzeuge des Osteraufstands (*The Insurrection in Dublin*, 1916), 1925 Übersiedlung nach London und Vortragsreisen in die USA, ab 1937 Rundfunkvorträge für die BBC. Lyrik: *Insurrections* (1909), *The Hill of Vision* (1912), *Songs from the Clay* (1915), *Green Branches* (1916), *Reincarnations* (1918), *Strict Joy* (1931), *Kings and the Moon* (1938). Romane: *The Charwoman's Daughter* (1912), *The Crock of Gold* (1912; dt. *Der goldene Hort*), *The Demi-Gods* (1914; dt. *Unter Irlands Himmeln. Eine Kesselflickergeschichte*), *Deirdre* (1923; dt. *Deirdre*), *In the Land of Youth* (1924; dt. *Maeves Fest. Reise ins Land der Jugend*). Daneben Erzählbände.

Laurence Sterne

Geb. 24. 11. 1713 Clonmel (Co. Tipperary), gest. 18. 3. 1768 London. Englischer Schriftsteller der Empfindsamkeit. Sohn einer irischen Mutter und eines armen englischen Fähnrichs. 1733–37 Theologiestudium am Jesus College Cambridge, anschließend ordiniert. Seit 1738 Vikar von Sutton-on-the-Forest (Yorkshire), seit 1760 außerdem von Coxwold. 1741 Heirat mit Elizabeth Lumley und Präbende in Stillington (vgl. *The Sermons of Mr. Yorick*, 3 Bde., 1760 bis 1769). Mit *The Life and Opinions of Tristram Shandy, Gentleman* (9 Bde., 1759–67; dt. *Leben und Ansichten von Tristram Shandy, Gentleman*) schuf er eine neue Romanform. Der Aufenthalt des Schwindsüchtigen in Südfrankreich 1762–65 resultierte in *A Sentimental Journey through France and Italy* (2 Bde., 1768; dt. *Yoricks empfindsame Reise durch Frankreich und Italien*).

Bram Stoker (d. i. Abraham Stoker)

Geb. 8. 11. 1847 Dublin, gest. 20. 4. 1912 London. Anglo-irischer Romanautor, Meister des Vampirromans. Nach dem Studium am Trinity College (1864–70) Beamter. Ab 1871 unbezahlter Theaterkritiker, später Herausgeber der *Dublin*

Evening Mail. 1878 Heirat mit Florence Balcombe und Umzug nach London. 1878–1905 Privatsekretär des englischen Schauspielers Henry Irving und Geschäftsführer des Lyceum Theatre. Schrieb u. a. *Under the Sunset* (1882), *The Gombeen Man* (1890), *The Shoulder of Shasta* (1895), *Dracula* (1897), *The Mystery of the Sea* (1902), *The Jewel of the Seven Stars* (1903; dt. *Die sieben Finger des Todes*), *The Lady of the Shroud* (1909; dt. *Das Geheimnis des schwimmenden Sarges*), *The Lair of the White Worm* (1911; dt. *Das Schloß der Schlange*) sowie *Dracula's Guest and Other Weird Stories* (postum 1914; dt. *Draculas Gast. Sechs Gruselgeschichten*).

Jonathan Swift

Geb. 30.11.1667 Dublin, gest. 19.10.1745 ebd. Anglo-irischer Satiriker und Verfasser von Flugschriften. 1673 Kilkenny College, 1682–86 Trinity College, 1689 Privatsekretär des englischen Staatsmannes Sir William Temple in Surrey und Tutor von Esther Johnson (»Stella«), 1694 anglikanischer Geistlicher und Präbendar von Kilroot (Co. Antrim), 1696 Rückkehr nach Surrey, 1700 Vikar in Laracor (Co. Meath), 1701 Hauskaplan des Earl of Berkeley, 1713 Dekan von St. Patrick's Cathedral Dublin. Werke u. a.: *A Tale of a Tub* (1704; dt. *Das Märchen von der Tonne*), *Journal to Stella* (1710–13; dt. *Swift's Tagebuch in Briefen an Stella*), *Drapier's Letters* (1724; dt. *Tuchhändlerbriefe*), *Gulliver's Travels* (1726; dt. *Gullivers Reisen*), *A Modest Proposal* (1729; dt. *Bescheidener Vorschlag*), *Directions to Servants* (1745; dt. *Anweisungen für Dienstboten*).

John Millington Synge

Geb. 16.4.1871 Rathfarnham, Dublin, gest. 24.3.1909 Dublin. Irischer Dramatiker und bedeutendster Vertreter der Irischen Dramatischen Bewegung. 1889–92 Studium der hebräischen und irischen Sprache am Trinity College, anschließend Reisen nach Deutschland (Violinstudium) und nach Paris (Altirisch und Literatur des Mittelalters). 1898 Aufenthalt auf den Aran-Inseln (vgl. *The Aran Islands*, 1907). 1904 Direktor des Abbey Theatre. Zu seinen häufig angefeindeten Bühnenstücken gehören *In the Shadow of the Glen* (1903; dt. *Die Nebelschlucht*), *Riders to the Sea* (1904), *The Well of the Saints* (1905; dt. *Die Quelle der Heiligen*), *The Playboy of the Western World* (1907; dt. *Ein wahrer Held* bzw. *Der Held der westlichen Welt*), *The Tinker's Wedding* (1907; dt. *Die Kesselflickerhochzeit*) und *Deirdre of the Sorrows* (1910).

Anthony Trollope

Geb. 24.4.1815 London, gest. 6.12.1882 ebd. Englischer Roman- und Reiseschriftsteller. Der Sohn eines verarmten Anwalts und einer Romanautorin wurde in Harrow on the Hill und am Winchester College erzogen und arbeitete 1834–41 als Angestellter im Londoner Hauptpostamt. Die nächsten siebzehn Jahre als Postbeamter verbrachte er in Irland: 1841–44 in Banagher (Co. Offaly), 1844/45 in Clonmel (Co. Tipperary), 1845–51 in Mallow (Co. Cork), 1853/54 in Belfast, 1854–59 in Dublin. Trollope schrieb 47 Romane, darunter mehrere »irische«: *The Macdermots of Ballycloran* (1847), *The Kellys and the O'Kellys* (1848), *Castle Richmond* (1860), *An Eye for an Eye* (1879) und *The Landleaguers* (postum 1883). Zu seiner englischen Barsetshire-Serie zählen: *The Warden* (1855; dt. *Septimus Harding, Vorsteher des Spitals zu Barchester*), *Barchester Towers* (1857), *Doctor Thorne* (1858), *Framley Parsonage* (1861), *The Last Chronicle of Barset* (1867). Seine Sequenz politischer Romane umfaßt *Can You Forgive Her?* (1864), *Phineas Finn* (1869), *The Eustace Diamonds* (1873), *Phineas Redux* (1874), *The Prime Minister* (1876) und *The Duke's Children* (1880).

Aodhagán Ua Rathgaile
(Aogán Ó Rathaille, Egan O'Rahilly)

Geb. 1670 Scrahanaveale b. Killarney (Co. Kerry), gest. 1728 Muckross. Gälischer Dichter, einer der »Four Kerry Poets«. Berühmt für Visionsgedichte wie »Gile na Gile«, »An Aisling« und »Mac an Cheannaidhe«. Seine Werke wurden von Pádraig Ó Duinnín 1900 herausgegeben.

Jane Francesca Wilde
(geb. Elgee, Lady Wilde; Pseudonym: Speranza)

Geb. 1820, 1824 oder 1826 Wexford, gest. 3.2.1896 London. Irische Lyrikerin und Folkloristin. Verfaßte ab 1844 Balladen, Gedichte und Aufsätze und heiratete 1851 den Augen- und Ohrenarzt Dr. William Wilde. 1854 Geburt des Sohnes Oscar. Nach der Nobilitierung ihres Mannes 1864 eröffnete sie einen berühmten Salon. 1876 Übersiedlung nach London. Werke u.a.: *Poems* (1864), *Poems. Second Series. Translations* (1866), *Driftwood from Scandinavia* (1884), *Ancient Legends, Mystic Charms, and Superstitions of Ireland* (2 Bde., 1887), *Ancient Cures, Charms, and Usages of Ireland* (1890), *Notes on Men, Women, and Books* (1891), *Social Studies* (1893).

Oscar Wilde

Geb. 16.10.1854 Dublin, gest. 30.11.1900 Paris. Anglo-irischer Dichter, Erzähler und Dramatiker. Ästhet und Konversationskünstler. Nach dem Besuch der Portora Royal School Enniskillen (Co. Fermanagh) Studium der Klassischen Philologie am Trinity College und, von 1874 an, am Magdalen College Oxford. 1882 sensationelle Vortragsreise durch die USA. 1884 Heirat mit Constance Lloyd, zwei Kinder. 1887–89 Herausgeber der Zeitschrift *Womans' World*. 1891 Begegnung mit Lord Alfred Douglas (»Bosie«) und Beginn einer fruchtbaren vierjährigen Schaffensperiode. 1895 wegen homosexueller Betätigung Verurteilung zu zwei Jahren Zuchthaus und Zwangsarbeit. Nach der Entlassung Emigration nach Paris. Theaterstücke u. a.: *The Duchess of Padua* (1891; dt. *Die Herzogin von Padua*), *Lady Windermere's Fan* (1892; dt. *Lady Windermeres Fächer*), *Salomé* (frz., 1892; dt. *Salome*), *A Woman of No Importance* (1893; dt. *Eine Frau ohne Bedeutung*), *An Ideal Husband* (1895; dt. *Ein idealer Gatte*), *The Importance of Being Earnest* (1895; dt. *Bunbury oder die Bedeutung ernst zu sein*). Daneben *Poems* (1881), Kunstmärchen wie *The Happy Prince* (1888; dt. *Der glückliche Prinz*) und *A House of Pomegranates* (1892; dt. *Das Granatapfelhaus*), Erzählungen wie *Lord Arthur Savile's Crime* (1891; dt. *Lord Arthur Saviles Verbrechen*), der Roman *The Picture of Dorian Gray* (1891; dt. *Das Bildnis des Dorian Gray*), der Essayband *Intentions* (1891; dt. *Fingerzeige*), *The Ballad of Reading Gaol* (1898; dt. *Die Ballade vom Zuchthaus zu Reading*) sowie *De Profundis* (postum 1905).

William Butler Yeats

Geb. 13.6.1865 Dublin, gest. 28.1.1939 Roquebrune-Cap Martin (Frankreich). Anglo-irischer Dichter und Dramatiker, bedeutendster irischer Lyriker englischer Sprache und die treibende Kraft hinter der Irischen Literarischen Renaissance. 1867–80 Kindheit und Jugend in London. 1883–85 Studium der Malerei an der Metropolitan School of Arts Dublin und der Royal Hibernian Academy. 1886 Begegnung mit John O'Leary, 1889 mit Maud Gonne, 1896 mit Lady Gregory. 1895–1921 Aufenthalt meist in England. 1904 Mitbegründer (und bis an sein Lebensende Direktor) des Abbey Theatre. 1917 Heirat mit dem Medium George Hyde-Lees. 1922–28 Senator des Irischen Freistaats, 1923 Nobelpreis für Literatur, 1932 Mitbegründer der Irish Academy of Letters. Lyrik u. a.: *Poems and Ballads of Young Ireland* (Mithrsg., 1888), *The Wanderings of Oisin* (1889), *Crossways* (1889), *The Rose* (1893), *The Wind among the Reeds* (1899), *In the Seven Woods* (1904), *The Green Helmet* (1910), *Responsibilities* (1914), *The Wild Swans at Coole* (1919), *The Tower* (1928), *The Winding Stair* (1933), *Words for Music Perhaps* (1933), *A Full Moon in March* (1935). Bühnenwerke u. a.: *The Countess Cathleen* (1892; dt. *Die Gräfin Cathleen*), *The Land of Heart's Desire* (1894; dt. *Das Wunschland des Herzens*), *Cathleen Ni Houlihan* (1902; dt. *Cathleen ni Houlihan*), *On Baile's Strand* (1904; dt. *An Bailes*

Strand), *Deirdre* (1907; dt. *Deirdre*), *The Unicorn from the Stars* (1908; dt. *Das Einhorn von den Sternen*). Erzählende Prosa: *Folk and Fairy Tales of the Irish Peasantry* (1888), *Irish Fairy Tales* (1892; dt. *Märchen aus Irlands Gauen*), *The Celtic Twilight* (1893), *The Secret Rose* (1897; dt. *Die geheime Rose*), *The Cutting of an Agate* (1919). Weitere Schriften: *Autobiographies* (1930; dt. *Autobiographien*), *A Vision* (1937).

Literaturhinweise

Bartsch, Volker (Hrsg.): Irland. Ein Reise-Lesebuch. Hamburg: Ellert & Richter, 1985.

Behan, Brendan: Brendan Behan's Island. An Irish Sketchbook. With drawings by Paul Hogarth. London: Hutchinson, 1962.

Bolger, Dermot (Hrsg.): Wexford through Its Writers. Dublin: New Ireland Books, 1992.

Bord Fáilte Éireann / Irish Tourist Board: Ireland Guide. Dublin: Gill and Macmillan, 1993.

Boylan, Henry: A Dictionary of Irish Biography. Dublin: Gill and Macmillan, ^{2}1988.

Brady, Anne M. / Cleeve, Brian: A Biographical Dictionary of Irish Writers. Gigginstown: The Lilliput Press, 1985.

Burnside, Sam (Hrsg.): The Glow upon the Fringe. Literary Journeys around Derry and the North West. Derry: Verbal Arts Centre, 1994.

Byrne, Art / McMahon, Sean: Great Northerners. Swords: Poolbeg Press, 1991.

Cahalan, James M.: The Irish Novel. A Critical History. Dublin: Gill and Macmillan, 1988.

Cahill, Susan und Thomas: A Literary Guide to Ireland. Dublin: Wolfhound Press, 1979.

Cairns, David / Richards, Shaun: Writing Ireland. Colonialism, Nationalism and Culture. Manchester: Manchester University Press, 1988. ^{2}1990.

Carpenter, Andrew: Irish Writings in English. A Guide (1550–1830). Dublin: Gill and Macmillan, 1980.

Carpenter, Andrew: Place, Personality and the Irish Writer. Gerrards Cross, Bucks.: Colin Smythe, 1977.

Carpenter, Andrew (Hrsg.): The Writers. A Sense of Ireland. Dublin: O'Brien Press, 1980.

Colum, Padraic (Hrsg.): A Treasury of Irish Folklore. The Stories, Traditions, Legends, Humor, Wisdom, Ballads and Songs of the Irish People. New York: Wings Books, 1967. ^{2}1992.

Costello, Peter: The Jameson Dublin Literary Pub Crawl. Dublin: A. & A. Farmar, 1996.

Cronin, Anthony: Dead as Doornails. Swords: Poolbeg, 1980.

Daiches, David (Hrsg.): The Penguin Companion to Literature. Bd. 1: Britain and the Commonwealth. Harmondsworth: Penguin, 1971.

Dawe, Gerald / Foster, John Wilson (Hrsg.): The Poet, Place and Society. Ulster Literature. Essays in Honour of John Hewitt 1907–1987. Belfast: Institute of Irish Studies, 1991.

Deane, Seamus: Irish Writers 1886–1986. Dublin: Eason, 1986. (The Irish Heritage Series. 57.)

Donovan, Katie: Irish Women Writers, Marginalised by Whom? Dublin Raven Arts Press, 1988. (Letters from the New Ireland. Bd. 1. H. 5.)

Dunne, Seán (Hrsg.): The Cork Anthology. Cork: Cork University Press, 1993.

Eagle, Dorothy / Carnell, Hilary: The Oxford Literary Guide to the British Isles. Oxford: Oxford University Press / Clarendon Press, 1980.

Facts about Ireland. Dublin: Department of Foreign Affairs, 71995.

Freyer, Grattan: Peadar O'Donnell. Lewisburg: Bucknell University Press, 1973.

Greene, David / O'Connor, Frank (Hrsg.): A Golden Treasury of Irish Poetry A. D. 600 to 1200. Dingle (Co. Kerry): Brandon, 1990.

Guthke, Karl S.: Letzte Worte. Variationen über ein Thema der Kulturgeschichte des Westens. München: C. H. Beck, 1990.

Hayward, Richard: Where the River Shannon Flows. Dundalk: Dundalgan Press, 1989.

Healy, Elizabeth: Elizabeth Healy's Literary Tour of Ireland. See Ireland through the Eyes of Great Writers. Dublin: Wolfhound Press, 1995.

Hogan, Robert (Hrsg.): Dictionary of Irish Literature. Dublin: Gill and Macmillan, 1985.

Igoe, Vivien: A Literary Guide to Dublin. Writers in Dublin: Literary Associations and Anecdotes. London: Methuen, 1994.

Joyce, James: Irland. Photos von Alain Le Garsmeur. Texte zusammengestellt von Bernard McCabe. München: Nymphenburger, 1994.

Kavanagh, P. J.: Voices in Ireland. A Traveller's Literary Companion. London: John Murray, 1994.

Kenny, Herbert A.: Literary Dublin. A History. Dublin: Gill and Macmillan, 1974. 21991.

Kiberd, Declan: Inventing Ireland. London: Cape, 1995.

Kiely, Benedict: Yeats' Ireland. An Illustrated Anthology. London: Aurum Press, 1989.

Kiely, David M.: A Night in the Catacombs. Dublin: Lilliput, 1995. [Zehn Erzählungen über irische Literaten.]

Killanin, Lord / Duignan, Michael V.: The Shell Guide to Ireland. Dublin: Gill and Macmillan, 1995.

Lalor, Brian: Ultimate Dublin Guide. An A–Z of everything with illustrations by the author. Dublin: The O'Brien Press, 1991.

MacMahon, Bryan: Here's Ireland. Dublin: Butler Sims, 1982.

MacManus, Seumas: The Story of the Irish Race. A Popular History of Ireland. Old Greenwich (Conn.): The Devin-Adair Company, 1921. [45]1992.
Maletzke, Elsemarie (Hrsg.): Dublin. Frankfurt a. M.: Insel, 1985.
Matthews, James H.: Frank O'Connor. Lewisburg: Bucknell University Press, 1976.
McCann, Sean (Hrsg.): The Story of the Abbey Theatre. London: Four Square, 1967.
McCarthy, Jack / Rose, Danis: Joyce's Dublin. A Walking Guide to Ulysses. Dublin: Wolfhound Press, 1986. [2]1988.
McMinn, Joseph: Jonathan's Travels. Swift and Ireland. Belfast: Appletree Press, 1994.
M'Gee, Thomas D'Arcy: Gallery of Irish Writers. The Irish Writers of the Seventeenth Century. Dublin: James Duffy, 1857.
O'Brien, Edna: Mein Irland. Mit Photographien von Fergus Bourke. Übers. von Momo Schlender. Bearb. und hrsg. von Hein Versteegen. Göttingen: Schlender, 1985. (Bibliothek der Entdeckungen. 15.)
O'Brien, Eoin: The Beckett Country. Samuel Beckett's Ireland. Monkstown (Co. Dublin) / London: The Black Cat Press / Faber and Faber, 1986.
Oehlke, Andreas: Irland und die Iren in deutschen Reisebeschreibungen des 18. und 19. Jahrhunderts. Frankfurt a. M.: Peter Lang, 1992.
O'Faolain, Sean: The Irish. Harmondsworth: Penguin, 1947 [u.ö.].
O'Farrell, Padraic: The Burning of Brinsley MacNamara. Dublin: The Lilliput Press, 1990.
O'Farrell, Padraic: Green and Chaste and Foolish. Irish Literary and Theatrical Anecdotes. Dublin: Gill and Macmillan, 1994.
Ó hEithir, Breandán: This is Ireland. A Guide to History, Politics and Culture. Dublin: The O'Brien Press, 1987.
Oram, Hugh (Hrsg.): Ireland. The Complete Guide and Road Atlas. Belfast: Appletree Press, [4]1995.
Ousby, Ian: Literary Britain and Ireland. London: A & C Black / New York: W. W. Norton, 1990. (Blue Guides.)
Plunkett, James: The Gems She Wore. A Book of Irish Places. London: Arrow Books, 1978.
Popplewell, Seán: Exploring Museums: Ireland. A Museums Association Guide. London: Her Majesty's Stationary Office, 1990.
Popplewell, Seán: The Irish Museums Guide. Dublin: Ward River Press, 1983.
Praeger, Robert Lloyd: The Way That I Went. An Irishman in Ireland. Dublin: Allen Figgis, 1980.
Reynolds, Joe / O'Reilly, Emer: Irish Writers. Bray: Real Ireland Design, [2]1990. (Little Books of Ireland.)
Ryan, John: Remembering How We Stood. Bohemian Dublin at the Mid-Century. With a foreword by J. P. Donleavy. Dublin: The Lilliput Press, 1987.
Sandford, Ernest: Discover Northern Ireland. Northern Ireland Tourist Board, 1976. [3]1981.

Schneider, Jürgen / Sotscheck, Ralf (Hrsg.): Irland. Selbständige deutschsprachige Publikationen vom 16. Jahrhundert bis 1989. Darmstadt: Verlag der Georg-Büchner-Buchhandlung, 1988.
Shaw, Carol P.: Collins Gem Famous Irish Lives. London: Harper Collins, 1996.
Some Dublin Writers. Dublin: Dublin Corporation Public Libraries, 1988.
Some Eminent Dubliners. Dublin: Dublin Corporation Public Libraries, 1988.
Somerville-Large, Peter: The Grand Irish Tour. London: Heamish Hamilton 1982.
Tongue, Alan: A Picture of Percy French. An Illustrated Life of the Irish Songwriter, Entertainer, Poet and Painter. Antrim: Greystone, 1990. ^{2}1991.
Trevor, William: A Writer's Ireland. Landscape in Literature. With 94 illustrations, 20 in colour. London: Thames and Hudson, 1984.
Wallace, Martin: Famous Irish Writers. Belfast: Appletree Press, 1992.
Walsh, Caroline: The Homes of Irish Writers. Dublin: Anvil, 1982.
Warner, Alan: A Guide to Anglo-Irish Literature. Dublin: Gill and Macmillan, 1981.
Weekes, Ann Owens (Hrsg.): Unveiling Treasurers. The Attic Guide to the Published Works of Irish Women Literary Writers. Dublin: Attic Press, 1993.
Welch, Robert (Hrsg.): The Oxford Companion to Irish Literature. Oxford: Clarendon Press, 1996.
Yeats, William Butler: Autobiographien. Übers. von Susanne Schaup. Leipzig: Insel, 1984.

Literaturfestivals und Sommeruniversitäten

(Stand: 4. Juli 1996)

Athlone **(Co. Westmeath)**	**All Ireland Amateur Drama Festival** **Mai** Auskunft: Colm Kelly Griffith Street Athlone Co. Westmeath Telefon: (0902) 72333
Ballaghaderreen **(Co. Roscommon)**	**Dr. Douglas Hyde Conference** **Juli/August** Auskunft: Emer Leavy Arts Officer Roscommon County Council Roscommon Telefon: (0903) 26100 Telefax: (0903) 25474
Ballyshannon **(Co. Donegal)**	**Allingham Arts Festival** **November** Auskunft: Edel McNally 5 Belleek Road Ballyshannon Co. Donegal Telefon: (072) 51262
Bangor **(Co. Down)**	**Aspects – A Celebration of Irish Writing** **September/Oktober** Auskunft: Angela McCloskey North Down Borough Council The Castle Castle Park Avenue Bangor BT20 4BT Co. Down Telefon: (01247) 270371 Telefax: (01247) 270370

Bangor **(Co. Down)**	**Percy French Festival** **April/Mai** Auskunft: Berrie O'Neill 14 Sydenham Avenue Belfast BT4 2DR Telefon: (01232) 656091
Belfast	**Belfast Festival at Queen's** **November** Auskunft: Belfast Festival at Queen's Festival House 25 College Gardens Belfast BT9 6BS Telefon: (01232) 665577/666321
Boyle **(Co. Roscommon)**	**Boyle Arts Festival** **Juli/August** Auskunft: Fergus Ahern Urba Ville Greatmeadow Boyle Co. Roscommon Telefon: (079) 63085 Telefax: (079) 62703
Bray **(Co. Wicklow)**	**Oscar Wilde Autumn School** **Oktober** Auskunft: David Rose Bray Chamber of Commerce 10 Prince of Wales Terrace Bray Co. Wicklow Telefon: (01) 2865245 Telefax: (01) 2760230
Bundoran **(Co. Donegal)**	**Allingham Summer School** **Juli/August** Auskunft: Pat Fergus Geagan Homefield House Bayview Avenue Bundoran Co. Donegal Telefon: (072) 41288 Telefax: (072) 41002

Carlow

Annual George Bernard Shaw Weekend
Oktober
Auskunft: Kathleen Farrell
County Council Carlow
Council Offices
Carlow
Telefon: (0503) 311 26
Telefax: (0503) 415 03

Carnlough
(Co. Antrim)

John Hewitt International Summer School
Juli
Auskunft: The Director
John Hewitt International Summer School
St. Mac Nissi's College
Garron Tower
Carnlough BT44 0JS
Co. Antrim
Telefon: (01266) 442 47/(012667) 713 49
Telefax: (01574) 885 492

Carrickmacross
und Iniskeen
(Co. Monaghan)

Kavanagh's Yearly
November
Auskunft: Bernard Loughlin
The Tyrone Guthrie Centre
Annaghmakerrig
Newbliss
Co. Monaghan
Telefon: (047) 540 03
Telefax: (047) 543 80

Co. Clare

Merriman Summer School
August
Auskunft: Máire Ní Mhurchú
6 Aravon Court
Meath Road
Bray
Co. Wicklow
Telefon: (01) 286 93 05/286 41 07

Clifden
(Co. Galway)

Clifden Arts Week
September/Oktober
Auskunft: Brendan Flynn
Clifden Community School
Clifden
Co. Galway
Telefon: (095) 211 84

Clogher Valley (Co. Tyrone)	**William Carleton Summer School** **August** Auskunft: Norma McKeon Dungannon District Council Circular Road Dungannon Co. Tyrone Telefon: (01868) 725311 Telefax: (01868) 722541
Clonmel (Co. Tipperary)	**Clonmel Writers' Weekend** **Oktober** Auskunft: Marie Boland Clonmel Library Emmet Street Clonmel Co. Tipperary Telefon: (052) 24545
Cootehill (Co. Cavan)	**Cootehill Arts Festival** **August** Auskunft: Kay Phelan Station Road Cootehill Co. Cavan Telefon: (049) 52321
Cork	**Cork City Arts Festival** **Juni/Juli** Auskunft: Gerry Barnes Cork Arts Development Committee Ardmore Ballintemple Cork Telefon: (021) 291580
Cultra (Co. Down)	**Ulster's Storytelling Festival** **Juni** Auskunft: Dr. Tony Buckley Ulster Folk and Transport Museum Cultra BT18 0EU Co. Down Telefon: (01232) 428428 Telefax: (01232) 428728

Dublin

Bloomsday
16. Juni
(stadtweite Veranstaltungen, Figurenumzüge, Lesungen usw. zu *Ulysses*, beginnend mit einem Nierenfrühstück am James Joyce's Tower, Sandycove, Co. Dublin)
Auskunft: Dublin Tourism Centre
Suffolk Street
Dublin 2
Telefon: (01) 6057755
Telefax: (01) 6057757

Bram Stoker International Summer School
Juni/Juli
Auskunft: Dennis McIntyre
42 Grange Park Grove
Raheny
Dublin 5
Telefon: (01) 8481298
Telefax: (01) 8330356

Dublin International Writers' Festival
September
Auskunft: Arts Council
70 Merrion Square
Dublin 2
Telefon: (01) 6611840
Telefax: (01) 6761302

Annual Summer School on Children's Literature
Mai
Auskunft: Dublin Writers' Museum
18 Parnell Square
Dublin 1
Telefon: (01) 8722077
Telefax: (01) 8722231

James Joyce Annual Summer School
Juli
Auskunft: Helen Gallagher
Department of Anglo-Irish Literature
University College Dublin
Belfield
Dublin 4
Telefon: (01) 7068480
Telefax: (01) 7061174

Dublin	**Dublin Theatre Festival** **Oktober** Auskunft: Festivalbüro 47 Nassau Street Dublin 2 Telefon: (01) 6778439 Telefax: (01) 6797709
	Bernard Shaw International Spring School April Auskunft: E. J. Delaney Dublin Institute of Technology Kevin Street Dublin 8 Telefon: (01) 4756667 Telefax: (01) 4782082
Galway	**A. T. Cross Cúirt Festival of Literature** **April** Auskunft: Galway Arts Centre 47 Dominick Street Galway Telefon: (091) 565886 Telefax: (091) 568642
	Galway Arts Festival **Juli** Auskunft: Fergal McGrath 6 Upper Dominick Street Galway Telefon: (091) 583800 Telefax: (091) 587169
Glenties (Co. Donegal)	**Patrick MacGill International Summer School** **August** Auskunft: Mary Claire O'Donnell Glenties Co. Donegal Telefon: (075) 51103
Gort (Co. Galway)	**Kiltartan Hedge School** **Juli** Auskunft: Dr. Louis Muinzer 33 Jameson Street Belfast BT7 2GU Telefon: (01232) 649010

Gort **(Co. Galway)**	**Lady Gregory Autumn Gathering** **September** Telefon: (091) 521836
Islandmagee **(Co. Antrim)**	**The Poets' House Summer Conferences** **Juni/Juli/August** Auskunft: The Poets' House 80 Portmuck Road Portmuck Islandmagee BT40 3TP Co. Antrim Telefon: (01960) 382646
Kilkenny	**Kilkenny Arts Week** **August** Auskunft: Eliza Dear Festivalbüro: Rothe House Parliament Street Kilkenny Telefon: (056) 63663 Telefax: (056) 51704
	Thomas Moore Weekend **Oktober** Auskunft: Ann McEvoy Telefon: (056) 65063 Kilkenny Tourist Office Shee Alms House Rose Inn Street Kilkenny Telefon: (056) 21755 Telefax: (056) 63955
Killybegs **(Co. Donegal)**	**Annual Killybegs International Writers' Conference and Poetry Showcase** **Mai** Auskunft: Noelle Vial Augheyvogue Five Points Co. Donegal Telefon: (073) 31497 Telefax: (073) 31972

Limerick	**Kate O'Brien Literary Weekend** **Februar** Auskunft: Limerick City Gallery of Art Pery Square Limerick Telefon: (061) 310633
Listowel **(Co. Kerry)**	**Listowel Writers' Week** **Mai/Juni** Auskunft: The Treasurer Listowel Writers' Week P. O. Box 147 Listowel Co. Kerry Telefon: (068) 21074 Telefax: (068) 22893
Longford	**Goldsmith Summer School** **Juni** Auskunft: Seán Ryan Battery Road Longford Telefon: (043) 46493 Telefax: (043) 45360
Maynooth **(Co. Kildare)**	**Jonathan Swift Seminar** **Juni/Juli** Auskunft: Aoife Kerrigan Department of English St. Patrick's College Maynooth Co. Kildare Telefon: (01) 7083667/4527251 Telefax: (01) 6289373
Monasterevin **(Co. Kildare)**	**Gerard Manley Hopkins International Summer School** **Juni/Juli** Auskunft: Elaine Murphy Thornbush Ellistown Co. Kildare Telefon: (045) 21715 Telefax: (045) 34052

Mullinahone (Co. Tipperary)	**Charles J. Kickham Memorial Weekend** **August** Auskunft: Sheila Foley Knocknagow Community Centre Parkmore Mullinahone Co. Tipperary Telefon: (052) 53200
Portlaoise (Co. Laois)	**Bealtaine Literary Festival** **Mai** Auskunft: Muireann Ní Chonaill Arts Officer County Hall Portlaoise Co. Laois Telefon: (0502) 22044
Rathdrum (Co. Wicklow)	**Synge Summer School** **Juni/Juli** Auskunft: Irene Parsons Whaley Lodge Ballinaclash Rathdrum Co. Wicklow Telefon: (0404) 46131 Telefax: (0404) 46134
Sligo	**Sligo Arts Festival** **Mai** Auskunft: Mrs. B. Ferguson 7 MacLynns Terrace Sligo Telefon: (071) 69802
	Scríobh Literary Festival **September** Auskunft: Model Arts Centre The Mall Sligo Telefon: (071) 41405 Telefax: (071) 44121

Sligo

Yeats International Summer School
August
Auskunft: The Secretary
The Yeats Society
Yeats Memorial Building
Douglas Hyde Bridge
Sligo
Telefon: (071) 42693
Telefax: (071) 42780

Tralee
(Co. Kerry)

Kerry International Summer School of Living Irish Authors
Juli/August
Auskunft: Bernie Parker
Chamber of Commerce
Ashe Memorial Hall
Denny Street
Tralee
Co. Kerry
Telefon: (066) 21472
Telefax: (066) 28608

Westport
(Co. Mayo)

Westport Arts Festival
September/Oktober
Auskunft: Peter Shanley
Westport
Co. Mayo
Telefon: (098) 25903/21282

Abbildungsnachweis

Irish Tourist Board / Bord Fáilte, Dublin:

S. 16, 21, 31, 37, 59, 61, 65, 76, 84, 90, 124, 130, 137, 140, 166, 173, 181, 182, 186, 201, 208, 220, 226, 231, 238, 241, 251, 259, 260, 261, 264, 266, 270, 274, 308

Northern Irish Tourist Board, Belfast:

S. 296, 322

Die Dublin-Karte S. 13 ist dem Band von Armin Hüttermann, *Irland*, Stuttgart: Kohlhammer, 1993, S. 126f., entnommen.

Die Irland-Karte S. 394/395 fertigte Theodor Schwarz, Urbach, an.

Alle übrigen Abbildungen sind dem Reclam-Verlagsarchiv entnommen.

Personenregister

Ortsregister

ATLANTISCHER OZEAN
Nordkanal
Irische See
Rathlin Island
Glenaan
ANTRIM
Carrickfergus
Donegore
Belfast
DOWN
Drumballyroney
Lurgan
ARMAGH
DERRY
Derry
TYRONE
ULSTER
Prolusk
DONEGAL
Lough Gartan
Dungloe
Glenties
Ballyshannon
FERMANAGH
MONA-
GHAN
Inniskeen
LOUTH
Nobber
Slane
MEATH
CAVAN
LEIT-
RIM
Ballyfarnan
Carney
Drumcliffe
SLIGO
Frenchpark
Elphin
Cloonyquin
ROSCOM-
LONG-
FORD
Longford
Edgeworthstown
Ardagh
Delvin
South Hill
MAYO
Kiltimagh
Westport
Moore Hall
Dugort
Renvyle
CONNACHT

GALWAY
Galway
Inishmore
Inishmaan
Coole Park
Thor Ballylee
Gort
Feakle
CLARE
Devenish Island
OFFALY
Banagher
KILDARE
Kildare
Dublin
Dún Laoghaire
Dalkey
LEINSTER
LAOIS
Ballintubbert
Glanmore Castle
Annamoe
WICKLOW
Glenmalure
Avondale House
Ballinaclash
The Meeting of the Waters
Carlow
KIL-
CARLOW
KENNY
Kilkenny
Thomastown
WEXFORD
Wexford
Limerick
TIPPERARY
LIMERICK
MUNSTER
Mullinahone
Clonmel
Listowel
Mount Brandon
Doneraile
Farahy
WATERFORD
KERRY
Great Blasket Island
Killarney
Muckross
CORK
Cork
Youghal
Cloyne
St.-Georgs-Kanal
Castletownshend
Keltische See
0
50
100 km

Kulturgeschichte der Alten Welt

Irische Autoren

IN RECLAMS UNIVERSAL-BIBLIOTHEK

Deutsche Ausgaben

Goldsmith, Oliver: Der Pfarrer von Wakefield. Übers.: O. Weith. Nachw.: E. Wolff. 237 S. UB 285

Johnston, Jennifer: Freistatt für Narren. Roman. Übers.: H.-Ch. Oeser. 192 S. UB 8866

Joyce, James: Dubliner. Übers. u. Anm.: H. Beck. Nachw.: W. Erzgräber. 339 S. UB 9303 (auch geb., auch ill.)

Swift, Jonathan: Gullivers Reisen. Roman. Übers., Komm. u. Nachw.: H. J. Real, H. J. Vienken. 488 S. 16 Abb. UB 651 (auch geb.)

Swift, Jonathan: Ein Tonnenmärchen. Übers.: U. Horstmann. Anm. u. Nachw.: H. J. Real. 286 S. UB 652

Wilde, Oscar: Das Bildnis des Dorian Gray. Roman. Übers. u. Anm.: I. Rein. Nachw.: U. Horstmann. 336 S. UB 5008 (auch geb.)

Wilde, Oscar: Bunbury oder Es ist wichtig, ernst zu sein. Eine triviale Komödie für ernsthafte Leute. Übers. u. Nachw.: R. Kohlmayer. 92 S. UB 8498

Wilde, Oscar: Eine Frau ohne Bedeutung. Komödie. Übers.: K. Epple. 79 S. UB 8780

Wilde, Oscar: Das Gespenst von Canterville. Übers.: E. Sander. 48 S. UB 6817

Wilde, Oscar: Der glückliche Prinz und andere Märchen. Übers. u. Nachw.: E. Sander. 71 S. UB 6865

Wilde, Oscar: Ein idealer Gatte. Komödie. Übers.: R. Kohlmayer. 151 S. UB 8641

Wilde, Oscar: Lady Windermeres Fächer. Komödie. Übers.: K. Epple. 72 S. UB 8981

Wilde, Oscar: Salome. Tragödie. 80 Ill. von A. Beardsley. Übers.: H. Lachmann. Nachw.: U. Karthaus. 69 S. UB 4497

Fremdsprachentexte

Beckett, Samuel: Waiting for Godot. Tragicomedy in Two Acts. Hrsg.: M. Pfister. 147 S. UB 9214

Behan, Brendan: The Hostage. A Play. Hrsg.: N. Hage. 141 S. UB 9222

Contemporary Irish Short Stories. Friel – Kelly – McGahern – Montague – Mac Mathúna – Daly – Healy – Devlin. Hrsg.: H.-Ch. Oeser. 184 S. UB 9250

Joyce, James: Dubliners. A Selection. Hrsg.: H. Beck. 104 S. UB 9181

Joyce, James: Penelope. The Last Chapter of »Ulysses«. Hrsg.: H. Beck. Nachw.: H. W. Gabler. 191 S. UB 9243

O'Flaherty, Liam: A Tourist's Guide to Ireland. Hrsg.: H.-Ch. Oeser. 101 S. UB 9272

Shaw, Bernard: Mrs. Warren's Profession. Hrsg.: H. Geisen. 198 S. UB 9166

Shaw, Bernard: Pygmalion. A Romance in Five Acts. Hrsg.: H. Geisen. 197 S. UB 9266

Swift, Jonathan: Gulliver's Travels. Part I: A Voyage to Lilliput. Hrsg.: R. Menke. 159 S. 3 Abb. UB 9274

Synge, John Millington: The Playboy of the Western World. A Play. Hrsg.: R. Lengeler. 128 S. UB 9211

Wilde, Oscar: The Canterville Ghost. A Hylo-Idealistic Romance. Hrsg.: K. Friedmann. 64 S. UB 9177

Wilde, Oscar: The Happy Prince and Other Tales. Hrsg.: E.-M. König. 91 S. UB 9293

Wilde, Oscar: The Importance of Being Earnest. A Trivial Comedy for Serious People. Hrsg.: M. Pfister. 141 S. UB 9267

Wilde, Oscar: A Play about a Good Woman. Hrsg.: J. Poziemski. 101 S. UB 9187

Wilde, Oscar: The Picture of Dorian Gray. Hrsg.: E.-M. König. 344 S. UB 9019

Zweisprachige Ausgaben

Joyce, James: Grace / Gnade. Erzählung aus »Dubliners«. Engl./Dt. Übers.: D. E. Zimmer. Nachw.: H. Winter. 78 S. UB 9753

Sheridan, Richard Brinsley: The School for Scandal / Die Lästerschule. Komödie. Engl./Dt. Übers. u. Hrsg.: T. L. Wullen. Nachw.: P. Goetsch. 248 S. UB 449

Philipp Reclam jun. Stuttgart